# 레지오 에밀리아 접근법의 적용과 변형 유아교육과정

: 함께 반성하고 지원하며 배우기

김은희 지음

창지사

본서는 2004년 2학기 한양여자대학 교내 연구비 지원으로 연구되었음.

# Preface

'유아에 대한, 유아를 위한 모든 것은 유아로부터 배운다' 는 단순한 원칙이 레지오 교육자들에게 힘을 주었으며 협력적 지혜의 근본이었다고, 일찍이 Malaguzzi는 말하였다. Maxine Greene의 말처럼 가르치기에 철학을 갖는 것은 가르치기의 의도 · 가치 · 목표에 대해 반성하는 것이며, 교육 과정에 철학을 갖는 것은 유아 · 교사 · 부모와 관련 모든 사람들이 민주적으로 상호 협력하여 학습자의 흥미를 판단 · 숙고 · 탐구하는 것이다. 이는 최근 유아교육에서 강조되는 재개념화를 위한 패러다임, 즉 포스트모더니즘 사고 방식이다. 포스트모더니즘이 지향하는 공동체적 공존의 윤리는 공동의 목표를 가진 구성원들간 관계를 통한 협력적 상호 작용과 담론을 강조하며 '만들어 가는' 지식을 중요시한다. 이는 사회적 구성주의 패러다임으로 유아, 교사, 가정, 지역사회, 기관내, 기관간 나아가 생태계 전반과 문화의 역할이 강조된다. 사회적 구성주의 패러다임에서 교육 과정은 학습 공동체를 통해 '지금 무엇이 일어나는가' 를 살피고 '함께 창안해 가는' 전문적 협력과 교육 과정 변형을 모색한다. 이러한 지식의 사회적 구성과 학습 공동체 개념은 레지오 에밀리아 교육에서 잘 실천되고 있다.

그간 저자와 국내 유아 교육 기관들이 레지오 접근법을 변형 방향으로 설정하고 참여 실천 연구를 통해 사회적 구성주의 패러다임의 연구, 반성, 적용 및 변형을 탐색해 온 연구들(1996, 1997, 1998, 1999, 2001, 2002, 2003, 2004)은 유아교육의 재개념화 맥락에서 현장의 질적 변화와 교육 과정 변형을 위한 노력이라 할 수 있다. 크고 작은 학습 공동체를 통한 협력적 관계 속에서 대화하고, 반성하며, 실천해 온 과정은 '가르치기의 예술' 을 실천해 가는 '관계의 교육학' 으로써 대화와 상호 작용에서 발현된 탐구 정신이 교수 학습 과정에 몰입하게 하는 지적 활력을 불러와 교육의 질이 심화되는 과정을 볼 수 있었다.

우리는 교육 과정의 변형을 위해 기존 교육 과정을 새롭게 대체하거나 레지오 방식을 그대로 차용하는 것이 아니라 국내 현장에 맞도록 적절히 적용하면서 기존의 체제를 점진적으로 변형해 가는 수용 자세를 강조해 왔다. 1998년 연구에서는 미시 · 중간 · 거시 수준별 현장 변화의 방향을 제안하였고, 1999년 연구에서는 지역사회와 대학의 거시 공동협력체제 구성의 필요성과 구성 방안을 제안하였다. 이후 현장과의 참여 실천 연구(2001)를 통해 교사의 반성적 실천력 함양을 위한 협력적 교사교육과 기관간 학습 공동체를 운영하면서 미시 수준의 교사 차원에서 사고 변화와 교육 과정의 변형 내용을 탐색, 보고하였다. 기관내 학습 공동체를 시도하면서 예비 연구로써 중간 수준인 기관 차원의 교육 과정 변형 내용을 일차 탐색한 바 있으며(2002), 정보화를 지향하는 교육 환경의 변화를 감안하여 웹상의 레지오 인터넷 커뮤니티를 개발, 다학문적 학습 공동체 운영(2003)을 시도하였다. 2004년에는 중간 수준인 기관 차원에서 교육 과정 적용 수준의 변화와 변형 과정 및 내용을 탐색하였다. 그간의 공동체 실천이 모아져 2005년에는 거시 학습 공동체인「관계에 기초한 변형 영유아교육학회」가 구성되었다. 교육 과정의 실제적인 변화를 위해서는 변화의 불확실성과 복잡성을 인지하고 서두르지 않는 점진적이고 꾸준한 노력과 적절한 지원이 필요함을 학습 공동체 실천 과정에서 우리는 절감하였다.

본서는 앞서 출판된『레지오 에밀리아 접근법의 이해와 현장 적용』의 2권에 해당하는 책으로서 그간 학습 공동체 참여 교사들의 유아교육과정 변형 여정을 재방문, 고찰하고 이후 방향을 설정하고자 학회에 발표되거나 발표되지 않은 연구 자료들을 모아 구성하였다. 각 장은 변형을 위한 담론, 변형을 위한 전제와 시작, 기존 교육 과정과의 비교, 역사 · 문화, 철학, 행정, 교수 학습 이론, 교육 과정 운영, 환경, 다매체 활용, 기록의 순으로, 이탈리아 레지오 에밀리아 접근법의 이론과 실천을 먼저 다루고 국내 현장의 변형은 어디까지 왔는지 분석하였다. 한 권의 책으로 구성하기에는 분량이 많아, 본서에 연결되어야 할 부분임에도 불구하고 변형 지향적인 교사 발달, 부모와의 관계, 지역사회와의 관계 형성 부분은 별도로 구성하기로 하였다. 아울러 본서에서 사례로 제시하였던 프로젝트 과정과 환경 구성 내용들은 따로 묶고자 한다.

우리의 변형 여정에 관련된 사람과 이야기 그리고 여정은 길고 계속적이며 역동적이어서 본서에서 다루는 내용은 극히 일부에 불과하다. 따라서 본서를 세상에 내놓기는 부족하고 미흡한 점이 많으나 교육 과정 변형을 위한 한 과정이라 생각하기로 하였다. 교육 과정 변형을 위한 노력은 유아교육자가 기꺼이 감당해야 하는 개인적이고 전문적인 여정이라 생각한다. 변형 지향적인 교사는 도전적이고 창의적인 사고를 필요로 하는 신념 있는 활동으로 우리에게는 수많은 도전, 긴장, 좌절감이 있었지만 점진적으로 교육 과정은 변형되어가며 성취감 있고 할 만한 일이었다. 인생 그 자체는 탐구와 성장의 여정이므로, 본서 또한 우리네 유아교육과정 변형의 계속적인 여정을 위해 필요한 과정적 평가요, 의미의 재고이다.

원고를 정리하면서 각 장의 곳곳에서 합의를 도출할 수 있었던 점은, 좋은 교육은 사람에 대한 진정한 존중과 사람들간의 관계를 배제하고는 이루어질 수 없다는 것이었다. 이제 유아 교육 현장들은 유아, 교사, 부모뿐 아니라 가정과 지역사회, 행정기관과 생태계 전반이 관계하는 거시 협력 학습 공동체 속에서 함께 가르치고 배우기를 소망하고 있다.

감사할 사람이 너무 많아 머리말을 맺기에 어려움이 있다. 내게 레지오 접근법의 매력을 알게 해주신 이연섭 교수님, 그 외 중앙대학교 유아교육학과 교수님들께 존경을 표한다. 그동안 학습 공동체에 참여하여 특히 좋은 모델이 되어 준 탄현유치원과 서교어린이집을 비롯하여 까치유치원, 꽃동산유치원, 둥근마음어린이집, 동문한우리유치원, 또래어린이집, 보성어린이집, 상록어린이집, 색동유치원, 열린유치원, 영보어린이집, 예슬어린이집, 은초록어린이집, 정한어린이집, 즐거운 유치원, 튼튼유치원, 푸른어린이집, 한신혜원유치원 등 모든 원장님과 교사, 부모님들께 가슴 아린 깊은 고마움을 느낀다. 늦게 합류한 학회 연구 공동체 교수님들께도 함께할 수 있어 행복하다는 말을 전하고 싶다. 본 저자를 비롯하여 공동체 구성원들이 경험하였던 갈등, 문제, 질문, 도전, 좌절 등이 없었다면 이 작은 책은 나오지도 못했을 것이다. 일일이 열거할 수 없을 정도로 많은 분들의 노력이 있었고, 처음부터 끝까지 자료 정리를 도와준 장순미가 좋은 유아교육자가 될 것임을 믿어 의심치 않는다. 오랫동안 기다려 주고 복잡한 자료를 정리해 준 창지사 관계자분들께도 고마움을 전한다. 항상 정직한 길잡이가 되어 준 남편과 딸은 언제나 내게 가장 좋은 친구였다.

2006년 2월

변형 여정의 한 지점에서

저 자

# Contents

# Chapter 1

## 질 문

01 우리는 왜 유아교육이 달라져야 한다고 생각하는가?

02 유아교육과정은 어떻게 변형되어야 하는가?

03 우리네 유아교육과정은 무엇인가?

04 유아는 진정 중심이 되고 있는가?

05 진정한 통합 교육 과정의 의미는 무엇인가?

06 유아교사는 전문가인가?

07 부모는 유아 교육 기관을 선택사항으로 보는가?

08 대학은 실천적 지식 함양을 위해 노력하는가?

09 학교는 기능을 다하고 있는가?

10 유아교육자들은 레지오 접근법을 어떻게 평가하는가?

11 유아교육자들은 왜 레지오 접근법을 변형 방향으로 보는가?

# 변형을 향한 담론과 레지오 에밀리아 접근법

교육은 비전을 갖는 일이므로 역동적인 사회에서 계속적인 변형을 위해 재검토되어야 한다. 여기서 '변형(transformation)' 의 의미는 이전에 우리가 해왔던 교육 과정을 전체적으로 새롭게 '대체(substitution)' 하는 것이 아니라 기존의 체제를 바람직한 방향으로 점진적으로 재구조화해 나감을 말한다. 교육 과정은 사회 문화적 맥락의 산물이므로 유아교육과정의 변형은 앞선 교육 과정이나 프로그램을 선택, 동의하여 자신의 것으로 만드는 단순한 '차용(adoption)' 으로는 불가능하며 필요조건이나 새로운 요구에 적합한 특정한 실천이나 접근 원리를 보다 우리 체제에 잘 맞도록 적절히 '적용(adaptation)' 함으로써 가능하다.

레지오 에밀리아 접근법(Reggio Emilia Approach)은 이탈리아 북부의 인구 148,0000이 거주하는 레지오 에밀리아시가 행정적, 재정적 지원을 하는 시립 유아교육 체제이다. 부모와 교사의 헌신과 협력으로 시작된 시립 체제 학교들이 지난 40여년간 발전시켜온 질 높은 철학, 행적 조직, 교육 과정, 교수 학습 방법, 환경들은 현재 이탈리아를 비롯한 유럽 국가들, 호주와 동부 아시아뿐 아니라 미국 전역의 교사들에게 교육의 질적 변화를 위한 지표가 되고 있다.

무당벌레, 5세

Reggio Children

Friends of Reggio Children

## 01 우리의 담론과 레지오 접근법 만나기

한국에 레지오 에밀리아 접근법(이하 레지오 접근법, 레지오로 사용)을 첫 적용한 해는 1994년, 그로부터 10년이 흘렀다. 레지오 접근법을 국내 현장에 적용하면서 처음부터 우리가 가져왔던, 말해 왔던, 그리고 실천해 온 내용들로 시작하고자 한다.

### 01_1 우리네 유아교육과정은 무엇인가?

유아 교육 기관의 교사, 원장들을 만날 때 흔히 묻는다. "우리 것은 있습니까?" "우리네 유아교육과정은 무엇입니까?" … 현장 교사, 원장들은 말이 없다. 다시 묻는다. "우리 것은 없습니까?" 여전히 조용하다. 교사, 원장들이 말하지 못하는 것도 무리는 아니다.

우리의 유아교육 역사는 100여 년이 넘는다. 그러나 우리네 유아교육은 자생적으로 발달하지 않았다. 초창기 일본과 미국의 영향을 받으면서 시작된 우리네 유아교육은 수많은 외국의 유아교육 프로그램들이 들어와 영향을 미쳤다가 사라지는 풍토로 이어져 왔다. 최근 그러한 경향은 더욱 심각하다. 물론 변화, 발전을 위해서 선진 이론이나 프로그램을 받아들이는 데 우리의 생각은 열려 있어야 하지만, 문제는 외국의 프로그램을 그대로 차용하여 기존의 교육 과정을 대체하고자 했던 우리의 수용 자세에 있다. 교육 프로그램은 사회 문화적 맥락의 산물이기 때문에 레지오 접근법을 포함한 어떠한 외국 프로그램도 우리 사회·문화에 그대로 모방하는 것은 불가능하다.

우리가 추구해 온 그리고 추구할 '변형(transformation)'은 이전에 우리가 해오던 교육 과정을 전체적으로 새롭게 '대체(substitution)'하는 것이 아니라 기존의 교육 과정을 바람직한 방향으로 점진적으로 재구조화해 나감을 말한다. 교육 과정은 사회 문화적 맥락의 산물이므로 유아교육과정의 변형은 최고의 교육 과정이나 프로그램을 선택, 동의하여 자신의 것으로 만드는 단순한 '차용(adoption)'으로는 불가능하며, 우리가 필요를 느끼고 공감하는 접근 원리를 우리 사회 문화에 맞도록 적절히 '적용(adaptation)'함으로써 우리의 것으로 만들어 나가는 것이 필요하다.

레지오 에밀리아 시립 학교에서 하고 있는 '레지오 접근법'은 1970년대 후반에 유럽으로, 1980년대 후반에 미국 동부를 중심으로 세계적으로 알려졌다. 지난 15여년간 전람회, 방문, Reggio Children, Friends of Reggio Children 등의 정보 교환 기구 등을 통해 이탈리아 전역, 미국 전역뿐 아니라 여러 유럽 국가, 호주, 동부 아시아에 교사들의 참조점이자 지침이 되는 교육 접근으로 평가되고 있다. 장애아 통합을 포함하여 유아가 또래나 성인과 협력하면서 스스로 몰입하는 의미 있는 학습이 이루어지고 있다.

레지오의 유아 학교와 영유아 센터들은 돌봄의 윤리를 가진 전문적 성인과 또래들이 있는, 호감이 가는 환경 속에서 유아들이 성장하고 학습할 기본 권리를 지원함으로써 유아의 복지와 가족의 사회적 욕구 모두를 충족하기 위해 노력하는 세계 최고로 평가되는 공교육 체제이다. 그러나 레지오 에밀리아의 교육자들은 자신들의 프로그램을 다른 나라에서 그대로 모방할 수 있는 완성된 모델로 보지 않는다. 이는 실험적인 유아교육으로서의 의미가 아니라 오히려, 끊임없는 반성과 실천이 지속되는 교육 경험으로, 주의 깊은 반성을 통해 계속적으로 갱신되고 재조정되는 하나의 프로그램으로 자신들의 일을 간주하는 것이다.

앞으로도 그간 우리가 해온 레지오 교육 접근이 유아, 교사, 부모 나아가 교육 환경의 발달적 변화에 미쳐온 본질적인 의미와 유용성을 지속적으로 진단, 반성하고 '레지오 에밀리아 접근법' 이 아니라 우리 문화에 적합한 교육 과정을 자생적으로 만들어 나가는 일이 필요하다.

## 01_2 유아는 진정 중심이 되고 있는가?

우리네 유아교육은 그간 아동 중심 교육을 표방하면서도 성인의 시각에서 '유아들이 알아야 할 내용' '유아들이 흥미를 가질 것 같은 내용' 등으로 교육 과정을 계획, 운영해 왔다. 그리고 종종 '유아의 욕구에 맞는' '유아의 약점을 강화시키는 것' 에 대해 논의한다. 뿐만 아니라 발달 이론과 발달의 방향성을 절대적으로 신봉하여 간단한 것에서 복잡한 것, 구체적인 것에서 추상적인 것, 단일 차원에서 다차원적인 것, 개인적인 것에서 사회적인 것으로의 원칙에 준하여 유아의 학습을 계획, 운영해 왔다. 이에 더하여 발달 이론가들이 말하는 발달 단계와 시간을 지나치게 의식하기 때문에 성인들 스스로 발달 단계에 맞추어 목표를 정하고 유아들이 할 수 있다고 생각하는 것을 하도록 기대하거나 재촉하기도 한다.

이에 따라 현재 유아 교육 현장에서 프로젝트 접근을 하면서도 유아가 몰입하여 탐색하면서 의미있는 학습과 사고하는 힘을 기르게 하는 본질과는 전혀 무관하게 교사가 주도하여 도입, 전개, 마무리하는 현상까지 만연하고 있다.

경우에 따라서는 많은 것을 교사 중심으로 하면서도 유아 교육 기관 일과의 중요한 부분을 차지하는 자유선택 활동시간 운영시 교사는 어떻게 역할하는가? 유아가 자유롭게 선택해서 놀이해야 하므로 하루 종일 심지어는 한 학기 내내 특정 영역의 놀이만 하여도, 특정한 활동을 기피하여도, '아동 중심이므로' 내버려 두는 경향도 있다.

이제 성인의 시각에 따라 유아가 생각을 수정하거나, 받아들이도록 요구하는 것에서 벗어나 Vygotsky (1978)의 ZPD 개념에서 강조하는 유아의 독특한 이해의 양식을 수용하고 '유아가 지금 어디에 있는가?' 에서 시작하여 개별 유아에게 맞도록 학습을 지원해야 한다. 교사는 '유아를 위하여' 보다는 '유아에 맞게' 역할하여야 한다. 유아를 요구를 가진 존재로 보기보다는 '권리' 를 가진 존재로 보아 교사와 성인의 역할을 재개념화하여야 한다.

> … 유아에 대한, 유아를 위한 것은 모두 유아로부터 배운다. 우리는 이 말이 얼마나 진실이며 동시에 진실이 아니라는 것을 알고 있다. 그러나 이 원칙은 우리에게 힘을 주고 협력하는 지혜의 시작이 되었다(Malaguzzi, 1993b).

레지오 에밀리아 교사들은 언제나 가장 먼저 자신들이 가지고 있는 유아의 이미지에 대해 이야기한다. 모든 유아는 개개인의 독특한 준비성, 잠재 능력, 호기심을 가지고 있으며, 관계를 형성하고 사회적 상호 작용에 몰입하는 데 흥미를 갖는다. 그리고 주어진 환경의 모든 것들과 협상하면서 자신의 학습을 구성해 나간다고 본다. 즉, 유아를 또래, 성인, 사회 · 문화적 환경과의 관계로부터 동기 유발되며 학습하는, 풍부한 잠재력과 권리를 가진 자율적인 주체로서의 '사회적 구성주의자' 로 본다. 따라서 학습은 가르치는 것이 아니라 학습 동기를 가진 유아와 좀 더 전문적인 자질을 가진 성인이나 또래 등의 문화 구성원과의 상호 관계를 통해 유아가 적극적으로 구성하는 것이라고 믿는다.

## 01_3 진정한 통합 교육 과정인가?

그간 유아교육에서 강조해 온 유아의 전인적 발달을 위한 '통합 교육 과정'은 진정한 통합이었는가? 보편적으로 유아 교육 현장에서는 통합 교육 과정 계획 시 한 가지 주제를 중심으로 여러 교과 영역의 활동들을 추출하고 연결하여 모자이크 하는 형태로 계획, 운영하는 경향이 있음을 부인할 수 없다. 학습은 '이해하는 것'이며 이해의 초점은 의미이다. 즉, 진정한 통합은 여러 교과 활동들을 단지 통합적으로 연결하는 것이 아니라 교육 과정 내용들을 유아가 이해할 수 있도록 '의미있게' 만들어야 한다. 따라서 유아들이 의미있게 학습하는 방법을 반성해야 한다.

레지오 교육은 다른 사람과 협력하여 사고하고, 계획하고, 평가하면서 학습하는 유아의 탐색 능력을 존중하고 지원하는 학습의 대명사로 불리운다.

유아교육과정의 변형 방향으로 레지오 에밀리아 접근법이 강조되는 이유는 무엇보다 협력적 상호 관계를 통해 몰입하는 유아의 학습과 교사의 역할에 있다. 첫째, 유아는 학습 과정에 스스로 몰입하여 반성, 재반성하면서 지식을 구성해 나간다. 이를 위해 교사는 문제를 해결해 주기보다는 협력적 상호 작용과 다양한 표상을 지원한다. 둘째, 교사들은 공동 협력자로서 매체, 상징화, 의사소통, 협의를 지원하는 방법과 자신들의 실천 행위에 대해 지속적으로 연구, 반성, 의사 결정한다. 이러한 프로제타지오네(Progettazione)를 통한 교사간 협력과 전문적 발달을 실천하고 있다. 이러한 과정에서 의미있는 학습은 물론 신체·언어·인지·정서·사회적 능력 발달이 통합되어 이루어지므로 Bredekamp과 Rosegrant(1995)는 '매혹적인 진정한 통합 교육 과정의 좋은 예'라고 표현하였다. 이는 궁극적으로 바람직한 유아교육과정의 변형을 위해 우리가 추구하는 학습의 방향이며, 교사가 지녀야 할 전문적 자질로서 포스트모던 비판적 사고에서 비롯된 유아교육의 재개념화로 해석된다. 이는 또한 오늘날 여러 나라에서 파급되고 있는 교육 개혁의 두 가지 경향과도 상통한다(Henderson & Hawthorne, 2000). 첫째, 학습자 스스로 적극적인 탐색자로서 지식을 구성하는 교수 학습을 강조한다. 둘째, 학교가 탐색 센터가 되어야 한다는 것으로 교사들은 규정된 행정, 정책, 지침 등에 단지 따르는 것이 아니라 매일 자신의 교수 학습 행위에 대해 사고하고, 반성적 가르침을 실천해야 함을 강조한다.

## 01_4 유아교사는 전문가인가?

"유아교사는 전문가입니까?"라고 물으면 교사들은 그렇다고 대답한다. "왜 전문가라고 생각합니까?"라는 질문에 대해서 일반적으로 교사들은 "남들이 하지 못하는 일을 할 수 있으니까…" 라며 말끝을 흐린다.

최근에 와서 전문가는 반성적 사고력과 실천적 지식을 가진 사람으로 인식된다. 즉, 자신의 행위가 과연 전문적으로 수행되었는지를 반성할 수 있어야 하며 이러한 반성을 할 수 있는 실천적 지식이 수반되어야 함을 말한다. 유아교사가 전문가라면 아니, 전문가가 되기를 원한다면 매일의 교육 과정 실천에 대해 비판, 탐구, 실험, 반성하는 반성적 탐구의 객관적 습관화가 필요하다. 이를 통해 전문적 문제 해결 능력과 자율성을 가질 수 있다. 아울러 반성하는 혜안을 가질 수 있는 실천적 지식 또한 중요하다. 여태까지 보지 못했던 새로운 변화를 원한다면 매일 곁에 두고 보는, 교사에게 익숙한 기술적·기능적인 지도 자료집이나 활동 책들이 아니라, 문헌을 찾고 새로운 이론을 어떻게 내 교실에 실용화할 수 있겠는지를 연구하고 반성, 적용하는 전문가적 자세가 요청된다.

반성적 탐구는 첫째, 협력적으로 수행될 때 잘 이루어진다. 둘째, 반성적인 교사는 정답이 없다고 믿기 때문에 '가르치는 행위를 예술'로 보며 확산적으로 사고한다. 셋째, 교사의 신념, 비판적 탐구, 전문적 의미 발달을 돕는 이야기를 공유한다. 마지막으로 어떻게 가르칠지를 계속적으로 학습하므로 스스로를 평생 학습자로 본다(Henderson, 1996). 이와 같이 반성적 탐구는 교사의 반성, 비판적 사고, 학습 공동체를 통한 계속적인 학습간의 상호 작용으로 가능하다.

레지오 접근법은 Malaguzzi와 지역사회 중심의 자문위원회에 의해 발달되어, 사회적 구성주의 철학과 이를 교육 현장에 구현하는 포괄적인 경험의 토대 위에, 지금도 Malaguzzi와 함께했던 주변의 능력 있는 교육자들에 의해 이론과 실제를 계속적으로 발달시키고 있다.

세계의 교육자들이 유아교육과정의 변형 방향으로 레지오 에밀리아 접근법에 초점을 두는 또 다른 이유는 레지오의 학습 공동체를 통한 접근에 영감을 받았으며, 그러한 협력 체제가 오늘날 질 높은 교육을 가능하게 한 원동력으로 평가되고 있기 때문이다(Edwards, Gandini, & Forman, 1998; Gorden & Williams-Browne, 2000).

레지오에 영감을 받은 가르치기에 대한 관점에서 관계를 통한 협력은 사회적 구성주의와 인본주의 심리학에 뿌리를 두고 있다. 성인 학습자들이 모여 경험한 바를 담론을 통해 공유하고 이론을 공동 구성하는 과정에 몰입하면서 사회적으로 구성되는 세계에 대한 신념과 그러한 과정에서 유아와 교사의 잠재 능력과 창의력을 실현하는 인본주의 이상을 연합한다.

사회적 구성주의 패러다임에서 교육 과정은 학습 공동체를 통해 '지금 무엇이 일어나는가'를 살피고 사회적 교환을 통해 '상호 창안해 가는' 전문적 협력과 교육 과정 변형을 모색한다. 미국에서도 학습 공동체를 구성하여 공동의 목표를 가진 교사들간 협력적, 반성적 상호 작용을 통해 유아교육과정의 변형을 모색한 학습 공동체 사례 연구들이 이루어지고 있다(Fu, Stremmel, & Hill, 2002). 교사들은 토의하고 반성하면서 새로운 관점과 문제 해결책을 창안해 나가는 학습 공동체에 참여하면서 교사들 스스로 변화의 실행자, 연구자, 활동자, 반성적 사고자로 변화해 간다.

레지오 접근법을 유아 교육 현장에 실천하기 위한 협력적 관계 속에서 교사간 대화, 반성, 재방문을 통한 상호 작용은 '가르치기의 예술(Eisner, 1994)'을 실천해 가는 '관계의 교육학(Garrison, 1997)'으로서 대화에서 발현되는 탐구 정신이 교사로 하여금 교수 학습 과정에 몰입하게 하는 높은 지적 열정을 불러와 교육의 질을 높인다. 이러한 학습 공동체를 통한 지적 열정은 국내 유아교사들이 평균 3년 정도(이영석, 1998), 미국의 경우 5년 이내(NASBE)에 교직을 떠나는 반면, 레지오 교사가 교직에 오래 머무는 이유로 평가된다.

## 01_5 부모는 유아 교육 기관을 선택 사항으로 보는가?

우리의 전통은 영유아를 보육하고 교육하는 일차적인 책임을 가정 내에만 두어 왔다. 따라서 영유아가 가정 밖에서 교육될 때 분리와 구분에 대한 기준이 모호하다. 일반적으로 부모들은 일단 대가를 지불하면 교육의 의무가 유아 교육 기관에 주어지고 아이가 가정에 있을 때 부모가 져야 하는 책임과 에너지를 줄일 수 있다고 느낀다. 따라서 기관과 함께 분담해야 하는 의무에 대해서 불편해 하기 때문에 협력적 관계 형성이 어렵다. 또 유아 교육 기관은 어떤가? 유아 교육 기관은 낮은 부모 참여율이 부모의 무관심에 있다고 인식하는 경향이 있다.

우리는 영유아기가 한 개체의 모든 발달에 있어 결정적 시기임을 잘 알고 있다. 만일 부모가 유아기를 다양한 관계가 필요하며 가능성이 많은 시기로 재개념화한다면, 초 · 중 · 고등학교, 대학까지를 반드시 거쳐야 하는 학교로 생각하는 것처럼 유아 교육 기관과 유아교육 프로그램이 가정과 차별화되면서 중요한 역할을 하는 곳으로 인식할 것이다.

유사한 논리로 부모의 기관 방문이 과연 진정으로 부모에게 유익하고 도움을 주는 일이었는지 기관은 반성해 보아야 한다. 사람은 이유없이 관계를 형성하지는 않는다. Katz(1994)는 레지오 학교에서 이루어지고 있는 교사-부모 파트너십 관계에 대해 흥미로운 가정을 했다. 부모가 참여하도록 하는 것은 레지오 학교의 좋은 교육의 질에서 비롯된 것이지, 단순히 높은 부모 참여의 결과로 학교의 질이 높아진 것은 아니라는 것이다. 즉, 교육의 질을 개선하려는 기관의 변형 의지가 부모를 학교로 끌어들인다.

레지오 교육에서는 부모가 교육의 세 요소 중 하나이다. 부모는 개인 · 소집단 · 학급 · 학교 단위의 모임을 통해 정기적, 비정기적으로 기관에 참여하여 유아교육에 대한 책임을 공유하고 아이디어를 통합하는 다양한 상호 작용 기회를 갖는다. 레지오 학교 교육 과정의 중심 원리는 상호 협의(negotiation)로서 교사, 유아, 부모, 지역사회 간 '관계에 기초한' 접근을 표방한다. 이러한 관계는 '협력' 하는 노력으로써 유아, 교사, 부모, 지역사회 구성원 간 학습 공동체를 구성하여 협의를 통해 학교 문제, 교육의 질, 학교 개혁, 의미있는 활동을 전개하고 토론한다(Rinaldi, 1998).

> … 새로운 세계와 새로운 인생에 대한 희망을 모두 자신의 아이에게 두었던 부모들은 자신의 손으로 아이들의 학교를 만드는 데 모든 것을 걸었다. 예전과는 다른 모습, 다른 방식으로 가르칠 수 있는 유아 학교 … 이러한 부모들의 생각은 아이는 무엇보다 진지하게 다루어져야 하며 믿어져야 한다는 경고였으며 유아의 가능성에 대한 왜곡에 대항하는 선언이었다 … (Malaguzzi, 1993a, 레지오 학교 설립에 대한 인터뷰 중).

1945년 레지오 에밀리아에서는 파시즘 독재 정권과 제2차 세계대전이 끝나자 당시의 압박감과 암울함에서 벗어나 보다 정의롭고 새로운 변화를 갈망한 부모들이 자녀들에게 보다 나은 교육 환경을 제공해야 한다는 데 뜻을 모으고 힘을 모았다. 레지오 에밀리아 학교들은 인구 148,000여 명의 소도시 레지오 에밀리아시에서 제2차 세계대전이 끝난 후, 부모들의 손으로 '탱크 학교' 를 지어 시작하였다. 유아들을 위한 질적인 교육을 갈망하는 부모와 지역사회 시민들의 운동과 열정에 의해 1960년대에 시립 체제화되었다. 시립 학교는 2002년 현재 영유아 센터와 유아 학교를 합하여 34개에 이른다. 내 아이, 내 기관 구분 없이 인간이 존중되는 비전 있는 세상을 소망했던 부모들의 열정이 만들어낸 레지오 에밀리아의 학교는 이제 세계 각지의 사람들을 불러들이고 있다. 이 같이 교육은 비전을 갖는 일이다. 따라서 변화하는 사회에서 교육은 계속적으로 변형되어져야 한다.

## 01_6 대학은 실용적, 실천적 지식 함양을 위해 노력하는가?

20세기 후반부터 학계에서 일고 있는 인식론적 변화는 실증 과학적 · 객관주의적 세계관에서 비롯된 교육의 획일적 · 전체주의적 관념을 부정하면서 최근 유아교육 분야에도 유아교육의 재개념화(reconceptualization)를 위한 패러다임 전환을 요청하고 있다(Kessler & Swadener, 1992). 이는 변증법적, 포스트모던적 접근으로서 현재까지 유아교육 실천 현장에서 일반화되고 보편화되어온 고정된 관점과 이론의 모순을 스스로 인식하고 비판하며 끊임없이 보다 나은 해석학적 · 실천적 · 변형적 · 생태학적 가치를 찾아나가는 노력을 제안한다.

오래 전부터 그리고 현재도 유아 교육 현장에서는 흔히 '이론과 실제는 다르다.' 고 말한다. 그러나 '이론과 실제는 다르지 않다.' 이론과 실제가 다르다는 말은 이론에서 의미하는 바를 해석하지 못하고 실제에 실천하지 못하는 것을 합리화하는 말이 아닐까? 고맙게도 이 말은 레지오 에밀리아 학교와 우리네 실천 현장에서 입증되고 있다. 레지오 교육자들은 지속적으로 다양한 이론을 읽고 해석하여 그 의미를 현장에 실천하면서 나름의 교수 학습 원리를 도출하고, 갱신하면서 교육 과정을 변형시켜 나가고 있다. 이는 곧 포스트모던적 사회적 구성주의의 실천이다.

그간 지속되어온 레지오 접근법의 국내 유아 교육 현장 적용에 대한 연구들(김은희, 1998, 2001, 2004; 김혜선, 2002; 김희연, 2003 등)은 최근 일고 있는 유아교육의 재개념화의 맥락에서 유아 교육 현장의 질적 변화와 기존 유아교육과정 변형을 위한 노력이라 할 수 있다.

이제 학계와 현장이 공조하는 학습 공동체를 구성하고 교수와 교사가 공동 연구자가 되는 참여 실천 연구(action research)를 통해 현 시대에 부합되는 교육 과정 변형을 시도할 때이다. Greene(1986)은 가르침에 철학을 갖는 것은 가르침의 의도 · 가치 · 목표에 대해 반성하는 것이며, 교육 과정에 철학을 갖는 것은 유아 · 교사 · 부모 등 교육에 관계된 사람들이 민주적으로 상호 협력하여 학습자의 흥미를 판단 · 숙고 · 탐구하는 것이라 하였다.

레지오 접근법을 토대로 기존 교육 과정을 변형하고자 하는 외국의 실천 연구들(Fraser & Gestwicki, 2002; Fu, Stremmel, & Hill, 2002; Fyfe, Cadwell, & Philips, 1998; Moran, 1998)도 지속적인 반성적 탐구와 학습 공동체의 역동성을 통해 사회적 구성주의 교수 학습과 학습자, 연구자, 실천자로서의 교사 역할을 학습하게 되는 체계적인 변형 결과를 보고하고 있다. 미국을 비롯한 외국에서는 레지오 접근법을 적용하기 위한 여정의 일환으로 이러한 학습 공동체를 통해 교사간 관계 형성 및 전문적 발달(Hill, 2002; Moran, 1998)뿐 아니라 학습 내용이나 물리적 환경(Fraser & Gestwicki, 2002; Haigh, 2004), 부모와의 '우리' 공동체 발달(Bersani & Jarjoura, 2002; Fyfe, Hovey, & Strange, 2004), 지역사회 연대(Fraser & Gestwicki, 2002), 통합교육 등 교육의 변화를 협상하고 유아교육에 질적 변화를 가져온 사례들이 다수 보고되고 있다.

## 01_7 학교는 기능을 다하고 있는가?

'유아 교육 기관은 학교입니까?' 라고 물으면, 일부 부모들은 어린이집이나 유치원이 '학원은 아닌 것 같은데 학교인 것 같지는 않다' 고 말한다. 그렇게 생각하는 이유는 다양하다. 그 중 하나는 '노는 시간이 많으니까' '놀면서 배우니까' 이다.

유치원과 어린이집은 '학교' 이다. 초 · 중 · 고등학교 제도와 동등한 보편 교육으로 되기 위해서는 정부를 비롯한 각계각층의 많은 협조와 노력이 있어야 하겠지만, 유아교육법과 영유아보육법의 테두리에서 교육의 대상인 영유아의 발달을 위한 교육 목표, 교수 학습 방법, 교육 과정이 있으며 국가로부터 자격증을 부여받은 교사들이 교육 활동을 수행한다. 그러므로 학교이다.

학교 교육은 그 기능면에 있어서 수직적 기능과 수평적 기능을 공히 가지고 있다. 학교는 그 두 가지 측면의 기능을 다하여야 한다. 그런데 흔히 교사, 부모, 학교 행정가들은 학교 교육의 목적과 기능을 수직적으로만 인식하는 경향이 있다. 즉, 학교는 미래의 인생을 준비하는 곳, 다음 학교에서의 성공적 적응을 준비하는 곳이라고 생각한다. 따라서 유치원은 초등학교를 위한, 초등학교는 중 · 고등학교를 위한, 중 · 고등학교는 대학을 위해 학문 중심 교육을 지나치게 강조하는 학교 교육 문화를 양산하고 있다. 유치원에 대한 부모들의 읽기, 쓰기, 셈하기 교육에 대한 요구는 심각한 현상을 낳고 있다. 이러한 과중한 학문 중심 교육의 문제는 총체적인 한국 교육의 문제로 부각되어 한 주간지에서는 '교육 망국, 사선에 선 아이들' 이라는 기사로 스스로 죽음을 선택한 아이들의 이야기를 보도하기도 한다. 이 문제에 대해 여기에서 깊이 논하고 싶은 의도는 없으나 우리 대학생들을 보면 우리의 교육이 잘 되고 있지 않음이 분명하다. 대학에 입학한 후, 학생들은 공부하지 않는다. 대학 교육은 미래에 대한 비전을 가지고 전문적 지식을 준비해야 하는 시기인데, 대학생들은 지쳐 있고 대학에 들어오기까지의 힘들었던 시절을 보상받아야 한다고 생각하는 것 같다. 더욱 중요한 것은 학문적 지식은 있으나 실천적 지식이나 사고하는 힘이 길러져 있지 않다는 것이다.

학교 교육은 수직적 기능뿐 아니라 수평적 기능을 할 수 있어야 한다. 즉, 현재 생활에 잘 적응할 수 있는 능력, 주변 세계를 이해하고 문제를 해결할 수 있는 능력을 기를 수 있어야 한다. 이를 위해서는 학습자 개개인에게 의미있는 학습, 의미있는 지식이 구성되어야 한다. 의미있는 지식은 학습자가 흥미나 관심을 갖는 것에 대해 즐겁게, 몰입하여 학습하는 기회를 통해 성취감과 만족감을 경험할 때 길러진다. 이러한 과정에서 학습하고자 하는 성향을 갖게 되며, 개인의 잠재 능력을 발견하고, 자신이 잘 할 수 있는 분야에 대한 전문적 지식을 길러 바람직한 사회 구성원으로 역할을 할 수 있게 된다.

Gardner의 다지능 이론에 따르면 인간은 서로 다른 잠재 능력, 즉 지능을 갖고 태어난다고 하였다. 서로 다른 개인의 지능이 채 경화되지 않은 유아기에는 유아의 잠재력이 어디에 있는지를 발견할 수 있는 프로젝트 학습 방식을 권장하고 있다. 개별 유아 모두가 서로 다른 자신의 잠재력을 공헌할 수 있는 학습 과정에서 개인의 능력은 발견될 수 있고 이후 교육을 통해 충분히 신장될 때 개인의 지능은 신장될 수 있다는 것이다.

현재 Gardner를 주축으로 하는 Project Zero 팀과 Reggio Children이 공조하여 레지오 학교의 프로젝트 학습 과정에서 유아들이 표상하는 학습의 흔적을 분석 · 연구하고 있다(Project Zero & Reggio Children, 2001). 특히 레지오 학습의 주요 원리인 협력적 학습과 다상징적 표상은 잠재력과 학습 능력이 다른 유아들 모두가 사회적 상호 작용하는 관계 속에서 생각을 표상, 재표상하고, 다양하게 표상하면서 학습을 심화, 확장시켜 나가는 과학적인 교수 학습 방법으로 인식되고 있다. 이러한 학습 과정에서 유아는 학습하고자 하는 성향을 기르며, 교사는 기록 작업을 통해 개별 유아의 잠재력 발견은 물론, 학습 지원 단서를 연구하는 자세를, 부모는 내 아이뿐 아니라 다른 잠재력을 가진 다른 아이들과의 상호 관계에서 상승 효과를 가져오는 협력 학습을 신뢰하고, 학교 교육에 참여하는 한 주체로 성장할 것이다.

## 02 레지오 에밀리아 접근법 개관

최근 유아교육에서 강조되는 사회적 구성주의 학습이나 이러한 인식론에 근간을 두고 강조되고 있는 교육 과정 활동들과 같은 맥락을 이루고 있는 레지오 에밀리아 접근법은 20세기가 끝날 무렵부터 21세기 초까지 유아교육과정 실제에서 가장 많이 언급, 논의되고 있으며(Gordon & Williams-Browne, 1996; 2000) 유아교육과정의 변형 모델로 제안되고 있다(Bredekamp & Rosegrant, 1995). 이러한 레지오 접근법은 '매혹적인 통합 교육 과정의 예(Bredekamp et al., 1995)' '개방교육의 좋은 모델(Gorden et al., 2000)' '주제 중심 통합 교육의 좋은 실천 사례(White & Coleman, 2000)' '발달적으로 적합한 실제의 좋은 모델(Kostelik, Soderman, & Whiren, 1999)' '세계가 추구하는 이미지에 부합되는 방향(Katz, 1994)' 으로 평가되고 있다.

'레지오 에밀리아 접근법' 은 이탈리아의 풍요롭고, 진보적인 지역에 있는 인구 약 148,000의 레지오 에밀리아시가 행정적, 재정적 지원을 하는 시립 유아 교육 체제이다. 시립 학교들은 질 높은 철학, 행정 조직, 교수 학습 방법, 교육 과정, 환경 등을 구성하고 있다. 현재, 21개의 유아 학교와 13개의 영유아 센터(2002년 현재)가 교육과 탁아 및 복지의 개념을 연합하여 정상아뿐만 아니라 특수아를 포함하는 높은 질의 종일제 프로그램을 운영하고 있다.

이 체제는 2차 세계대전 종결 후 정의롭고 새로운 사회의 건설을 위해 자녀들에게 보다 나은 교육 환경을 제공하고자 이탈리아 여성 조합(Union of Italian Women: UDI)을 중심으로 부모 공동 조합 형태로 시작하였다. 1968년에 시립화된 이래 프로젝트 학습, 발현적 교육 과정 운영, 다매체를 활용하는 다상징적 교수법, 사회적 상호 작용을 통한 협력 학습, 기록 작업의 교육적 활용, 부모 참여, 지역사회 공조 체제, 학습을 자극하는 물리적 환경, 전문적 교사 발달 및 현직 교육, 장애아 통합 교육 등 혁신적이고 모범적인 교육 방법을 계속적으로 개발, 실천해 오고 있다.

레지오 접근법은 유아를 또래나 성인, 사회 문화적 환경과의 관계로부터 동기 유발되며, 학습하는 풍부한 잠재력과 권리를 가진 주체로 보는 관점에 기초하여 인간의 존재 가치와 미래 지향적 목적 의식을 가진 부모 협동 운동으로 시작된, 학교의 의미있는 역사를 중시한다. 지역사회가 유아교육에 대한 공동 책임 의식을 갖는 사회 문화적 맥락 속에서 교육의 3요소인 유아 · 교사 · 부모 간의 협동, 사회적 관계 형성, 의사소통을 강조하는 '상호 관계를 통한 교육' 의 철학을 갖고 있다.

상호 관계를 통한 학습을 능동적 학습으로 보아 학습은 가르치는 것이 아니라 학습 동기를 가진 유아와 전문적 자질을 가진 문화 구성원들과의 호혜적(reciprocal) 상호 관계의 결과로서 유아가 적극적으로 구성하는 것이라 믿는다. 이러한 철학적 이념은 과학적 이론을 바탕으로 한 교사의 부단한 실험, 연구 정신과 어우러져 유아를 진정으로 존중하는 교육 원리와 실제를 실천하고 있다.

레지오 에밀리아 교육은 다양한 철학적 · 심리학적 이론에 기초하고 있으나 현재의 유아교육에 많은 영향을 준 Dewey의 이론, Piaget의 구성주의 학습 원리, Vygotsky의 사회 문화적 인식론, 유럽의 후기 Piaget 학파의 사회적 상호 작용주의 이론 등에 영향을 받았다. 그뿐만 아니라, 현재는 Bruner나 Gardner 등과 교류하면서 다중 지능 이론과 상징적 발달에 기초한 연구들이 이루어지고 있다. 레지오 학교의 교수 학습 방식은 상기한 과학적 교육 이론들을 부단히 연구하고 현장에 적용, 실천하면서 지속적인 반성과 분석에 기초하여 나름의 독특한 현장 실제를 구현해 오고 있다.

레지오 교수 학습의 근간이 되는 사회적 구성주의에서 지식이란 관계 체제 속에서 구성되는 것이다. 유아들이 단일 경험을 통해 학습한 것을 넓은 관계 체제 속에서 다시 읽고, 반성하고, 재방문하여 조직하는 과정을 통해서만 지식 구성이 가능함을 의미한다. 이는 유아를 지식의 적극적인 구성자로 보는 이미지에 근거하며, '레지오 접근법'의 철학과 실천에 근간이 되고 있다. 이러한 이론적 토대 위에 협력적·사회적 상호 작용과 다양한 교수 매체를 통한 상징적 표상을 학습의 수단으로 활용하는 다상징적 교수법에 체계적으로 초점을 맞춤으로써 유아의 지적 발달을 도모하고 있다.

유아들은 주로 소집단 프로젝트 활동을 통해 주제를 탐색해 나가는 과정에서 다양한 교수 매체를 활용하여 표상, 재표상, 다양하게 표상하는 상징화 주기를 거치면서 스스로 토의하고, 상징을 발명, 창안하여 의사소통함으로써 의미를 구성, 재구성, 학습한다. 교사는 학습 과정에서 지속적으로 유아들의 탐색 활동뿐 아니라 유아간 언어적 상호 작용 내용과 표상물들을 기록화한다. 이를 토대로 교사들간 계속적인 협의를 통해 이후 학습 방향을 발현시키고 개별 유아의 ZPD를 고려하여 협력 학습과 표상을 적절히 지원함으로써 유아들과 함께 지식을 공동 구축해 나간다. 이러한 융통성 있는 프로제타지오네를 통해 발현적 교육 과정을 운영한다.

그 외 유아, 교사, 부모 간의 상호 관계를 강조하는 철학적 이념에 따라 함께 모이는 중앙 공간(피아자: piazza), 정보를 알리는 벽면, 기록화를 위한 아뜰리에, 프로젝트를 위한 미니 아뜰리에, 가시 범위를 확장시키며 동시에 공동체 의식을 갖게 하는 유리벽, 자연적·전기적 빛을 활용한 물리적 환경을 구성하고 있다. 뿐만 아니라 공동 교수(co-teaching) 제도, 교사간 모임, 부모-교사 간 모임, 페다고지스타(pedagogista) 팀, 표상 활동을 지원하는 미술 교사(atelierista), 가족 단위 모임, 학교 단위의 지역사회 이사회와 같은 인적 환경의 상호 교환 기제 또한 조직하여 상호 작용과 의사소통을 강화함으로써 서로의 아이디어와 행위를 창안, 학교 교육을 위해 연합해 나간다.

가장 알아보기 쉬운 다람쥐

줄무늬 다람쥐 얼굴에는 줄이 잘 안 보였는데…

다람쥐랑 비슷해 보여. 얼굴을 아래로, 다리는 옆으로 하면 좋을거야.

입 옆에 털을 그리자.
다람쥐, 5세

레지오 접근법은 이미 유럽에는 1979년 이후 많이 알려져 왔고, 1980년대 후반부터 미국에 소개되기 시작하였다. 1991년 12월 『Newsweek』지는 이탈리아, 레지오 에밀리아의 Diana 학교를 세계 최고의 유아 교육 기관으로 선정하였다. 1981년 스웨덴의 스톡홀름에서 시작된 유아들의 학습 과정에 대한 전람회는 유아교육에 대한 커다란 희망을 전 세계에 퍼뜨리는 계기가 되었다. 이후 세계를 돌면서 있었던 전람회에 대한 긍정적 반향과 국제적 인정 및 교류들은 레지오 접근법의 가치에 대한 높은 인식을 보여주고 있다. 유럽 및 미국에서 지속되어온 레지오 접근법에 대한 관련 연구 및 보고서들을 살펴보면 최근 이탈리아, 유럽, 호주, 동부 아시아, 미국 전역뿐 아니라 세계 유아교육자들의 주목을 받으며 교육의 질적 변화를 위한 참조점이 되고 있다.

1992년, 1993년에는 레지오 에밀리아 유아 교육 체제와 설립자인 Loris Malaguzzi에게 국제적으로 권위 있는 상이 주어졌고, NAEYC에서는 1994년 레지오 학교를 유아 학습 센터의 모델로 인정하였다.

Wayne 주립대학교와 Merrill-Palmer 연구소는 레지오 에밀리아의 아이디어를 재창안, 해석하기 위해 연 4회 출간되는 『유아교육의 혁신: 세계적인 레지오 상호 교환(Innovation in Early Education: The International Reggio Exchange)』을 1992년 가을에 첫 출판하였다.

전세계로부터 증가하는 관심과 상호 교환 및 정보에 대한 요청에 응하기 위해 1994년 봄에는 Reggio Children이, 1994년 가을에는 Friends of Reggio Children이 조직되었다.

2002년에는 북미를 중심으로 북미 레지오 에밀리아 연합(North America Reggio Emilia Alliance: NAREA)이 설립되었다.

찰흙으로 만드는 3차원 표상–사람 세우기

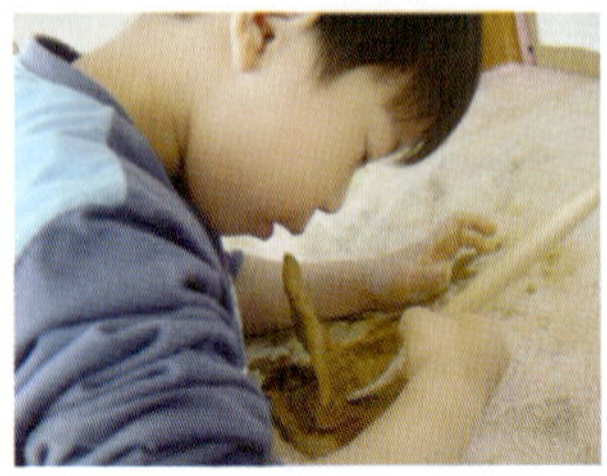

## 03 유아교육과정의 변형 방향

레지오 학교의 유아들은 스스로 몰입하는 프로젝트 학습, 기록화를 활용한 과정 중심의 평가, 지식을 구성해 가는 과학적 탐색과 표상 전략, 유아간 의사소통을 통해 학습한다. 이를 위해 교사들은 부모, 교사들과 학습 공동체를 통해 사회적 · 상징적 과정에 대해 토론하고 연구하면서 지원한다. 학습은 '이해하는' 것이므로 교육 과정 통합은 여러 교과 영역의 내용을 단지 조합하는 것이 아니라 유아에게 '의미있게' 만드는 전략임을 전제하여 Bredekamp 등(1995)은 레지오 에밀리아 접근법을 궁극적으로 유아들의 잠재력을 확장시키는 유아교육과정의 변형 모델로 예시하였다. 이러한 학습은 협력적 상호 작용과 다상징적 표상이 내재된 유아, 교사, 부모, 일반 대중간의 협상 학습(negotiated learning)(Forman & Fyfe, 1998)으로서 최근 유아교육에서 강조되는 사회적 구성주의를 실천한다.

이러한 학습 과정에서 유아들은 심화된 학습, 정보 활용 능력, 과학적 · 비판적 사고, 건설적인 대화와 토의에의 몰입, 개인과 사회 및 환경에 대한 이해, 개인의 잠재력 증진 등 미래 지향적인 태도, 가치, 능력 등을 배운다. 이는 유아교육자들이 일반적으로 합의하는 **미래의 유아상**(Kostelik, Soderman, & Whiren, 1999)이며, 학습 내용보다는 의미에 학습 결과보다는 과정에 초점을 두는 **미래 유아교육과정 유형**(Ornstein & Hunkins, 1998)과도 같은 맥락을 이룬다.

특히, 레지오 에밀리아 교육에서 민주적인 교육 공동 협력 체제의 실천, 기록 센터(documentation center)를 통한 교사간 전문적 현직 교육, 프로젝트를 통한 전문적 지식 및 민주적 성향의 함양, 표상 · 기록 패널 · 물리적 환경에서 볼 수 있는 예술적 심미감, 이탈리아 특유의 아름다움과 미학이 강조되는 문화적 민족주의의 실천, 매체 재활용 센터를 통한 환경 친화적 인식과 창의적 가능성, 기술 공학 매체의 교육적 활용, 전자 정보 기술이 활용되는 기록 작업 등은 **미래 사회가 추구하는 방향**이 교육 과정에 잘 적용되고 있는 부분들이다. 현재 유아교육에서 특히 부족한 기술 공학, 전자 매체, 심미감, 예술적 요소들을 교육적으로 활용함으로써 유아교육과정을 과학화하고 있다.

Fraser와 Gestwicki(2002)는 레지오 접근법을 '세계적인 발현적 교육 과정'이라 표현하였다. 실로 우리나라뿐 아니라 전 세계가 레지오 접근법을 또 하나의 외국 프로그램이 아니라 교육 과정의 최근 동향으로 인식하고 적용하고자 하는 데는 이같은 몇 가지 공유 이해에서 비롯되는 듯하다.

레지오 접근법은 유아교육의 역사 이래 우리가 중시해 왔던 아동 중심, 흥미 중심, 경험 중심, 놀이 중심, 활동 중심 등의 개념을 배제하지 않으면서 그 진정한 의미를 다시금 재고하고 유아의 잠재력을 확장시킬 수 있는, 기존 교육 과정의 변형 방향을 지적해 주고 있다.

또한 최근 유아교육에서 강조되고 있는 창의성 발달 프로그램, 총체적 언어 활동, 프로젝트 중심 학습, 다문화 교육, 과학적 탐색 활동, 장애아 통합 교육 등 여러 가지 새로운 교육 과정 접근을 유아 교육 현장으로 통합하여 실천하는 좋은 모델이 되고 있다.

유아교육과정의 변형 방향으로 레지오 에밀리아 접근법이 강조되는 이유는 무엇보다 유아간 협력을 통한 의미있는 학습과 교사 간 역할에 있다. 이는 궁극적으로 바람직한 유아교육과정의 변형을 위해 우리가 추구하는 학습의 방향이며, 교사가 지녀야 할 전문적 자질로서 이를 레지오 학교에서 잘 실천하고 있다.

이는 오늘날 파급되고 있는, 첫째, 학습자가 적극적인 탐색자로서 스스로 지식을 구성하여 의미를 만들어 가는 교수 학습 행위, 둘째, 학교는 탐색 센터가 되어야 한다는 교육 혁신의 두 가지 경향과도 상통한다(Henderson, 1996; Henderson & Hawthorne, 2000). 교사들은 정해진 행정, 정책, 지침 등에 단지 따르는 것이 아니라 매일 자신의 전문적 행위에 대해 사고하는 반성적 교수를 실천해야 함을 강조한다. 교육 과정은 유아간, 유아와 교사 간 상호 작용에서 그리고 교사들간의 대화와 반성으로부터 발현된다(Jones & Nimmo, 1994). 교수 행위의 대인관계를 강조하는 Vygotsky(1978)의 이론에 따라 학습은 대인 관계를 통해 이루어지며 협력적이라는 신념이 레지오 에밀리아의 교사들에 의해 예증되고 있다(Gordon et al., 1996; 2000).

이러한 이유에서 세계는 레지오를 향하여 '개방 교육의 좋은 예' '진정한 통합 교육의 실천 사례' '발달에 적합한 실제의 모델' '세계가 추구하는 이미지' '세계적인 발현적 교육 과정' 등으로 평가한다. 레지오 에밀리아 접근법은 20세기가 끝날 무렵부터 21세기 초까지 유아교육과정 실제에서 가장 많이 언급, 논의되고 있으며(Gordon et al., 2000) 유아교육과정의 변형 모델로 제안되고 있다(Bredekamp & Rosegrant, 1995).

이상에서 살펴본 바와 같이 레지오 접근법이 진정으로 개인을 존중하여 유아의 잠재능력과 미래 지향적인 성향을 발달시켜 나가는 유아교육과정의 변형 모델로 간주될 수 있다면, 우리의 기존 유아교육 체계를 재구조화해 나가기 위해 레지오 교육에 내재해 있는 사회적 구성주의 가치, 태도, 실천을 우리네 유아 교육 현장의 맥락에서 연구, 반성, 적용하는 과정이 요청된다 하겠다.

레지오 에밀리아에서는 현재 기록 센터를 중심으로 연간 평균 107시간에 달하는 교사교육을 하고 있으며, 끊임없이 교사들간 협력적으로 실천 행위를 공유하고 평가하면서 교사의 전문적 발달을 도모하고 있다(Edward et al., 1993). 이러한 협력적 학습 공동체를 통한 지원 체제가 오늘날 높은 질의 교육을 가능하게 한 원동력이라 할 수 있다. 미국에도 레지오 접근법의 적용을 통해 유아교육과정의 변형을 모색하는 학습 공동체(Fyfe et al., 1998; Moran, 1998; Tertell, Klein, & Jewett, 1998)가 활성화되고 있다.

올챙이 탐색

올챙이 탐색 후 그리기

올챙이 관찰

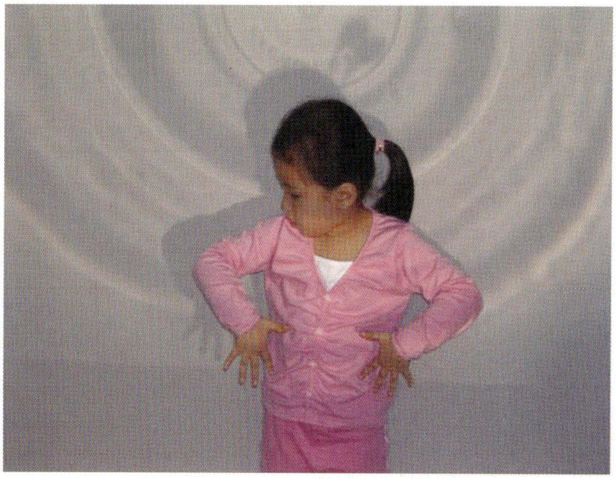

OHP 배경을 이용하여 몸으로 올챙이 표현하기

## 올챙이를 다시 돌려 보내요

다 자란 올챙이를 돌려 보내러 공원으로…

올챙이를 놓아주자

자연으로 돌아간 올챙이

비가 많이 오는 열대우림, 5세

# Chapter 2

질 문

01 변화는 어떤 특성을 갖고 있는가?

02 교육 과정 변형을 위해 가장 필요한 것은 무엇인가?

03 왜 교사의 반성적 사고가 중요할까?

04 기존 교사교육의 문제점은 무엇인가?

05 교사교육을 통해 교사의 사고와 관심 수준은 어떻게 변화되는가?

06 교사들간 상호 협력하여 구성해 가는 프로젝트 경험에서 교사는 어떻게 변화해 가는가?

07 레지오 교육을 현장에 실천해 나갈수록 교사의 질문이 늘어나는 것은 당연한 것인가?

08 실천 현장에서 생겨나는 교사들의 질문은 어떻게 해결해 나가야 할까?

09 멘토링의 진정한 역할은 무엇일까?

10 왜 레지오 교사들은 이직율이 낮을까?

# 교육 과정 변형을 위한 전제와 시작 그리고 비전

포스트모더니즘이 지향하는 공동체적 공존의 윤리는 공동의 목표를 가진 구성원들간의 다양하고 이질적인 접근을 수용하는 협력적 상호 작용을 통해 사회적으로 구성되는 지식을 강조한다. 유아, 교사뿐 아니라 가정과 지역사회 나아가 생태계 전반과 문화의 역할이 강조된다. 사회적 구성주의 패러다임에서 유아교육은 되어가는 인간(humans as becoming)과 만들어 가는 지식(knowledge in the making)을 중시하는 협상 학습(negotiated learning), 발현적 교육 과정(emergent curriculum)으로 구현되며, 변형 지향적인 교육 과정(transformative curriculum)을 추구한다.

변형 지향적 교육 과정 개혁 노력은 실천 연구를 통해 시작될 수 있다. 학습 공동체 개념은 학교, 교사, 교육 과정 리더에 의한 실천 연구, 의사소통, 지원을 통해 실현되는 철학이요 가치이다. 변화를 원하는 학교장과 구성원 모두가 실천 연구에 몰입하는 과정은 교육 과정 변형을 주도하는 적절한 방법이다. 이러한 실천 연구는 학교를 개선시킨다는 사실이 입증되고 있다.

달리는 사람, 5세

Action Research
Learning Community
Transformative Curriculum

## 01 교육 과정 변형의 전제

### 01_1 변형의 전제

'교육 과정'에 철학을 갖는 것은 유아, 교사, 부모, 교직원 등이 민주적으로 상호 협력하여 학습자의 교육적 흥미를 판단, 숙고, 탐구하는 것이라 하였다(Greene, 1986).

이러한 교육 과정에서는 교사의 교수 학습 행위를 역동적으로 보아 매일의 실천에 대한 교사의 반성적 재고와 실천적 지식이 강조된다. 반성력과 실천적 지식은 대인간 상호 관계를 통해 사회적으로 구성되므로 교사간 학습 공동체를 통한 전문적 협력이 강조된다.

**'변형'**은 기존의 신념이나 사회 구조에 대립하는 변화의 하위 개념으로 기존 교육 과정을 전체적으로 새롭게 대체하는 것이 아니라 바람직한 방향으로 **점진적으로 재구조화**해 나감을 의미한다. 교육 과정 변형은 변화에 몰입하는 마인드와 계속적으로 성장하는 삶을 사는 아이디어가 상호 관련되어, 교육 패러다임에 질적인 수정을 가져온다.

실제 국내 유아 교육 현장에서도 레지오 접근법에 대해 높은 관심을 가지고 있어 대학, 학회, 기관 차원의 **교사교육**이 빈번히 이루어지고 있다. 그러나 실제 교사의 변화에 대한 신념, '레지오 접근법'에 대한 실용적 비판적 재고, 실천적 지식, 실천에 대한 반성적 사고 과정 없이 무분별하게 '레지오 접근법'의 현장 적용을 표방하고 있는 실정이다. 이는 교육 과정의 변화를 위해 전제되어야 할 요건이 충분히 수반되지 않고 있음을 의미한다(Sowell, 2000; Fullan & Stiegelbauer, 1991).

**학교 개혁을 가져온 학교 문화**의 특징은 변화 참여자 간 인간적 관계의 신뢰를 바탕으로 교육 과정·교수 학습 행위·학생·학교 풍토·평가 등에 대한 광범위한 숙의가 이루어진다. 구성원들은 신념을 가지고 학교 운영·가르치는 행위·학습의 의미와 수행에 대해 탐구하고, 협력적으로 문제를 해결하고 의사 결정하는 가운데 지식이나 전문성에 대해 공유된 권한을 가질 때, 돌봄의 윤리에 기초한 실천이 가능해진다. 이외에도 모든 구성원들이 목소리를 내는 분위기 등이 지적되고 있다(Lieberman, 1995; Lieberman & Miller, 1990). 이는 Henderson과 Hawthorne(2000)의 **변형 지향적 학교가 가져야 하는 신념**과 유사하다. 변형 지향적 교육 과정 리더는 교육적 비전, 체계적 개혁, 협력적 관계, 도덕적 주창, 적극적 지식 구성자로서 기존의 교육 과정, 물리적 환경, 행정, 지역사회, 사회 조직에 대응하여 돌봄의 윤리와 책임감을 가지고, 신념과 현실 간 창의적 긴장을 창조해야 한다(Senge, 1990).

궁극적으로 교사가 전문적 문제 해결 및 자율성을 갖기 위해 교육 과정 실천에 대해 비판, 탐구, 실험, 반성하는 반성적 탐구의 객관적 습관화가 필요하다(Henderson & Hawthorne, 2000; Schon, 1983).

반성적 탐구는 첫째, 협력적으로 수행될 때 잘 이루어진다. 둘째, 반성적인 교사는 정답이 없다고 믿기 때문에 가르침을 과학이 아니라 예술로 보며 확산적으로 사고한다. 셋째, 교사의 신념, 비판적 탐구, 전문적 의미 발달을 돕는 이야기를 공유한다. 마지막으로 어떻게 가르칠지를 계속적으로 학습하므로 스스로를 평생 학습자로 본다(Henderson, 1996). 이와 같이 반성적 탐구는 교사의 반성, 비판적 사고, 계속적인 학습간의 상호 작용으로 가능하다.

Henderson과 Hawthorne(2000)은 **학교 변형을 위한 공동체 활동 전략**으로 참여 민주주의 원칙, 돌봄의 원리, 탐구와 숙고에 대한 개방성을 들었다. 포스트모더니즘의 정신에서 거부·도전·확장·세련시키는 **반성**

**적 탐구**를 위한 창의적(Creative) 탐구, 돌봄(Caring)의 탐구, 비판적(Critical) 탐구, 관조적(Contemplative) 탐구, 협력적(Collegial) 탐구의 **5C 지침**을 제안하였다.

Henderson(1996)은 교사의 반성적 실천을 지원하는 협력적 상호 교환, 모델링, 코칭, 감독, 멘토링의 5 **가지 협력적 상호 작용 전략**을 제시한 바 있으며, 이러한 협력적 상호 작용 과정에 참여함으로써 교사는 실용적 재고, 개인적 · 전문적 지식에 대한 비판적 추론, 비판적 몰입과 같은 반성적 사고를 하게 된다고 하였다.

나아가 지속적인 교육 과정 변형을 위해 교사간 **'학습 공동체'**를 형성하여 공동의 실천에 대해 반성적으로 의사 결정하고 문제를 해결해 나가는 전문적 협력이 필요하다. 전문적 협력을 통해 교수 학습 과정에 대한 이해를 증진시키고 유아를 위한 학습 개선을 도모하며 개인적-전문적 성장 과정에 도움이 되는 노력이 도출된다. 역동적으로 변화하는 전문직의 한 구성원으로서 협력하고자 하는 노력은 초임, 경력을 막론하고 교사가 갖추어야 하는 요건이다(Gorden et al., 2000; Parkey & Stanford, 1998). 의사 결정 과정에 참여함으로써 교사는 상황에 민감하게 되며, 대안을 모색하여 적용하고 관찰하면서 실용적으로 재고(pragmatic reconsideration)하게 된다. 뿐만 아니라 의사 결정을 위해 필요한 개인적-전문적 지식에 대해 계속적인 비판적 추론(critical reasoning)과 비판적 몰입(critical engagement)과 같은 형태의 반성적 사고를 하게 한다(Henderson, 1996). 이는 성인 학습 이론으로 반성을 중심 과정으로 하여 의사소통 학습을 장려한 Mezirow의 전환 학습론이나 학습자와 교육자가 함께 공동으로 참여하여 상호간 의사 교환을 통해 지식의 전환을 만들어가는 Freire의 의식화론(권두승, 2000; 홍기형 · 이화정 · 변종임, 2001)과도 일맥상통한다.

학교 교육의 변화를 계획, 실행할 때는 변화에 대한 이해, 개방적 의사소통뿐만 아니라, 변화에 대한 개인의 의미 발달을 위한 교사교육, 실천의 어려움과 문제점을 분석하고 재고해 나가는 재교육, 전문가 지원을 통한 전문적 발달, 시간 · 인력 · 환경 · 매체 · 자원 등의 지원이 전제되어야 한다(Sowell, 2000). Fullan 등(1991)은 **교육의 변화를 위한 전제**로서의 3R, 즉 변화에 대한 교사의 이해와 필요 및 실천적 지식이 통합되는 관련성(Relevance), 교사와 기관의 준비성(Readiness), 변화를 위해 지원되는 시간 · 인력 · 매체 · 재정 등의 자원(Resources)을 강조한 바 있다. 또한 교육 과정의 변화 실천을 위한 능동적 주도와 참여, 적절한 압력과 지원, 행동과 변화에 대한 신념, 오너십을 들었다. 이는 Ornstein과 Hunkins(1998)가 제안한 변화 수용성 증진을 위한 전제와도 유사하다.

**변화는 본질적으로** 불확실성과 혼란을 담은 학습의 과정이며(Fullan & Miles, 1992; Katz, 1994; 2004) 오랜 시간에 걸쳐 점진적, 지속적으로 이루어진다(Hord, 1987; 1992). 개인이 변화되어야 하므로 개인의 욕구와 상황에 맞게 지원되어야 한다(Fullan, 1991). 변화는 계속적인 여정이지 청사진이 아니므로, 문제를 당연하게 받아들이고, 문제를 해결하는 개방적 상호 작용이 필요하며, 변화 실천자의 수준에서 미시적으로 시작된다.

변화는 새로운 지식에서 나오지만 새로운 지식은 변화를 위해 충분하지 않다. 현재 국내에서 이루어지고 있는 이론 중심의 소개나 제시형의 교사교육만으로 교육 과정은 변화될 수 없으며, 교사가 변화에 관심을 가지고 이해하며 어떻게 변화시켜야 하는지를 알아야 하고, 반성적 사고와 문제 해결 정위(定位)에 기초한 **실천적 지식**이 수반되어야 한다.

변형 지향적 교육 과정 개혁 노력은 구체적인 **참여 실천 연구**를 통해 시작될 수 있다. 학습 공동체 개념은 학교, 교사, 부모, 교육 과정 리더에 의한 실천 연구, 의사소통, 지원 구조를 통해 실현되는 철학이요 가치이다. 변화를 원하는 기관장과 구성원 전원이 실천 연구에 몰입하는 과정은 교육 과정 변형을 주도하는 적절한 방법이다. 이러한 실천은 유아교육자가 기꺼이 감당해야 하는 개인적이고 전문적인 여정이며, 실천 연구는 학교를 개선시킨다는 사실이 입증되고 있다 (Stringer, 2004; Mills, 2004).

미국을 비롯한 각국에서도 학습 공동체를 구성하여 공동의 목표를 가진 교사들간 협력적 · 반성적 상호 작용을 통해 유아교육과정의 변형을 모색한 실천 연구들이 이루어지고 있다(Fyfe et al., 1998; Goldhaber & Smith, 2002; Moran, 1998; Oken-Wright & Gravett, 2002; Stremmel et al., 2002). 교사들은 교사교육, 집단 모임, 교사간 지원, 현장 방문, 시범 현장 관찰, 전문가 지원, 교육과정 협의과정(Progettazione) 등을 통해 교수 학습 이론, 교실 상황, 유아, 기록화 전략의 발달과 실천에 대해 토의 · 반성하고 새로운 관점과 문제 해결책을 창안해 간다. 이러한 실천 과정에서 교사들 스스로 변화 실행자, 연구자, 활동자, 반성적 사고자로 변화해 가는 변형 결과를 보고하고 있다.

이에 반해 국내에서는 레지오 접근법에 대한 현장의 관심은 고조되어 있는 반면, 현장 교사가 주체가 되어 반성하고 실천하는 노력이나 문화는 부족하다. 최근 유아교사의 전문적 자질 함양을 위한 교사의 반성적 사고와 실천적 지식을 강조하는 교사교육 방안에 대한 연구는 활성화되고 있다(박은혜, 1999; 윤선영 · 류칠선 · 지옥정, 2000; 조형숙, 1999; 지옥정 · 윤선영 · 류칠선, 2001). 이러한 연구들은 현장 교사, 예비 교사들과 함께 반성적 사고를 기르는 실천 연구의 형태를 이루고 있으나, 교사 개인이 현장에서 경험하는 상황이나 교수 행위에 대해 스스로 반성과 성찰하는 연구 사례는 김은희(2001), 윤선영 등(2000), 지옥정 등(2001)에 불과하다. 유아 교육 현장에서 기존 교육 과정의 변형을 위해 기관 구성원 전원이 참여하여 지속적인 학습 공동체를 시도하는 참여 실천 연구 사례는 김은희(2001) 외에는 찾아보기 어렵다.

교육의 실제적이고 지속적인 변화는 국가 행정 차원의 거시 수준, 기관 차원의 중간 수준의 변화보다는 교사 차원의 미시 수준에서 시작되어 관료적이 아니라 유기적으로 일반 교사가 통제하고 실행할 수 있어야 한다. 그러므로 교육 과정 변화의 주체가 되는 교사에 초점을 두어 미시 → 중간 → 거시 수준으로 확장 · 연대되어야 한다. 뿐만 아니라 기존 유아교육과정이 가지고 있는 가치, 이념, 실제의 맥락과 최근에 제기되는 유아교육 재개념화의 필요성 및 교육 과정 변형의 점진적인 본질 및 교수 학습의 역동성에 비추어 볼 때, 사회적 구성주의 패러다임의 지속적인 학습 공동체 구성과 참여 실천 연구의 필요성이 부각된다.

## 01_2 변형의 실천

1994년 레지오 접근법의 국내 첫 적용 이후, 본 저자(김은희, 1996; 1998; 1999; 2001; 2002a; 2002b; 2003; 2004)와 유아교육과정의 원만한 변형을 원하는 현장들은 레지오 접근법을 변형 방향으로 설정하고 참여 실천 연구 방법으로 사회적 구성주의 패러다임의 연구, 반성, 적용, 재적용을 실천해 왔다.

우리는 교육 과정의 변형을 위해 기존 교육 과정을 새롭게 대체하거나 레지오 접근법을 그대로 차용하는 것이 아니라 국내 현장에 맞도록 적용하면서 점진적으로 변형해 가는 수용 자세를 강조하였다.

1996년 레지오 접근법의 국내 현장 적용 가능성을 입증, 교수 학습 원리를 정립해 보았고, 1998년 연구에서는 미시 · 중간 · 거시 수준별 현장 변화의 방향을 제안하였다.

1999년 연구에서는 지역사회와 대학과의 공동 협력 체제 구성의 필요성과 구성 방안을 제안하였다.

이후 현장과의 참여 실천 연구를 통해 교사의 반성적 실천력 함양을 위한 협력적 교사교육과 기관간 학습 공동체를 운영하면서 미시 수준의 교사 차원에서 사고 변화와 교육 과정의 변형 내용을 탐색, 보고하였다(김은희, 2001).

2002(b)년에는 레지오 접근법에 토대를 둔 관계에 기초한 교육 과정을 적용하는 과정에서 공격성, 정서 불안, 상호 작용 기피증, 기관 생활 부적응, 학습 지체 등 유아들의 부적응 행동이 개선되어 가는 사례들을 발표하였다.

기관내 학습 공동체를 시도하면서 예비 연구로서 중간 수준인 기관 차원의 교육 과정 변형 내용을 일차 탐색한 바 있으며(김은희, 2002a) 정보화를 지향하는 교육 환경의 변화를 감안하여 웹상의 레지오 인터넷 커뮤니티를 개발, 다학문적 학습 공동체 운영(김은희, 2003)을 시도하였다.

이어 2004년에는 학습 공동체 문화 형성을 위한 체계적인 접근을 통해 협력적 교사교육과 기관간 학습 공동체를 경험하고, 기관내 학습 공동체와 다학문적 학습 공동체에 참여한 기관과 교사들과의 참여 실천 연구를 통해 기관 차원의 중간 수준에서 교육 과정 적용 수준과 변형 내용을 분석, 발표하였다. 이러한 변형 실천이 통합되어 2005년 7월, 현장과 대학이 연대하는 거시 학습 공동체가 구성되었다. 그간 우리의 여정을 재방문해 보고자 한다.

나무늘보가 있는 정글, 5세

## 02 협력적 교사교육을 통한 실천적 지식과 반성적 사고력 기르기

유아 교육 기관에서 교수 학습은 매일 구성되는 '창조의 행위'이며 유아교사는 유아와 마찬가지로 구성주의자(Jones, 1994)라고 한다. 교사가 유아의 학습과 자신의 실천 행위에 대해 반성적으로 사고하는 과정은 교수 학습의 구성주의적 실천으로서 능동적인 학습이 이루어지도록 하는 의도적이고 사려 깊은 교육 활동이다. 이러한 유형의 전문적 서비스를 교육 혁신의 방향으로 보고 있음은 앞서 지적한 바 있다.

전문적 교사는 지속적으로 어떻게 가르치는 것이 더 효율적인가를 연구하면서 계속적으로 자신의 실천 행위에 대해 반성하는 사람이라 하였다(Schon, 1983). 유능한 교사는 반성과 문제 해결 정위에 기초하여 실천적 지식을 사용하며(Parkey et al., 1998) 이러한 반성 과정은 교사의 전문적 성장을 가져온다(Henderson et al., 2000). 유능한 교사가 교실에서 매일 일어나는 문제를 해결할 수 있는 적절한 실천적 지식을 이끌어내어 행동으로 옮길 수 있는 사람이라면, 교사교육도 이러한 능력을 발달시킬 수 있는 방향으로 구성되고 전개되어야 한다.

유아교사 교육에서 반성적 사고가 강조되어야 하는 이유는 교사의 사고 과정과 신념 체계가 교수 활동에 큰 영향을 미치고, 교수 행위는 매우 불확실한 실천 행위이며, 유아교사가 지녀야 하는 지식은 이론을 현장에 적용하는 실천적 지식이라는 교직의 특성 때문이다(박은혜, 1996). 여러 전문 연합회(NBPTS, INTASC)에서 제시하고 있는 유아교사의 자격 기준에서도 교사는 경험을 통해 배우고 자신의 선택과 교수 학습 행위에 대해 계속적으로 평가하며 체계적으로 사고하는 반성적 실천자가 될 것과 교사간의 협력적인 학습 공동체를 구성하도록 하는 내용을 포함하고 있다(Parkey et al., 1998).

협력적 의사 결정을 통한 반성 과정은 결국 교사 자신에 대해서 메타 인지적 성찰을 가져와 교사들은 그 과정에서 교직에 대한 소명 의식(Calling), 유아에 대한 돌봄의 윤리(Caring), 교사로서의 창의적 능력(Creativity), 실용주의적 반성과 비판적 실험 행위에 대한 중심성(Centeredness)과 같은 4C 지원을 받게 된다. 교사는 자신의 교수 행위에 대한 비판적 실험에 계속적으로 몰입함으로써 결국 자신의 실천에 대한 근원을 인식하게 된다는 것이다(Henderson, 1996; Henderson et al., 2000). 공동의 가치와 목표를 가진 교사들이 함께 협력함으로써 전문가적 인식 또한 증진시킬 수 있다.

최근 국내에서도 유아교사의 전문적 자질 함양을 위한 교사교육 방법으로 교사의 반성적 사고와 실천적 지식을 강조하는 교사교육 방안에 대한 연구가 활성화되고 있다. Henderson(1996)은 교사들이 반성적 실천을 지원하고 격려하는 전문적 협력에 몰입하도록 하는 5가지 협력적 상호 작용 전략을 제시하였다. ① 변형에 유관한 지식이나 정보 공유 시 상호 몰입하여 자유롭게 의사소통하는 협력적 상호 교환(collaborative exchanging), ② 특정한 교수 실천을 동료들에게 시범 보이는 협력적 모델링(collaborative modeling), ③ 보다 경험있는 전문가가 기술이나 절차에 대한 구성주의적 피드백을 제시함으로써 새로운 관련 전략이나 실제를 학습하게 하는 협력적 코칭(collaborative coaching), ④ 한 개인이 집단 동료의 실천이나 적용에 대해 가치를 판단하거나 스스로 평가할 수 있도록 질문하는 평가적 피드백을 제공하는 협력적 감독(collaborative supervision), ⑤ 보다 경험 있는 전문가가 경험이 적은 동료의 가치관, 자율성 발달을 위해 상담하고 제언하는 친근한 협력적 멘토링(collaborative mentoring)

이다. 이러한 전문적 협력은 새로운 정보 제공, 지적 능력의 발달뿐 아니라 공동체에 대한 신뢰감을 형성하며 전문적 생산성의 수단이 된다.

협력 학습 공동체를 구성하여 공동의 목표를 가진 교사들간에 협력적·반성적 상호 작용을 통해 유아교육과정의 변형을 모색한 교사교육 사례 연구들(Fyfe et al., 1998; Moran, 1998; Tertell et al., 1998)에서는 대집단 모임, 동료간 지원 체제, 현장 방문 조언, 시범 현장 관찰, 전문가 지원 등을 통해 교사들은 교수 학습 이론, 학급 상황, 특정 유아, 특정 사건의 맥락에 대해 토의, 반성하고 전문가들은 교사들이 어려움을 느끼는 부분에 대해 협력적 상호 교환, 모델링, 코칭, 감독, 멘토링하는 과정에서 교사들은 새로운 관점과 기술을 발달시키고 문제에 접근하는 새로운 해결책을 창안해 나가는 긍정적 결과를 보고하고 있다.

국내에서는 지옥정 등(2001)이 유아교사들이 현장에서 경험하는 상황들을 자유롭게 연구하고 일기로 작성하여 집단 학습에서 반성하는 집단 반성적 자기 성찰에 기초한 교사교육 프로그램을 개발하였다.

이러한 협력적 교사교육은 우리의 기존 유아교육과정이 가지고 있는 가치, 이념, 실제의 맥락에 비추어 볼 때, 변형의 방향으로 설정한 레지오 접근법의 의사소통과 상호 관계를 강조하는 철학이나 사회적 구성주의 교수 학습 원리의 역동성을 감안하면 이에 대한 필요성이 부각된다.

1999년에서 2000년까지 이루어진 연구(김은희, 2001)에는 레지오 접근법에 기초하여 유아교육과정의 변형을 모색하고자 자원한 19개 유아 교육 기관의 교사 68명이 참여하였다. 이는 소속 기관이나 제도의 변화를 추구하는 참여자들이 실천 행위에 대해 협력적으로 탐색하고 변화를 만들어 나가며 그러한 변화의 효과를 평가하는 참여 실천 연구의 형태를 이룬다. 참여 실천 연구(participatory action research; action research)는 연구자와 참여자 간 실천 행위에 대한 합의, 질문 제기, 질문에 대한 정보 수집에 있어 협력이 전제되며 그 과정에서 연구, 반성, 실천의 순환이 반복된다.

## 02_1 관심 수준 진단하여 교사교육 프로그램 계획하기

먼저 교사교육을 위한 적절한 중재 수준을 정하기 위해 참여 자원자 집단을 대상으로 질문지를 사용하여 레지오 접근법의 현장 적용에 대한 교사의 관심 수준을 조사, 진단하였다. 이는 교육 과정의 변화 과정에서 가장 중요한 요인은 변화를 실천하는 교사라는 전제에서 출발한다.

진단 결과, 레지오 접근법에 대한 교사들의 관심도가 가장 크게 나타난 단계는 다음 〈표 2-1〉에서 보는 바와 같이 정보적 관심 수준으로서, 교사들은 새로운 교육 과정에 대해 좀 더 알고 싶어함을 알 수 있다. 즉, 교육 과정의 변형 방향, 실행 교육 과정과의 연계 및 차이점, 새로운 교육 과정의 근거·시작·준비·실행 방법 등에 대해 알고 싶어한다.

관심 수준 진단에 따라 레지오 접근법에 기초한 교육 과정 변형에 관련된 분명하고 정확한 정보를 다양한 방법으로 전달하기 위해 개별·소집단·대집단으로 의견을 나누며, 타 기관에서 교육 과정 변형을 실행하였던 사람들이 방문하여 모델을 보일 뿐 아니라, 현재의 실행과 어떤 차이점과 유사점이 있는지를 알고, 정보를 토대로 교사들이 직접 프로젝트 활동을 실행하여 경험하는 방식으로 교사교육 프로그램을 계획하였다.

표 2-1 교사교육 전과 후 레지오 접근법에 대한 관심 수준

| 관심 단계 | 0단계 (지각적) | 1단계 (정보적) | 2단계 (개인적) | 3단계 (운영적) | 4단계 (결과적) | 5단계 (협력적) | 6단계 (대안 탐색) | 계 (%) |
|---|---|---|---|---|---|---|---|---|
| 교육 전 (%) | 19<br>(27.94) | 37<br>(54.41) | 5<br>(7.35) | 4<br>(5.88) | 0<br>(0) | 3<br>(4.41) | 0<br>(0) | 68<br>100 |
| 교육 후 (%) | 9<br>(13.24) | 20<br>(29.41) | 11<br>(16.17) | 14<br>(20.59) | 1<br>(1.47) | 13<br>(19.11) | 0<br>(0) | 68<br>100 |

## 02_2 협력적 교사교육 참여하기

협의를 통해 선정된 기관에서 32시간씩 교사교육을 실시하였다. 1회 4시간 매주 2회씩, 8회에 걸쳐 4주간 진행된 교사교육 일정은 다음과 같다.

- 1(회) 최근 유아 교수 학습 동향-진정한 통합적 교육 과정의 의미-기존 유아교육과정과 프로젝트의 비교(c.e.),
- 2 '프로젝트 접근법'과 '레지오 접근법' 비교-레지오 에밀리아 교육의 역사 문화 및 철학(c.e.)
- 3 행정 조직 및 운영-사회적 구성주의 교수 학습 이론-MI 검사(c.e.)
- 4 교육 과정 운영 특성(c.e./c.m.)
- 5 물리적 환경-레지오 에밀리아의 프로젝트 사례(c.e./c.m.)
- 6 레지오 접근법의 한국 적용 사례-프로젝트 수행 계획(c.e./c.m./c.c.)
- 7 프로젝트 수행 워크숍-기록 작업(c.e./c.c.)
- 8 패널 구성-전시-프로젝트 발표-유아 교육 현장의 변화 방향 탐색(c.e./c.c/c.s)

구성된 일정에 따라 관련 지식에 대한 이론 강의와 활동 과정에서 연구자의 제안과 참여자들의 합의에 의해 4가지 유형의 협력적 상호 작용이 이루어졌다.

첫째, 새로운 이론이나 정보에 대해 1시간 내지 1시간 30분마다 함께 토의하고 평가하는 협력적 상호 교환(c.e.)을 하였다. 이는 교사간, 교사와 연구자 간 새로운 정보와 제기되는 적용상의 질문에 대해 상호 작용하는 과정에서 교사의 학습 욕구를 자극하고 개인적-전문적 지식과 능력을 개발할 수 있는 방법으로서의 반성을 촉진시키기 위함이다.

둘째, 시청각 매체를 사용하여 레지오 학교의 물리적 환경과 프로젝트 사례를 제시하고 레지오식 프로젝트를 국내에 적용하고 학위 논문을 쓴 교사들을 초대하여 사례를 소개하였다. 이는 협력적 모델링(c.m.)으로 교사들로 하여금 실제처럼 그 과정에 몰입하게 하며 그 과정에서 공유된 비판적 추론이 반성적 과정에 대한 명확한 그림을 제공하고 실천 행위에 대한 모델을 제시해 주도록 하기 위함이었다.

셋째, 프로젝트의 계획 및 수행 과정에서 연구자가 협력적 코칭(c.c.)함으로써 교사들이 관련 전략이나 실제를 학습하도록 하였다.

넷째, 기록화한 자료로 패널을 구성하는 과정과 전시하여 프로젝트의 실천을 발표하고 토의하는 과정에서 협력적 감독(c.s.)이 이루어졌다. 연구자는 포괄적인 질문을 사용하여 교사가 자신의 교수-학습 실천을 평가하면서 반성 수준을 심화시키도록 하였다.

교사들이 주어진 지식과 정보 내용을 현장 실제에 비추어 실용적으로 재고하고 상호 토의, 평가하는 협력적 상호 교환은 매회 이루어졌다. 그 외에 교사교육 동안 수시로 생겨나는 질문들을 질문 목록에 쓰고 스스로 확인하여 지워나가거나 토의에 활용하도록 하였으며, '유아 교육 현장 실정 중 가장 변화되어야 한다고 생각하는 부분' '프로젝트의 현장 적용을 위해 가장 절실하게 필요한 부분' '유아교사에 대한 자신의 견해' '유아에 대한 자신의 견해' '교육을 통해 자신의 달라진 이해' '본 교육에 더해지기를 원하는 내용' 등에 대해 저널 쓰기를 함으로써 다양한 방법으로 교사들의 반성적 사고를 자극하는 전략을 활용하였다.

협력적 교사교육

## 02_3 교육 후 관심 수준 평가 및 교사 변화

교사교육 후, 레지오 접근법에 대한 교사들의 달라진 관심 수준을 알아보기 위해 관심도를 재검사하였다. 이는 교사교육을 통해 교사들의 관심도에 변화가 있었는지를 확인하고 교육 과정 변형의 실천 가능성을 탐색하기 위함이다.

교사교육 후 교사들의 관심 수준은 앞의 〈표 2-1〉에서 보는 바와 같이 여전히 정보적 관심을 가진 교사들이 많지만 교육 전보다는 낮아졌고, 상대적으로 교사들의 운영적 관심과 협력적 관심이 높게 나타났다.

운영적 관심은 교육 과정 변화 실천을 위한 마지막 준비 작업을 할 때 혹은 초기 실천 단계에서 강하게 나타나는 것으로 프로젝트를 위한 시간의 확보 및 운영 방법, 기존 일과와 병행하는 방법 등과 같은 업무에 대한 관심을 말한다. 협력적 관심은 교육 과정 변화의 효과를 향상시키기 위해 다른 사람들과 협력적인 관계를 갖고자 하는 관심이다. 이러한 관심은 교육 과정에서 교사들의 질문 목록과 토의 내용에서도 볼 수 있었고, 교육 후의 저널 쓰기에서도 나타났다.

뿐만 아니라 교사들은 이전의 실천 행위에 대해 반성하고, 교사의 역할에 대한 인식이 변화되었으며, 자기 발전을 위한 도전감이 형성됨을 알 수 있었다.

> 이론이 단지 지식의 전달로 끝나는 것이 아니라 실제를 직접 경험해 본 것이 유익했다. 실제 적용 가능할 것 같은 자신감이 생겼다(S유치원, B교사).

> 이 교육을 통해 가장 유익했던 부분은 교사의 반성의 시간이었다. 그간의 수업이 아동 중심이라 생각했는데 다양한 활동을 교사가 계획해서 전달하는 데 급급했던 것 같다. 그간 유아들의 수많은 언어와 활동에 많은 자극과 갈등을 제시하지 못하였던 것 같다. 스스로를 반성하고 재도약하는 계기가 되었다(I유치원, L교사).

> 가르치는 입장에서 벗어나 유아의 생각을 끌어내기 위해 다양한 각도에서 질문을 던지고 기다려주는 인내가 필요하다(M유치원, J교사).

> 유아들 스스로가 참여하고 생각하는 사람으로 만들어야 한다. 심화 학습은 못할 것 같았던 유아들이 프로젝트 활동을 통해 스스로 생각해보고 연구하는 과정을 거치면서 몰입하는 것을 보았다 앞으로 교사가 더 노력하고 연구해야겠다(D어린이집, U교사).

> 자부심을 갖게 되었어요. 유아들의 사고를 좀 더 과학적, 논리적으로 지원할 수 있었고 유아와 제가 같은 수준에서 사고해야 한다는 것도 알았어요. 사물을 바라보는 시각이 달라졌고 자랑하고 싶어져요(T유치원, G교사).

교사들은 교육자로서 자신의 직업에 대한 소명 의식, 유아에 대한 확신과 협력적 실천을 모색해 가야 하는 책임 의식을 느낀다. 뿐만 아니라 교사로서의 창의적 능력, 실천에 대한 실용적 비판과 반성을 보여주었다. 협력적 상호 작용 과정에서 교육자로서 자신에 대한 메타 인지적 반성(Henderson, 1996)을 가져오게 된 결과로서 유아교사에 대한 전문가적 의식을 가지며, 나아가 계속적인 자기 발전을 위한 도전감을 형성하였다.

## 03 학습 공동체 운영을 통한 지식의 사회적 구성

사회적으로 지식을 구성한다는 것은 특정한 맥락 내에서 대인간 상호 작용, 협상과 반성의 담론을 통해 지금까지와는 다른 새로운 의미를 만들어 내는 것이다. 포스트모더니즘에 몰입하는 교육 과정 리더는 편견과 무비판적 사고를 부정하고, 평등하며 탐구적인 학습 공동체에 참여하여 협력적 관계 속에서 비판적 탐구, 포괄적 대화, 갈등에 대한 합의를 통해 다원적 이해를 도모해 나간다. 여기서 교사는 반성력과 실천적 지식을 개념화하고 확장한다. 이러한 과정은 가르치기를 예술(art of teaching)로 보는 관계의 교육학(pedagogy of relationship)의 실천이다.

레지오의 철학과 실천에 기초한 가르치기 행위를 위한 협력은 사회적 구성주의와 인본주의 심리학에 근간을 두고 있다. 교사들이 모여 실천을 나누고 이론을 공동 구성하는 과정에 몰입하면서 발현해 나가는 사회적 구성 과정에 대한 신념을 가지고 유아, 교사, 부모의 잠재 능력과 창의력을 실현하는 인본주의 이상을 연합한다. 레지오 교육자들은 자신의 '주관성' 뿐 아니라 사람들간의 '간주관성' 또한 가치를 두기 때문에 '듣기'와 '대화'를 협력적 탐구를 위한 결정적 도구로 본다(Rinaldi, 2002).

'학습 공동체'란 학습과 전문적 발달을 목적으로 공동체를 구성하여 교사간 공동의 실천에 대해 반성적으로 의사 결정하고 문제를 해결하는 협력을 통해 교수 학습에 대한 이해를 증진시키고 학습 개선을 지속적으로 실천하는 전문적 협력을 의미한다. '학습(learning)'이라는 단어는 학습 공동체의 구조, 목적, 관계가 항상 변화하므로 개방적 마인드를 가지고 창의적이며 비판적인 문제 해결에 지속적으로 몰입해야 함을 말한다. '공동체(community)'는 공동의 목적을 가진 사람들을 결합시키는 가치, 정서, 신념을 가진 센터로 정의되므로 전문적·개인적 준거에 따라 의미를 부여하고 가치에 따라 행동한다. 학교내 교사 문화에서 학습 공동체는 진정한 협력과 권한의 평등성, 이치에 맞지 않는 범위에 대한 돌봄의 윤리를 필요로 한다(Henderson & Hawthorne, 2000).

국내에서도 지식의 공동 구성과 상호 협의가 강조되는 사회적 구성주의 실천에 대해 인식하기 시작하였으며, 교사간, 유아·교사·부모·지역사회 간 문제를 인식하고 해결 방법을 논의하여 갈등을 해소하는 과정과 결과를 공유하는 공동체 구성과 토론 문화의 형성이 교사 발달과 유아교육의 가능성을 높인다고 보고 있다.

미국을 비롯한 외국에서는 레지오 접근법을 적용하기 위한 여정으로 이러한 학습 공동체를 통해 교사간 관계 형성 및 전문적 발달(Hill, 2002; Moran, 1998)뿐 아니라 학습 내용이나 물리적 환경(Fraser & Gestwicki, 2002; Haigh, 2004), 부모와의 '우리' 공동체 발달(Bersani & Jarjoura, 2002; Fyfe, Hovey, & Strange, 2004), 지역사회 연대(Fraser & Gestwicki, 2002), 통합 교육(Palsha, 2002) 등 교육의 변화를 협상하고 유아교육에 질적 변화를 가져온 사례들이 다수 보고되고 있다.

Fu 등(2002)은 레지오 접근법을 가르침의 탐구를 위한 개념적 틀로 인식하고 미국 문화에 '재창안'하기 위해 사회적 구성주의에 기초한 가르침과 학습을 탐구하면서 '언제나 만들어 가는 것'이라는 믿음과 열정을 공유하는 학습 공동체 창안을 권고하였다. 교사와 학교 변화를 위해 학교 구성원 전체가 평등하게 참여하여 탐구하고 상호 지원하는 학습 공동체 접근은 레지오 교육에서 분명하게 나타나며, 우리가 학습 공동체를 시도하는 개념적 틀이 된다.

## 03_1 기관간 학습 공동체를 통한 '관계의 교육학' 알아가기

교사들이 교육 과정 변화에 대해 운영적 관심을 보일 때는 운영상의 방법론적 문제에 대한 실제적 해결책, 구체적인 활동 순서와 시간 배당 등과 같은 현재 필요한 요구에 초점을 두는 지원이 필요하다(Hord, 1987). 협력적 관심을 보이는 교사들에게는 다른 사람과 협력하는 데 필요한 기술 개발 및 공유 기회를 제공하고, 다른 사람에게 기술적 지원을 할 수 있도록 하는 지원이 필요하다. 이러한 교사들의 관심 수준 변화에 대해 참여 기관 및 교사들과의 협의를 통해 사후 협력 학습 공동체 구성이 제안되었다.

교사교육에 참여한 교사 중 관심을 보인 5개 기관의 전체 교사 원장과 매월 1회씩 마지막 주 수요일 일과 후 전체가 모이는 정기 모임을 가졌다. 매회 모임에서는 친밀감 형성을 위한 간단한 저녁 식사-환경이나 매체 활용 개선의 사례 연구 발표 및 토의(c.e./c.m)-환경이나 매체 활용 개선을 위한 연구자의 제안 및 협의(c.e./c.c.)-각 기관에서 수행한 프로젝트 발표(c.e./c.m.)-프로젝트에 대한 절차적 · 결과적 피드백(c.e./c.c./c.s.)-운영상의 문제 제기 및 토의(c.e./c.me.)로 진행되었다.

기관간 학습 공동체

협력적 멘토링(c.me.)은 이전의 교사교육에서 적용하기 어려웠던 협력적 접근의 다른 유형으로서, 연구자는 적용에 필요한 기술이나 방법보다는 교사가 경험하는 어려움이나 갈등에 대해 상담하고 제언한다. 문제 상황에 대해 구체적으로 토의하는 과정에서 가치나 교육관의 변화를 초래하고 궁극적으로 교사의 자율적 능력이 발달하도록 돕기 위함이다.

## 03_2 교육 과정 적용 수준 및 장애 요인 알아보기

기관간 학습 공동체 모임이 끝난 후, 교육 과정 적용 수준을 알아보았다. 이는 교육 과정 실행자의 실행 수준을 조작적으로 규명하고 유용한 기술을 지원하기 위함이다.

교육 과정 운영 특성 범주의 내용과 범주별 문항 수는 〈표 2-2〉와 같다. 프로젝트를 통한 발현적 교육 과정 운영(7), 학습을 위한 그리기(4), 다상징화(8), 의사소통 맥락의 표상을 통한 학습(4), 사회적 상호 작용(10), 기록화의 활용(7), 교수 매체 활용의 개선(7)이다.

교사들의 적용 수준은 수준 1-비적용(non use), 수준 2-적용 준비(initial preparation), 수준 3-기계적 적용(mechanical use), 수준 4-일상적 적용(routine use), 수준 5-변형된 창의적 적용(modified use)의 다섯 수준으로 나누어진다.

그간의 현장 적용을 통해 대부분 교사들은 학습을 위한 그리기와 의사소통 맥락의 표상 활용 개선 영역에서는 수준 3, 프로젝트를 통한 발현적 교육 과정 운영, 다상징화, 사회적 상호 작용, 기록화의 활용, 교수 매체 활용의 개선과 같은 5개 영역에서는 수준 2의 적용을 보였다(〈표 2-2〉 참조).

교사들이 인식하는 적용의 장애 요인으로는 인적 자원 부족, 시간 부족, 자료와 장비 부족, 현직 연수 부족, 교사간 의사소통 부족, 교사 · 원장 · 전문가 간

적용에 대한 계획 부족, 행사로 인한 적용 방해, 적용 절차에 대한 불명확한 이해의 순으로 나타났다(〈표 2-3〉 참조). 성공적인 교육 과정 실행을 위해서는 교사 자신의 경험이 필수 조건이지만 교사의 적용 수준에 따라 적절한 지원이 이루어져야 한다(Hord et al., 1987).

적용 준비(수준 2) 단계의 경우 적용에 필요한 기본적인 절차와 매체, 장비, 적용 후 모습 등에 대한 구체적 정보가 필요하나 완벽한 적용보다는 일어날 적용에, 이론보다 실제 적용에 초점을 둔다. 기계적 적용(수준 3) 단계의 경우 실제적으로 교사가 경험하는 문제를 중심으로 다른 교사의 문제 해결 과정 관찰, 언어적 안내나 연수가 필요하다.

같은 문제를 가진 교사와 전문가 간 소규모 모임이나 상호 지원 체제를 통한 기술 지원이 가능하다. 교육 과정 적용 수준 결과에 따라 평균 정도의 적용 수준을 보인 T유치원, Y유치원과 연차적으로 기관내 학습 공동체 운영을 계획하였다.

**〈표 2-2〉 교육 과정 운영 특성별 적용 수준**

| 운영 특성 범주 (문항 수) | 3월 | |
|---|---|---|
| 1. 프로젝트를 통한 발현적 교육 과정 운영 (7) | 2.72 | |
| 2. 학습을 위한 그리기 (4) | 3.35 | |
| 3. 상징화 주기를 통한 다상징화 (8) | 2.93 | |
| 4. 의사소통 맥락의 표상을 통한 학습 (4) | 3.01 | 비적용 1<br>적용 준비 2 |
| 5. 사회적 상호 작용 (10) | 2.86 | 기계적 적용 3 |
| 6. 기록화의 활용 (7) | 2.73 | 일상적 적용 4 |
| 7. 교수 매체 활용의 개선 (7) | 2.98 | 창의적 적용 5 |

**〈표 2-3〉 현장 적용의 장애 요인에 대한 교사의 인식 변화**

| 장애 요인 | 장애 정도의 변화 | | | |
|---|---|---|---|---|
| | 3월 | 7월 | 12월 | |
| 1. 활용 가능한 인적 자원 부족 | 3.84 | 4.10 | 4.28 | |
| 2. 행사로 인한 적용 방해 | 3.44 | 3.60 | 2.88 | |
| 3. 자료와 장비 부족 | 3.75 | 2.10 | 2.38 | |
| 4. 다른 교육 과정 지침서들 | 2.76 | 1.80 | 2.18 | |
| 5. 지침의 시대 낙후성 | 2.24 | 2.30 | 2.15 | |
| 6. 서적을 읽고 내면화할 시간 | 3.80 | 3.60 | 2.98 | |
| 7. 적용 절차에 대한 불명확한 이해 | 3.19 | 2.80 | 2.43 | |
| 8. 교사-원장 간 의사소통 불충분 | 2.94 | 2.93 | 2.15 | 전혀 장애 안됨 1 |
| 9. 교사 현직 연수나 워크숍 부족 | 3.63 | 2.50 | 2.70 | 장애 안됨 2 |
| 10. 교사간 의사소통 부족 | 3.63 | 1.80 | 1.98 | 보통 3 |
| 11. 교사 전문가 간 협의 기회 부족 | 3.60 | 2.20 | 1.93 | 장애 됨 4 |
| 12. 경력 교사의 영향력 | 2.19 | 2.00 | 1.73 | 매우 장애 됨 5 |

## 03_3 기관내 학습 공동체를 통한 '가르침의 예술' 실천하기

기관내 학습 공동체에 참여한 T유치원의 전체 교사는 경력 10년차의 원장, 5년차(연구 교사, G교사), 2년차(H교사), 4년차이지만 프로젝트 수행 경험이 없는 교사(I교사), 1년차 교사 2명(J, K교사)으로 구성된다. 2002년 Y유치원은 경력 6년차의 원장, 6년차(주임 교사, N교사), 5년차(K교사), 1년차 교사 5명(S, Y, B, R, M)으로 구성된다.

연차적으로 저자와 유치원의 교사, 원장은 2주 1회 정기적으로 유치원에서 교육 과정 운영 및 프로젝트 적용, 교수 매체의 활용, 환경 개선, 기록 작업, 부모 참여, 행사, 그 외 기관 운영 전반에 대해 반성 · 협의하였다. 교사가 느끼는 장애를 중심으로 전문가가 협력적으로 상호 교환, 모델링, 코칭, 감독, 멘토링하는 지원 체제를 가졌다.

매회 모임에서는 간단한 다과-유치원 전체의 프로그램 운영 현황 개괄-교사들이 작성한 연구 저널 공유 및 토의-환경 또는 매체 활용 개선 사례 공유 및 토의-학급별 프로젝트 공유-진행 프로젝트에 대한 절차적 · 결과적 피드백-이후 프로젝트 발현 주제 및 방향 토의-기록 내용 검토-운영상의 문제 제기 및 토의로 진행되었다.

교사들은 프로젝트 수행 과정이나 학급 운영 과정에서 경험하는 문제 상황 인식, 해결 방안을 모색해 나가는 과정과 절차를 담은 저널을 작성하였다. 저널을 작성, 토의하는 과정에서 교사의 반성적 사고력과 전문적 자질이 자율적으로 길러질 수 있도록 돕고자 하였다. 그 외에도 다양한 형태의 교사들간 협의가 정기적 또는 수시로 이루어졌다.

대략 주 1회를 기본으로 경우에 따라 많거나 적게 진행 프로젝트의 방향과 활동의 심화 · 확장 방안, 프로젝트의 마무리 및 다음 프로젝트를 위한 사전 정찰 등을 위한 전체 교사 협의, 학급 연령별 교사 협의, 연구 교사와의 개별 협의가 있었다. 일과 중 수시로 교사간 프로젝트 진행 상태, 문제점 등에 대해 토의하고 정보나 아이디어를 공유하였다. 수업 중 필요한 경우 다른 교사나 유아들을 초대 또는 방문하여 아이디어나 생각을 함께 나누었다. 일과가 끝나면 늘 탐색 과정과 결과를 학급내, 학급간에 공유하는 기회를 가졌다.

기관내 학습 공동체에서 마지막 전문가 지원 협의가 끝난 다음 그간의 공동체를 통한 경험에 대해 검토하고 반성하는 시간을 가졌다. 그런 다음 유아교육과정의 변형이 어떻게 이루어지고 있는지 구체적 내용을 알아보는 집단 면담을 하였다.

이와 같이 경험이 많은 연구 교사와 또는 동료 교사간에 이루진 협력적 상호 작용은 학습 활동에 대한 공유 의미(shared meaning)를 가지고 공동의 목표를 향하여 교사간에 이루어지는 구성주의적 피드백이다. 그 과정에서 초임 교사나 프로젝트 경험이 적은 교사는 물론 전 교사가 활동의 전개에 대한 부담감을 줄이고 원활한 진행에 상호 도움을 준 지원 체제로서 사회적 구성주의의 실천이다. 참여 교사들은 다음과 같이 말한다.

> 교육 협의의 중요성은 말로 다 설명할 수 없지만 1년을 보낸 후 가장 큰 수확은 교사 또한 유아와 마찬가지로 활발한 사회적 상호 작용과 의사소통을 통해 함께 지식을 구축하고 학습하고자 하는 성향이 길러졌다는 것이다. 이는 전체 유치원의 분위기가 되었다(12월, G교사).

> 일 년을 돌이켜 생각해보니 교사 협의가 나에게 많은 도움을 주었던 것 같다. … 내가 하는 프로젝트에 대해 의논하고 조언도 듣고 도움을 받으면서 … 다른 반 교사들의 프로젝트 진행 과정을 보고 듣고 스스로 평가하는 시간을 매주 가지면서 … 좋은 자극이 되었다. 내가 하지 못한 부분에 대해 알게 되고, 새로운 방법으로 시도해 보려는 노력도 하게 되었다(12월, J교사).

기관내 학습 공동체

## 04 다학문적 접근을 통한 시야 넓히기

다학문적 접근은 대학의 인적·물적 교육 인프라를 이용하여 유아교육과 미술 학문 간, 기관과 대학 간, 이론과 실제 간, 예비 교사와 현직 교사 간 통합을 통해 유아교사가 가져야 할 방법론적·실천적 지식을 확장하고 전문적·반성적 혜안을 갖는 데 상승 효과를 가져올 수 있도록 하는 협력 체제의 구현이다. 한 학기 동안 기관내 공동체 참여 기관을 포함하여 유아교육 기관의 원장, 교사, 대학의 유아교육과 교수, 학생이 다학문적 지원 프로그램에 참여하였다.

대학의 '다양한 교육 인프라'와 '다학문적 전문가의 지원'이 '유아 교육 기관의 변화 의지'와 통합되어 시너지 효과를 가져올 수 있도록 다학문적 교사 지원 프로그램이 수행되었다. 사진학, 웹 디자인, 시각 디자인, 도예, 색채학, 염색, 미학, 실내 디자인 등 다학문 분야별 대학 교수가 이론 학습과 실제 적용을 진행하였다. 매회 마지막 시간에는 공유된 다학문적 내용의 유아 교육 현장 적용을 연구·토론하는 시간과 현장 교사들의 프로젝트, 부모 참여, 다매체 활용 사례를 공유하고 피드백하는 반성의 시간을 가졌다.

다학문적 교사교육을 통해 학문간 통합을 지원하며, 레지오 접근법에 대해 우리가 가져야 할 다양한 실천적 지식을 확장시키고 교수 학습 실천에 있어 전문적, 반성적인 혜안을 갖도록 한다.

레지오 접근법을 적용하는 유아 교육 기관이라면 한국의 유아교사 양성을 위한 직전 교육과 현직 교육 과정의 한계와 제한점을 절감한다. 또한 대학에서 학습하는 지식이나 정보들과 실제 현장에서 이루어지는 교수 학습 행위와의 연계성 및 유용성에 대해서는 숙고해야 할 많은 문제가 있다. 지금까지 유아교육은 심리학에 지나치게 의존하여 현장 실천자들이 가져야 할 방법적 지식, 실천적 지식을 발달시키지 못하였다는 평가를 받고 있다. 유아교원 양성 교육과 현직 교육에서는 교사의 신념, 사고, 연구자적 자세, 상황 중심적 문제 해결력 등 교사의 사고 과정이나 신념에 변화를 가져오는 내용보다는 유아의 발달이나 효과적인 교수법에 대한 원리 중심의 명제적인 지식을 가르쳐 왔다. 반면, 레지오 학습에서의 다양한 표상 매체 활용, 다양한 표상·기록화 패널·물리적 환경에서 볼 수 있는 예술적 심미감, 이탈리아 특유의 아름다움과 미학, 환경 친화적 인식과 창의적 가능성, 기술 공학 매체의 활용, 기록 작업 등은 특히 유아교육에서 부족한 기술 공학, 전자 매체, 심미감, 예술적 영역을 통합함으로써 유아교육을 과학화하고 있다. 이러한 견지에서 대학과 협력하여 다학문적 교육 인프라를 활용하고, 학문간 통합을 통해 유아교사의 교수 학습 실천을 위한 교사의 행동 이면에 존재해야 하는 실천적 지식 및 반성적 재고를 통해 유아교사로서의 전문적 소양을 기르고 유아교육과정의 질적인 변화를 가져올 수 있었다.

다학문적 지원이 이루어지는 과정에서 교사들은 "레지오 학교 환경을 우리 교실에도 적용시킬 수 있을 것 같다" "유아들의 활동 과정을 사진으로 찍을 때, 그저 사진기만을 눌렀는데 이제는 여러 가지를 생각하면서 찍게 된다" "주변의 자연물에 끊임없이 관심을 가지고 수집하게 된다" "교사의 역할에 대해 반성하는 기회가 되었다" 등으로 평가하였다.

**【표 2-4】 다학문적 교육 내용**

| 사진 개론 | 시각 디자인 | 색채 연구 | 공간 이해 |
|---|---|---|---|
| 디지털 카메라 활용 | 다매체 활용 | 프린팅 | 실내 디자인 |
| 포토샵(Photoshop) 프로그램 실습 | 아동 도예 | 염 색 | 레지오 환경 원리 |
| 현장 적용 연구 | 현장 적용 연구 및 사례 발표 | 현장 적용 연구 및 사례 발표 | 현장 적용 연구 및 사례 발표 |

조작영역

## 05 모형 교실 운영을 통한 협력적 모델링 시도하기

2003년 하반기에는 대학의 예비 유아교사, 레지오 접근법 전문가, 미술 전문가, 현장 교사가 함께 미학, 빛, 투영성 등의 레지오 교육 환경 원리가 적용된 모형 교실을 구성·운영함으로써 교육 환경 개선을 위한 실천적 지식을 학습하고 현장에서의 물리적 환경 변화에 지침이 되는 협력적 모델링을 시도하였다.

모형 교실 입구의 Information board에는 '교육은 복합적인 상호 작용의 산물이며, 환경은 그 많은 상호 작용을 가능하게 하는 제3의 교사로서 학습을 자극하므로 중요하다. 환경은 그 안에 살아가는 사람들의 아이디어, 윤리, 태도와 문화를 반영하는 수족관과 같다. 레지오 환경에는 존중감, 관계, 빛, 투영성, 다감각성, 변형, 협력, 사회적 구성, 학습의 기록 및 해석, 일상성, 실내·외 연결 등이 반영된다. 그러나 각 학교는 다양성과 변화에 대한 권리 또한 가져야 한다' 라고 쓰여있다.

레지오 모형 교실은 피아자(piazza)와 교실로 구분하여 18개 영역으로 구성되었다. 피아자 공간에는 가게놀이 영역, 의상놀이 영역, 인형극장, 삼각 거울, 리듬 악기 영역이 구성되어 있다. 교실 공간에는 3차원 구성놀이, 벽면 구성놀이, 자석 구성, 그림자 극놀이, 미니 아뜰리에, 이젤, 벽화, 공동 작업대, 가정 놀이 영역, 직조 및 조작 영역, 라이트 테이블 작업, 그림자 인형놀이, 메시지 영역으로 구성된다.

레지오 교육에서 환경은 많은 상호 작용을 가능하게 하는 제3의 교사로서 학습을 자극하므로 중요하다. 모형 교실은 레지오 환경 원리의 특성을 반영하고 견학 기회의 부족을 보완하며, 기존 교실의 제한점들을 재고찰하여 물리적 환경을 원만히 변형해 나가는 모델링을 제공하고자 하였다.

한국의 생태를 반영하여 초가, 쌀가게, 김장놀이, 연모빌, 농악, 전통놀이 가게, 전통 음식점, 혹부리 영감

극놀이 등과 같은 다양한 놀이 환경이 구성되었다. 그 외에도 보리피, 갈대, 벼, 감, 고추, 마늘, 나뭇잎, 잔가지, 곡식, 씨 등과 같은 계절에 따라 다양한 자연물 매체들이 활용되었다. 그뿐만 아니라 선, 면, 색, 형의 미적 요소와 서로 다른 가용성을 가진 구리 철사, 동판, 점토, 타일, 고무 자석, 구슬, 레이스 천, 철망 등과 같은 셀 수 없이 다양한 매체들이 예비 교사들의 손에 의해 다양하게 변형되어 요소요소에 미학적으로 자리하였다. 어쩌다 부모와 같이 들어온 유아는 종일 교실을 떠나지 않았다.

매월 대학의 유아교육과 학생들의 영역 구성 내용을 레지오 전문가와 현장 교사들의 피드백을 받아 재구성하였다. 물론 모형 교실의 여러 영역은 하나의 모델에 불과하며 개별 기관은 변화에 대한 권리를 가지므로 다양하게 시도하고 개선 사례를 공유함으로써 물리적 환경 또한 사회적으로 재구성될 수 있어야 한다. 다음은 모형 교실을 경험한 교사의 이야기이다.

> 우리 환경이 레지오 학교와 같은 자연스러움이나 미학적인 면은 찾기 어렵다는 생각을 하며 답답한 마음을 갖고 있었다. 다학문적 학습 공동체에서 모형 교실 견학을 통하여 구체적으로 교실을 어떻게 변화시킬 수 있는지 방법적인 면에서 해답을 얻게 되었고 우리 교실도 조금이나마 자연스럽고 아름답게 변화되어 만족스럽다. 교사로서의 보람을 느끼게 되었고 전문인으로서의 자존감을 회복하는 시간이 되었던 것 같다(H유치원, 4세 R교사).

모형 교실 전경

현장 교사들의 피아자 모니터링

현장 교사들의 모형 교실 모니터링

## 06 인터넷 커뮤니티를 통한 넓은 상호 교환 시도하기

정보 통신 기술의 발달과 함께 급속한 사회 변화가 유아교육에도 영향을 미치고 있는 현대 사회에서 다문화와 다양성을 인정하고 수용해야 하는 현상학적 문제 또한 제기된다. 교육의 본질과 이러한 필요를 감안할 때 신속하고 포괄적으로 정보를 공유하고, 반성적 대화와 능동적인 해석을 통해 전문가로서의 가치관, 교육관, 교수-활동 방법 등을 찾아 실천적 지식을 구성해 가는 웹 기반의 인터넷 커뮤니티를 개발하였다.

인터넷 커뮤니티는 신속하게 다양한 정보를 공유하고 구성원들간의 반성적 대화를 통해 교육 전문가로서의 능동적인 해석과 실천적 지식을 구축할 수 있다는 점에서 지원 매체로서의 잠재적 효용성이 크다. 레지오 인터넷 커뮤니티(www.reggio.or.kr)는 준비 · 개발 · 평가의 기초 연구를 통해 현장 교사의 평가를 수렴하고, 재개발 절차와 전문가에 의한 구조 검토 과정을 통해 메인 페이지, 권리 헌장, 레지오 접근법의 기본 원리, 관련 연구물, 프로젝트, 환경, 기록화, 게시판, 대화방의 콘텐츠 구성으로 영역별 정보의 검색, 공유, 상호 작용적 의견 교환과 토론을 통해 교수 학습을 촉진하도록 구현되었다(김은희 · 송윤재, 2003).

온라인상의 텍스트 토론을 통해 말보다 더 정돈된 사고로 체계적인 진행을 도모할 수 있어 반성적 사고와 실천적 지식의 함양에 도움이 된다. 웹 콘텐츠와 사용자 간의 '개인적 상호 작용' '사회적 상호 작용' 모두 정보와 아이디어 기술을 공유하고 자신의 관점에서 벗어나 다양한 시각을 가질 수 있다는 면에서 수렴적 사고와 비판적 사고력을 획득하는 데 기여한다. 레지오 접근법의 현장 적용을 위한 교사 지원 인터넷 커뮤니티 개발 기초 연구에서 구현된 초기 인터넷 커뮤니티는 현장 교사들의 평가 결과, 사회적 구성주의 패러다임의 상호 협력적 관계가 강조되는 레지오 교수 학습을 지원하고, 학습 공동체의 기능을 증대시킬 수 있는 가능성이 인정되었다. 따라서 기초 연구 평가 시 제안된 현장 교사들의 의견을 반영하여 레지오 접근법을 현장에 적용하는 교사들을 위한 인터넷 커뮤니티 콘텐츠를 재구성하였다.

인터넷 커뮤니티는 그 특성상 정보나 지식의 제공에 목적이 있기보다는 공동체 구성원간의 공유와 의사소통을 활성화하려는 목적을 갖는다. 레지오 접근법을 유아 교육 현장에 적용하는 데 필요한 원리, 이론, 연구물 등의 정보 자료뿐 아니라 프로젝트, 환경, 기록화의 현장 적용 사례들을 상호 공유한다. 학습 공동체 참여 회원과 비회원을 구분하여 이루어지는 게시판과 대화방에서의 웹 토론을 통해 교사들은 현장에서 경험하는 일상적인 교수 학습의 문제를 공동으로 의사소통하고, 그에 따른 해결 방안을 찾아나가는 상호 작용이 지속적으로 이루어진다. 이러한 상호 작용 과정에서 교사의 반성적, 실천적인 자기 개발과 자율적 문제 해결력을 기르고 교사간 공동체 윤리의식과 사회적으로 구성해가는 토론 문화가 형성된다. 이처럼 레지오 인터넷 커뮤니티는 학습 공동체를 통한 공동의 문제 해결과 상호 학습에 있으므로 현장 교사들의 적극적인 참여가 전제될 때 활성화될 수 있다.

현재 거시 학습 공동체 구성에 따라 레지오 인터넷 커뮤니티는 보다 폭넓은 상호 작용을 위해 재구성 중에 있다.

## 07 현장-대학 간 학습 공동체 운영

개발된 온라인상의 레지오 인터넷 커뮤니티를 통해 학습 공동체 구성원간의 의사소통과 상호 작용 기회의 폭을 확충하고, 이에 따라 보다 거시적인 공동 협력이 가능한 학습 공동체 운영 방안이 구성되었다. 온라인과 오프라인의 통합, 유아 교육 기관과 대학의 통합, 유아교사와 전문가의 통합, 유아교육과 미술을 비롯한 다학문이 통합되는, 현장-대학 간 학습 공동체를 운영해 보았다.

현장-대학 간 학습 공동체는 다음의 네 가지 차원이 상호 유기적으로 연계되어 운영된다.

첫째, '레지오 학습 공동체 지원실'은 인터넷 커뮤니티, 다학문적 교사교육, 모형 교실의 원활한 운영을 지원한다.

둘째, '레지오 인터넷 커뮤니티'는 레지오 접근법의 현장 적용에 필요한 원리, 이론, 연구물 등의 정보뿐 아니라 현장의 프로젝트, 환경, 기록화의 적용 사례들을 시간적 · 공간적 제한 없이 상호 공유한다.

셋째, '다학문적 교사교육 프로그램'은 오프라인에서 미술 분야의 다학문 영역 교수들이 학문간 통합을 지원한다. 사진, 웹 디자인, 시각 디자인, 도예, 색채학, 염색 및 프린팅, 공간, 실내 디자인 등에 대한 이론과 실제를 학습하고 실습한다. 매회 모임의 마지막 시간에는 핵심 집단으로 분류되는 기관 교사들의 프로젝트, 환경, 매체, 기록화, 부모 참여 적용 사례들을 공유하고 반성하는 협력적 상호 작용 시간을 갖는다.

넷째, '레지오 모형 교실'은 레지오 환경 원리를 반영한 20개 영역을 구성하여 견학 기회의 부족을 보완하며 기존 교실의 제한점들을 재고찰하여 물리적 환경을 원만히 변형해 나가는 모델링을 제공한다. 매월 예비 교사인 대학의 유아교육과 학생들이 구성하고 레지오 전문가와 현장 교사들의 피드백을 받아 재구성, 운영한다.

이와 같이 구성된 현장-대학 간 학습 공동체 환경은 서로 유기적으로 연동하여 상호-보완적인 역할 수행을 하며, 이를 도식화하면 다음 〈그림 1〉과 같다.

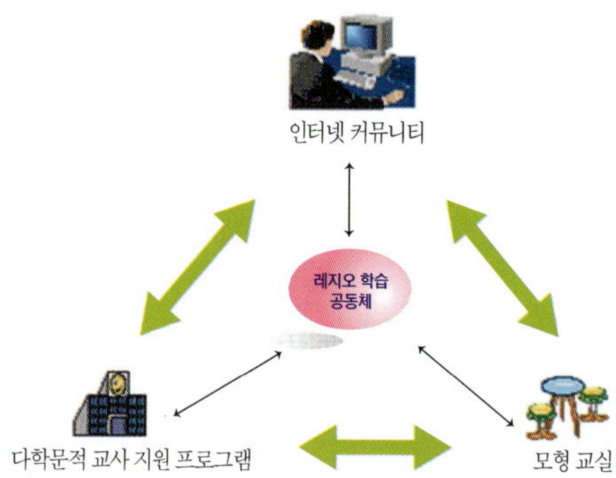


〈그림 1〉 현장-대학 간 학습 공동체 운영

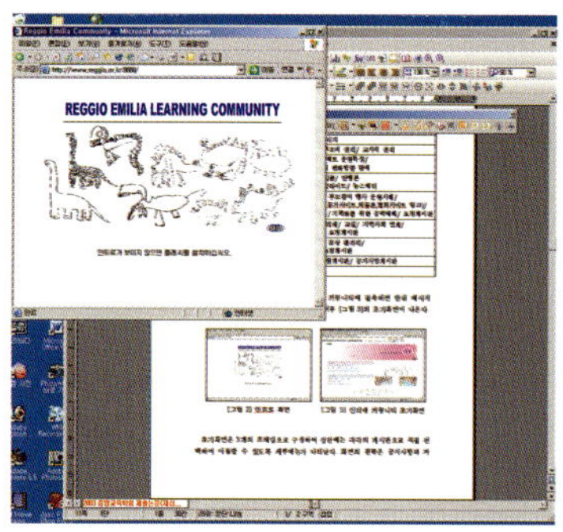


레지오 커뮤니티 인트로 화면

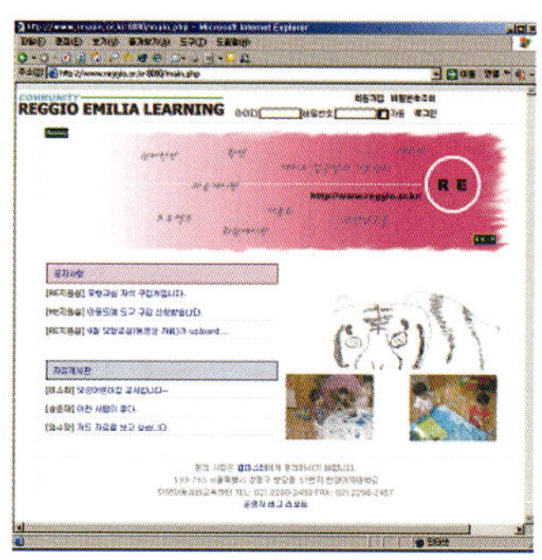


레지오 인터넷 커뮤니티 초기 화면

## 08 거시 학습 공동체를 통한 비전 가지기

지속적으로 학습 공동체에 참여하여 변화를 모색한 기관들은 장애 · 갈등을 거쳐 개선된 교육 과정 변형을 가져왔다. 변형 과정과 내용은 익숙한 것에서 상황 중심의 발현적 교육 과정으로, 유아에 대한 이미지를 소비자에서 생산자로, 교사의 개별 교수에서 협력적 · 반성적 실천으로, 방관자적인 부모가 참여자, 공동의 가치 추구자로, 일률 · 보편적이던 물리적 환경을 의미있는 공간으로, 기관 중심의 학습이 지역사회를 포괄하는 생태학적 접근으로 변형되어감을 보여주었다.

이는 무엇보다 변화 주체인 교사와 유아교육자들이 변형 지향적, 인본주의적 가치와 믿음을 사회적 구성주의 패러다임의 협력적 · 반성적 실천과 일치시켜 나감으로써 얻어진, 결과가 아닌 한 과정이다. 이는 유아의 권리가 존중되며 다양한 잠재 능력이 발견 · 발휘될 뿐 아니라, 부모의 유아교육에 대한 기대와 책임감이 교육 현장의 의사 결정 과정에 포함된 데 기인한다. 나아가 지역사회 구성원 또한 자신의 생활과 사회를 위해 심오한 함의를 갖는 교육에 대한 관심이 발전된 데 있다고 본다. 즉, 유아, 교사, 부모 나아가 지역사회간 관계를 통한 사회적 구성의 전제가 유아 교육 현장 발전을 위한 촉진제로 제공됨으로써 기관 수준의 긍정적인 교육 과정 변형을 초래하였다. 그러나 이는 시작에 불과하다.

이러한 결과는 민주적 이상을 가진 사회에서 한계없이 열려 있는 자유를 위해 교육 방법에 대한 가치있는 통찰을 주는 Greene(1986)의 '자유의 변증법(Dialectic of Freedom)' 적 철학이요, 가르침의 예술을 실천해 가는 관계의 교육학으로써 전통 행정의 문제점을 찾아 새로운 문화와 공동체를 창안해 나가는 변형 지향적 교사 리더십(Henderson & Hawthorne, 2000)이라 할 수 있다.

변형을 지향하는 교육 과정 리더십은 창의적인 사고를 필요로 하는 신념 있는 활동으로 수많은 도전, 긴장, 좌절감이 있지만 궁극적으로 교육 과정은 변형되어지며 성취감 있고 할 만한 일이었다. 참여 실천 연구 과정에서 공동체 구성원들이 경험하였던 갈등, 문제, 질문, 도전, 좌절 등에 대한 사례들은 우리네 유아교육과정 변형의 계속적인 여정을 위해 필요한 과정이었다.

그간 유아 교육 현장에 레지오 접근법을 적용하면서 유아, 교사, 부모, 환경 등 교육 과정 전반에 변화를 경험해 온 현장의 원장과 교사를 중심으로, 우리가 해온 경험들을 나누고 반성하면서 본질적인 교육 과정 변형을 가져와야 한다는 취지로 거시 학습 공동체 구성에 뜻을 모아왔다. 이러한 소망은 다음 교사, 부모, 원장의 이야기에서 들을 수 있다.

> 벽화, 상징, 거북놀이 등의 프로젝트를 하면서 … '어린이집 신문' 제작 과정에서 원과 관계를 맺고 있는 주변 기관들을 인터뷰하면서 아이들도 여러 기관과 원이 서로 도움을 주고받고 있음을 자연히 이해하게 되었고 주변에 더 많은 관심을 갖게 되었다. 프로젝트를 하면서 주제에 대해 더 깊이 들어가다 보면 **교사가 지원해 줄 수 있는 것에는 한계가 있고 이를 보완하기 위해 전문가나 지역사회 여러 기관들의 도움을 필요로 하게 된다.** 어느 주제나 다 그렇겠지만 … 아이들과 보다 다각적인 프로젝트를 진행해 나가기 위해서는 다양한 형태의 지역사회와 관계를 형성하고 지속적인 지원과 연계가 필요할 것 같다(어린이집, 5세 교사).

> 교사들과의 협의를 빼놓을 수 없다. 모든 교사가 자기 수업처럼 터놓고 이야기한다. … 기록화를 보며 아이들의

말을 되짚어 생각해보고 방향을 설정하는 데 도움을 주고받는다. 정해진 시간뿐만 아니라 진행 과정을 수시로 이야기 나누며 모든 반의 프로젝트 진행 과정을 알고 있다. 초임 교사, 경력 교사 할 것 없이 수평적인 관계 속에서 자신의 생각과 아이디어를 공유한다. … 교사들과의 협의는 5년이란 시간을 우리 아이들과 값지게 보낼 수 있게 해준 원동력일지도 모른다. **좀 더 거시적으로 기관간의 정보 교환과 나눔의 기회도 필요하다고 본다.** 솔직히 그간 우리 유치원에 많은 기관들이 다녀갔다. 우리 교사들은 우리도 가서 보고 올 기관, 함께 정보를 공유할 수 있는 기관의 필요성을 많이 느끼고 있다. 그러한 기회를 위한 거시 학습 공동체 구성이 기대된다(유치원 5세 교사).

대학원 시절 교육학을 수강한 경험이 있는데 자녀를 낳고 기르면서 '교육학은 있으나 교육은 없다'는 생각을 하곤 하였습니다. … 교육은 인간 존중과 자유를 가르쳐 주는 것이 되어야 한다고 봅니다. … 오늘의 교육에 바란다면 우리 아이들이 이 아픔의 길을 되밟고 가지 않기를 바랍니다. 이런 마음은 모든 부모의 바람이라 생각합니다. **교육에 대한 여러 가지 비판의 소리가 있지만 어떤 한 사람이나 정책으로 바로 세워짐을 기대할 수 없는 일이기에 부모들이 배우고 깨닫게 하는 자리가 먼저 있어야 할 것입니다.** 작은 배움의 자리가 모여 앞으로 우리 아이들이 살아가야 할 새로운 사회로 바꾸는 시발점이 되었으면 합니다. 그럴 수 있는 기회를 전문 기관에서 주관하여 주셨으면 합니다(5세 학부모).

공동체 모임을 해오면서 발견하게 된 것이 있다. 이탈리아의 레지오 스쿨에서도 말했듯이 우리 원에서는 우리 원에 알맞게 적용이 되어야 한다는 것과 또한 현재 대두되고 있는 발도르프나 생태 유아교육, 공동 육아 등과 철학적 기저에서는 상당히 같은 맥락을 가지고 있다는 것, 레지오식 접근법은 영유아 교육 기관에서뿐만 아니라 초등학교와 그 이상, 그리고 대학, 사회에서조차 적용되면 합리적인 체계 형성이 가능하리라는 생각들이다. 그리고 더 나아가 정부의 시급한 현안으로 떠오르고 있는 저출산 문제와 관련하여 이제는 시설의 양적 팽창이 아닌 질적 향상에 관심을 가지고 그런 방향으로 정책이 흘러간다는 것과 기업들이 자신의 이미지 관리를 위한 문화 사업이나 복지 사업을 해야 하는 사회적 풍토 속에서 우리가 하고 있는 이 레지오식 방식이 앞으로 교육의 물줄기를 바꾸어 놓는다는 차원에서 **정부나 기업의 주의를 끌기에 충분한 요소와 잠재력이 내재되어 있다는 확신을 가지게 되었다.** … 이제는 내 아이만 잘 되면 되고 우리 원만 잘 되면 된다는 생각에서 벗어나서 작은 힘이나마 자꾸 모아갈 수 있을 때 … 우리 아이들을 잘 키워내기 위해서는 무엇이 가장 중요한지를 제시할 수 있고 함께 나아갈 수 있는 우리가 소망하는 세상을 만들어 낼 수 있다고 감히 꿈꾸어 본다. … 하지만 **나 혼자 달리는 것이 아니라 나와 같은 마음을 가진 선생님들과 부모님들, 원장님들과 교수님들이 함께할 수 있다는 것이 큰 축복이라고 여긴다. 그리고 함께 끝까지 나아가서 거대한 물줄기를 바꾸어 놓을 수 있기를 간절히 소망해 본다**(어린이집 원장).

이상에 제시한 교사, 부모, 원장의 저널에서 읽을 수 있는 것은 우리가 소망하는 세상은 내 아이, 내 기관 구분 없이 모든 영유아가 인간 존중과 자유를 배울 수 있는 교육이 이루어지는 세상임을 알 수 있다. 이를 위해 작게는 기관내, 기관간 교사뿐 아니라 부모, 지역사회 구성원, 대학의 교수들도 함께하는 학습 공동체 구성을 소망한다. 이러한 학습 공동체 구성을 통해 초 · 중 · 고등학교, 대학까지의 연계뿐 아니라 기업의 육아 사업이나 정부의 육아 정책 수립에도 공감대를 얻어낼 수 있기를 바라고 있다. 이러한 교사, 부모, 기관장이 있는 한 우리가 소망하는 세상이 아득히 멀리 있는 것 같지는 않다.

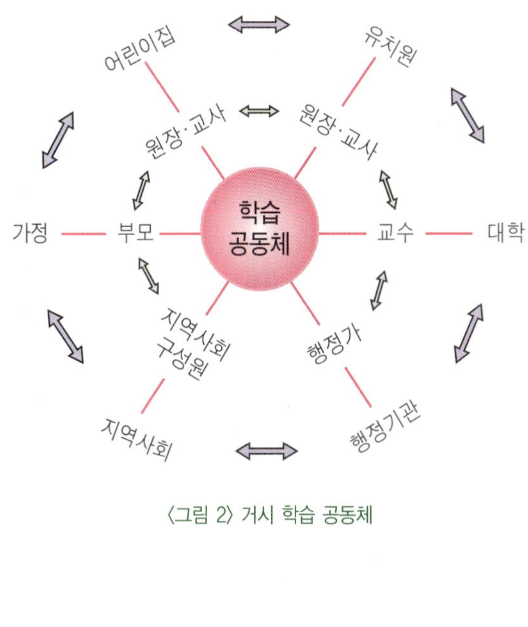

〈그림 2〉 거시 학습 공동체

이러한 거시 학습 공동체는 앞의 〈그림 2〉에서 보는 바와 같이 현장과 학계, 교사와 부모, 유치원과 어린이집, 기관과 지역사회 나아가 행정 체제간의 진정한 관계 형성을 시도하는 그야말로 풀뿌리 운동이다. 영유아 교육 기관과 교사의 반성적·실천적 노력뿐 아니라 가정, 지역사회, 대학, 행정 체제 등 영아와 유아의 교육에 관련된 모든 구성원간의 협력적 상호 작용과 교육에 대한 담론이 이루어지는 관계 속에서 소망하는 교육, 소망하는 세상을 만들어 나가는 협력을 의미한다.

유아교육의 재개념화와 사회적 구성의 실천을 위해 이러한 거시 학습 공동체의 구성, 구성 환경 그리고 협력적 실행은 분명 거시 체계의 측면들을 체계적으로 변화시킬 것이다. 교사 수준의 미시 체계에서 기관과 가정의 중간 체계 나아가 지역사회 관련 기관과 대학 등의 외체계에 이르기까지 모든 유아교육의 생태학적 환경 수준에 영향을 미칠 것이다.

시대는 역동적이기 때문에 역사는 매일 더해지고 과학은 새로운 발견을 만들어 나간다. 따라서 교육 과정도 완전할 수 없고 계속 변형될 것이다. 변화는 시간을 요구하고 개선은 항상 작게 이루어지지만 교육 과정의 변형은 계속적인 과정이다. 현재 우리가 교육 과정의 변형을 위해 관심을 가지고 현장 적용을 모색하는 레지오 접근법도 그대로 모방할 수 있는 최적의 것이 아니라 끊임없이 반성하면서 만들어 나가는 것임을 전제하고 있다. 앞으로 현장, 학계, 행정이 연대하여 우리가 하는 교육 접근이 유아, 교사, 부모의 발달적 변화에 미치는 본질적 의미와 유용성을 지속적으로 반성, 재구성, 적용하는 순환 과정을 거치면서 우리 문화에 적합한 교육 과정을 자생적으로 만들어 나가는 민주적인 학습 공동체가 될 것을 소망한다.

거시 학습 공동체에서 부모 이야기 공유하기

거시 학습 공동체에서 기관간 프로젝트 기록 패널 공유하기

# Chapter 3

## 질 문

01 기존 교육 과정에 프로젝트를 어떻게 적용해 나갈 것인가?

02 주제 중심 통합 교육 과정과 프로젝트는 어떤 차이가 있는가?

03 프로젝트 중심의 교육 과정 운영은 기존의 생활 주제들을 배제하는 것인가?

04 프로젝트의 본질은 무엇인가?

05 Project approach와 Reggio Emilia approach의 프로젝트 전개 방식은 어떻게 다른가?

06 유아교육과정 변형을 위해 교사들은 어떤 장애를 경험하는가?

07 유아교육과정 변형을 위해 장애를 어떻게 극복할 수 있을까?

08 교육 과정 변형은 가능한가?

09 진정한 발현적 교육 과정은 점진적으로 어떻게 변화해 가는가?

10 레지오 학교에서 하는 수준의 프로젝트를 우리도 할 수 있을까?

11 정형화된 프로젝트 운영 방식은 바뀔 수 있는가?

12 한 기관에서 연령별 서로 다른 프로그램을 운영하는 것은 다양한 교육적 경험으로 합리화될 수 있는가?

13 한 기관에서 3년간의 다양한 교육 과정 운영이 부모들에게 설득력이 없는 이유는 무엇인가?

# 기존 유아교육과정과 프로젝트 그리고 레지오 에밀리아 접근법

아주 진지하게 "유아들이 아무 말도 하지 않으면 그 다음에는 어떻게 하죠?"라고 묻는 교사들이 종종 있다. 이 교사들은 발현적 교육 과정의 본질적 의미와 전개를 알지 못하는 것이다. 이러한 질문은 기존의 교육 과정 운영과 프로젝트 접근법 그리고 레지오 접근 간의 또 다른 의미있는 차이를 예시해 준다. 이것은 유아들이 말할 것을 미리 예측하고 있는 교사의 전형이라 할 수 있다. 확실히 우리 교사들은 우리가 기대하고 예상하고 있는 유아의 반응에 주의를 기울이고 대화가 진행되어 가는 방법과 교사가 목적을 두는 방향에 집중하여 현재 유아의 생각과 말, 또래와의 상호 작용 내용과 활동을 기록화하고 해석하는 일을 게을리하는 경향이 있다.

흔히 초기에는 기존 단원 또는 주제 중심 통합 교육 과정과 소집단 프로젝트를 병행해 나가는 형태로 시작되나 대부분 개별 기관이 안고 있는 현실적 장애 요인과 진행상의 문제들로 인하여 점차 상황 중심으로 변화되어 가는 것을 볼 수 있다. 융통성 있게 교육 과정이 변형, 적용되면서 원활한 전개가 가능해짐을 경험한다. 뿐만 아니라 일 년을 통해 볼 때 상황 중심으로 발현되어 다루어졌던 프로젝트들도 결국은 우리의 생활 맥락 속에서 이루어지기 때문에 생활 주제 중심 교육 과정에서 교사가 주도하여 운영하던 교육 과정 내용들을 유아들이 대부분 경험하고 있다고 교사들은 말한다.

딱따구리는 풀을 입으로 물어서 둥지를 지은 것 같아, 4세

Unit, Theme, Project
Project Approach
Reggio Emilia Approach

## 01 초기의 프로젝트 운영에 대한 이야기

유아 교육 현장에서 유아교육과정의 변형 방향으로 프로젝트의 적용이 강조되기 시작한 이유 중의 하나는 학급에서 일반적으로 다루고 있는 생활 주제 중심의 통합 교육 과정을 배제하거나 축소하는 것이 아니라 기존 주제와 관련하여 발현되는 주제를 심화, 확장시킴으로써 현재 교육 과정에서의 부족한 부분을 질적으로 보완하고자 하는 데에 있었다. 지식은 유아들에게 직접 전달되는 것이 아니라 유아들의 활동, 경험들로부터 유아 자신이 의미를 만들고자 하는 노력을 통해서만 구성되므로, 교사들은 집단 또는 개별 유아들의 관심과 홍미에 기초하여 발현적 교육 과정을 설정하여 반응, 확장해 나간다.

> 저는 연안에 따라 활동을 하기 때문에 여름에 '여름', '물' 주제로 잡고 있어요. 저희는 주변에 매미 소리가 많이 들려요. ○○라는 친구가 "이게, 무슨 소리예요?"하면서 창문으로 갔어요. 그 후 아이들이 창문으로 다 몰렸어요. 반 친구들이 귀를 기울여 듣고 난 다음 제가 매미 책을 내줬어요. 어떤 곤충인지 탐색하게 되었죠. … 주제 접근으로 교육계획안을 짜기는 하지만 발현되면 그쪽으로 탐색을 하도록 하고 있어요(Y교사).

비 오는 날 달팽이 탐색

숲속 매미 탐색

Y교사와 같이 교사들은 주제 학습과 병행하여 발현되는 프로젝트를 운영하고 있음을 알 수 있다. 이는 물론 일 년을 주기로 정형화된 단원을 꺼내놓고 미리 구체화된 일련의 활동들과 자료들을 반복적으로 사용함으로써 유아의 참여를 유도하지 않거나 과제 수행의 책임감을 부여하지 않는 '단원 중심 교육 과정'과는 많은 차이가 있다. 그러나 유아의 자발적인 홍미를 찬성하고 그것에 기초하여 교육 과정을 구성하는 교사의 역할을 칭찬하지 않는 것은 아니지만, **주제와 관련하여 나타난 유아의 홍미에 따라 일어날 활동들을 미리 결정하여 이끌어가는 '주제 중심 교육 과정' 운영 방식은 유아가 관심을 갖는 탐색거리에 몰입하도록 하는 프로젝트의 본질과는 차이가 있다**. 여기서 유아는 교사가 계획한 활동과 제공한 매체를 사용하여 질문에 답하며, 지식을 흡수하고, 몇 가지의 지적 능력 개념과 추론 기술을 획득하는 데 참여함으로써 결국 교사가 계획한 학습 활동에 참여하는 결과를 낳는다.

레지오 교사들은 교육 과정 개발자나 리더로서의 역할보다는 협력자의 역할을 선호한다. 유아의 지식 정도와 홍미에 기초하여 발현된 프로젝트를 지원하고 유아의 홍미에 대해 사고하며, 유아가 이미 알고 있는 것의 이면에 대해서도 홍미를 갖도록 하기 위해 기록화하고 다른 교사, 부모, 유아와 함께 협상한다. 이러한 협상 과정에서 구성되는 탐색, 조사, 창안의 과정은 교사와 유아 간의 역동적인 학습을 가능하게 하고 발생적이며, 역동적인 교육 과정이 발현된다.

프로젝트를 학급에 적용해 본 교사들은 다음 사례에 제시된 바와 같이 프로젝트 학습이 기존의 교육 과정과 비교할 때 유아들을 보다 능동적으로 학습에 몰입시키며, 민주적 성향 및 문제 해결을 위해 정보를 찾고 활용할 수 있는 능력(Information literacy) 등을 갖게 된다고 본다.

유아들도 일단 달라요. 자료도 너무나 적극적으로 수집하고요. 일반 단원 학습을 하면 끝난 동시에 그 주제에 대한 이야기를 별로 안하거든요. 매미, 잠자리, 사마귀, 나비 이런 곤충에 대한 프로젝트를 했는데 계절이 가을로 바뀌는데도 … 아이들은 여전히 계속 곤충 얘기만 하고 어딜 가도 그쪽으로만 관심을 계속 보여요. 몰입했던 흔적이 오래 남는 것 같아요(3, 4세 U교사).

프로젝트에 참여하는 아이들은 자신의 의견이 수렴되는 것을 경험하면서 성향이 민주적으로 자라는 것 같아요. 그래서 더 많이 요구하게 되고 활동을 하고 싶을 때 괜히 당당해지는 것 같아요. 준비 작업에서부터 끝까지 책임감을 가지고 활동을 마치는 것을 보면서 '주체가 된다'는 느낌이 들어요(K교사, 5세 담임).

레지오 학교에서 유아는 프로젝트를 발현시키는 주체로서 교사와 함께 지식을 공동 구성하는 역할을 수행한다. 유아들은 언어적 표상, 학습을 위한 그리기, 모형을 구성하면서 자신들이 탐색한 바를 다른 사람에게 보이기 위하여 그리고 자신들이 목표한 것과 해결된 문제와 아이디어를 타인에게 표현할 수 있도록 메타 수준에서 사고하는 방법이 격려된다. 진정한 앎은 자신이 아는 것을 다른 사람에게 표현할 수 있을 때 가능하다.

다음의 사례와 같이 흔히 유아 교육 기관을 운영하는 원장들은 이러한 프로젝트의 기관 적용이 분명 기존의 정형화된 단원이나 주제 중심 교육 과정과는 다르므로 3년간 다양한 교육 과정을 경험하기를 원하는 부모들에게는 환영받고 있으며 부모 참여 및 기관 운영의 질적 개선에도 도움이 된다고 보고하였다. 유아 교육 관련자라면 누구나 공감하는 부분이다. 그러나 **기관과 파트너십을 가진 부모와의 진정한 관계 형성과 참여는 자녀가 변화되는 것을 부모가 느끼고 기관을 신뢰할 수 있을 때 가능할 것이다**. 부모의 의식 변화를 가져올 수 있는 교육 접근 방식을 지속적으로 반성해야 한다.

프로그램에 지루해 하고 중도에 탈락하는 유아들이 예년에 비해서 줄었어요. 즐거워하는 것이 눈에 보이고. 몇 년씩 다니면 주제가 반복되잖아요. 부모님들은 지난해에 했던 주제 단원이 올해에도 또 나오니까 우리는 심화하여 가르친다고 얘기해도 수용을 못하는 분도 계셨어요. 프로젝트를 적용하면서 주제가 달라지고 유아들이 한 주제에 대해서 심층적, 지속적으로 질문을 하고 계속 이야기를 하니까 부모님들도 궁금해 하시면서 부모 참여도 높아지고 효과를 보는 것 같아요(어린이집 원장).

프로젝트 운영에 있어 우리 **교사들이 아직도 벗어나지 못하는 관념은 "… 이렇게 하면, 교사가 지나치게 개입하는 것이 아닐까?" 하는 생각과 교사가 다 알고 있어야 유아의 학습 과정을 잘 도울 수 있다고 믿는 경향성이다**. 불행하게도 아동 중심 교육에 고착된 우리 교사들은 교육 과정을 발현하게 하는 유아들의 아이디어를 지나치게 존중한 결과 교사의 책임감에 대한 잘못된 개념을 가져왔다. 흔히 프로젝트가 전개될 때, 교사들은 유아들의 흥미가 나타날 때까지 기다리고, 유아들의 흥미에 단순히 따르기만 하는 것이 교사의 역할이라는 생각을 하는 경향이 있는데 이것은 교사의 책임감에 대한 해석을 잘못하는 것이다. 다음의 L 교사와 I 교사의 이야기에서 알 수 있다.

… 교사가 어느 정도 개입을 하느냐? 그 전에는 이야깃거리를 내가 주었는데 만약 유아들에게서 안 나타나면 그럼 내가 이걸 제안을 해도 될까? 망설이게 돼요. … 왜 나는 매번 뒤에 물러서서 아이들이 뭔가를 끌어가면 보조 역할을 해야 한다는 착각을 했었는지 모르겠어요(L교사).

프로젝트가 어렵다고 생각되는게 교사가 먼저 과학적인 사고가 되어야 하는데 사실 겁나거든요. 애들이 물어봤을 때 할 수 있을까? … 같이 알아가도 교사가 기본적인 걸 알고 자료가 있으면 아이들과 함께해도 겁이 덜 날 것 같아요. 그런데 이번에 '유리' 프로젝트를 하면서 저도 많이 배웠어요(I 교사).

실제 유아들의 관심으로부터 발현된 프로젝트의 경우, 일단 흥미의 여지가 확인되면 교사들은 유아들의 탐색을 위한 가능한 방향을 협의를 통해 예상한다. 레지오 교사들은 이러한 가능성을 아주 신중하게 분석한다. 교사들은 유아들이 문제를 인식하고 원인과 해결책, 관련 흥미를 자극할 수 있도록 질문하며, 문제에 대해 탐색하도록 제안하기 위한 협의를 갖는다. 그 후 교사들은 유아의 흥미나 관심에 따라 다양한 가능성을 유아들에게 제안하고 토론하며, 경우에 따라서는 다음으로 미루거나, 수정 또는 대체하고, 추구한다. 이러한 프로제타지오네는 프로젝트가 전개되는 내내 지속된다.

또한 **아주 진지하게 "유아들이 아무 말도 하지 않으면 그 다음에는 어떻게 하죠?"라고 묻는 교사들이 종종 있다. 이 교사들은 발현적 교육 과정의 본질적 의미와 전개를 알지 못하는 것이다**. 이러한 질문은 기존의 교육 과정 운영과 프로젝트 접근법 그리고 레지오 접근 간의 또 다른 의미있는 차이를 예시해 준다. 이것은 유아들이 말할 것을 미리 예측하고 있는 교사의 전형이라 할 수 있다. 확실히 우리 교사들은 우리가 기대하고 예상하고 있는 유아의 반응에 주의를 기울이고 대화가 진행되어 가는 방법과 교사가 목적을 두는 방향에 집중하여 현재 유아의 생각과 말, 또래와의 상호 작용 내용과 활동을 기록화하고 해석하는 일을 게을리하는 경향이 있다.

레지오 교실에서 교사는 유아들이 토의할 때 매우 신중하게 경청할 뿐 아니라 대화를 녹음하고 전사하여 이후의 교육 과정 발현과 지원을 위해 동료 교사들과 협의하고 분석하는 데 활용한다. 물론 **기록 내용의 전사본을 만들고 함께 재고할 시간을 갖는 것은 힘든 일이고 시간과 에너지를 쏟아야 하는 과정이지만, 기록 자료는 유아의 흥미나 관심에 가치를 두기 위한 노력이다**. 프로젝트가 진행됨에 따라 활동 과정 사진과 유아의 생각이 진행된 과정에 대한 논의가 더하여 기록되어져서 교실과 학교 벽에 기록화된다. 이러한 기록 작업과 패널 구성, 기록 내용에 대한 연구는 레지오 접근법의 초석으로서 높은 가치를 가진다. 왜냐하면 그것은 유아, 교사, 부모 모두가 유아의 학습과 교육을 반성하고 재방문하도록 하기 때문이다.

그 외에 초기에 교사들이 업무적 부담에 대해서 갈등하고 반성하는 모습을 볼 수 있다. 다음의 I 교사는 프로젝트를 현장에 적용하면서 업무상의 어려움을 호소한다.

> 교사로서 저는 학급 전체가 참여하는 수업도 해야 되고 프로젝트는 프로젝트대로 해야 되고 이중 부담이 되고 있어요. 두 가지를 준비해야 하는 것은 둘 다 제대로 못 하는 건 아닐까? 양쪽을 진행하는 데 있어서 교사로서는 부담감이 있어요(I 교사).

유치원이든 어린이집이든 우리나라의 교사들은 학급 운영에 있어 좋은 조건을 갖지 못하는 실정이다. 프로젝트의 적용, 특히 레지오 접근은 교사들에게 열정과 몰입뿐 아니라 시간과 에너지를 함께 요구하는 힘든 일임에 틀림없다. 이를 위해 우선 **기존에 해오던 연간 생활 주제 중심 교육 과정을 모두 하면서 프로젝트를 병행한다면 그야말로 교사들에게는 감당할 수 없는 '두 마리의 토끼' 처럼 과중한 업무가 될 것이다**. 레지오 접근법을 현장에 적용하는 초기에 어떤 기관이든 경험하는 이러한 딜레마는 바른 판단이 요구된다. 교사의 잦은 이직을 원하지 않는다면 운영자의 분명한 선택이 필요하다.

나아가 **교육 과정의 변화를 위해서는 앞서 논의한 변화를 위해 필요한 전제가 수반되어야 한다. 그 중에서도 특히 시간, 인력, 자원이 그것이다**(Sowell, 2000). 교육 과정 변화에 참여하는 교사들이 일상적인 업무 외에 변화를 위해 투여하는 시간, 즉 학습이나 교육 및 연구를 위한 시간, 새로운 교육 과정을 수행하고 반성하는 시간 등이 필요하다. 시간은 기존 업무에 대한 책임감을 덜어주거나 보조 인력을 더해줌으로써 증가된다. 교사와 기관장의 전문적 발달을 위한 전문적 교육이나 외부 전문가의 지원, 환경 변화, 필요한 매체의 구입 및 지원, 학습 공동체 참여를 위한 시간도 필요하다. 이러한 변화에는 자원 또한 요구되며 장기적인 안목이 요청된다.

## 02 장애, 갈등, 변형으로

초기 적용이 이루어지는 첫해, 기관간 학습 공동체 모임이 끝날 즈음 교사들과의 면담에서 현장 교사들이 절실히 필요로 하는 부분은 협력적 교사교육, 지속적인 학습 공동체, 기관간 교류, 기술 공학적 지원, 시간과 보조 인력이었다. 이러한 경향은 앞의 39쪽의 〈표 2-3〉에서 보는 바와 같이 두 번째 해에 기관내 학습 공동체를 시작한 교사들이 3월에 인식하는 장애 요인과 유사하다.

교사들은 12가지 장애 요인 중 인적 자원 부족, 행사로 인한 방해, 자료와 장비 부족, 시간의 부족, 적용 절차에 대한 불명확한 이해, 교사 현직 연수의 부족, 교사간 의사소통 기회 부족, 교사-전문가 간 계획 부족의 8가지 요인을 보통 이상의 장애 요인으로 인식하였다. 교사의 종적 · 횡적 저널에서 교사들이 경험하는 장애와 갈등, 개선 및 변형 과정을 볼 수 있다.

> 프로젝트가 진행되면서 특별 활동으로 인한 시간의 부족, 보조 교사의 부재로 인한 활동 진행상의 어려움, 유치원 행사 일정과 견학 등이 교사들에게는 고충이었다(4월, T유치원, G교사).
>
> 교사와 프로젝트 참여 유아들이 외부로 나가기 때문에 나머지 아이들이 방치되지 않을 수 있는 방법이 필요하다. … 프로젝트 시간이 길어지다 보니 관련 활동을 제외한 소집단 활동, 자유 선택 활동들이 부실해지기 시작했다(5월, T유치원, H교사).
>
> 여러 가지 특별 활동으로 프로젝트 기간이 길어진다. 처음 프로젝트는 2주간 진행하기로 계획을 했는데 5주간 진행되었고, 두 번째도 6~7주간을 계획하게 되었다. 오랜 시간을 프로젝트 활동에 보내다 보니 소집단 활동, 자유 선택 활동들이 부실해지기 시작했다(7월, H교사).

교사들이 경험하는 장애를 반성하고 개선하기 위해 기관내 학습 공동체 실천을 시작하였다. 학기 초부터 주 2회 정도 전문가가 기관을 방문하여 기관장 이하 모든 교사들과 함께 프로젝트 운영, 환경 및 매체 활용, 전반적인 기관 운영에 대해 반성하고 토의하면서 실천을 구성, 재구성해 나가는 **전문가 지원 협의**가 이루어졌다. 교사들은 주 2회 전체 교사가 참여하는 **교사 협의**, 연령별 교사간 협의, 1 : 1 협의를 꾸준히 실천하면서 교사가 경험하는 문제 상황이나 수업 사례에 대해 연구 저널을 작성하고 반성 · 토의하였다.

프로젝트의 발현에 반드시 필요한 기록화를 위해 5가지의 일일 저널 양식을 구성하여 매일 실천하였으며, 일주일 동안의 일일 저널을 토대로 기존의 **'주간 교육계획안'**을 **'주간 저널'**로 바꾸어 가정과의 유기적인 의사소통을 활성화하여 부모의 기관 교육 이해와 참여를 높이고자 하였다. 특히 그간 유아 교육 현장에서 잘 활용되지 않았던 디지털 카메라, 컴퓨터 스캐너 등의 **공학 기기를 보완**하여 교사의 **기록 작업과 패널 작업을 용이**하게 하였다.

다른 한편 유아들의 다양한 탐색 활동을 자극할 수 있도록 레지오 학교의 환경 원리를 적용하여 **물리적 환경을 변화**시켜 나갔다. 9장의 환경을 다루는 부분에서 구체적으로 논의되겠지만, 좁은 중앙 홀을 현관까지 최대한 넓혀 피아자를 구성하고 교실마다 미니 아뜰리에를 구성하였다. 피아자에는 가게놀이 영역, 의상놀이 영역, 인형극장, 삼각 거울을 설치하여 모든 학급의 유아들이 협력적 상호 작용을 할 수 있는 활동 공간으로 만들었다. 교실은 기존의 전형적인 흥미 영역과 상품화된 구조적인 매체들을 없애고, 빛을 활용하는 다양한 기기와 매체들을 보완하여 편지쓰기 영역, 라이트 테이블 작업 영역, OHP를 이용한 2차원 구성놀이 영역과 그림자 극놀이 영역, 3차원 구성놀이 영역, 가정놀이 영역 등을 설치하여 창의적인 탐색과 다양한 표상 활동을 자극하여 유아들의 프로젝트 활동이 심화·확장되도록 하였다.

7월에 이르러 자료와 장비의 부족, 적용 절차에 대한 이해, 교사 연수나 워크숍, 교사간 의사소통 기회, 교사·원장·전문가 간 협의 기회의 5가지 요인은 더 이상 장애가 되지 않는 쪽으로 개선되었다. 이에 따라 교육 과정 운영과 유아들의 탐색 학습도 활성화되었다. 다음의 K교사와 M교사의 이야기에 나타나는 바와 같이 이는 전 교직원이 기관과 학급에서 이루어지는 활동들을 상호 의사소통하고 실천을 반성할 뿐 아니라 협력적으로 교육 과정을 계획·적용·평가하면서 교수 학습 활동이 심화·확장된 데 기인한다. 또한 물리적 환경이나 매체 등 교육 과정 변형에 필요한 전제들이 수반되어졌기 때문이다.

> 기록 작업을 통해 유아들의 이야기에 귀 기울이게 되었다. 수업도 유아들에게 새로운 활동을 준비하여 제시하기보다, 그날 그날 유아들이 궁금해 하는 것들을 함께 해결해 나가는 방법을 찾고, 지원해 주는 활동으로 변화되고, 늘 새로운 탐색을 할 수 있는 환경으로 변화시키고자 노력하였다(9월, Y유치원, K교사).

> 예전에는 등원부터 하루 일과가 짜여져 있었는데, 2학기부터는 계획안 자체가 변화했어요. 영역별로 유아들이 어떤 활동을 하는지 기록하다 보니까 거기서 주제도 쉽게 찾아낼 수 있고, 어떤 유아가 어디에 흥미가 있는지 등을 쉽게 알 수 있어요(10월, Y유치원, M교사).

교실의 물리적 환경 변화

OHP를 이용한 2차원 구성

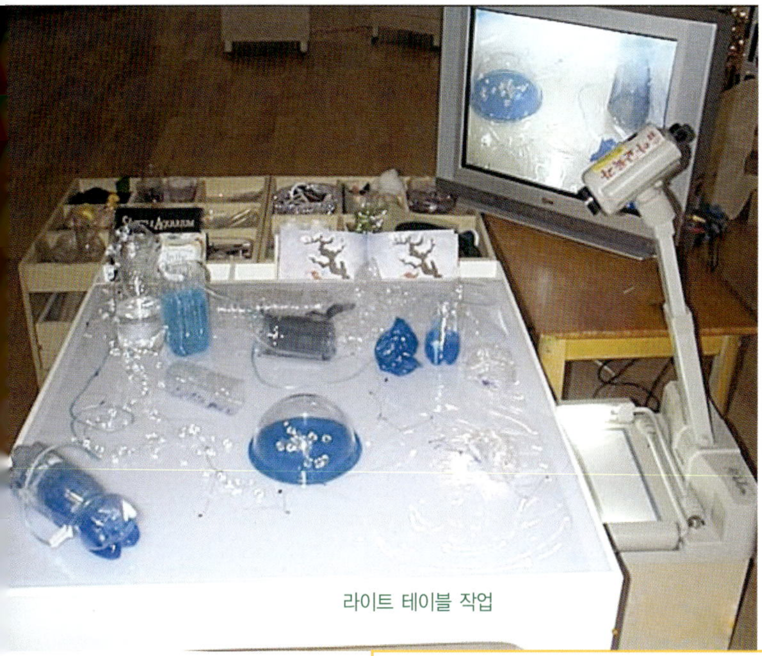
라이트 테이블 작업

K, M 교사의 대화에서 알 수 있듯이 기록을 통해 유아의 흥미를 충분히 인식하여 학급의 생활 주제, 행사 및 기타 상황들과 연계·통합하여 변형 또는 창의적으로 프로젝트를 적용하면서 적용 절차의 문제는 해소되고 교사간 협의, 기록 작업의 실천은 반드시 필요한 일상적인 부분이 되어 끊임없는 연구와 반성의 시간을 갖게 하였다.

그러나 앞의 〈표 2-3〉에서 보면 1학기 말인 7월에 교사들이 느끼는 장애 요인 중 인적 자원, 행사 부담, 시간의 세 요인은 여전히 장애로 인식된다. 특히, 인적 자원이 부족하고 행사로 인한 부담감 때문에 교사가 느끼는 장애 정도는 오히려 상승하였다. 이는 새롭게 부과된 기록 작업과 프로젝트 실천이 교사들에게 이전의 업무를 과중시켰기 때문일 것이다. 이러한 장애에 대해서 교사들과의 협의를 통해 **학급간 협력 학습, 시간제 보조 인력을 활용**하면서 상황을 개선시켜 나가기로 하였다.

이제는 다른 반과 함께 놀이하는 것에 익숙해져 있어서 … 다른 반과 연합해서 놀이를 하기 때문에 장소도 넓어지고 놀이 종류도 다양해져 유아들이 무척 즐거워했다(10월, T유치원, H교사).

이러한 수업 분위기가 가능할 수 있었던 데에는 유아들의 적극적인 참여뿐만 아니라 부담임과 실습생의 도움이 매우 컸다. … 유아들과 함께 만들어가며 활동 방향이 결정되고 진행되므로 계획이 변경되는 일도 많고 변화에 대해 빠르게 새로운 준비를 해야 하는 실정에서 보조 인력이 큰 도움이 되었다. 또 교사 자신의 컨디션도 빼놓을 수 없다(11월, G교사).

학급간 협력 교수

학급간 프로젝트 공유

아울러 언제나 교사들의 업무에 큰 걸림돌로 작용하였던 행사 또한 '행사 따로 프로젝트 따로'가 아니라 행사 운영과 방법에 대해 목적 의식을 가지고 **유아들이 계획, 탐색, 만들어 가는 행사가 프로젝트 활동**의 맥락이 되도록 하였다.

작은 음악회 준비가 시작되었다. 유아들과 함께 보고 온 뮤지컬을 만들기로 하였다. 필요한 매체, 사람, 음향, 음악, 조명 등에 대해 토의하고 그림으로 그리고 연습하면서 수정하기도 하였다. 계획된 과정대로 하나씩 준비되고 있다(11월, T유치원, H교사).

레지오를 적용하면서 오히려 교사의 연구 시간은 많아지고 … 행사를 위해 꾸미는 데 투자하는 시간을 줄일 수 있어서 좋아요. 벽면을 구성할 필요도 없고 … 평소 활동에 부모를 어떻게 참여하도록 이끌어 갈 것인가만 연구하면 되니까 … 생각이 많이 바뀐거죠(Y유치원 원장).

학급간 공유를 통한 유아들의 피드백

유아들이 만들어 가는 행사

활발한 교육 협의를 통해 전문성이 조금씩 발달되면서 교사로서의 자존감도 함께 커갔고 교육의 비중이 절대적으로 커지면서 행정적인 업무나 기타 잡무에 대한 스트레스 또한 상대적으로 줄어 교육에 전념하는 한 해를 보낼 수 있었다(12월, T유치원, G교사).

12월에 이르러 끊임없는 교사간 협의와 기록 작업 및 연구의 실천을 통해 이루어지는 교육 과정 변형은 행사 부담이나 시간 부족의 요인까지 개선되게 하였다. 교육 과정이 바람직한 방향으로 개선될수록 유아 교육 기관에 활용 가능한 인적 자원이 부족한 것은 큰 장애 요인으로 남아 있다. 인적 자원의 부족은 교사가 활용할 수 있는 시간의 부족을 뜻한다. 유아 교육 기관의 실정은 어렵지만 **교육 과정의 변형을 장기적인 안목으로 보아 인적 · 시간적 지원이 요청**된다. 교사의 협력적인 반성적 실천과 함께 변화에 필요한 지원이 전제될 때 교사의 변화 수용력이 증진되며 궁극적인 교육 과정의 개선을 초래할 수 있다. 이에 대한 대안으로 부모의 공동체적 가치관 형성과 주체로서의 참여 방안이 모색되고 있다.

전사하고 나서 그 외의 것들, 사진도 골라서 포토샵 작업도 하고, 많은 매체들이 들어오면서 연구해야 할 것들이 많아지니까요. 하면 할수록 시간이 부족해요(Y유치원, S교사).

## 03 익숙한 것에서 상황 중심 발현으로

아직도 유아 교육 현장에서는 1년을 주기로 정형화된 단원 중심으로 교육 과정을 전개하거나, 통합 교육 과정에 대한 잘못된 이해를 가지고 한 가지 주제를 중심으로 각 과 교재나 여러 자료집에서 제시하고 있는 활동들을 단순히 열거 및 연결하여 조합하는 형태로 교육 과정을 구성·운영하는 실정을 부인할 수 없다. 단원 또는 주제 중심의 통합 교육 과정에 프로젝트를 병행 내지는 연계하여 적용해 본 교사들은 기존 교육 과정 운영 방식의 한계를 경험하며 유아의 의미있는 학습을 돕기에는 부족함을 인식한다.

> 1년의 수업이 마무리되는 시점에서 나와 유아들의 변화를 생각해보면 … 프로젝트 수업 방식의 교육적인 효과를 느끼게 되고, 신뢰감을 가지게 되었다. 유아들이 생각 없이 임할 때는 프로젝트 활동에서도 표상을 통해 나타나는데 … 교사 주도인 주제 중심 통합 교육 과정의 활동은 더욱 그렇다고 느낀다(T유치원, K교사).

> 기존에는 생활 주제 따로 프로젝트 따로 하다보니까 … 부담스러웠어요. 주어진 시간 안에 빨리 해야 한다는 생각도 들고, 그럴듯한 주제를 선택해야 한다고 생각했는데, 지금은 유아들이 경험하는 생활 속에서 찾으려고 노력해요. 거창한 것이 아니라도 … (S어린이집, P교사).

교사들은 정형화된 주제 중심으로, 여러 교과 영역의 내용들을 단순히 연결하는 형태의 기존 통합 교육 과정의 계획이나 운영 방식이 진정한 유아 중심 교육 과정인지 고민한다. 이러한 반성은 교사가 교육 과정을 외적인 요소들로 구성하던 것에서 사람들과 연결하는 내적인 요소로 파악하기 시작하면서 관점의 변화를 보여준다.

> 예전엔 유아들과 내일은 무엇을 할까? 고민한 적도 있다. 하지만 요즘은 유아들의 요구를 수용하기에 손이 열 개라도 모자란다. 유아의 이야기를 들어주고 "왜?"라는 질문을 많이 하며 … 함께 고민하는 교사로 변화하였다(H유치원, L교사).

> 이야기를 하다 보면 그 안에서 탐색거리가 나와요. 오늘 제가 '차'에 대한 이야기를 하다가 물을 가지고 오라고 스피커폰을 했는데 유아들이 왜 소리가 나오는지 궁금해 했어요. 그것을 탐색 활동으로 못 끌어준 것이 너무 아쉬워요(Y유치원, 원장).

교사는 유아들과의 담론, 기록 및 연구, 교사간 담론, 생태학적 현상 및 관계 속에서 상황 중심으로 교육 과정을 발현시켜 나감을 알 수 있다. 상황 중심으로 변형된 프로젝트 운영의 사례와 교사의 달라진 생각을 아래에서 볼 수 있다.

> 쓰레기 분리수거의 방법과 필요성을 가볍게 살펴보고자 했으나 견학 및 토의를 통해 발현되는 새로운 탐색거리들로 인해서 활동은 계속 확장되고 있다. 현재 아이와 교사 모두 활동에 대한 흥미가 더욱 높아지고 있으며 탐색 의욕이 충분해 보인다. 활동 기간을 연장해서 충분히 여유롭게 살펴보고자 한다(T유치원, G교사).

축축한 땅에 악어가 살고 있는 정글, 5세

종합 환경 센터 견학

각 반의 분리수거 현황

분리수거 체제 구상

교실내 재활용 매체 분류 선반

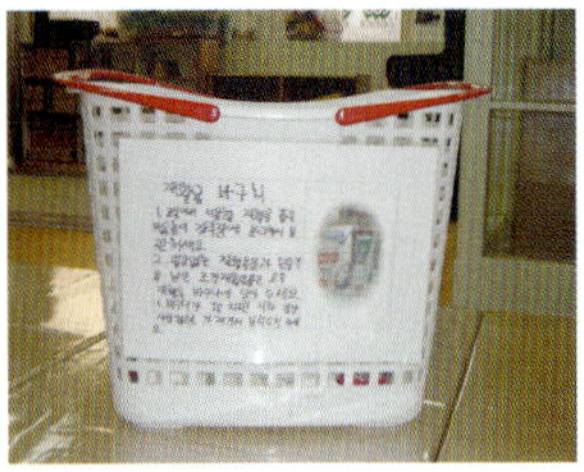
효율적인 분리수거를 위한 재활용 바구니

유치원 내 절약 사랑방

아파트 관리사무실을 통해 유치원이 위치한 단지 내에서 분리수거한 재활용품들은 종합 환경 센터로 옮겨진다는 것을 알게 되었고, 유아들은 그곳 견학을 통해 분리수거한 재활용품의 다양한 쓰임새를 알게 되었다.
각 반별 분리수거 현황을 조사한 뒤, 효율적인 분리수거 체제를 구상하였다.
효율적인 분리수거를 위해 각 반에 '재활용 바구니'를 마련하기로 하였다.
언제든지 필요할 때마다 사용할 수 있도록 '절약 사랑방'을 마련하였다.

유아들과 함께 앞으로 계획된 '운동회'는 왜 하는지, 무엇을 하는지, 누가 오는지에 대해 이야기를 나누었다. 부모님과 함께하는 운동회라는 이야기가 나오자 아이들은 초대장과 피켓 만들기를 제안하였고, 길 안내 표지판은 교사가 제안하였다(T유치원, H교사).

한 번은 '수직-수평' 일일 기록을 통해서 라이트 테이블 활동이 부족했다는 것을 알게 되었다. 그 이유에 대해 유아들과 협의해 보았다. 5세반을 방문을 해서 어떻게 하고 있는지 보자고 제안되어 재미있게 이루어지는 활동 모습을 직접 살펴보고 이야기도 나누었다. 지금은 라이트 테이블 활동에 많은 흥미를 가지게 되었다(A유치원, J교사).

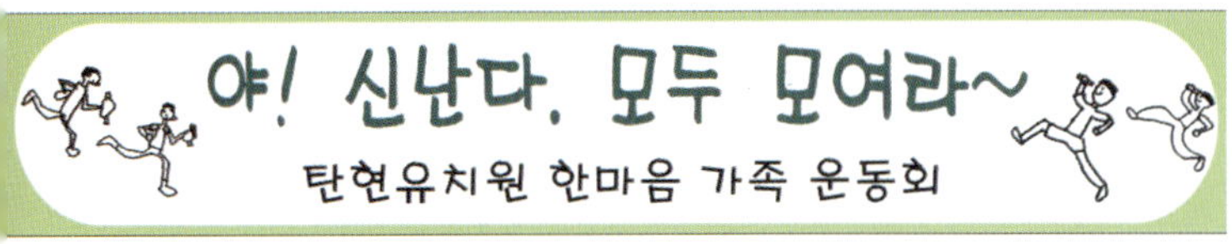

유아들이 디자인한 운동회 현수막

라이트 테이블 활동

교육 과정 내용은 성인, 유아, 환경과의 상호 작용에서 나오며 관계에서 자발적으로 나타날 때, 항상 신선하고 흥미롭다. Malaguzzi는 "기대하지 않았던 것을 기대하라"는 말로 이러한 교육 과정 경험 방식을 묘사했다.

흔히 초기에는 기존 단원 또는 주제 중심 통합 교육 과정과 소집단 프로젝트를 병행해 나가는 형태로 시작되나 대부분 개별 기관이 안고 있는 현실적 장애 요인과 진행상의 문제들로 인하여 점차 상황 중심으로 변화되어 가는 것을 볼 수 있다. 융통성 있게 교육 과정이 변형, 적용되면서 원활한 전개가 가능해짐을 경험한다. 뿐만 아니라 **일 년을 통해 볼 때 상황 중심으로 발현되어 다루어졌던 프로젝트들도 결국은 우리의 생활 맥락 속에서 이루어지기 때문에 생활 주제 중심 교육 과정에서 교사가 주도하여 운영하던 교육 과정 내용들을 유아들이 대부분 경험하고 있다고 교사들은 말한다**.

> 처음에는 파악이 잘 되지 않았습니다. 그러나 시간이 지나고 보니 전체적으로 다루어지는 것으로 평가됩니다. 일부러 하려고 하지 않아도 생활 주제가 모두 다루어지죠. 전체적으로 골고루 다루어지며 오히려 깊이 있는 탐색이 이루어집니다(T유치원, K교사).

### 유아들이 만들어간 가게놀이

물건 값 계산하기

물건 값 지불하기

(앞면) 유아들이 만든 화폐 (뒷면)

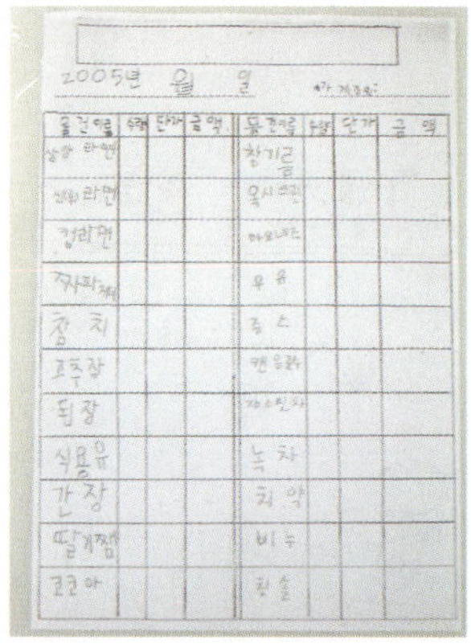

유아가 디자인한 영수증

## 04 기존의 프로젝트 접근과 레지오 접근

| 기존의 접근 | 레지오 접근 |
|---|---|
| 1. 하나의 교수 학습 방법 및 전략 | 1. 행정 조직, 환경, 철학, 교수 학습 방법, 교육 과정을 가진 통합적인 유아 교육 체제 |
| 2. 흔히 사고 기술을 실천하고 정보를 제공하기 위한 주제 | 2. 문제를 제기하고 사고를 자극하기 위한 주제 |
| 3. 다양한 관찰과 직접 경험을 강조하여 주제에 대한 '이해를 넓히는' 데 조점 | 3. 지식의 구조를 강조하여 주제에 대한 '이해의 깊이를 심화시키는' 데 조점을 둠 |
| 4. 과학 실험에 조점을 두며 몇 가지 문제 해결을 격려하는 탐색 학습 | 4. 왜 그러한 일이 일어났으며 문제를 해결하는 가능한 방법에 대한 추론을 제안하도록 자극하는 탐색 학습 |
| 5. 주제에 대해 관찰, 이해, 조사한 것을 표현하고 공유하기 위한 표상 활용 | 5. 다양한 매체를 사용하여 이해를 탐색, 반성하며, 상호 작용의 수단으로 활용할 뿐 아니라 학습 과정을 기록화함으로써 재방문하여 재구성하는 학습의 수단으로 표상 활용 |
| 6. 개인을 강조하며 자동성, 자기 책임감, 독립심에 가치를 둠 | 6. 관계를 강조하며 공동체 의식과 상호 의존성에 가치를 둠 |
| 7. 유아는 매일 자신이 원하는 것에 참여할 수 있도록 선택 | 7. 유아는 자신이 원하는 것을 선택할 수 있을 뿐만 아니라 자신의 흥미에 기초하여 구성된 소집단 속에서 활동 |
| 8. 시간이 고도로 규제되고 계획되어짐 | 8. 시간은 서두르지 않고 편안하게 진행 |
| 9. 기록은 전형적으로 활동이 진행된 과정을 보여주기보다는 체크리스트, 포트폴리오, 관찰 등으로 유아가 학습한 것이나 알지 못하는 것을 보여주는 결과에 한정 | 9. 기록 작업은 프로젝트의 전체 활동 과정과 유아들의 갈등 및 '알게' 된 내용들을 기록하고, 기록 패널은 프로젝트가 진행됨에 따라 유아, 교사, 부모 모두가 유아들의 활동을 재방문하고 재고찰하도록 사용 |
| 10. 교사는 최소한 1년에 한 번 교체 | 10. 교사는 3년간 유아들과 함께함 |
| 11. 교직원은 교사 또는 보조 교사로 구성 | 11. 교직원은 두 교사가 공동 교수하고, 페다고지스타와 아뜰리에리스타의 역할 추가 |
| 12. 수직적인 교직원 조직(원장, 주임, 교사) | 12. 기관장이 없으며 모두가 책임을 공유 |
| 13. 되도록 갈등을 피함 | 13. 대인간 관점의 차이를 '직면'하고 토론하며, 이러한 갈등을 학습에 활용 |
| 14. 교사들은 고립을 희망하며 정기적인 교사 회의는 행정에 대한 내용 | 14. 모든 교사들간 진정한 협력이 정기적 또는 수시로 이루어짐 |

# Chapter 4

# 레지오 학교의 역사 · 문화와 우리의 문화와 생태에 기초한 적용

## 질 문

01 레지오 학교의 의미있는 역사는 어떻게 시작되었는가?

02 레지오 학교는 어떤 과정을 거쳐 발달하였는가?

03 레지오 에밀리아의 사회 문화는 어떠한 독특성을 가지고 있는가?

04 레지오 교육이 다른 나라의 교육과 다른 점은 무엇인가?

05 우리 문화에 레지오 접근법을 적용하는 과정에서 볼 수 있었던 '우리만의 것'은 있는가?

06 물리적 환경 구성에서 만날 수 있는 우리만의 것은 무엇이었나?

07 매체 활용에서 볼 수 있었던 우리만의 것은 무엇이었나?

08 유아들의 프로젝트에서 볼 수 있었던 우리의 것은 무엇이었나?

역사적으로 이탈리아의 유아교육은 수세기 동안 이어온 천주교회와 국가 정부 사이의 복잡한 권력 갈등의 관계 속에서 파악되며, 협력적 관념과 미학적인 문화 속에서 발전해 왔다.

레지오 교육자들은 교육 프로그램이 사회 문화적 맥락의 산물이며, 그러한 맥락 속에서 고려되어야 함을 강조한다.

이제 우리의 문화와 생태에 기초하여 레지오 접근법을 유아 교육 현장에 구현하는 과정에서 진정한 교육 과정 변형은 실현될 수 있을 것이다. 현재까지 물리적 환경 구성에서, 매체 활용에서, 프로젝트에서, 계절에 다른 생태계를 살피면서, 자연물을 가까이 하면서 그리고 서로 다른 지역사회에서 적용되었던 우리의 생활, 문화, 전통, 전래놀이 등을 만날 수 있었다.

## 01 레지오 에밀리아 학교의 역사와 문화

레지오시(市), 산 프로스페로 광장

산 프로스페로 광장의 사자상

### 01_1 레지오 학교의 역사

레지오 에밀리아 학교 방문자, 「유아들의 수많은 언어」 전시회를 본 사람, 레지오 학교 이야기를 들은 사람, 혹은 관련 슬라이드나 비디오 발표를 본 사람들은 아름다우면서 역동적인 환경에서 이루어지는 유아들의 표상, 교사의 역할에 감동한다. 레지오 학교가 보여주는 실천과 이미지는 보는 이들로 하여금 '어떻게 가능하게 되었을까?' 끊임없이 경이감을 갖게 한다.

1945년의 레지오 에밀리아, 파시스트 독재 정권과 제2차 세계대전이 끝나고 당시 압박감과 중압감에서 벗어나, 정의롭고, 보다 새로운 변화에 대한 욕망을 가진 노동자, 농민, 당시의 이탈리아 여성 조합이 힘을 모았다.

> 독일군이 후퇴하면서 남긴 말 몇 마리와 트럭 몇 대, 버려진 탱크를 팔아 번 돈으로 건물을 짓기 시작했다(Malaguzzi in Edwards, Gandini, & Forman, 1998).

Malaguzzi는 다음과 같이 말하였다.

> 교육과 문화에 대한 예전의 규칙은 전복되었다. 그것은 모든 것을 실속 있게 돌려 놓았으며, 완전히 새로운 지평을 열었다…. 나는 비범한 일이 일어나는 위대한 인적·문화적 교훈이라고 생각했다. 우리는 단지 힘을 모으고 더불어 일하기만 하면 되었다(Malaguzzi in Barazzone, R, 1985. Scuola Comumale dell'infanza의 팸플릿, XXV 4월).

파시스트 정권으로부터 연합국이 해방된 날을 기념하여 '4월 25일 학교(April 25th School)'라고 이름 붙인 학교 정문의 패(牌)에는 다음과 같은 감동적인 문구가 새겨져 있다. "우리는 유아들을 위한 새로운 장소를 원했기 때문에 남녀 모두 협력하여 이 학교를 세웠다. 1945년 5월." 첫 번째 학교는 지역사회 공동체의 노력으로 시작되었으며, 오늘날 이러한 의식은 레지오 학교에 분명하게 나타난다.

레지오 에밀리아의 모든 유아 학교들은 소멸되지 않는 지난 시절의 사무치는 과거를 가지고 있다. 1970년대로 돌아가, 빌레타 지역의 한 여성은 자녀를 위한 학교를 짓기 위해 빈집을 확보하였다. 훌륭한 집이었으나 사방이 잎이 우거진 나무로 뒤덮여 있었다. 그 집으로 이사하여, '아이들을 위한 학교'라고 선언한 뒤, 더러운 방을 청소하고 수리했다. 어느 더운 날 늦은 오후, 부모들이 일하고 있는 방으로 크고 아름다운 나비 한 마리가 들어와 날아다녔다. 그 나비의 방문을 아이와 자신들의 운명과 유아 학교를 위한 좋은 조짐이라 여겼다. 그날 이후로 나비는 빌레타 학교 역사의 상징이 되었다. 유아들은 입구의 통로에 색색의 나비 천 개를 디자인하였고, 나비는 시간을 도래해 지금도 아이들이 그리고, 칠하고, 구성하는 데 표현되고 있다. 이것은 우리에게 그 학교 공동체들의 강한 영향력을 되새겨준다(Gandini, 1991).

Malaguzzi는 유아 학교 시작을 위해 연합되었던 시민들의 유산을 언제나 기억하였다. 인터뷰에서 초기 학교인 빌라 셀라에 대해 다음과 같이 말하였다.

> 그 사건은 우리에게 무언가를 주었다. 우리로 하여금 언제나 신념을 갖고자 노력하도록 하였다 … 부모들이 바라는 것은 이전과는 다른 방식으로 자녀를 교육할 수 있는 학교였고, 자신의 손으로 학교를 지어야 한다는 것 외에는 아무것도 바라지 않았다. 유아들은 우선 진지하게 다루어져야 한다고 믿었고, 유아의 잠재 능력에 대한 불신에 항거하는 선포요 경고였으며 부모들의 향상심의 표현이었다(Malaguzzi, 1993b).

레지오 에밀리아시(市)가 위치하고 있는, 에밀리아 로마냐 지역에는 농업, 음식 가공, 조합, 기업 정신, 위기 해결책 등 경제와 조직 모든 부분에 있어 긴 역사와 협력의 전통이 있다. 따라서 사람들이 힘을 모아 학교를 시작하고 교사와 부모들이 함께 유아 학교를 운영한 일은, 이러한 확립된 전통에 기인한 것이다. 파시스트 정부와 반대 세력으로 인하여 간혹 방해를 받기도 했지만 빠른 시간 내에 극복을 하곤 했다.

1950년대 그리고 1960년대 초기에 교육 혁신을 목표로 한 이탈리아 교사들의 움직임은 활발했다. 강한 동기로 헌신하는 교사들은 유아들의 인생과 관련이 있는 새로운 세계와 조화를 이룰 수 있는 민주사회를 만들기 위해 새로운 교수 방법을 발달시키기를 원하였다. 교사들은 Dewey로부터 영감을 받고 자극을 받았으며 나아가 Piaget와 동료들의 연구, 그 후 Vygotsky 등에 영향을 받았다. 그러한 이론을 유아에 대한 관찰과 발견을 자극하고 지원하는 방법뿐 아니라 교사의 전문적 발달에도 활용하였다. 파시스트 정권 동안은 불가능하였던 심리학, 교육철학에 대한 이론과 연구들은 해방 후 많은 영향을 주었다.

로마의 국가 연구 기관에서 심리학 강의를 하고 있던 Malaguzzi는 하던 일을 잠시 쉬고 이 원천적 힘이 가지고 온 엄청난 잠재력에 자신의 힘과 관념을 결합할 가치를 느꼈다. 그는 리더가 되었으며, 1945년 레지오에서 시민들에 의해 시작된 학교를 지원할 준비된 사람이었다. 또한 시정부와의 투쟁을 통해 1963년 처음으로 공립 유아 학교를 열게 만들기도 했다.

> 빌라 셀라와 함께 나는 일치단결의 협정을 맺었고 6개 작은 학교와의 조약을 만들었다. 변두리의 가난한 지역에서 서민운동과 여성들에 의해 창안되고 운영되는 학교를 나는 절대 유기하지 않았다(Malaguzzi, 1998).

1960년대 이탈리아는 엄청난 경제적 발전의 시기였다. 북부는 대체로 농업 경제 사회에서 현대 산업 경제 사회로 발달되고 다양화되었다. 사회 복지와 노동자의 편익 분야에 현저한 발전이 있었고, 이를 위한 강력한 노동조합이 결성되었다. 여성들이 일터로 나가기 시작했고 정부에 육아를 요구하였으며, 같은 시기에 여성 운동이 일어났다. 이는 여성들이 집에 머물러 있는 것을 전통으로 여기는 온건파 보수주의 카톨릭 세력의 오랜 힘과 권력를 벗어나고자 하는 진보적인 것이었고 결국 사회주의가 형성되었다. 나아가 1960년대 말 1970년대 초기에는 대학 체제와 전통적 가치를 개혁하여 보다 만족스러운 사회를 추구하는 강력한 학생 운동도 있었다.

모든 격변이 지나고, 이러한 운동의 결과로 획기적인 국가법이 1968년과 1971년에 통과되었다. 국가는 수업료가 없는 3세~6세의 유아들을 위한 유아 학교 설립, 3개월에서 3세까지의 유아를 위한 영유아 센터, 출산 휴가, 여성들에게 유리한 새로운 가족법, 그리고 남 · 여에게 동등한 급여와 일자리를 주는 법들을 추가하였다.

3세~6세를 위한 공립 유아 학교 설립에 대한 새로운 법이 중앙 정부에서 통과되기 전에 공립 유아 학교를 설립하고자 하는 일반 대중의 욕구에 따라 열심히 일해온 레지오 에밀리아시는 이보다 앞서 보상을 받았다. 1970년대 말에는 레지오 에밀리아의 유아들을 위한 학교가 19개에 달하였고, 새로운 영유아 센터의 설립에 최대의 노력을 기울였다.

1971년 레지오 에밀리아에서는 Malaguzzi의 스승인 Bruno Ciari의 영감을 계승하는 의도로 교사들이 참석한 가운데 「유아들을 위한 새로운 학교 경험」이라는 전국 컨퍼런스를 열었다. 이는 이탈리아에서 처음 유아교육을 위해 열린 대중 컨퍼런스로 이탈리아 전역의 유아교육 발전에 참고가 될 만한 책을 출판하였다.

1975년에는 에밀리아 로마냐와 볼로냐 지역에서 「가족과 사회에서 권리의 근원이요 주체로서의 유아」라는 주제의 전국 컨퍼런스를 열고 새로운 유아를 위한 문화를 창출하는 과정과 경험에 대한 기록물들을 발표하였다.

1976년에는 한 라디오 방송의 공격에 대항하여 「종교 교육과 유아의 교육」이라는 공개 토론을 개최하고 책으로 출판하였다.

1980년에는 교사, 학교종사자, 교육전문가, 연구자, 대학교수가 참여하는 전국 유아교육 연구단체를 구성, 유아기 전반에 대한 이해를 토론하고 심화시키고자 하였다. 이후, 이탈리아 전역과 외국의 관계자들이 참여하는 일곱 차례의 전국 컨퍼런스를 조직하였다.

1980년대와 1990년대 초기 Malaguzzi는 유아를 위한 교육 혁신을 탐구하고 교사의 자질을 갱신하면서 높은 질의 프로그램을 창안·유지하는 일을 위해 헌신적이고 유능한 부모, 시민, 교육자 그룹을 모았다. Malaguzzi는 노년에 가진 몇몇 인터뷰에서 자신의 생각과 교사의 교육 실천에 영향을 미친 과학자, 철학자, 학자, 미술가, 작가들의 긴 목록을 소개했다. 레지오의 복합적인 교육 체제는 인본주의와 사회적 구성주의 이념 안에서 인간 개인에 대한 가치뿐 아니라 집단의 관심과 잠재력에 주의를 기울였다. Forman은 다음과 같이 사회적 구성주의에 대해 정의하고 설명하였다.

> 사회적 구성주의는 두 자극간, 또는 한 자극과 반응 간의 단순한 연합을 지식 형성 과정으로 정의하기에는 불충분하며 관계 체제 속에서 지식이 구성됨을 전제한다. 이는 유아가 경험으로부터 학습한 것을 넓은 관계 체제 속에서 재읽기, 반성, 재방문의 과정을 통해서 의미있게 조직할 수 있음을 말한다. 이러한 과정은 개인적으로 그리고 사회적으로 구성되어지며, 유아를 지식의 적극적인 구성자로 보는 유아의 이미지에 근거하며, '레지오 접근법'으로 알려진 철학과 실천의 기본 전제 중 하나이다(Forman, 1995).

1980년대 동안, 레지오 에밀리아는 이탈리아의 다른 지역과 전 세계로 알려지게 되었다. 레지오 경험에 대한 외국의 관심은 쿠바, 불가리아, 스페인, 일본, 스위스, 프랑스의 방문단에서 시작되었다. 1979년에는 처음으로 스웨덴의 교육자, 연구자들과 교류가 있었다.

1981년, 스웨덴 스톡홀름의 Modern Museet에서 「눈이 벽을 넘는다면(If the eye jumps over the wall)」이라는 제목의 첫 번째 전람회가 개최되었다. 전람회를 통한 특별한 메시지는 유아교육에 대한 엄청난 희망을 전 세계에 유포한 시작이 되었다. 그 후, 전람회는 「유아들의 수많은 언어(The Hundred Languages of Children)」라는 현재의 버전으로 20여 년간 전 세계를 돌면서 유아의 희망, 권리, 가능성에 대한 메시지를 전하고 있다.

그 결과 세계적인 교류가 강화되었고, 해가 갈수록 전 세계의 사람들이 레지오 경험과 친숙해지고 있다. 1991년, 일단의 전문가들이 『Newsweek』의 위탁으로 레지오 에밀리아의 Diana 학교를 세계에서 가장 앞선 유아 교육 시설로 발표하자 세계적인 레지오의 '평판'은 폭발적이었다.

1992년, Malaguzzi는 레지오 교육의 교육자, 설립자이며 철학자로 높게 평가되며 덴마크의 LEGO 상을 받았다. 1993년, 시카고의 Kohl 재단이 이와 비슷한 상을 레지오 에밀리아 시립 영유아 센터와 유아 학교에 수여하였다.

1992년 가을, 레지오 에밀리아 유아 학교에서 행한 일과 Malaguzzi가 미국에 큰 관심을 발달시킨 것을 인정하고, 확산 노력에 보답하기 위하여 Wayne 주립대학교와 Merrill-Palmer 연구소의 Eli Saltz는 『유아교육의 혁신: 세계적인 레지오 상호 교환』을 출판하였다. 연간 4회 출판되는 이 출판물은 레지오에서 수행되어진 교육에 대한 저널로서 미국 교육자들로 하여금 환경이 서로 다른 나라에 레지오 에밀리아의 아이디어를 재창안, 해석, 반성하게 하였다. 첫 저널 이래 미국과 유럽 교육자들의 목소리와 생각을 담은 무수히 많은 주제들이 다루어져 출판되어 오고 있다. 레지오 에밀리아 학교에 대한 관심은 이 특별한 프로그램의 강점을 지지하고 옹호하는 전 세계의 관심에서 알 수 있고, 방문단의 숫자가 증가하는 것에서 나타난다. 1994년 Malaguzzi가 사망하기 바로 전, 두 조직의 설립을 제안하였다.

1994년 봄, 이 유아교육 프로그램을 지원하기 위해 Reggio Children이라는 조직이 레지오 에밀리아에 형성되었다. Reggio Children의 목표 중 하나는 레지오 접근법의 축적된 이론과 실제에 대한 지식을 기록화한 슬라이드, 비디오 테이프, 아티클, 책으로 출판하고 보급하는 것이다. Reggio Children은 또한 전 세계로부터 증가하는 협력적 상호 교환과 정보에 대한 수많은 요청에 응하였다. 레지오 접근법으로부터 자극을 받아 유아의 엄청난 잠재력에 적합한 교육 시설을 만들고자 하는 이들을 돕는다. 이러한 활동을 통해 모여진 기금은 다른 유아 학교나 영유아 센터를 여는 데에 쓰인다.

1994년 가을에는, 비이윤 추구로 모두에게 개방되는 세계적인 조직체인 Friends of Reggio Children이 또한 설립되었다. 퇴직한 교사와 부모 자원자들이 그 연합회의 목표를 수행한다. Friends of Reggio Children의 목표 중 하나는 레지오 접근법 관련 기록물을 전시할 도서관 설립이며 레지오 철학과 원리를 연구하는 학생들을 위한 재정을 지원하고 있다.

1994년, 워싱턴시는 Reggio Children을 유아학습 센터 모델로 인정하였다. **'레지오 접근법' 을 적용하고 있는 학교임을 입증하는 기준은 유아들의 잠재력을 인식하고, 물리적 환경의 질과 조직, 유아들이 함께 일하도록 하는 가치와 학습 전략을 사용함으로써 동료간 협력을 촉진하고, 유아와 교사 그리고 전체 학교 교직원뿐 아니라 부모와 교육자가 함께 만들어 나가는 프로젝트 풍토가 인정될 때 가능하다.**

스톡홀름(스웨덴)의 유아 학교, 티라나 유아 학교(알바니아), 세인트 루이스, 미주리, 오하이오, 캘리포니아(미국) 등에 있는 몇몇 유치원들, 방콕(태국)에 있는 사립학교 등이 레지오와 같은 방향으로 일하고 있다.

1995년에는 심리학 분야에서 권위자 중 한 사람인 Jerome Bruner가 레지오 에밀리아의 영유아 센터와 유아 학교를 방문하였다. 그는 매우 감명을 받았고 세계적으로 유아 교육 체제를 개선시킬 열망으로 협력관계를 맺었다.

같은 해, 레지오 에밀리아시는 이탈리아 교육부와의 관계를 새롭게 설립하였다. 레지오 유아교육 30년간의 혁신적인 경험을 공적으로 인정하고 전국 네트워크를 통해 교사교육 프로그램을 공동으로 개발하는 계획서를 만들었다. 현재 Gardner를 주축으로 하는 하버드 대학의 Project Zero 팀과 Reggio Children이 협력하여 레지오 학교의 프로젝트에서 유아들이 표상하면서 학습이 이루어지는 과정에 대해 연구하고 있다(Project Zero & Reggio Children, 2001).

2002년에 북미 지역을 중심으로 레지오 접근법에 관심을 가진 구성원들간 의사소통을 촉진하고, 철학적 영향을 보다 넓게 확산시키고자 하는 의도를 가진 North America Reggio Emilia Alliance(NAREA)이 설립되었다.

내가 지난 9월 세계적으로 유명한 유아 학교들을 보러 초대되어 레지오 에밀리아에 갔을 때, 나는 또 다른 '소도시의 기적'을 기대하고 있었다. 나는 어떤 준비도 되어있지 않았다. 단지 이제껏 내가 보아왔던 어떤 것보다 낫다는 것뿐만이 아니었다… 레지오 유아 학교가 나를 정말 놀라게 한 것은 어떻게 그들은 학습 과정에서 유아의 그러한 상상력을 끌어내며 어떻게 그들은 유아의 감각 수준에 그러한 능력을 부여하였는가였다(Jerome Bruner-La Repubblica-January 14, 1996).

**표 4-1 레지오 에밀리아 시립 유아 교육 체제 발달의 역사 개요** 레지오 에밀리아 시 교육부, 2000

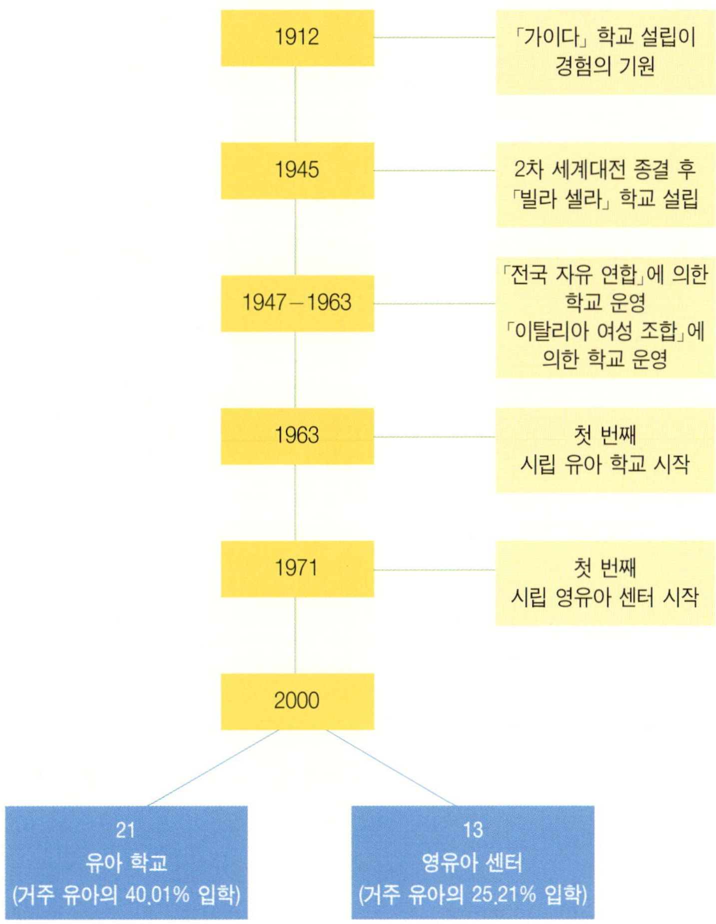

## 01_2 레지오 교육의 사회 · 문화

> 보통은 산업이나 과학 연구에 투자되는 재능, 상상력, 전문적인 기술을 유아들에게 투자하는 곳이 있다. 사람들이 모여 수년간 자신들의 경험을 세련되게 하고, 감히 상상할 수도 없었던 수준으로 유아가 자신의 모든 자원을 표현하게끔 하고 있다 … 이러한 진보적인 유아교육은 미국에는 없다. 그러나 미국은 배우고 있으며 이러한 경험을 '세계 최고'라고 말한다 … 때문에 미국 교육에 레지오 에밀리아는 마치 신화 같은 것이다(Furio Colombo-La Stampa-May, 2002).

레지오시의 사회 문화에서는 사회적 관계 형성과 의사소통을 중요시하고 있으므로 유아를 또래, 교사, 부모, 역사, 사회 · 문화적 환경과의 관계 속에 소속되어 있는 것으로 보며, 부모뿐 아니라 지역사회 주민이 상호 긴밀한 관계를 가지고 학교 활동 및 교육적 의사결정에 개입함으로써 전형적인 이탈리아의 대가족 성향을 볼 수 있다.

그간 레지오 교사들은 유아에게 제공되어야 할 교육 자원과 서비스를 강력하게 주장해 왔으며 투쟁해왔다. 1998년, 시 예산의 12%가 6세 이하의 유아를 위한 교육에 쓰여졌다. 행정가, 교사, 지역사회 구성원들로 구성된 'La Counsulta'라는 학교위원회는 유아교육과 관련된 문제들을 토론한다. 이 위원회는 시 수준의 정책에 영향력을 행사할 수 있다.

레지오 에밀리아 시립 유아 교육 체제는 지속적인 교사교육, 연구와 실험에 기초한 이론과 실천이 일관되는 특성을 가진다. 또한 체제는 동료간의 협력과 긴밀한 상호 관계에 기초한 조직, 교육의 대화자로서의 환경, 아뜰리에의 존재, 필수적이고 강력한 가족과 지역사회 구성원들 간 협력, 그리고 외부 공동체들과의 상승적 관계를 강조한다.

권리를 가진 주체로서의 유아의 이미지에 기초하여 0세~6세까지의 유아를 위한 포괄적인 교육 프로젝트를 운영하고 있다. 프로젝트는 모든 유아들의 표현적, 의사소통적, 상징적, 윤리적, 은유적, 논리적, 상상적, 관계적 언어 발달을 위한 교육에 목적을 둔다.

이러한 부분이 이탈리아를 비롯하여 전 세계 교사, 교육자, 연구자, 정치와 문화의 대표자뿐 아니라 행정가들까지도 레지오 에밀리아의 유아교육에 관심을 가지고 교육의 변화를 위한 지표로 보면서 연구하고 토론하도록 만든 강점이다. 세계와의 다양한 만남을 통해 대화하고, 생각을 비교하며, 상호 교류하는 강한 신뢰 속에서 언제나 레지오 경험의 질은 계속 발전하고 있다.

레지오시는 이탈리아 특유의 아름다움과 미학에 대한 깊은 인식을 가지고 있어서 주변 환경에는 어디든 청결과 심미적 질서가 있으며, 위대한 미술 작품과 건축물을 볼 수 있다. 이런 문화적 전통은 학교의 물리적 환경에 반영되어 심미적 즐거움을 주며 학습을 자극한다.

심미적 즐거움을 주는 형태와 색을 갖춘 건물, 가구, 설비, 3차원적 공간 조직, 자연물과 빛의 활용, 유리벽, 아뜰리에 등이 반응적인 환경을 이루며 유아의 상징적 표상을 통한 학습 활동을 자극한다.

유럽 어느 거리를 걷든 느낄 수 있는 고풍스러우면서 퇴색된 듯한 건물 위로 돔 형으로 솟아있는 지붕들, 열어 젖히면 세레나데를 들을 수 있을 것 같은 창들은 작은 도시 레지오 에밀리아시까지 이어진다. 물론 나중에 지어진 현대화된 건물들과도 절묘한 조화를 이루면서 도시가 심미적인 분위기를 만들어 낸다. 광장을 가운데 두고 건물 사이사이로 나있는 좁은 골목들에는 인적이 드물다. 광장의 한켠이나 골목 모퉁이에서 볼 수 있는 과일가게, 야채가게에는 예쁜 색깔과 진귀한 모양새를 가진 먹음직한 과일과 야채들이 좌판에 즐비하게 진열되어 손님을 기다린다. 치즈와 햄을 파는 가게에는 어린아이 머리보다도 커다란 치즈가 선반에 빼곡히 놓여있고 햄 덩어리가 천장에 매달려 있어 자칫 질식될 듯하지만 콤콤한 냄새가 야릇하게 식욕을 돋운다. 어디서 오는지 하드롤 빵을 잔뜩 실은 자동차가 빵

가게로 달려와 유리로 만들어진 케이스에 빵을 잔뜩 쏟아 붓는다. 정오부터 오후 3시 정도까지의 긴 점심 시간에는 화덕에서 커다란 피자를 구워내는 카페나 레스토랑에 발 디딜 틈 없이 사람들이 모여앉아 떠들썩한 소리를 내며 자리를 뜨지 않고 느긋하게 식사를 즐긴다. 햇살이 좋은 시각에는 어느 사이엔가 마을 사람들이 광장에 모여들어 담소를 즐기고 토론하며 다른 사람들과의 관계를 위해 거닐기도 한다.

이러한 광장, 이태리어로 '피아자' 문화가 학교의 물리적 환경 설계 방식에도 반영되어 있다. 모든 교실들은 연령이 다른 각 반의 유아들과 만나 상호 교류하고 활동할 수 있는 피아자를 향해 열려 있다. 피아자는 다른 교사, 부모, 방문객과도 만날 수 있는 친숙한 장소이다. 피아자에는 학교의 모든 유아들이 모여 가게놀이, 역할놀이, 극놀이 등을 하고 삼각거울 속에서 속삭이며 상호 작용하고 관계를 형성한다.

학교의 모든 공간, 가구, 설비 등은 이러한 관계, 의사소통, 상호 작용이 가능하도록 신중하게 계획하여 설계되고 배치된다. 교실에는 미니 아뜰리에가 있어 소집단 유아들이 프로젝트 관련 탐색에 몰입할 수 있도록 하며 달라지는 생각을 표상하는 데 사용할 수 있는 자연물, 그리고 칠하고 꾸미는 활동을 위한 2차원 매체, 구성하고 만들고 조립하는 다양한 3차원 매체 등이 선반에 준비되어 있다. 간혹 교실 구석에 단을 만들어 소집단 유아들이 다양한 종류의 블록으로 구조물을 만들 수 있는 독립된 공간을 구성하기도 한다. 모든 교실의 가구는 유아들간 협력 학습이 가능하도록 배치하여 활발한 상호 작용을 유도한다.

이와 같이 레지오 학교에서는 공간 그 자체를 3차원으로 인식하여 바닥의 굴곡을 이용하거나 학교의 모든 벽면을 정보를 알리고 유아들의 달라지는 생각을 전하는 '말하는 벽'으로 활용한다. 교실 중앙의 천장에는 스크린을 매달아 그림자 극놀이를 하거나 밧줄을 매달아 놀이에 이용하는 한편, 유아들의 표상물을 융통성 있게 전시하기도 한다.

학교에 들어서면 피아자 양쪽에 천장이 열린 실내 정원의 밝은 햇빛이 투명한 유리벽을 통해 실내를 향해 쏟아져 들어온다. 실내정원에는 나무들이 자라고 있고 마루가 깔려 있어 이젤 그림을 그리거나 실외 극놀이 등을 할 수 있다. 피아자 곳곳에는 잎이 많은 큰 화분들이 자라게 해 자연을 실내로 끌어들여 생동감이 있다. 양쪽 벽면에 놓아둔 화분의 잎사귀가 자라 올라와 천장에서 만나면 정글 같은 이미지를 만들기도 한다. 학교 곳곳과 아뜰리에에는 플라스틱 등의 장식물들은 전혀 볼 수 없으며 말린 꽃, 화분, 나뭇잎과 가지 등의 자연물뿐 아니라 점토, 구리 철사, 구리 판, 색색의 구슬 등 수없이 많은 매체들이 가지런히 진열되어 사람들을 매료시키며 유아들의 표상을 유도한다.

레지오 학교는 유리벽이나 창을 넓혀 자연적인 빛을 실내로 끌어들이는 한편, 교실에서는 라이트 테이블, OHP, 슬라이드, 라이트 리플렉터, 환등기, 화상기 등의 기기들이 만들어 내는 전기적인 빛을 학습에 활용한다. OHP를 이용한 2차원 구성놀이, 3차원 구성놀이, 그림자극, 라이트 테이블 작업 활동 등을 하면서 육안으로 보이지 않는 사물의 다른 이미지를 빛을 통해 살피고, 사물들을 다른 시각에서 보고, 사물에 대한 다양한 이미지를 표상에 활용하도록 한다.

학교의 유리벽, 넓은 창문뿐 아니라 삼각거울, 화장실 벽면 타일을 비롯하여 유아가 머무르는 곳곳에 거울을 부착하여 빛이 반사되게 하고 투영성을 높인다. 프로젝트 활동과 관련하여 유아들이 탐색한 것을 투명한 아세테이트지 전지에 공동 벽화로 구성하여 빛이 들어오는 창가나 교실의 적절한 공간에 매달아 투영성을 살리고 창문을 통해 보이는 실외와 벽화의 내용을 연결시킨다. 이러한 레지오 학교의 투영성은 물리적 환경에뿐 아니라 부모와 방문객들에 대한 개방적인 태도를 시사한다. 또한 레지오 접근법은 어떤 다른 교육 프로그램이나 이론과도 연계될 수 있음을 은유적으로 말하고 있다.

우리 문화를 반영한 레지오 모형 교실

## 02 우리의 문화와 생태에 기초한 적용

관찰하면 할수록 레지오 교육이 결코 추상적인 이론이나 교육학에 의한 영감에서 이루어진 것은 아님을 깨닫게 되었다. 그런 것보다는, 이것은 뭔가 레지오 그 자체의 깊은 무언가를 나타내고 있다, 뭔가 'molto reggiano' 한 것 (Jerome Bruner-La Repubblica-January 14, 1996).

Bruner가 표현하고 있는 '뭔가 레지오 그 자체의 깊은 무언가'는 유아, 교사, 부모, 지역사회 모든 사람에 대한 상호 존중과 지원의 분위기에서 길러지는 '상호 주관성'이다. 상호 주관성은 다른 사람들이 내면에 가지고 있는 바를 상호간에 공유하는 것을 의미한다. 인간 존중과 상호 작용을 강조하는 교육에서 가장 중요한 예의는 자신의 경험이 자신의 정신과 마음에 어떤 의미를 갖는지를 발견하도록 상호 도움을 주고 각자가 창출하려는 의미를 받아들이는 것이다. 그렇게 함으로써 더욱 풍요롭고 충만하며 좀 더 의사소통이 가능한 의미들을 찾도록 도울 수 있다.

레지오 교육은 유아, 교사, 가족, 페다고지스타 모두가 가능성 있는 세상을 탐색하고 새로운 경험을 구성하는 학습자, 실천가, 비전을 가진 자로서의 상호 공동체를 이루기 때문에 가능하다. 레지오 학교는 상호 관심을 가진 공동체, 존중을 기반으로 하는 공동체의 모델로서 서로 다른 시각과 관점들 간의 지속적인 상호 협상을 시도하고 있다.

이에 더하여 우리 문화 속에서 상호 관심과 존중을 기반으로 하는 학습 공동체를 실천해 온 노력과 과정은 앞서 2장에서 기술하였다.

또한 레지오 교육은 협력적 관념과 미학적인 문화 속에서 발전해 왔다. 우리네 교육 문화에서 부족했던 협력적 관념은 학습 공동체 문화 속에서 지속적으로 발달시키며 만들어 나가고 있으며, 우리에게는 우리 나름의 미학이 존재한다.

레지오 교육자들은 교육 프로그램은 사회 · 문화적 맥락의 산물이므로 어떤 문화에도 그대로 적용할 수는 없다고 하였다. 레지오 교육자들은 학교의 의미있는 시작의 역사를 중시하며 교육이 발달해 온 사회적, 시대적, 문화적 맥락을 소중하게 생각한다. 분명 우리는 **우리의 뭔가**가 있을 것이다.

2장에서 기술한 바 있는 우리의 교육 과정 변형을 실천해 나가는 과정 구석구석에 봄 · 여름 · 가을 · 겨울 계절에 따라 변화되는 우리 생태계에서, 물리적 환경 구성, 매체 활용, 프로젝트 등에서 우리 나름의 것을 발견할 수 있었다. 그 내용과 양상은 앞으로 보다 담론화하여 연구 · 적용하면서 구체화해 나가야 하겠지만 환경에서, 매체 활용에서, 그리고 프로젝트 적용 과정에서 만났던 우리다운 사례 몇 가지를 다음에 소개한다.

넝쿨식물이 많은 정글, 5세

## 02_1 계절에 따른 생태계 변화

### 봄

텃밭에 다녀왔어요

산책해요

산책하며 관찰한 제비꽃

철쭉 탐색

철쭉 꽃

철쭉 잎

철쭉을 주제로 한 벽화

### 여 름

옥수수도 매체가 돼요

정글 벽화

실외와 연결한 여름나무 벽화

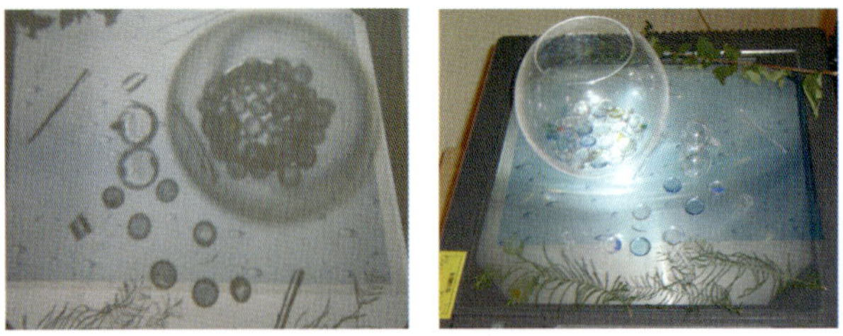

OHP를 이용한 바다 속 2차원 구성

비오는 날 라이트 테이블 구성

달팽이 탐색

여름 바닷가 의상놀이

## 가 을

단풍나무 벽화

가을나무와 고추잠자리 벽화

고추잠자리가 있는 가을 구성

다람쥐의 가을

자연물이 가득한 아뜰리에

## 겨 울

겨울나뭇가지 직조

'눈 오는 밤' 자석 구성놀이

김장 담그기

'초가와 고드름' 3차원 구성

'겨울나무' 벽화

'눈 내리는 새벽' 3차원 구성

## 02_2 물리적 환경 구성

부엌놀이 영역

전통 부엌 구성놀이

밥상 차리기

항아리와 지게

전통 부엌에서 사용하는 물건들

곡식가게 놀이

다양한 종류의 곡식

자연물을 활용한 모빌

자연물 매체의 활용

그릇가게 놀이

전통 항아리

여러 가지 전통 그릇

'초가지붕' 모빌

입동 전래놀이

염색하기

치자 물들이기

염색 후 말리기

전통의상 탐색이 이루어지는 의상놀이 영역

초가

혹부리 영감 극놀이

주변 일상용품으로 구성한 리듬악기 영역

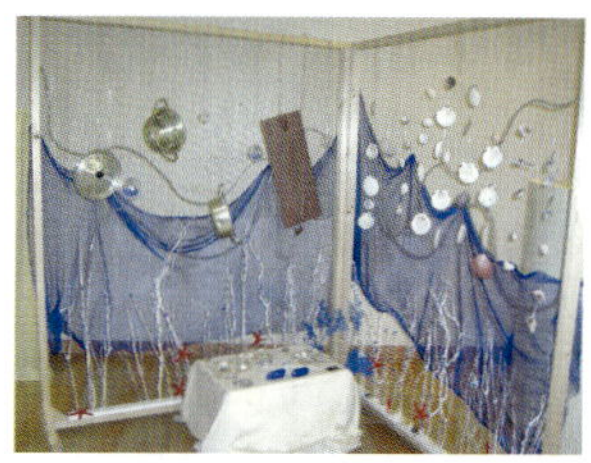

여름을 주제로 한 리듬악기

'가을 농촌' 3차원 구성

'호수' 3차원 구성

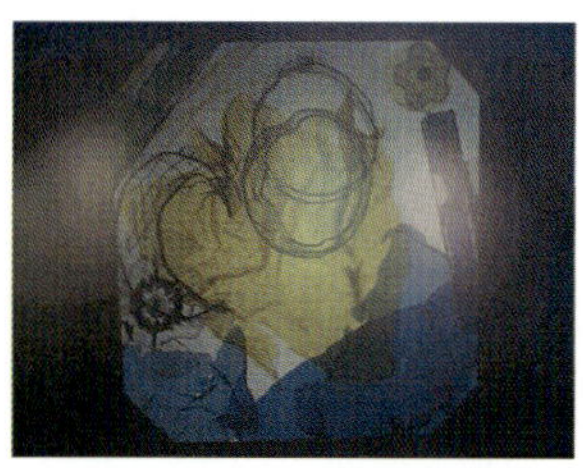

'겨울바다' 2차원 구성

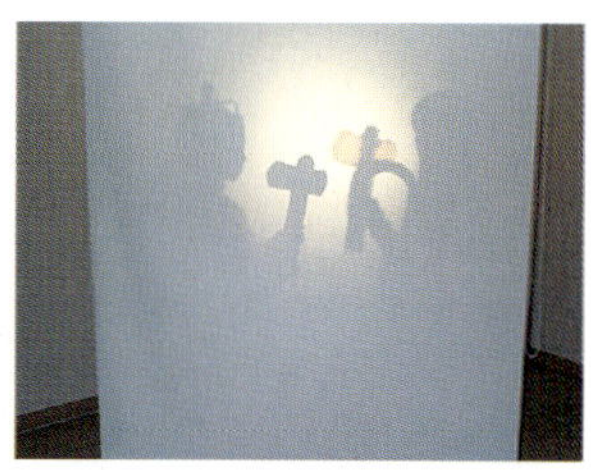

'금도끼 은도끼' 그림자 극놀이

## 02_3 매체 활용에서

염색천을 이용한 묶기

볏단 직조

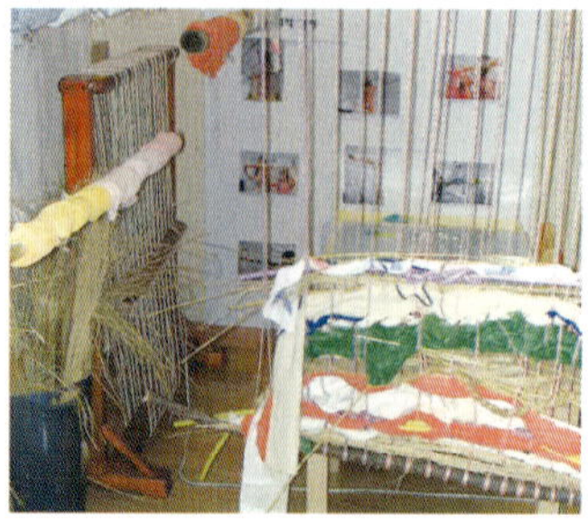

나뭇가지를 이용한 직조 틀

염색천 직조

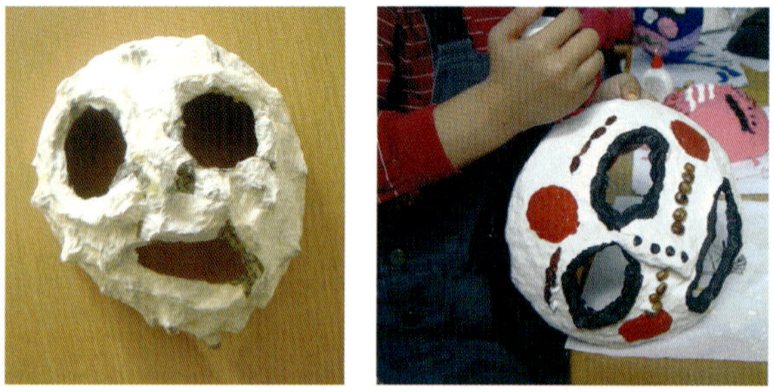

종이 죽을 이용한 탈

찰흙을 이용한 각시탈

전통문양 고안하기

도자기에 문양 그리기

항아리도 매체가 돼요

잘 자라는 고구마

냄새가 좋은 귤

귤 방향제 만들기

곡식 옮겨 담기

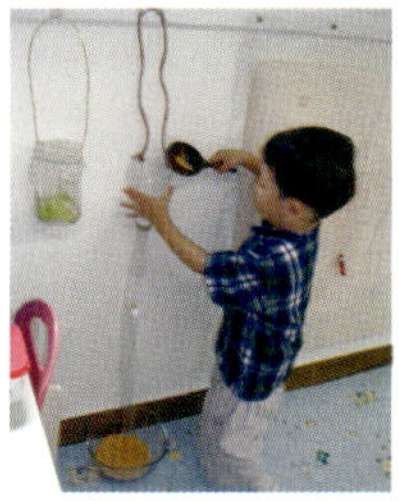

곡식 따르기

곡식으로 벽화 구성하기-가을 곡식과 초가

창가에 걸어 둔 곡식 벽화

곡식이 있는 아뜰리에

곡식과 자연물 매체들

곡식 활용 모자이크

## 02_4 프로젝트에서

### 표정으로 말하는 탈

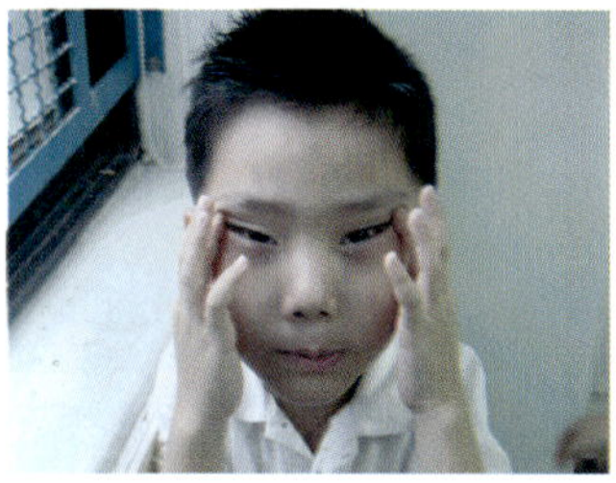

난 옴중 탈이야, 눈이 이렇게 올라갔어

### 종이탈 꾸미기

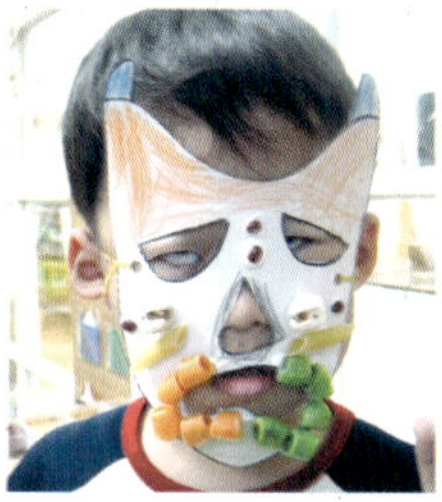

난 도깨비 탈

### 찰흙을 이용한 탈 만들기

작은 어미

양 반

### 내가 만들고 싶은 탈 디자인

옴중

문둥이

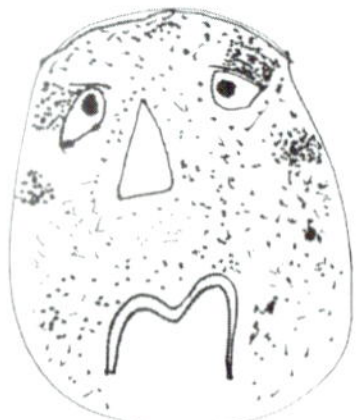

말뚝이

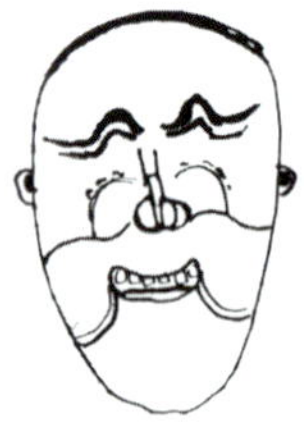

양반

### 탈극놀이

### 거북놀이

거북놀이 유래 및 놀이 방법 알아보기

자료 조사 후 거북놀이 극화하기

용 그리기

용 기 수놓기

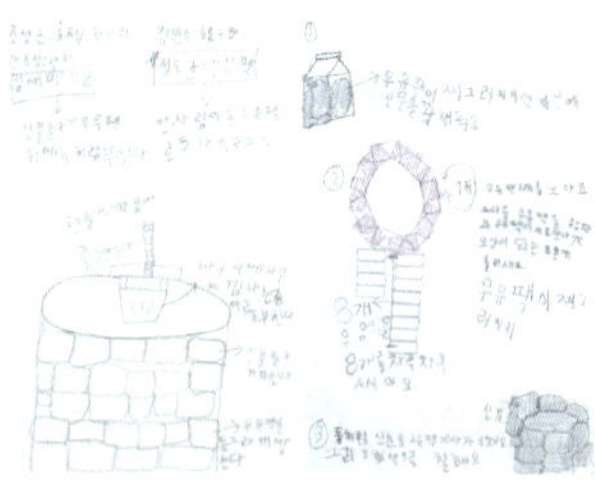

우물, 대문 디자인

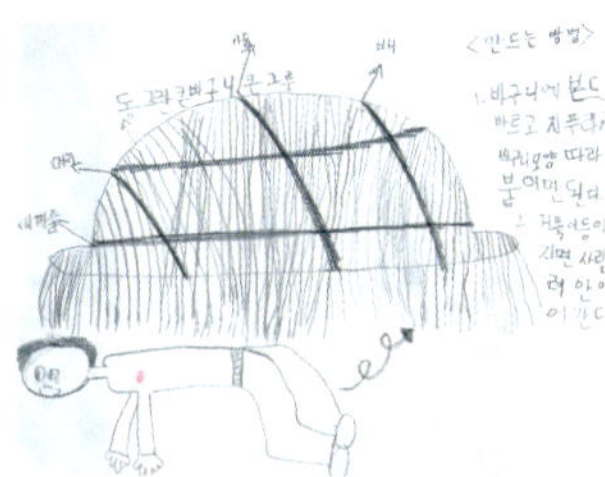

거북 몸 디자인

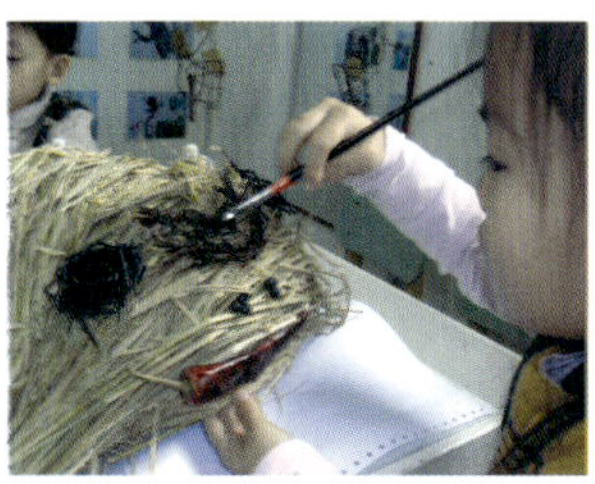

거북이 머리 만들기

거북 의상 만들기

거북놀이 재연

## 난 타

여러 가지 매체로 소리내기

난타와 뮤지컬-착한 도깨비와 산적

## 탈 극

탈 만들기

탈극 공연

## 전래놀이

꼬마야 꼬마야

무궁화 꽃이 피었습니다

대문놀이

강강술래

## 실뜨기

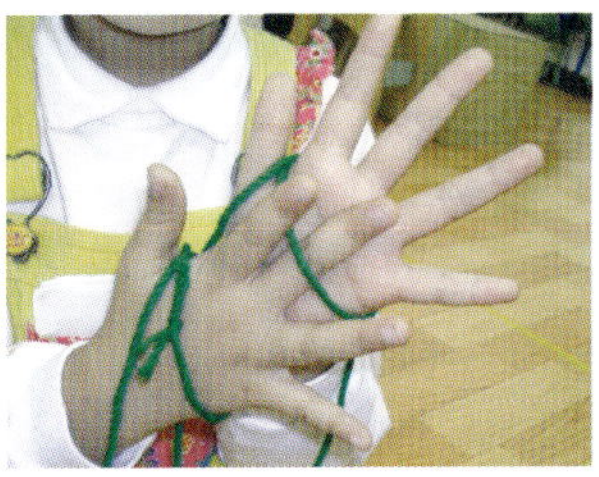

손바닥에 줄이 생기면 손가락을 넣어요

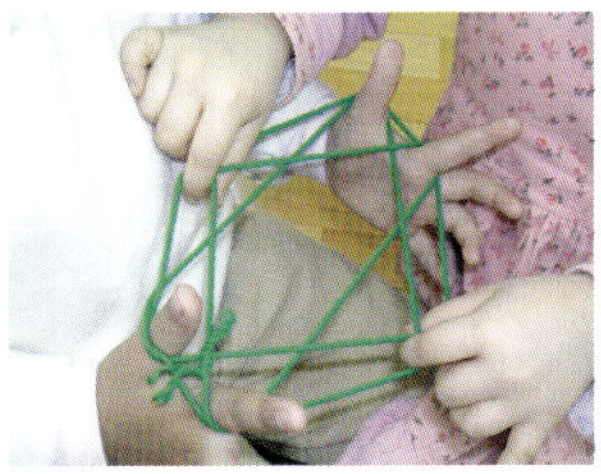

친구와 함께 실뜨기 하기

실뜨기 배우는 법 책 만들기

## 윷놀이

동생들을 위한 윷과 윷판 만들기

윷판 완성

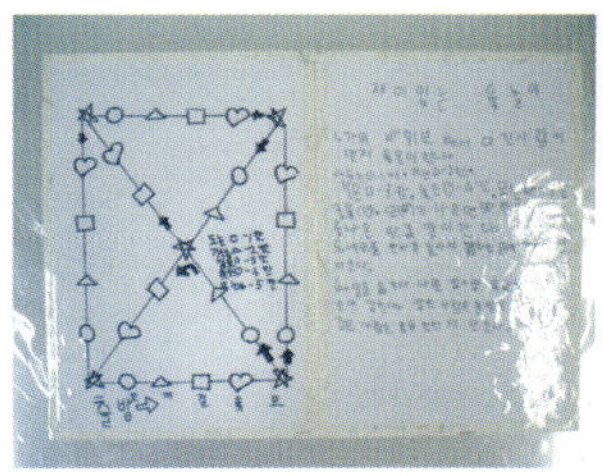

지침서 완성

만들어진 윷판과 윷, 설명서
동생들에게 소개

# Chapter 5

# 레지오 교육의 철학적 가정과 우리의 전이

질 문

01 레지오 에밀리아시립 유아 교육 체제의 특징은 무엇인가?

02 레지오 교육의 세 요소는 무엇인가?

03 그동안 가져왔던 유아에 대한 이미지는 레지오 교육에서 어떻게 변형되는가?

04 레지오 교육에서의 유아 이미지를 채택할 때 유아의 학습은 어떻게 달라질까?

05 기존의 발달에 대한 개념은 어떻게 변화되고 있는가?

06 교사의 역할은 어떻게 달라지는가?

07 교육 과정 발현을 위한 프로제타지오네는 무엇인가?

08 교사간 협력을 불러오는 원동력은 무엇인가?

09 우리 현실에서 부모를 교육의 주체로 변화시킬 수 있을까?

10 유아, 교사, 부모 모두가 학교에 복리감을 느끼도록 하려면 어떻게 해야 할까?

11 우리 상황에서 지역사회와의 협력은 어떻게 시작해야 할까?

가르침에 철학을 갖는 것은 가르침의 의도, 가치, 목표에 대해 반성하는 것이며 교육 과정에 철학을 갖는 것은 유아, 교사, 부모 등이 민주적으로 상호 협력하여 학습자의 흥미를 판단, 숙고, 탐구하는 것이라 하였다(Greene, 1986).

"미래는 학교내에서 비평하고 민주적으로 참여하며 조직적, 문화적, 과학적, 조작적 요구와 비전을 결합시킬 수 있는 사람들의 것이다(레지오 에밀리아시 교육부, 2000)."

내가 생각하는 축제, 5세

The Three Subjects of Education: Children, Parents, and Teachers.

Developing a Sense of "We"

# 01 레지오 교육의 철학적 가정

## 레지오 에밀리아 시립 유아 교육 체제의 특징

레지오 에밀리아 시립 유아 교육 체제는 언제나 진보적인 사고로 연구와 실험에 굳게 뿌리한 일관성과 지속적인 교사 훈련에 의해 유지된다. 동료간의 협력과 상호 관계에 기초한 강한 조직, 교육의 대화자로서 환경의 중요성, 아뜰리에의 존재, 가족과 지역사회 구성원들 간의 긴밀한 협력, 나아가 외부 지역사회와의 상승적인 협력 관계가 유지된다(레지오 에밀리아시 교육부, 2000).

이러한 특징들이 가지고 있는 무한한 잠재력과 강점이 레지오 에밀리아 유아교육 경험을 중요한 참조점이 되게 하였고 이탈리아를 비롯해 전 세계 교사, 교육자, 연구자, 정치와 문화의 대표자들뿐 아니라 행정가까지 관심을 가지고 연구하게 하였다. 다양한 만남은 항상 대화하고, 생각을 비교하며 다른 경험들과의 상호 교류하는 신뢰 속에서 언제나 레지오 경험의 질을 계속적으로 향상시키고 있다.

따라서 레지오 교육자들은 자신들의 프로그램을 다른 나라에서 모방할만한 모델로 보지 않으며, 자신들의 교육 실천을 끊임없이 반성, 실천, 재반성, 재구성함으로써 지속적으로 갱신되고 재조정되는 접근법으로 보기를 원한다. 이는 레지오 접근법을 실험적인 유아교육으로 보는 것과는 차이가 있다.

### 관계와 상호 작용

교육은 각 개별 유아에게 초점을 두어야 하지만 또래, 교사, 가족, 학교 환경, 지역사회, 보다 넓은 사회와의 관계 속에서 본다. 학교는 이들 모두가 상호 연결되어 있고, 호혜적이며, 활성화되고, 지원되어지는 하나의 관계 체제이다. 학습은 지적·물리적·사회적·정서적인 면에서 사람들간의 상호 관계를 통해 공동 구성되며 언제나 맥락 속에서 이루어지는 접근에서 관계의 중요성을 볼 수 있다.

### 교육의 세 요소 : 유아, 교사, 부모

유아는 자신의 잠재 능력 발달을 지원받고 높은 질의 돌봄을 받을 권리를 가지고 있다. 유아가 학습할 수 있는 복지는 보장되어야 한다. 이러한 유아의 복지는 부모와 교사의 복지와 연결된다. 이는 유아뿐 아니라 교사와 부모의 권리 또한 인정되어야만 함을 의미한다. 부모와 교사들의 권리를 인식하고 존중하는 사회가 유아의 권리 또한 최선으로 인식할 수 있다. 즉, 부모가 학교 일과에 참여할 권리와 교사가 전문적으로 발달할 수 있는 권리를 존중하는 것은 레지오 교육에서 본질이다. 레지오에서는 학교와 가족 간의 유대를 강조하므로 학교를 성인과 유아 간의 생활과 관계를 공유·통합하고 가정과 지역사회로 확장해 나가는 곳

유아

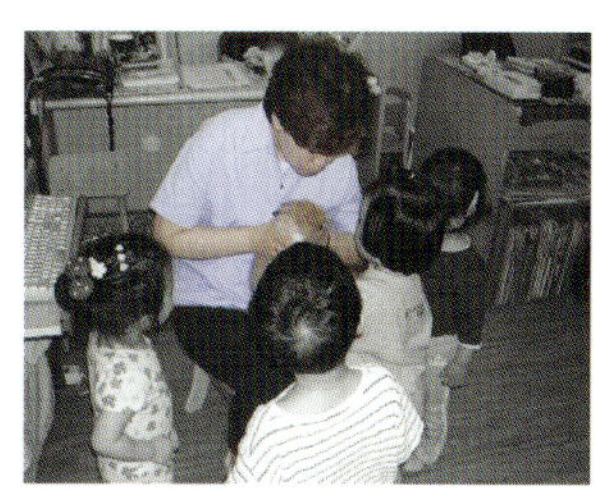

교사

부모

으로 본다. 때문에 유아를 중심으로 교사, 부모를 교육의 세 요소로 간주하고, 이 세 요소간의 '관계' '의사소통' '상호 작용' 에 기초한 교육을 강조하는 철학적 이념을 갖고 있다. 그러한 분위기 속에서 학교에서 야기되는 기대, 갈등뿐 아니라 행정 조직, 교육 문제, 프로젝트의 방향 등에 대해 함께 계획하고 문제를 공유하며 상호 교환을 통해 합의해 나가는 최대한의 관계와 상호 작용 조건을 강화하고자 한다.

## 유아에 대한 이미지

레지오 교육자들은 언제나 유아의 이미지가 교육 철학과 실천의 중심임을 강조한다. 이론 · 연구 · 실천을 토대로 이루어지는 레지오 경험의 기초는 풍부하고 강하고 능력 있는 유아의 이미지에 있다. 유아는 단순한 욕구보다는 권리를 가진 독특한 주체로 사고하는 존재임을 강조한다. 또한 잠재력이 있으며, 융통성이 있고, 성장에 대한 열망, 호기심, 놀랄만한 능력, 다른 사람들과 관계를 형성하고 의사소통하고자 하는 욕구가 있다고 믿는다. 그리고 유아는 주어진 환경의 모든 것들과 협상하면서 자신의 학습을 구성해 나간다고 본다. 즉, 유아를 또래, 성인, 사회 · 문화적 환경과의 관계로부터 동기 유발되며 학습하는 풍부한 잠재력과 권리를 가진 자율적인 주체로서의 '사회적 구성주의자' 로 본다.

사회적 구성주의는 유아를 적극적인 지식의 구성자로 보는 이미지에 근거하며, '레지오 접근법' 의 철학과 실천의 기본 전제가 된다. 지식은 사회적 관계 체제 속에서 구성되며, 단일 경험을 통해 학습한 것을 넓은 관계 체제 속에서 다시 읽고, 반성하며, 재방문하여 조직하는 과정을 통해서만 가능함을 의미한다(Forman, 1995). 따라서 학습은 학습 동기를 가진 유아와 좀 더 전문적인 자질을 가진 성인이나 또래 등의 문화구성원과의 상호 관계를 통해 유아가 적극적으로 구성하는 것으로 본다. 풍부한 유아에 대한 이미지는 풍부한 교육자와, 풍부한 부모를 만든다.

## 유아들간 관계와 상호 작용을 통한 학습

권리를 가진 주체로서 유아에 대한 이미지에 기초하여 0세부터 6세 유아를 위한 포괄적인 교육 프로젝트를 지속하고 있다. 프로젝트의 목표는 유아의 표현적, 의사소통적, 상징적, 인지적, 윤리적, 은유적, 논리적, 상상적 그리고 관계적 언어 발달을 촉진하는 것이다. 시작부터, 레지오 교육자들은 Dewey의 영향을 받았으며 해를 거듭하면서 Piaget, Vygotsky 그리고 다른 유럽 과학자들의 연구를 더해 왔고, 최근 미국의 유아 발달과 교육 연구들 그리고 Bruner나 Gardner와 같은 학자들과 긴밀히 접촉해 왔다. 이와 같이 지속적인 연구와 실천의 분석에 기초를 둔 레지오 접근법은 새로운 이론적 해석, 가설, 역동적으로 재탐색된 학습과 가르침에 대한 아이디어를 만들어 내었다. 발달은 유아가 또래나 성인과 상호 작용하는 활동 과정에서 외적 환경을 변화시킬 뿐만 아니라 자신도 변화, 통합되어 가는 구성 과정으로 보기 때문에 발달은 주변 세계를 재조직하는 과정으로 보며, 외적 도움이 필요함을 가정한다.

장 · 단기 프로젝트를 통해 한 가지 주제를 중심으로 소집단 유아가 협력적 상호 작용을 통해 문제를 해결할 수 있는 기회를 최대화하고 다양한 매체를 사용한 다상징적 표상을 통해 반성의 기회를 가짐으로써 심화된 학습이 이루어지도록 한다.

교사는 언제나 가까이 있으나 유아는 또래들과 특히 소그룹으로 상호 작용할 때 집중하고, 서로의 의견을 듣거나 따르며, 호기심과 관심을 키우고, 질문하며, 서로에게 답하는 등의 많은 가능성을 만들어낸다. 소그룹 상호 작용은 협상과 역동적인 의사소통의 기회를 제공한다. 소집단 유아들은 대화를 통해 계획하고 결정하는 과정에서 인지적 갈등을 야기시킨다. 이러한 갈등에 대한 해결책을 찾아내는 동안 새로운 학습과 새로운 기술을 함께 구성한다. 또한 학습의 중요한 수단인 다양한 표상 과정을 통해 지식간 일관성을 증진시켜 학습자로 하여금 자신과 주변 세계에 대한 이해를 증진시킨다.

유아간 상호 작용을 통한 학습

프로젝트 과정에서 유아들과 그리고 교사들간의 계속적인 대화를 통하여 적합하게 조정되고 구성된다. 이를 위한 기록 작업은 레지오 에밀리아의 유아 학교와 영유아 센터에서 일상적, 필수적으로 이루어지는 경험의 통합적인 부분이다(Rinaldi, 1998).

기관내에서 이루어지는 교사간 상호 작용

### 프로제타지오네를 통한 교육 과정 발현

교육 과정은 미리 정해놓는 것이 아니라 유아와 교사의 아이디어를 진정으로 존중하여 자연스럽게 학습 과정의 흐름을 따른다. 교사들은 프로젝트의 전개와 경험의 방향에 대한 가설을 만들고 일반적인 목표를 설정함으로써 적합한 준비를 한다. 이러한 일반적인 목표와 가설은 교사의 경험과 개별 또는 집단 유아의 역동성에 대한 이해와 지식에 근거하여 설정된다.

그런 다음 유아들과 활동하면서 학습 과정을 관찰하고 기록화한다. 기록을 토대로 관찰한 바를 교사들과 함께 비교, 토론, 해석하면서 융통성 있게 계획하고 준비해 나간다. 교사들은 탐색과 학습을 지속하는 방법, 제공할 매체와 질문을 신중히 선택하고 유아들과 공유한다. 종종 교사들은 재고찰을 위해 유아들과의 경험 내용을 재방문하기도 하고 유아들이 학습하고 행한 것의 의미를 교사들과 함께 재고하면서, 학습을 강화하고 발견할 수 있는 새로운 기회를 찾는다.

실제 프로제타지오네는 교육 과정 발현을 위해 반드시 필요한 융통성 있는 계획으로서 단위 경험이나

### 프로젝트

레지오 학교에서 프로젝트는 학습 경험의 토대가 된다. '추론을 위한 학습'에 대한 강한 신념에 기초하여 그룹으로 토의하고 아이디어와 경험을 재방문하는 교수 학습 방법은 더 나은 이해와 의미있는 학습을 위한 전제가 된다. 프로젝트에 대한 아이디어는 호기심이 많은 유아들의 마인드를 따라가면서 지식을 구성하는 유아간, 유아와 교사 간 경험의 계속선상에서 제기된다.

프로젝트는 며칠에서 몇 달간 지속될 수 있다. 교사들은 프로젝트 탐색 과정에서 유아가 자신의 아이디어를 상징적으로, 수많은 언어로 표상할 수 있는 다양한 매체를 제공한다. 그뿐만 아니라 유아의 경험과 활동 과정을 언어적 · 시각적으로 기록하여 유아, 교사, 부모 모두가 재방문하여 반성하고 해석할 기회를 갖는다. 교사들은 지속적인 프로제타지오네를 통해 탐색 방법을 지속적으로 연구하여 유연성 있는 계획을 세우고 유아, 부모, 보다 큰 지역사회 공동체와 협력하여 실행 방법을 고안해 나간다.

## 학습의 파트너인 교사와 유아

교사가 강하고, 능력 있고, 자원이 풍부한 유아 이미지를 받아들일 때, 이러한 이미지는 교사로 하여금 유아들과의 활동 방식과 지원 방식을 변화시킨다. 유아의 잠재력을 지각하고 힘을 부여하는 것은 교사의 권한이다. 레지오 교사들은 유아를 욕구를 가지고 있는 존재가 아니라 오히려 권리를 가진 존재로 본다. 따라서 유아가 필요로 하기 때문이 아니라 유아가 누구냐 하는 것 때문에 좋은 돌봄과 가르치기의 소리가 부여된다. 레지오 학교에서 교사의 역할은 '지식의 공동 구성자'이다. 예컨대, 탁구 시합에서 교사의 역할은 교사가 넘긴 공을 유아가 잘 받아서 되칠 수 있도록 넘겨주는 것으로 비유된다. 이러한 과정에서 교사가 유아의 학습을 도울 뿐 아니라 교사와 유아가 함께 성장 발달한다(Malaguzzi, 1993a).

교사는 유아를 위한 활동을 계획하고 진행 방법을 알기 위해 항상 유아들 가까이에서 경청하고 관찰하여 관찰을 통해 알게 된 유아에 대한 이해를 자원으로 활용한다. 학습은 직선적이 아니라 나선형적으로 진행되는 것으로 보기 때문에 교사들은 질문하고, 유아의 생각과 가설, 이론을 발견하고자 노력한다. 따라서 스스로를 유아와 함께 즐기며 경험을 구성해 나가는 학습 과정의 파트너로 여긴다.

또한 레지오에서는 교사간에도 전문적 자질의 공동 구성을 강조한다. 교사간의 분리는 전문적 독립을 의미하는 것이 아니라고 믿는다. 높은 수준의 전문성은 자신의 견해에 고착하지 않고 다수의 관점을 수용할 때 가능하다. 협의를 통하여 공동의 문제를 함께 나눌 때 행동의 일관성이 있고 개인의 이론이 수정, 발전된다고 본다. 교사의 역할은 팀 협력에 내재되어 있으며 유아들과 함께 지속적으로 연구하고 학습해 나가는 것으로 간주한다. 다른 동료들과 함께 유아들의 학습 과정을 연구, 반성하고 유아에게 귀 기울이며, 기록화하고, 페다고지스타의 지원을 받는 이러한 과정은 개인과 집단을 위해 지속적인 전문적 성장을 가져온다.

학습의 파트너인 교사와 유아

## 체제의 토대로서 협력

레지오 교육에서는 분리가 강조되어 온 전통적인 교육 이론을 참여 이론으로 바꾸어 놓았다. 협력이 전제된 체제의 조직을 필수적이고 역동적이며 건설적인 요소로 본다. 레지오 교육은 유아간, 교사간, 유아와 교사, 유아와 부모, 나아가 지역사회 공동체와의 협력을 통해 모든 수준에서 함께 일한다. 지속적인 상호관계와 의사소통을 강조하는 인적 환경으로서 한 학급을 두 교사가 3년간 담당하는 공동교수, 학교 단위의 빈번한 교사간 모임, 부모-교사 모임, 페다고지스타 팀, 가족 단위의 다양한 모임, 학교 단위의 자문회 등과 같은 상호 교환 기제를 조직하여 서로간의 아이디어와 행위를 창안하고 연합해 나간다.

유아 학교와 영유아 센터의 모든 수준에서 이루어지는 긴밀한 협력은 레지오 교사들이 스스로 세운 복합적인 목표의 달성을 가능하게 하는 수단이 된다. 모든 교사와 교직원이 함께하는 협력적 상호 관계는 교수 학습 활동을 위해 토의하고 해석하는 데 몰입하는 교사, 부모, 지역사회, 시 행정가들 간 학습 공동체 활동 속에서 유지된다. 이러한 상호 교환과 협력은 실천과 이론의 계속적인 발전을 가져온다. "미래는 학교내에서 비평하고 민주적으로 참여하며 조직적 · 문화적 · 과학적 · 조작적 요구와 비전을 결합시킬 수 있는 사람들의 것이다(레지오 에밀리아시 교육부, 2000)."

## 교육의 또 다른 주체로서의 부모

레지오 학교에서는 부모를 교육하기보다는 부모와 함께 배우기를 원하며 유아 양육과 교육의 책임을 부모와 공유한다.

부모는 프로그램의 본질적 요소로 간주되며 부모 중 다수가 각 학교 운영 자문위원회의 구성원으로 참여한다. 부모는 자녀의 학습 경험에 유능하고 적극적인 구성원이며, 유아들의 복지를 책임질 능력이 있다. 레지오 학교에서는 이러한 부모의 참여가 기대되고 지지되어 왔다. 부모들은 매일의 상호 작용, 학교 활동, 교육적 · 심리적인 주제에 대한 논의, 특별한 사건, 여행, 축하 등의 형태로 참여한다.

또한 지역사회 중심의 운영은 레지오 학교 역사의 중요한 부분으로서 버팀목이 되어 왔으며, 교육 체제와 지역사회 구성원을 공조하게 하며, 교사와 부모 간의 지원 체제를 강화하고 문화적 교육을 통합시킬 뿐만 아니라 행정적 · 정치적 기관과 중재하여 학교의 입지를 강화시키는 역할을 한다.

교육의 주체로서의 부모

## 제3의 교사인 환경과 호감이 가는 학교

교육은 복합적인 상호 작용의 산물이며, 환경은 많은 상호 작용을 가능하게 하는 제3의 교사로 본다. 레지오의 영유아 센터와 유아 학교는 교사와 부모를 비롯한 많은 성인들이 공간의 교육적 질과 힘에 대해 생각하고 실천해 온 양상들이 가장 잘 증명되고 있다. 누구든 학교에 들어오는 사람을 환영하고, 만남 · 의사소통 · 관계가 활성화되도록 물리적 공간과 대상물들이 배치되어 있다. 환경의 구조, 대상물, 활동은 자주 재조정되지만 선택, 문제 해결, 학습을 자극하고 격려한다.

레지오 학교들은 유아, 교사, 부모 모두가 역동적 유기체로서 학교에 복리감을 느끼고 호감이 가는 분위기를 만들기 위해 노력한다. 관계 형성을 지원하는 물리적 환경으로서 각 학급의 유아들이 함께 모이는 피아자, 부모나 외부에 학교의 정보를 알리기 위해 활용되는 벽면, 학습 과정의 기록화를 위한 학교 단위의 아뜰리에, 프로젝트를 위한 학급내의 미니 아뜰리에 등을 구성하여 활용하는 환경은 레지오 학교만의 독특한 철학에서 비롯된 것이다.

레지오의 학교와 센터가 간결하고 아름답기 때문에 복리감을 잘 전달하고 있는 것 역시 사실이다. 그러나 이러한 아름다움은 유아들과 교사가 함께 몰입하는 학습의 즐거움이 묻어나는 학교 전체의 메시지로부터 온다. 또한 학교 공간은 유아들의 개인적인 표상물로 가득 채워져 구성되어 있다. 모든 공간에는 칠하기, 그리기, 종이 구조물, 철사 구성물이 있을 뿐 아니라, 활동 과정과 대화를 가시화하고 전사하여 기록한 패널은 보는 사람들로 하여금 유아들의 생각과 탐색 과정을 이해하게 해주는 '말하는 벽'으로 구성된 박물관과도 같다.

모든 공간을 비추는 빛, 교실의 모든 빛을 받아 반사하는 거울, 라이트 테이블, 유리 항아리, 나아가 다른 나라의 아이디어와 이론에 대한 개방적인 태도와, 부모와 방문객의 정보 이용 가능성을 은유하는 '투영성'이 창조된다.

Malaguzzi(1993b)는 마지막 저술에서 우리로 하여금 유아, 교사, 부모의 3가지 권리를 반성하도록 하였다.

**유아**는 지식과 기술을 단순히 전달받기보다는 구성주의 사고와 학습을 돕기 위해 준비된 성인들의 영향을 받는다. 신뢰를 주고받으며, 사회화를 위한 지원을 받는 동안 잠재력이 확장되며 실현되는 유아의 권리를 반성하게 한다.

**교사**는 언제나 전문적 성장과 연구에 열려있다. 사람들간의 아이디어와 능력이 상호 지원되는 협력의 조직망 속에서 교육 실천을 수행할 수 있는 교사의 권리를 반성하도록 한다.

**부모**는 자녀의 성장, 돌봄, 학습 경험에 적극적이고 자유롭게 참여할 수 있는 권리가 있음을 반성하도록 한다. 부모 참여는 유아와 부모를 위한 안정감을 활성화시킴으로써 교육 내용, 양식, 가치를 공유하고 함께 일하는 본질적인 부분이다.

Malaguzzi는 유아, 부모, 교사를 위한 이러한 권리 존중이 상호적이고 공유된 이익을 가져올 것임을 상기시켰다. 이러한 권리가 존중되는 학교는 유아, 교사, 부모가 함께 학습을 구성하며, 환영하고 활기 있으며 신뢰롭고 호감이 가는 장소가 된다.

정글로 구성된 아뜰리에

## 02 적용을 통한 우리의 철학적 전이

레지오 에밀리아에서는 지역사회가 유아교육에 대한 공동 책임을 갖는 사회·문화적 맥락 속에서 교육의 3요소인 유아, 교사, 부모 간 '관계를 통한 교육' 의 철학을 실천하고 있다.

국내에서도 현장 교사들과의 협력적 교사교육, 학습공동체 운영을 통해 유아, 교사, 부모 모두에게 그 철학적 전이가 이루어지고 있다.

### 02_1 소비자에서 생산자로 유아에 대한 이미지 변화

**유아에 대한 이미지**는 다양성을 반영한다. 그러나 교사, 부모, 공동체 구성원 간 합의된 유아에 대한 이해는 사회적 구성주의 교육 과정 운영에 필수적이다. '유아는 누구인가? 유아는 어떻게 학습하는가? 교육의 의미는 무엇인가?' 이 질문에 대한 답은 사회적으로 구성되고 문화적으로 자리해 가고 있다. 교사들은 탐색 욕구가 있는 유아, 문제 해결 능력이 있는 유아, 주변 정보를 찾고 매체 활용 능력이 있는 유아, 사회적 협력과 관계 형성이 가능한 유아 이미지를 경험한다. 즉, 자원의 소비자가 아니라 생산자로서의 이미지이다.

이제 유아들은 친구들이 교사에게 탐색 활동에 대해 물어보면 "그걸 선생님에게 물어보니? 우리가 해야지." 라며 자신들이 해결하려고 해요(H유치원, F교사).

우리나라는 어디에 있지? 5세

우리 반 유아들은 프로젝트를 하면서 "~에 대해서 알아봐요" 라는 제안을 많이 해요. 지난 번에는 음악극을 하기로 했는데 자신들이 역할을 모두 정하고, 시나리오를 써서 "이것 좀 봐주세요" 라며 가지고 왔어요. 그리고 저에게는 배경음악 편집을 부탁했어요(T유치원, J교사).

프로젝트 관련 문헌 탐색, 5세

이전에는 잘 아는 아이들을 통해서, 교사 주도하에 필요한 자료들을 찾았는데, 지금은 아이들이 직접 "인터넷 찾아보면 되잖아" "책 보면 되잖아" 이렇게 이야기해요(Y유치원, K교사).

프로젝트 관련 인터넷 조사, 5세

강하고, 능력 있고, 자원이 풍부한 유아 이미지를 받아들일 때 교사-유아 간 활동과 지원 방식이 변화된다. 성인이 가지고 있는 이미지에 따라 유아를 강한 존재로 취급하면, 유아는 그러한 이미지를 흡수한다. 생산자로서의 유아 이미지는 교사로 하여금 규정된 정보와 지식의 전달자, 환경 제공자로서의 역할을 넘어서서 자원이 필요한 유아의 지원자, 지식의 공동 구성자 역할로 변화하게 하였다. 이러한 유아 이미지에 따라 협력적 관계를 통한 학습을 시도하고 있다.

이전에는 질문에 바로 답을 주어야 하고 유아의 이해가 가장 중요하다고 생각하였으나, 지금은 유아의 변화를 해석하고 평가하며 좀 더 발전할 수 있는 변화를 모색하게 되었다(Y유치원, S교사).

협의와 제안에 익숙해진 유아, 5세

교사라는 입장보다 나는 우리 반의 한 구성원이고, 유아들보다 조금 더 구체적으로 사고하고 도움을 줄 수 있는 위치에 불과한 것 같다고 생각하게 되었다(H유치원, K교사).

인형극장의 재구성을 협의하는 유아와 교사, 4세

교실에 새로운 영역이 생길 때마다 유아들은 놀이하기에 편한 형태로 환경을 바꾸고, 필요한 영역 이름표, 약속 등을 만들어 내며 함께 공유한다(H유치원, L교사).

쑥스러운 이야기지만 3차원 구성놀이 영역을 처음 운영할 때 나는 해본 적이 없어서 어떻게 구성해 주어야 할지 막막했었는데, 오히려 정답이 없는 활동에 유아들은 너무 잘 적응하고, 새로운 탐색거리들을 창조해 내었다(H유치원, K교사).

교실 환경 구성을 제안하는 유아, 4세

아뜰리에 공간에 3차원 구성, 5세

유아의 적극적인 태도, 구체적 의사소통, 탐색의 깊이 등에서 나타나는 생산자적 이미지가 인식됨에 따라 부모의 태도에도 변화가 있었다.

이전에는 아이 수준에 맞는 어휘를 선택해야 한다는 생각이 있었는데, '주제', '레지오'라는 말을 적절하게 쓰는 아이를 보면서 … 아이들은 자주 접하는 말을 설명할 순 없지만 정확하게 받아들인다는 것을 알게 되었습니다. 이제는 아이의 시선으로 관찰하고 이야기하고 느끼고 질문하도록 기다려주고 도와주는 것이 얼마나 좋은지 알게 되었습니다(N어린이집, 5세 부모).

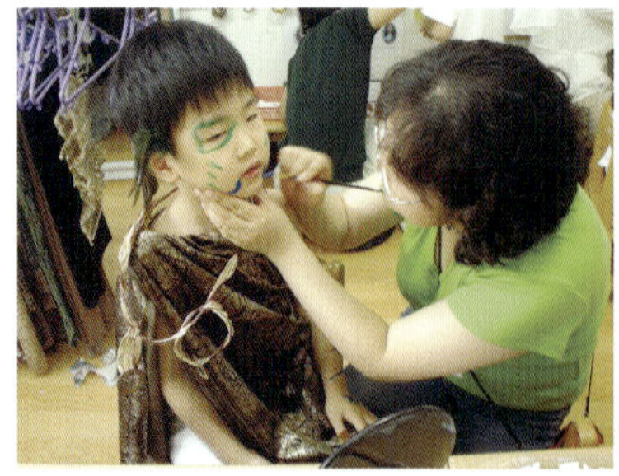

부모와 함께 동물 · 식물 분장하기, 5세

> 아이들을 그냥 어리고 단순하다고만 생각했는데 가끔 주간 저널을 보며 깜짝깜짝 놀라요. 생각하는 폭이 넓기도 하고, 아이들을 하나의 인격체로 생각하게 한 계기가 되었어요. 레지오 프로젝트를 접하면서 한 가지 사물을 보면 다양한 호기심을 쏟아내는 아이를 감당(?)하려면 '부모도 공부 많이 해야겠다' '생각의 폭을 넓혀야겠다'는 생각을 합니다(T유치원, 4세 부모).

탐색 후 달팽이 다시 그리기, 3세

레지오 교사들은 유아를 풍족한 사회에서 공평한 자원 분배에 대한 권리와 문화와 가치의 소비자가 아니라, 창조자이자 생산자로서의 권리를 가지고 있다고 본다. 유아를 주창자로 사고하는 데는 그에 상응하는 성인의 기대와 가능성에 대한 믿음이 필요하다. 나아가 유능한 유아에 대한 이미지는 교사나 부모를 유능한 존재로 만든다. 강하고 유능한 유아 이미지에서 바람직한 교육에 대한 모든 원리가 도출될 수 있을 것이다.

## 02_2 개인주의에서 사회적 구성주의 학습으로

프로젝트 학습을 통해 길러지는 논리적 사고나 문제해결력 등의 인지적 능력은 새삼 거론하지 않아도 좋을 것이다. 자신의 표현이 다른 사람에게 긍정적으로 수용되는 것을 경험한 유아들은 자신에 대한 존중감과 적극적인 태도가 형성되며 다른 사람을 수용하고 의견을 받아들이면서 함께 문제를 해결하고자 하며 나아가 공동체 의식을 갖게 된다고 교사들은 말한다.

학년 말경, 유아들의 변화를 보고하는 교사들의 저널 내용은, 학기 초 유치원을 방문하면서 교사들이 가장 어려워하였던 유아들의 일상생활에서의 문제들-'유리창 손으로 치는 아이' '보이는 곳마다 낙서하고 다니는 아이' '정리 안하는 아이' '고자질하는 아이' '유치원에 오지 않으려고 하는 아이' '교사 의존적인 아이' 등-과는 엄청난 차이가 있다.

이제 유아들은 문제를 해결하거나 적절한 아이디어가 필요할 때 같은 반뿐 아니라 다른 반 유아, 교사, 원장 선생님, 기사 선생님, 조리사 선생님, 학부모 등 모든 인적 자원을 활용하여 문제를 해결해 나가고 서로의 의견을 나누며 수렴하는 자세로 바뀌었다. 다른 반이나 유치원 전체의 문제에 대해서도 자신의 일처럼 적극적으로 아이디어를 제공하고 함께 해결해 내려는 경향을 보인다.

> 가장 표면적인 것은 자기 존중감이 많이 생겼고 내성적이던 아이들도 힘들어서 눈물을 보이면서도 "선생님 나 힘들지만, 그래도 얘기할래요" … 마치 어른이 되어가는 것처럼 변한다는 거예요(G교사).

운동회가 열리는 초등학교 가는 길 지도 만들기, 4세

○○반에서 공동작품으로 만든 자동차를 보러 오라고 해서 갔는데 아이들은 이것저것 궁금한 것을 물어보기 시작하였고 타보고 싶다고 말하면서도 만지거나 하지 않았다. 피아자에 자동차가 전시되어 있을 때 무언가 떨어져 있으면 그냥 지나치지 않고 붙여줘야 한다고 테이프를 들고 가는 아이들이 있다. 재활용품을 활용하기 위한 분리수거도 지금은 아주 잘 이루어지고 있다(9월, J교사).

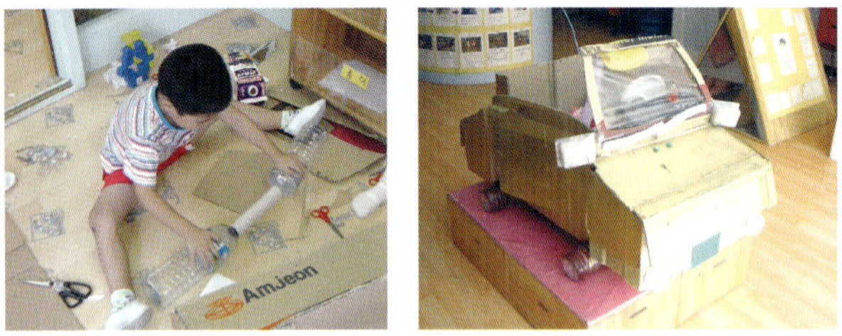

재활용품으로 만든 자동차, 5세

인력, 시간, 공간의 부족에 따른 유치원의 현실적인 문제들을 조정하기 위한 방안으로 시작된 학급간 협력적 교수는 유치원 전체로 발전되고 있다. 이러한 과정에서 원활한 기관 운영뿐 아니라 사회적 구성주의 학습에서 표방하는 유아간 협력 학습은 물론 교사간 전문적 협력이 상승되는 공동체 의식을 갖게 하였다.

한 아이가 단답형으로 대답하면 다른 아이들이 구체적으로 대답을 유도하는 질문을 한다. "~더 좋았어", "어떻게 좋았어?"··· (D유치원, L교사).

오늘 블록 영역에서 한 아이가 놀이공원을 만들고 있었어요. 제가 제안하지도 않았는데 다른 아이가 종이에다 놀이공원 배치도를 그리더니 놀이공원 입구에 테이프로 붙여서 세워 놓았어요. 그 후 여러 유아가 역할을 나누어 놀이공원을 구성하고 있어요(12월, H교사).

쓰레기와 관련된 마무리 활동으로 재활용품으로 뭔가를 만들어 전시하기로 하였다. 초대장을 만들어 각 반에 돌리고 어디에 전시하면 모든 반이 잘 볼 수 있을지, 작품을 보면서 지켜야 할 약속은 없는지, 어떻게 만들었는지 궁금해하는 친구들이 있을 때는 어떻게 해야 하는지 의논하였다. 만든 작품은 피아자에 3일간 전시하였다(9월, J교사).

이번 주에는 각 반별로 세계여행놀이를 했다. 이탈리아, 중국, 북극··· 이제는 다른 반과 함께 놀이를 한다는 것에 아이들이 익숙해져 있어서 새로운 활동이나 놀이를 시작할 때면 "이번에도 한울반하고 조은반하고 같이 놀 거죠?"라고 묻는 아이들이 생겼다(10월, H교사).

중국 여행놀이

북극 여행놀이

이탈리아 여행놀이

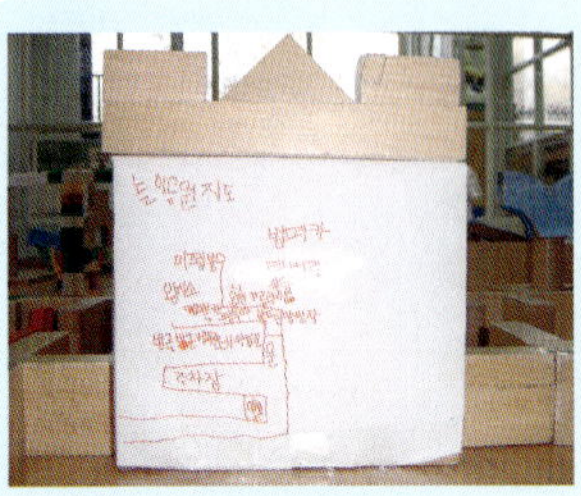

놀이공원 배치도

놀이공원 구성하기

수정된 배치도

놀이공원 완성

관계에 기초한 교육 과정에서 교사들은 Piaget의 능동적이고 스스로 동기를 부여하는 유아 이미지에는 동의하지만, 사회 집단과 분리되어 성인의 도움 없이 지식을 구성하는 개인주의적인 유아의 모습에는 이의를 제기한다. 또한 인지 발달 단계를 통한 고정화된 성장에 의문을 제기한다.

유아가 자신의 사고를 인식하는 데 도움이 되는 성인의 '비계설정'이나 지원을 통해 성숙한 수준의 기능을 획득할 수 있는 근접 발달 영역이 있다는 Vygotsky의 이론에 동의한다(Edwards, Gandini, & Forman, 1998). 관계에 기초한 교육에서 유아 이미지는 사회적 · 문화적 집단내에 내재되어 있는 존재이다.

교사들보다도 아이들이 더 바뀐 거 같아요. 전에는 프로젝트를 하면 자기 반 것만 하고 그것에만 신경을 썼는데, 이제는 그것들을 친구들이나, 동생들한테 가르쳐 줘야겠다는 생각을 해요. 이번 나무 프로젝트를 하면서도 제가 저희 반 프로젝트 팀을 유치반으로 데리고 갔었어요. 그 다음날 아침에 유치반 형들이 나뭇잎을 자꾸 주어오는 거예요. "왜 자꾸 가지고 오니?" 물어보니까, "동생들이 프로젝트 하니까 동생들 공부하라고 갖다 주는 거예요."라고 하더라구요(Y유치원, 3세 K교사).

동생 반에 정글 축제 포스터 소개하기, 5세

3차원 구성놀이처럼 한 영역에서 이루어지는 놀이라도, 다른 유아들과 공유할 수 있는 기회가 제공되기 때문에 일회성이 아니라 늘 변화하고 새로운 활동들이 추가되면서 계속 이어지게 된다는 것이 또 다른 큰 변화라 하겠다(H유치원, 5세 K교사).

메세지 영역에서는 유아들이 직접 친구들과 편지를 주고받으며 쓰기 활동이 왕성해지기 시작했고, 1 : 1이 아니라 여러 유아들과 친밀한 관계를 형성하게 되었다. 친구와 다투어서 미안했던 이야기를 편지를 통해 전하거나, 친구에 대해 궁금한 것들(생일, 전화번호)을 편지를 통해 묻기도 했다. 편지를 받은 유아는 너무 기뻐했고 글자를 못 쓰는 유아는 엄마의 도움으로 집에서 답장을 써오기까지 했다(H유치원, 4세 S교사).

메시지 영역에서 편지쓰기

개별 편지함이 구성되어 있는 메시지 영역

탈 프로젝트는 '토끼의 간'이라는 동화를 '사자의 간'으로 각색하여 탈을 만들고 탈놀이를 했는데, 유아들이 스스로 각색하고, 역할을 나누고, 잘하는 유아를 찾아 역할을 정하고, 극을 위한 소품도 구했어요. 또 어떤 유아가 역할을 안 한다고 했을 때는 다른 유아를 찾아서 대체하기도 했습니다(T유치원, 5세 J교사).

탈극을 위한 의상 제작하기, 4세

'우리가 만든 뉴스'를 제작, 수정할 때 유아들 스스로 협력하여 주도적으로 하고자 하였다. 교사는 카메라가 무거우니까 촬영만 하게 하고, 기자나 PD 등의 역할들을 나누어 맡아 자신들이 만든 뉴스이므로 교사에게 의존하기보다 자신들이 해결책을 찾고 제작하였다. 특히 프로젝트 진행 과정에 있어서 교사의 말보다 PD 역할을 맡은 유아의 말을 더 잘 듣고 따라주었다. 따라서 교사의 개입이 적을 수밖에 없었다(T유치원, 5세 H교사).

유아가 제작하는 뉴스, 5세

○○는 T유치원에 다니면서 더 탐구하려 하고, 더 알아가려고 해요. 예전에는 소극적인 편이었는데, 이제는 많이 적극적으로 변했어요. 사자 프로젝트 할 때 질문도 많아지고, 인터넷에서 자료를 같이 탐색하고, 관심이 많아졌어요. 예전에는 ○○가 선생님한테만 살짝 의견을 말했는데, 이제는 아이들 앞에서 발표도 잘하고 아이가 좋아해요. 엄마인 저도 변했어요. 아이의 의견을 존중해 주게 되고 "어떻게 생각하니?"라고 물어보면 충분히 협의가 돼요(T유치원, S의 부모).

## 02_3 협력적 교사교육을 통한 교사의 사고 변화

### 02_3_1 관심 수준 변화

협력적 교사교육이 레지오 접근법의 현장 적용에 대한 교사들의 관심 변화에 효과가 있었는지를 알아보기 위해 교육 전과 후에 관심 수준을 점수화하여 차이를 검증한 결과, 레지오 접근법의 현장 적용에 대한 교사들의 관심 점수는 통계적으로 의의 있는 차이가 있다. 또한 관심 수준은 교육이 시작될 당시 '정보적' 관심 수준에서 협력적 교사교육 후, 교육 과정 운영에 대한 '방법론적' 관심과 다른 교사들과의 공조를 원하는 '협력적' 관심 수준으로 변화하였다. 이는 반성적 사고와 실천적 지식을 함양하는 협력적 교사교육 운영이 교사로 하여금 레지오 접근법에 대한 교사의 관심 증가뿐 아니라, 유아교육과정 변형을 위한 마인드를 갖게 함을 말해 준다.

이론이 단지 지식의 전달로 끝나는 것이 아니라 눈으로, 몸으로 확인할 수 있는 실제를 직접 경험해 본 것이 유익했다. 실제 적용 가능할 것 같은 자신감이 생겼다(S유치원, B교사).

### 02_3_2 이전의 실천 행위에 대한 반성

레지오 접근법에 기초한 교사교육은 교사들로 하여금 그간의 실천을 돌아보면서 자신들이 유아교육에 대해 가졌던 가치, 강조점, 교수 학습 방법, 유아에 대한 이해, 교사의 역할 등에 대해 반성하게 하였다. '아동 중심'의 진정한 의미를 재고하고, 스스로 지식을 구성해 가는 유아에 대해 이해하게 되었으며, 유아가 몰입, 사고, 상호 작용, 표상할 수 있도록 유도하는 교수 학습 방법과 교사 역할의 중요성을 인식하고 교사의 반성과 학습의 기회가 부족하였음을 깨닫게 되었다고 하였다.

이 교육을 통해 가장 유익했던 부분은 교사의 반성의 시간이었다. 그간의 수업이 아동 중심이라 생각했는데 다양한 활동을 교사가 계획해서 전달하는 데 급급했던 것 같다. 그간 유아들의 수많은 언어와 활동에 많은 자극과 갈등을 제시하지 못하였던 것 같다. 스스로를 반성하고 재도약하는 계기가 되었다(I 유치원, L교사).

실제 적용은 불가능하다고 생각했었는데 유아들과 직접 프로젝트를 해보니 유아들의 흥미를 발전시키고 교사 또한 계속 연구할 수 있는 기회가 되면서 유아들과 함께 배워갈 수 있었다. 교사가 '사회적 과제 조건'을 어떻게 주느냐에 따라 유아들에게 주는 영향이 얼마나 중요하고 큰지를 알았다(T유치원, G교사).

교사들의 이러한 변화는 교사교육에서 다루어지는 이론과 정보에 대한 협력적 토의, 프로젝트 수행 워크숍 및 기록 작업, 패널 구성 및 전시 등에 참여하여 교사들간에 상호 작용하면서 비판적으로 추론하고 실용적으로 재고하는 반성의 기회를 가졌기 때문이다.

## 02_3_3 교사의 역할에 대한 인식 변화

교사들은 유아교육과정의 변형에 있어 적용상의 문제에 대한 관점이나 초점이 초기에는 활용 매체 부족, 과다한 유아 수, 시간 부족, 보조 인력 부족, 유아의 흥미나 표현 부족, 부모 교육 부족, 원장의 사고 부족, 행정적 · 재정적 지원 부족, 사회 제도 부족, 공공기관의 협조 부족 등과 같은 외부적 조건에 있는 것으로 보았다.

차츰 교사교육이 진행되면서 외부 조건보다는 교사 자신의 역할이 중요함을 인식하는 것으로 변화하였다. 또한 교사 역할의 인식 수준에 있어서도 교사의 이해, 아이디어, 경험 부족과 같은 피상적인 차원에서 교사의 생각, 방향성, 하고자 하는 마음, 두려움 없는 마음, 노력, 자세, 사고의 틀 등과 같은 교육관과 교사의 전문적 지식과 반성적 사고 습관 및 구체적인 교수 학습 방법의 중요성을 인식하는 쪽으로 변화되었다. 이러한 경향성은 협력적 교사교육을 통해 실천 행위에 대한 교사의 반성적 사고가 함양됨에 따라 관심의 방향과 사고의 폭이 넓어진 데 기인한다.

교육 후 교사 역할에 대한 교사들의 인식은 구체적으로 변화하였으며 자신의 행위가 유아와 학습에 미치는 영향력을 실용적으로 재고하는 전문인으로서의 자세를 볼 수 있었다.

가르치는 입장에서 벗어나 유아의 생각을 끌어내기 위해 다양한 각도에서 질문을 던지고 기다려주는 인내가 필요하다. 유아들의 생각을 다양한 방법으로 나타내게 하며 유아와 교사가 주고받는 상호 작용에서 유아들간의 상호 작용으로 변화시켜야겠다. 유아의 장점을 인정하여 도움을 요청하는 습관이 생겼다(M유치원, J교사).

이전에는 유아가 모르는 부분을 교사가 채워 주어야 한다고 생각하였다. 유아들 스스로 경험하고 갈등하면서 얻어지는 지식이야말로 참지식이다(D유치원, U교사).

교사의 역할이 중요하다고 느꼈다. 나의 생각이 유아들에게 어떤 영향을 줄 것인가, 어떻게 하면 더 자연스럽게 유아들이 스스로 상호 작용하도록 할 수 있을까 고민하게 된다(O유치원, A교사).

유아와 교사가 함께 인형극장 수정하기, 4세

## 02_3_4 자기 발전에 대한 도전감 형성

교사들은 새로운 이론을 접하면서 자신의 실천을 반성하고 실제 유아들에게 적용해 보는 과정을 통해 교사로서의 자신에 대해 갖게 되는 긍정적 확인감을 엿볼 수 있었다.

현장에 와서 많이 배우려 했지만 4, 5년이 되니까 나태해지고 매너리즘에 빠진 것 같았는데 좋은 자극이 되었고, 교사로서 나 자신과 유아들에 대해서도 새로운 자극이 되어서 좋았어요(T유치원, L교사).

유아들 스스로가 참여하고 생각하는 사람으로 만들어야 한다. 심화학습은 못할 것 같았던 유아들이 프로젝트 활동을 통해 스스로 생각해보고 연구하는 과정을 거치면서 몰입하는 것을 보았다. 앞으로 교사가 더 노력하고 연구해야겠다(D어린이집, U교사).

자부심을 갖게 되었어요. 유아들의 사고를 좀 더 과학적, 논리적으로 지원할 수 있었고 유아와 제가 같은 수준에서 사고해야 한다는 것도 알았어요. 사물을 바라보는 시각이 달라졌고, 비전공자들을 만나도 자랑하고 싶어져요. 교사로서의 전문적 기반이 이 기회를 통해 형성된 것이 아닌지 생각해 보게 됐어요(T유치원, G교사).

어떤 때는 질문을 던져보고 너무 즐거워서 혼자 좋아하고 혼자 놀랐어요. 교사가 많이 알아야 된다는 부담감을 가지고 신체 표현을 하건 뭘 하건 그랬는데 … 교사가 모든 걸 다 알고 있는 것보다 아이들과 알아가면서 나도 발전되어 가는 것을 느끼고, 그러나 항상 주제를 새롭게 만날 때마다 고민하게 될 것 같아요. 어떻게 해야 할지, 어떤 방향으로 나가야 될지, 그 고민을 항상 떠안게 될 것 같아요. 그래서 교사간의 협의가 중요하다고 생각해요. 단원 중심으로 할 때보다 재미있고 몰입하게 되는 것 같아요. 그런 점에서 레지오가 좋아요(T유치원, I 교사).

교사들은 교육자로서 자신의 직업에 대한 소명의식, 유아에 대한 확신과 협력적 실천을 모색해 가야 하는 책임의식을 느낀다. 뿐만 아니라 교사로서의 자발성 · 개방성 · 자신감 · 감정이입 · 지식 · 융통성 있는 창의적 능력, 자신의 실천에 계속적인 질문과 비판적 실험을 통해 몰입하는 중심성을 보여주었다.

이러한 교사들의 인식은 자신들의 교육적 실천에 대한 협력적 상호 작용 과정에서 교육자로서 자신에 대한 메타 인지적 반성(Henderson, 1996)을 가져오게 된 결과로서 유아교사에 대한 전문가적 의식을 가지며 나아가 계속적인 자기 발전을 위한 도전감을 형성하였다.

## 02_4 개별 교수에서 교사간 협력적, 반성적 실천으로

**교사**들은 늘 교육에 대해 토의하고 아이디어를 공유하였다. 교사들은 정기적, 비정기적으로 모여 프로젝트를 시작하거나 활동을 전개해 나갈 때 협의를 거쳐 일반 목표를 정하고, 여러 방향의 가설적 활동을 계획하고 융통성 있는 목표를 설정한다. 이후 학습 활동을 진행하면서 유아들의 생각을 다시 또 나누면서 학습 방향을 발현시켜 나간다.

프로제타지오네는 사회적 구성주의 교수 학습을 위해 반드시 필요한 교사들의 협의 과정이다. 이러한 협력에서 교사들은 교수 행위에 대한 책임감을 공유하게 된다. 다음 초임 교사의 저널을 통해 교사간 협의가 진행되면서 교수 학습에 대한 공동 책임감이 발달함을 볼 수 있다.

일 년을 돌이켜 생각해 보니 교사협의가 나에게 많은 도움을 주었던 것 같다 … 내가 하는 프로젝트에 대해 의논하고 조언도 듣고 도움을 받으면서 … 다른 반 선생님들의 프로젝트 진행 과정을 보고 듣고 스스로 평가하는 시간을 매주 가지면서 … 좋은 자극이 되었다. 내가 하지 못한 부분에 대해 알게 되고, 새로운 방법으로 시도해 보려는 노력도 하게 되었다(T유치원, J교사).

연구 교사의 역할을 담당한 G교사의 종적 저널에서 다른 교사와의 협력적 상호 작용 과정에서 가져오는 스스로에 대한 반성적 사고와 갈등, 지식의 공동 구성과 실천, 교사간 협력적 분위기와 나아가 변증법적인 교육 환경의 변화를 알 수 있다.

1학기 동안 정기적인 교육 협의를 통해 항상 긴장하며 수업을 준비하고 진행할 수 있었다. 교사들과의 협의를 통해 주제에 대해 다양한 시각에서 바라볼 수 있었고 다양한 아이디어를 얻을 수 있었다(7월, G교사).

후배 교사의 발전에 도움이 되는 선배가 되자 … 개별 교육 협의에 더 충실해야겠다. 한 학기를 보내며 서로에 대해 많은 부분을 알 수 있고, 또 신뢰하는 만큼 좋은 협력자가 될 수 있으리라 생각한다(8월, G교사).

2학기에는 융통성 있게 수업을 계획하고 전개할 수 있는 좋은 여건이 마련된 만큼 유아의 관심이 모아지는 주제에 대해 소박하면서도 역동적인 활동들을 함께 고민하고 협의하고 창조하는 경험을 하며 유아의 성장에 자극이 될 수 있는 좋은 협력자로서 지낼 수 있기를 바라며 변화와 힘을 가진 수업을 만들 수 있기를 바란다(9월, G교사).

고민하고 갈등하며 힘겨워하는 동료 교사들에게 힘이 되어주지 못하는 현재 상황에 대해 미안한 마음이 크고 좋은 협력자가 되어주지 못해 마음이 무겁다(11월, G교사).

교육 협의의 중요성은 말로 다 설명할 수 없지만 1년을 보낸 후 가장 큰 수확은 교사 또한 유아와 마찬가지로 활발한 사회적 상호 작용과 의사소통을 통해 함께 지식을 구축하고 학습하고자 하는 성향이 길러졌다는 것이다. 이는 전체 유치원의 분위기가 되었다(12월, G교사).

G교사의 저널에서 반성적 사고의 창의적, 돌봄, 비판적, 관조적, 협력적 요소를 엿볼 수 있다(Henderson & Hawthorne, 2000).

학급내 공동 교사간 협의

학습 공동체를 통한 사회적 구성주의 패러다임을 교육 현장에 적용하면서 협력의 필요성 때문에 동료간 관계가 개선되며 전체로서 집단을 강화시키려는 욕구가 나타난다. 학습에 관한 모든 결정은 혼자 하는 것이 아니라 협력적 관계 속에서 이루어진다. '가르침을 예술'로 보는 '관계의 교육학'이다.

이러한 협력적, 반성적 실천은 좋은 결과를 가져오고 감동적이기도 하면서 동시에 진지한 도전일 수도 있다. 레지오 교사들도 교사의 역할 중에서 어려운 점은 항상 도전 받고, 의사를 결정하고, 끊임없이 문제가 무엇일까 긴장하게 된다는 점이라 말한다. 그러나 그 과정에서 성취감과 희열감, 자신의 성장에 매력을 느낀다. 이러한 지적 활력은 레지오 교사들을 교직에 오래 머무르게 하는 요인으로 이해된다(Tegano, 2002).

나아가 사회적 구성주의 학습이 유아에게 잘 맞고, 할만한 활동이며, 유아의 학습을 도우면서 교사 자신도 커간다고 믿는다(Edwards et al., 1998). 이러한 접근이 기관의 공동체 분위기 형성에 상승 작용을 가져온다.

이전에는 다른 반 수업에 관심이 적었으나, 지금은 다른 반 활동, 학습 내용, 유아 행동, 생각들까지도 알게 되었다. 프로젝트도 이전에는 교사, 유아 간의 진행에 초점을 두었다면, 지금은 교사들간 협력이 더욱 긴밀하게 되었으며, 가정에 도움을 요청하게 되었고, 때로는 주방 아주머니, 기사님까지 오셔서 적극적으로 진행을 도와주시기도 한다(Y유치원, B교사).

저는 교사간의 협의가 가장 고맙더라고요. 선생님들마다 색깔이 있기 때문에 힘들었을 텐데… 조화를 이루어 나가더군요… 교사들에게 고마워요. 그리고 교수님의 지속적인 현장 연결과 다른 기관과의 공유 기회를 통해서 우리가 제대로 가고 있는지를 다시 한 번 생각하게 되어서 아주 큰 힘이 됩니다(S어린이집, 원장).

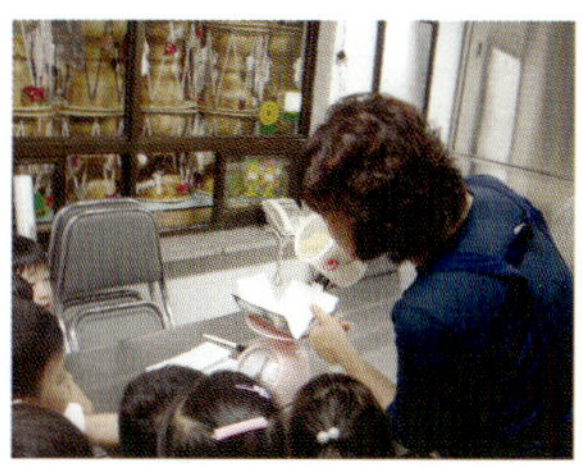

주방 아주머니 도움 받아
저울 눈금 재기, 5세

기사님 도움 받아
정글나무 고정하기, 5세

## 02_5 방관자에서 참여자, 공동의 가치 추구자로의 부모 변화

학교는 소속 사회에 내재되어 있으며 유아, 교사, 부모가 참여하여 상호 관계와 의사소통이 이루어지는 한 체제이다. 소속감을 느낀다는 것은 의미를 공유하는 것이기 때문에 부모 또한 교육 과정에 참여할 권리가 있다.

기관내 학습 공동체를 통해 기관 운영을 해나가면서 경험하였던, 크고 작은 딜레마 중 가장 큰 도전이 되었던 사례는 다음 T유치원의 사례처럼 기관에서 이루어지는 교육 경험과 그 가치에 대한 **부모의 인식 부족**이었다.

부모의 방관자적 태도, 교사의 갈등, 좌절과 회의, 반성적 문제 해결, 부모의 태도 변화를 거치면서 부모의 적극적인 참여를 유도하고, 실수가 오히려 교사의 전문적 성장을 가져온 사례를 흔히 접한다.

> 기대와 달리 프로젝트 활동에 관심을 갖고 이해하고자 접근하는 부모님은 얼마 안되고, 그저 자녀의 모습이나 작품이 얼마나 전시되었는가에 급급한 부모들이 대부분이었다 … 한 마디로 교육에 대해서는 별 관심이 없어 보이는 듯 했다 … 그동안 교사들이 쏟아 부었던 노력과 수고가 예전과 별반 다를 것이 없는 정도로 인식됨을 확인할 수 있었다(T유치원, G교사).

이러한 교사들의 갈등은 사회적 구성주의 이념이나 부모의 공유 이해 부족에 대해 반성하게 하는 계기가 되어 교육 과정에 대한 부모의 공감대 형성과 적극적 참여를 유도하기 위한 방안을 협의, 실천하도록 하였다.

개인은 아무런 이유없이 다른 사람과 관계를 형성하지 않으며 매개물을 필요로 한다. 학급의 경험 내용을 기록화하여 가정으로 배부하는 '주간 저널', 벽면 '기록 패널', 경험 내용을 모아 만든 '신문' 등은 부모와의 의사소통과 관계를 위해 좋은 매개물이 되었다. 기록화는 환경 변화, 학습 지원, 의사소통, 참여자간 관계 형성, 유아의 사고에 대한 깊은 반성에 기여하기 때문에 기록은 관계에 기초한 교육을 실행하는 데 중요한 시작점으로 평가된다(Fraser & Gestwicki, 2002).

> 저널을 통해 아이들이 다양한 호기심에 따라 여러 그룹으로 접근해 가는 과정을 볼 수 있어서 아이와 대화하고 탐색에 동참하는 데 용이한 자료로 활용된다(A유치원, 5세 부모).

> 처음엔 저널을 보면서 내 아이 찾는 데만 급급했는데 하나하나 살펴보며 여러 아이들 생각을 읽을 수 있었어요. 한 가지 목표를 이루어가는 과정도 이해할 수 있구요(S어린이집, 5세 부모).

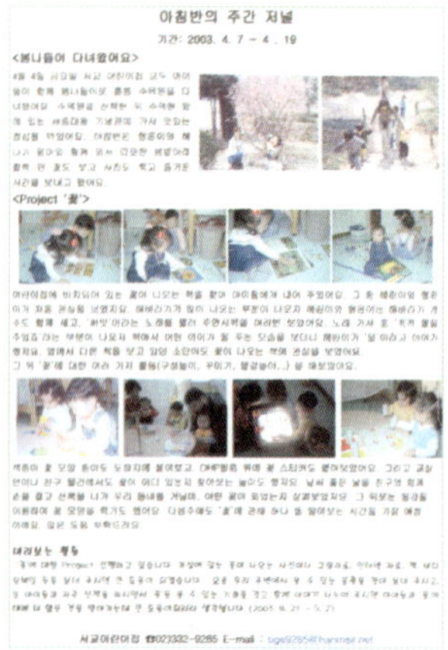

주간 저널

유아의 경험으로 구성한 유치원 신문

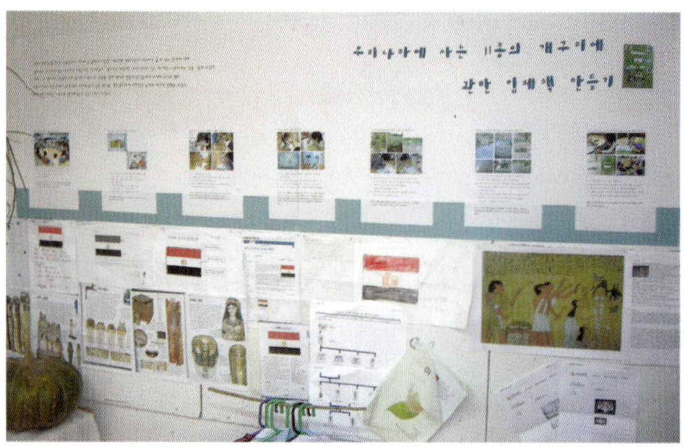
교실 벽면의 기록 패널

성인들이 계획한 정형화된 행사에 유아와 부모들이 단지 참여하는 기존 방식을 탈피하여 유아들이 계획, 준비, 진행에 참여하여 부모를 안내하는 체육대회, 작은 음악회, 전시회와 부모의 프로젝트, 기록 작업 참여 및 '오픈 하우스'는 부모로 하여금 기관의 교육 과정과 목표를 인식하고 교사들을 신뢰하게 한다. 다음의 조사지와 면담 내용들에서 **부모의 의식 변화**를 볼 수 있다.

> 전시회를 본 후, … 단순한 지식이 아닌 생활 속에서 만나는 사물에 대해 심화된 눈과 마음을 갖게 하는 좋은 교육이라 생각됩니다. 아이의 변화를 잘 이해할 수 있었습니다. 귀하고 좋은 교육의 시작이라 생각되며 앞으로 계속 발전해 나갔으면 합니다(S어린이집, 2세 부모).
>
> 참여 수업에서 우리 아이가 유치원에서 어떻게 생활하는지를 직접 본 것이 큰 도움이 되었습니다. 부모와 유치원 선생님과의 유기적인 협력이 필요함을 느꼈습니다(Y유치원, 5세 부모).
>
> 작은 음악회를 보면서 서툴지만 열심히 하는 아이들의 모습에 감동 받았습니다. 그동안 유치원 행사는 아이들이 아니라 부모님들이 주인공이었죠. 이번 행사를 보고, 훈련받은 아이만 보는 불편함이 사라져 기분이 좋았답니다(A유치원, 3세 부모).

아이 생각 함께하기

유아가 준비한 작은 음악회

유아들이 분명한 목표를 향해 행사를 계획, 준비, 구성하여 운영하는 몰입된 탐색 과정과 결과를 공유하면서 **부모들의 공감대**를 불러올 수 있었다.

작은 음악회 행사를 마치고 부모 평가지에 나타난 응답에서 부모들은 프로젝트의 가치, 학습의 의미, 유아 이미지, 잠재 능력, 부모 참여, 유아 · 교사 · 부모 간 상호 작용, 기관에 대한 신뢰, 지역사회와의 연계 인식 등에 있어 변화를 보였다.

Katz(1994)는 레지오 에밀리아에서의 부모 참여에 대해 레지오 학교의 높은 질은 단순히 높은 부모 참여의 결과가 아니라, 학교 경험의 질을 개선하려는 학교의 의지가 부모를 학교로 끌어들인다고 하였다. 이러한 교사와 기관의 의지는 국내 현장에서도 나타난다.

> 이전에는 행사를 하면 '어떻게 부모님들을 기분 좋게 해서 보낼까?' 생각했었는데, 이제는 '주제를 가지고 어떻게 유아들이 행사를 준비하고, 부모들과의 상호 작용을 이끌어 나갈까?'를 연구해요(Y유치원, 원장).
>
> 오픈 하우스에 부모님들이 자유롭게 방문하셨는데, 엄마가 진행 과정을 보시고 나서는 다음 날 아버지들도 함께 오셨어요. 평소대로 세팅된 교실에서 아이와 함께 상호 작용하셨는데, 부모님들이 유아와 함께 놀이하면서 즐거워하셨어요(S어린이집, K교사).

엄마와 함께 벽화 구성

엄마와 블록으로 3차원 구성

엄마와 함께 직조 활동

엄마와 함께 정글에 사는
동 · 식물, 곤충 표상

이상과 같은 부모 참여는 프로젝트 수업의 본질에 대한 부모들의 이해와 공감을 불러왔다. 부모의 생각을 묻는 조사지에서 부모들은 프로젝트 활동이 협동심, 사회성, 책임감, 학습 태도, 창의성, 사고력, 집중력, 표현력, 주변에 대한 관심 및 질문, 성취감과 자신감, 환경 친화적 인식 등을 발달시킨다고 하였다. 나아가 '생각하는 힘을 길러 주는 교육' '창의적이고 자발적인 교육' '살아있는 교육' 이라고 표현하였다.

이러한 인식 변화는 다음과 같은 부모 스스로의 반성을 통해 내 아이 중심에서 공동의 가치를 추구하는 **공동체 의식**을 느끼게 하였다.

> 지식 전달이 아니라 인성을 개발하고, 참여를 유도하여 유아 스스로 공동수업의 주관자가 되고 있다는 거지요. 수업 분위기, 선생님들의 노력, 프로그램, 기자재 등… 아이를 맡긴 부모로서 마음 뿌듯하고, 크나큰 위안이 되었습니다(Y유치원, 3세 아빠).
>
> 레지오식 프로젝트는 하나의 주제를 놓고 토의해 보고 직접 만지며 느끼는 살아있는 교육이라고 생각합니다(Y유치원, 4세 아빠).
>
> 부모 참여를 적극적으로 제안하는 부모님들이 많아졌어요. 집에서 자료나 직접 만든 것들도 보내주시구요. '다른 아이와도 해보세요' 라며 보내주시고, 어린이집에 오셨을 때도 다른 반에도 가서 같이 놀아주는 경우도 많으세요(S어린이집, J교사).
>
> 이전에는 패널에 아이가 없으면 "왜 우리 애는 없어요?" 그렇게 물어보셨어요. 이젠 변했어요. "우리 애는 어떤 프로젝트 해요?" 라고 물어보세요(Y유치원, 원장).
>
> 이전에는 아이가 '유치원에서 무엇을 배웠을까?' 생각했는데, 주간 저널을 보며 '친구들과 어떻게 지냈을까?' '무슨 생각을 공유했을까?' '함께 어떻게 풀어갔을까?' 를 먼저 생각하게 됩니다(A유치원, 5세 부모).
>
> '아이는 원에만 보내면 끝이구나' 하는 생각이 바뀌었습니다. 같이 참여하고 견학도 가고, 정말 저도 재미있었고 우리 아이에게도 자신감일까? 든든함이 키워진 것 같습니다. 전에 다니던 원과는 비교가 안될 만큼 저는 만족합니다(S어린이집, 5세 부모).

달팽이 놀이공원 구성하기

부모와 프로젝트 공유

부모와 3차원 바닷속 구성

부모와 3차원 구성

부모들의 변화된 공동체 의식은 교사와 기관에 대한 신뢰와 함께, 프로젝트 주제, 탐색 또는 견학 방향, 구체적인 부모 참여 방안 제안 등, 교육의 주체로서 보다 폭넓고 깊이 있는 기관 참여를 원하는 쪽으로 변화되고 있다. 부모들은 탐색 가능한 프로젝트 주제들을 제안해 오기도 하였다.

다음 A유치원 부모와의 집단면담에서 부모들이 주체적으로 기관에 **적극적인 참여 의지**를 보임을 알 수 있다. 부모 참여의 제도화, 아빠 참여, 부모 스터디, 학급별 모임 활성화, 주제 중심의 모임, 임상사례 발표 등 부모 참여를 높이는 방안도 제안하였다. 그뿐만 아니라 '부모들의 주체자로서의 마인드' '부모, 교사, 유아의 동등한 입장' 을 강조한다.

이제는 '내가 할 수 있는 것이 없을까?' 라는 생각을 하게 돼요. A유치원의 교육관이 좋아요. 늦게까지 근무하면서도 공부를 하시고 아이들을 사랑으로 대한다는 것을 느껴요. 요즘에는 유치원의 다른 아이들에게도 관심 많이 가요. 또 많은 참여를 원하게 돼요(A유치원, 4세 부모).

작은 음악회 때 비디오 기록을 한 적이 있어요. 기록화, 환경 … 아이들과 인터뷰하면서 정말 좋은 경험을 했어요. 이런 경험을 다른 부모에게도 주고 싶어요(A유치원, 5세 부모).

부모 참여가 적은 편인데, 제 의견으로는 유치원 측에서 엄마에게 올 수 있는 기회를 주지 않기 때문이라고 생각하고, 실제로 부모님들은 참여의사가 높아요(A유치원, 4세 부모).

만일 교육이 우리의 미래를 창안하는 것이라면 부모 또한 한 주체로서 교육을 공유, 의사결정, 비판적 반성과 협력에 몰입할 수 있는 기회가 주어져야 한다. 이는 유아교육자들이 부모와의 파트너십 형성 방법을 연구, 실천할 때 가능하다.

기관에서는 부모의 민주적, 자발적 참여 방법을 연구하고, 참여 영역별 소위원회를 구성, 학교에 부모를 참여시키며 기관 교육을 알리는 노력을 함으로써 정보의 일방적 전달을 넘어 유아, 부모, 학교 간 공동체 형성을 시도할 수 있을 것이다. 이러한 노력이 국내 현장에서도 시도되고 있다.

부모와 함께 만든 사랑을 담은 바자회

달리는 사람, 5세

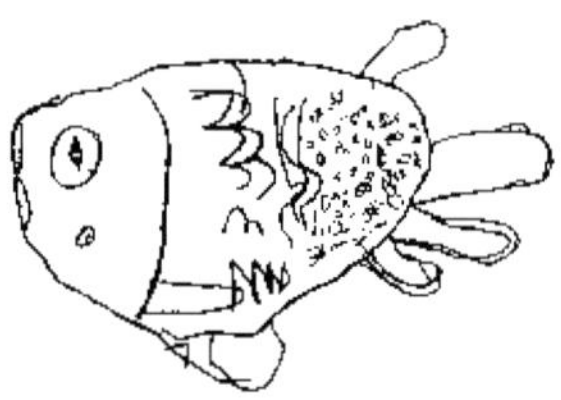
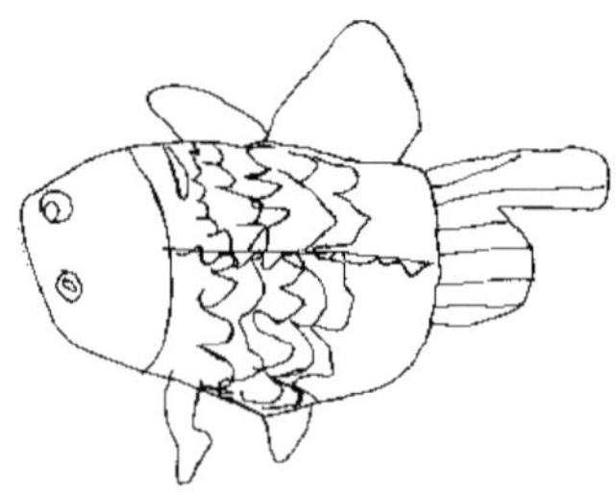

# Chapter 6

## 레지오 학교의 행정 조직과 우리의 변화

### 질 문

01 레지오 에밀리아시의 영유아들은 어느 정도 시립학교의 혜택을 받을까?

02 레지오시의 학교 운영을 위한 인적 조직은 어떠한 관계를 형성하고 있는가?

03 레지오시 유아 학교의 집단 조직은 어떠한가?

04 레지오시 영유아 센터와 유아 학교의 시간 조직은 어떠한가?

05 레지오 학교에서 시의 페다고지스타들에 의해 이루어지는 본질적인 지원 제도를 국내에 어떻게 활용할 수 있을까?

06 국내 현장에서 어떻게 부모가 공동의 가치 추구자로 역할하도록 할 수 있을까?

07 국내 현장에서 어떻게 지역사회와 공감대를 형성하고 지역사회의 지원 속에서 계속적으로 성장할 수 있을까?

08 국내 유아 교육 기관의 수직적인 인적 조직을 어떻게 수평적으로 조정해 나갈까?

09 레지오 학교에 비해 국내의 높은 교사 대 유아의 비율을 어떻게 극복할 수 있을까?

10 레지오 교육 방법을 적용할 때 유아 교육 기관의 일과 운영은 어떻게 바뀔까?

11 레지오 학교의 3년간 지속되는 시간 조직을 채택한다면 어떤 장 · 단점이 있을까?

12 종일제로 시간 조직을 바꾸면 심화된 교육 과정 운영에 도움이 될까?

사회적 구성주의 패러다임의 공동체적 협력의 윤리는 공동의 목표를 가진 구성원간의 관계 형성을 근간으로 한다. 유아교육에서 유아, 교사뿐 아니라 부모와 지역사회 전반의 역할이 강조되는 관계의 교육학(pedagogy of relationships)에서 일어난다. 유아교육에 영향을 미치는 관계는 기관 내의 유아, 교사, 부모뿐 아니라 기관간, 가정과 지역사회를 포함한다. 관계의 원리는 인간 차원을 넘어서 환경, 매체 등 프로그램의 모든 면과도 연결된다.

학교가 사회 정책에서 일반적으로 중요시하는 단순한 돌봄이나 여성, 또는 가족이 해야 하는 임무를 대신하는 것이라는 생각에서 벗어날 때, 유아를 위한 교육이 진정으로 시작될 수 있다. 또한 학교는 유아, 교사, 가족, 물리적 환경, 교육 활동을 중심에 놓고 권위를 없앰으로써 정체성을 재구성할 수 있다.

공룡, 4세

전통적인 학교 문화는 교사와 교직원들이 고립되어왔고, 학교가 가족과 사회적 환경으로부터 고립되어 온 것은 오래된 일종의 실존적 속박이었다. 이러한 속박은 전문적 성장은 물론 사회적으로 구성될 수 있는 개인의 지식 구성을 방해하는 요소로 작용해 왔다. 뿐만 아니라 이러한 고립은 가족에게는 자폐적이고 생산적이지 못한 모델이 되며, 유아들에게는 자발성과 좋은 사회적 발달을 위한 확신을 갖지 못하게 하였다. 레지오 학교는 고립을 강조해 온 전통적 교육 이론을 참여 이론으로 바꿔놓았다.

공룡, 4세

## 01 레지오 에밀리아시의 유아 교육 체제 구성

2002년, 3세~6세 이탈리아 유아들의 약 93%가 시립, 국립 또는 사립 유아 학교에 다니고 있다. 레지오에서는 거의 100%에 가까운 학령전기 유아들이 다양한 종류의 학교에 다닌다. 이탈리아에서, 특히 남쪽에 있는 도시들의 경우 3세 이하 유아의 공립 영유아 센터 취원율이 낮다. 그러나 레지오와 같은 앞선 도시에서는 "유아의 욕구와 잠재력에 대한 새로운 이미지를 퍼트리고 합법화하기 위해 공헌하는"(Gandini & Edwards, 2001) 학자들과 상호 교류하면서 어린 영아들을 위한 프로그램을 만들어 냈다. 레지오에서는 3세 이하 유아들의 38%가 공립 혹은 사립 센터에서 돌봄을 받고 있다.

레지오 에밀리아의 시가 운영하는 유아교육 서비스의 조직망에는 21개의 유아 학교(scuoie dell infanzia)와 13개의 영유아 센터(nidi)가 포함된다. 3세~6세 유아 1,508명이(40.01%) 유아 학교에, 3개월에서 3세까지의 유아 835명(25.21%)이 시립 영유아 센터에 다니고 있다.

그 외 레지오 에밀리아시에는 지방 행정부의 특별 합의를 받은 조합에 의해 운영되는 6개의 영유아 센터와 시와의 합의를 거친 부모 협동조합에 의해 운영되는 1개와 종교 재단에서 운영하는 5개의 영유아 센터가 더 있다. 이 시설들에는 3개월에서 3세 사이의 유아 424명(13.79%)이 다니고 있다. 시립이 아닌 유아 학교 운영체로는 11개의 국립, 21개의 종교재단, 조합에서 운영하는 1개소, 사립 1개소가 있으며 2,060명의 유아(54.64%)가 다니고 있다(레지오 에밀리아시 교육부, 2000).

**표 6-1** 레지오 에밀리아시의 유아교육 서비스(0세~6세)

| 레지오 에밀리아시의 영유아 센터 | | | |
|---|---|---|---|
| 운영 조직 | 센터 수 | 유아 수 | 전체 거주 유아의 백분율 |
| 시 립 | 13 | 835 | 25.21% |
| 조 합 | 6 | 336 | 10.14% |
| 종교 재단 | 5 | 73 | 2.20% |
| 부모 연합 | 1 | 15 | 0.45% |
| Total | 25 | 1,259 | 38% |

| 레지오 에밀리아시의 유아 학교 | | | |
|---|---|---|---|
| 운영 조직 | 학교 수 | 유아 수 | 전체 거주 유아의 백분율 |
| 시 립 | 21 | 1,508 | 40.01% |
| 국 립 | 11 | 660 | 17.51% |
| 종교 재단 | 21 | 1,312 | 34.81% |
| 조 합 | 1 | 27 | 0.71% |
| 사 립 | 1 | 61 | 1.61% |
| Total | 55 | 3,568 | 94.65% |

(레지오 에밀리아시 교육부, 2000)

## 02 레지오 학교 운영을 위한 인적 조직

레지오의 시립 영유아 센터와 유아 학교 각 기관에는 기관장이 없으며 페다고지스타, 부모, 자문위원, 교사 간의 유기적인 인적 조직에 의해 학교가 운영된다.

레지오 학교들은 언제나 교육 계획과 연구가 조직과 잘 융합되도록 노력해 왔다. 즉, 유아의 발달과 학습은 교사뿐 아니라 학교 관련 모든 사람들과 부모가 함께 협의를 통해 도출한다. 환경 또한 심미적이고 기능적으로 설계하며 상호 관계와 상호 작용의 체제가 지원되도록 준비되어 있다. 학교 교직원과 부모 간의 관계는 다양한 형식, 상호 교환, 대화를 통해 견고해지며, 이러한 과정에서 교육과 교수 학습에 대한 아이디어들이 형성되고 공유된다. 이런 관계는 학교의 지역사회 자문위원회 활동을 통해 더욱 다져진다. 따라서, 레지오 학교들은 일반적으로 분리를 강조해 온 전통적인 교육 이론을 참여 이론으로 바꾸고, 조직을 다시 필수적이고 역동적이며 건설적인 요소로 되돌려 놓았다.

이러한 관계 전략은 다양한 관점과 참여가 끊임없이 만나도록 하는 일종의 조작적 인식론이며, 교육의 문제와 관계의 가능성뿐 아니라 유아의 성장과 발달 과정에서 보이는 삶과 학습 방식이 그대로 살아나고 유지되도록 한다.

### 02_1 페다고지스타 팀에 의한 본질적 지원

레지오시의 교육부 산하에는 영유아 센터와 유아 학교 및 공립학교 전체를 관장하는 공식적으로 선발된 교육 담당 공무원인 한 명의 부장이 있다. 영유아 센터와 유아 학교 분과는 분과장이 있고, 한 명의 특수교육 전문가와 아홉 명의 페다고지스타를 포함하여 400여 명의 교직원으로 구성된다. 페타고지스타들은 팀으로 영유아 센터와 유아 학교의 교육을 조정하기 위해 협력하여 일한다.

시로부터 교육적, 행정적, 경제적 지원을 받는 영유아 센터와 유아 학교의 행정조직 구조는 다음과 같다.

**표 6-2** 레지오 에밀리아시 교육부의 행정 조직

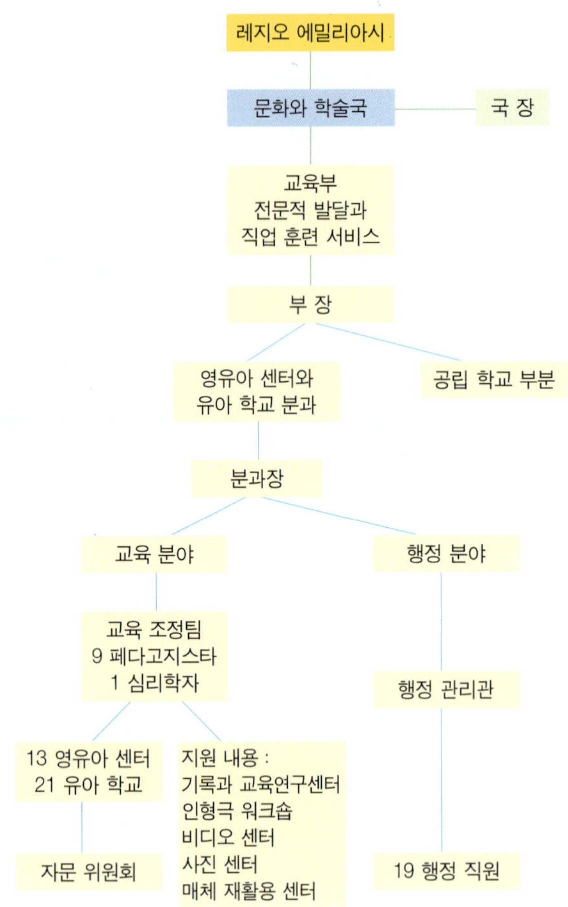


레지오 에밀리아시 교육부, 2000

페다고지스타는 이 체제의 본질적인 부분으로서, 교육학이나 심리학 학위를 가지고 있으며 3~4개의 유아 학교와 영유아 센터를 지원하고 유지시키는 복잡한 역할을 수행한다. 철학적 해석을 통해 교사의 프로젝트 수행과 교수 학습 활동을 돕고, 부모와 행정가들과의 관계를 중재하며, 훈련 과정을 조직하여 교사의 전문적 발달을 조력하는 책임을 갖는다. 뿐만 아니라 레지오 접근법을 외부에 알리고 외부와 상호 교환하는 일을 담당한다. 페다고지스타 팀은 매주 한 번 전체 유아 학교와 영유아 센터에 관련된 정책과 문제를 논의하기 위하여 전 체제의 분과장과 회의를 갖는다.

그러나 목표는 교사의 문제를 대신 해결해 주는 것보다는 교사의 자율성을 지원하고 돕는 데 있다. 페다고지스타의 다면적인 역할은 각 학교 유아, 부모, 교사의 권리와 필요를 분석하고 해석함과 동시에 복합적 체제 내의 부분들이 협력하며 필수적인 연결과 관계를 유지하도록 하는 것이다.

## 02_2 부모의 참여

레지오 학교 시작의 역사를 재고해 보면, 부모 참여는 유아교육 경험과 긴밀하게 통합된다. 2차 세계대전이 끝나고 부모들이 미래에 대한 희망을 위해 자신들의 손으로 직접 학교를 만들었던 경험이 발단이었기 때문이다. 유아들을 위한 학교의 설립과 경영에 대한 계획에 부모와 지역사회 구성원의 민주적인 참여는 사회를 결속시키는 참여 문화를 형성하였다.

학교 시작의 역사에서부터 깊게 뿌리내린 레지오 경험의 근간이 되는 참여는 부모들 모두가 학교에서 이루어지는 일에 참여하도록 '교육의 과정에 대한 공동 책임감'을 요구하는 지극히 혁신적인 요소이다.

레지오 에밀리아 사회 · 문화는 사회적 결속력을 강하게 인식하고 있다. 사람들은 안정성과 지속성의 뿌리를 가지고 있어서 급속한 변화가 일어나는 것을 싫어한다. 그러나 부모는 여전히 강력한 사회의 핵심이며 부모와의 지원 네트워크 확장을 중요하게 여긴다. 이러한 모든 맥락이 유아 학교와 영유아 센터에서 참여를 유지하고 통합하게 만드는 배경을 형성하였다. 하지만 레지오 경험은 언제나 새로운 질문을 가져왔고 부모가 참여할 수 있는 새로운 변화와 정체성을 만들어 왔다. 따라서 참여는 특별한 역사와 문화에 기원이 있으나 항상 부모들과의 관계와 대화의 실천 속에서 계속 다시 살아나고 끊임없이 갱신되어 오고 있다.

부모들은 자녀의 교육을 기관에 전적으로 위임하거나 기관이 대신하기를 원치 않는다. 흔히, 유아의 나이가 어릴수록 그저 기관에 아이를 맡기고 어떠한 적극적인 사회적 교류가 없을 경우, 기관은 부모를 수동적으로 만든다. 부모가 소극적으로 변하면서 공동의 책임감을 잃어가는 것은 모두에게 엄청난 위험이라 여겨진다.

이러한 위험을 없애기 위해, 영유아 센터나 유아 학교가 유아나 부모 모두에게 개방적이고 환영하는 마음으로 받아들이는 장소여야 함은 필수적이다. 이러한 개방성은 단지 정중함에 기초한 것이 아니라 대화하고 상호 교류하면서 관계와 의사소통의 실천에 기초하여 공간 구성과 기관 운영 모든 면에서 구체적인 참여가 이루어진다.

진정한 관계 형성을 위해서는 기관이 개개인의 문화와 능력을 알아야 한다. 레지오에서는 교사와 부모 간 균형을 이루는 관계를 유지하면서, 호혜성 · 순환성과 개개인의 서로 다른 능력과 차이를 존중하며, 관점 · 주관성 등에 따른 분리 · 차별 · 거리를 두지 않고, 학교 교육을 위한 공동 연구에서 개인이 공헌할 수 있는 잠재력과 의의를 인정하는 새로운 관계를 만들었다.

어떠한 교사도, 어떠한 전문가도, 어떠한 부모도, 혼자서는 모두가 함께 대화하면서 만드는 경우보다 좋은 아이디어를 만들어 낼 수는 없다. 우리가 바라는 것은 성인이든 유아든 상관없이 경청하고, 개방하며, 다른 사람에 대한 인식에 기초하여 새로운 평화의 윤리와 구성적인 공존을 추구하는 것이다. 이러한 윤리는 유아와 성인을 희망 있는 미래를 위해 연합시킨 레지오의 참여 프로젝트에서 실증되었다(Cagliari, 2000).

부모는 지역사회 자문위원회의 구성원으로, 특정 과제의 소위원이나 대표로서 또는 프로젝트 수행에 참여함으로써 학교 체제의 본질적 요소가 된다. 부모들은 개인적으로, 소집단으로, 학급 수준 또는 학교 수준 등의 다양한 목적과 형식의 모임을 통해 학교 활동에 연중 내내 수시로 참여한다. 학급이나 학교의 제안에 의해 참여하기도 하지만 대부분의 참여는 교사나 행정가가 정하기보다는 체제 구성원 전체의 토론을 통해 협의된다. 이러한 방식으로 역할이 계획 · 선택 · 제안될 때 부모는 기꺼이 강한 동기를 가지고 참여하게 된다.

부모-교사 공동체

기관 단위의 부모 공동체

부모의 기록화 참여

부모의 프로젝트 참여

## 02_3 지역사회 자문위원회의 운영 지원

이탈리아에서는 30여 년간 영유아 센터와 유아 학교가 지역사회 중심으로 운영되고 있다. 1970년대부터 지역사회가 교육에 참여하는 지역사회 중심의 운영 체제(gestione sociale)가 공식화되었다. 통계적으로 세 가정 중 한 가정이 기관 운영에 참여할 정도로 부모의 높은 참여가 이루어지며, 그 외 자녀를 기관에 보내지 않는 학교 관련자와 지역사회 시민 또한 자문위원으로 참여한다. 자문위원회에서는 부모들의 의견을 수렴하여 처리하고, 부모 참여 전략을 연구하여 부모 참여를 유도한다. 기관내의 환경

자문 위원회 재선 투표 1996~1999의 3년간 (통계 자료)

| | 부 모 | 지역사회 구성원 | 학교 관련자 |
|---|---|---|---|
| 투표자 | 2,496 | 423 | 405 |
| 영유아 센터 투표자의 백분율 : 67.83%<br>유아 학교 투표자의 백분율 : 75.22% | | | |
| | 영유아 센터 | 유아 학교 | 전 체 |
| 선출된 부모 | 201 | 395 | 596 |
| 596명중 257명의 부모(43.13%)는 재선이며, 338명의 부모(56.87%)는 초선이다. 이들 중 387명이 여성(64.93%), 209명이 남성(35.07%)이다. | | | |

(레지오 에밀리아시 교육부, 2000)

구성과 일과에서 발생하는 문제를 해결하기 위해 모임을 주선하거나 조정하고 수렴된 의견을 학교에 적용하며 평가한다.

자문위원회는 모든 참여의 과정을 구체화하고 각 기관에서 도출되는 주제에 대해 연구 · 논의 · 선택하는 일에 공동 책임을 가진다. 공동 책임감을 가진 연구와 논의 과정에서 이루어지는 대화는 지역사회와 학교를 함께 풍부하게 한다. 지역사회 중심의 운영은 부모, 교사, 시민, 지역사회로 하여금 교육 기관의 운영에 필수적인 참여, 민주주의, 집단 책임감, 문제 해결, 의사 결정의 중요성을 알게 함으로써 유아 교육 기관을 지나친 관료주의의 위험에서 보호하고 교육 개혁을 촉진하며, 교육자와 부모 간의 협력을 촉진시킨다.

모든 시립 영유아 센터와 유아 학교의 지역사회 자문위원회는 영유아 센터와 유아 학교에서 목적하는 교육적, 정책적, 문화적인 문제를 결정하는 시 행정부와 함께 일하는 일반적인 협력 위원회로 대표된다. 시립 21개의 유아 학교, 13개의 영유아 센터 각각에는 3년마다 부모, 교사, 교직원, 지역사회 시민으로 구성된 지역사회 자문위원회(advisory council)의 위원을 선출한다. 34개 기관의 각 자문위원회 대표 2~3명을 선출하여 페다고지스타 팀과 교육부 행정관과 함께 학교에 관련된 문제를 시 당국에서 직접 다루는 위원단을 조직한다.

레지오에서는 수시로 교사는 물론 부모, 요리사, 용원 등 학교에서 일하는 모든 사람들과 모임을 갖고 운영과 교육 활동에 상호 도움을 받는다. 지역사회에는 유아와 교사가 몰입할 수 있는 경험을 제공하고 학습과 유관한 창작 활동을 지원할 수 있는 유용한 인적 자원이 풍부하다. 유아교육 전문가들로부터 최근 동향의 교수 학습 방법이나 프로젝트 학습에 관심을 가진 현장의 교수 학습을 지원받을 수 있다. 프로젝트를 수행하는 기관들간에 아이디어를 공유하고 상호 평가하는 기회를 갖는 것도 바람직하다. 상호 학문적 교류가 강조되는 시대적 요청에 따라 프로젝트 활동 과정에 유용한 표상 아이디어나 기록화를 위한 아이디어는 미술 전문가들의 도움을 얻을 수도 있을 것이다. 이러한 지역사회 인적 자원의 활용은 팀워크와 상호 협력을 격려하고 학교, 부모, 지역사회 간의 소속감을 갖게 한다. 그러나 레지오 에밀리아의 주목할 만한 이러한 지역사회의 참여는 50여 년간 지속되고 발전되어 온 역사 문화적 소산이므로 우리 문화에서는 서서히 시도해 나가야 할 것이다.

## 03 레지오 학교의 집단 및 시간 조직

### 03_1 집단 조직

흔히 4개월에서 3세까지의 유아가 다니는 영유아 센터는 약 70명의 유아로 구성되어 있으며 연령에 따라 0~9개월, 10개월~18개월, 19개월~24개월, 24개월 이상의 4학급으로 나뉜다. 70명의 유아가 다니는 한 센터에는 교사 11명, 연장 시간제 교사 1명, 요리사 1명, 전일 보조자 3명, 시간제 보조자 3명으로 총 19명의 교직원이 근무한다.

**표 6-3 영유아 센터의 집단 조직**

| 영유아 센터의 조직 (4학급 편성) | | | |
|---|---|---|---|
| 전체 유아 | 학급 편성 | 유아 수 | 연 령 |
| 70 | 영 아 | 27 | 0~9개월 |
| | toddler 1 | | 10~18개월 |
| | toddler 2 | 43 | 19~24개월 |
| | toddler 3 | | 24개월 이상 |
| 교 사 | | | 11 |
| 연장 시간 교사 (시간제*) | | | 1 |
| 요리사 | | | 1 |
| 전일 보조자 | | | 3 |
| 시간제 보조자 | | | 3 |
| *등록된 유아 수에 따라 두 번째 시간제 교사가 추가됨 | | | |

3세에서 6세의 유아를 위한 유아 학교는 흔히 연령별 3세, 4세, 5세 학급으로 구성되며, 크고 작은 몇몇 학교들은 혼합연령반으로 구성되기도 한다. 각 학급은 25~26명의 유아와 2명의 공동 교사로 구성된다. 그 밖에 각 학교에는 연장일과를 위한 시간제 교사 1명, 아뜰리에리스타 1명, 요리사 1명, 전일 보조자 2명, 시간제 보조자 1~3명으로 6~8명의 교사가 더 근무한다. 직원 모두는 학교 운영에 팀으로 참여한다.

**표 6-4 유아 학교의 집단 조직**

| 유아 학교의 학급 조직 | | | |
|---|---|---|---|
| | 2학급 | 3학급 | 4학급 |
| 유 아 | 52 | 78 | 104 |
| 교 사 | 4 | 6 | 8 |
| 연장일과 교사 (시간제*) | 1 | 1 | 1 |
| 아뜰리에리스타 | 1 | 1 | 1 |
| 요리사 | 1 | 1 | 1 |
| 전일 보조자 | 2 | 2 | 3 |
| 시간제 보조자 | 1 | 3 | 3 |
| *등록된 유아 수에 따라 두 번째 시간제 교사가 추가됨 | | | |

유아 학교와 영유아 센터의 모든 수준에서 이루어지는 긴밀한 협력은 교사들이 세운 복잡한 목표 달성을 촉진한다. 각 교실에서 두 교사는 주교사와 보조교사가 아니라 같은 수준에서 협력하여 일한다. 교사는 계속적인 기록 작업을 수단으로 유아와 함께할 활동에 대한 정보를 나누는 연구자이다. 모든 교사, 교직원이 함께하는 긴밀한 협력적 상호 관계는 이러한 정보를 토대로 교사와 유아 모두의 활동에 대해 협력적으로 토의하고 해석하는 데 몰입하는 학습 공동체로 유지된다. 그러한 상호 교환은 실천과 이론이 계속 증진되도록 한다. 교사, 부모, 지역사회 구성원, 시 행정가들 간 관계를 지원하는 페다고지스타 팀도 이러한 협력 체제를 지원한다.

대집단보다는 소집단 조직을 활용함으로써 협력적이고 상호 작용적인 학습이 되도록 돕는다. 주로 소집단으로 이루어지는 프로젝트 학습은 의사소통을 활성화하기 때문에 소집단 유아들의 서로 다른 관점을 반영할 수 있고, 유아들이 몰입하여 탐색하고 표상해 내는 여러 가지 형태의 표상과 '언어'를 학습에 환원할 수 있어서 유아들의 이해를 심화시킨다. 이러한 집단 조직은 성인이 정보를 제공하거나 알고 있는 것을 가르치기보다 협력적인 탐색과 발견을 통해 유아 스스로 구성할 수 있는 과학적 학습 환경을 구성하게 한다.

교육은 각 개별 유아에게 초점을 두어야 하지만 분리하여 고려되기보다 가족, 또래, 교사, 학교 환경, 지역사회, 보다 넓은 사회와의 관계 속에서 본다. 각 학교는 모두 상호 연결되어 있고, 호혜적이며, 활성화되고, 지원되어지는 하나의 체제로 본다.

## 03_2 시간 조직

**《표 6-5》 영유아 센터의 시간 조직**

유아를 위한 연간 일정–(1999~2000)
1999년 9월 1일–2000년 6월 30일
(특별한 요청이 있는 가족을 위해 7월 한 달간 영유아 센터 개원)

영유아 센터 개원 시간
월요일부터 금요일까지 오전 8시부터 오후 4시까지
특별한 요청이 있는 가족을 위해서 이른 등원(7 : 30)과 연장 일과 운영(오후 6 : 30)

교직원의 연간 일정–(1999~2000)
1999년 8월 24–2000년 7월 13일

**영유아 센터 교직원 일과**

| 주당 전체 근무시간 수 | 유아와 함께 | 다른 활동* |
|---|---|---|
| 36 | 31 | 5 |

* 전문적 발달, 계획, 매체 준비, 공동체 관리, 부모 모임, 그 외 모임 등

**교직원 근무 시간**

| 역 할 | 시 간 | |
|---|---|---|
| 4 교사* | 오전 8 : 00 | 오후 2 : 00 |
| 4 교사* | 오전 8 : 33 | 오후 4 : 00 |
| 2 교사* | 오전 9 : 03 | 오후 4 : 00 |
| 1 교사* | 오전 9 : 09 | 오후 4 : 00 |
| 연장 일과 근무교사 (시간제)** | 오후 3 : 30 | 오후 6 : 30 |
| 요리사 | 오전 8 : 00 | 오후 3 : 21 |
| 1 보조자 *** | 오전 8 : 00 | 오후 3 : 21 |
| 1 보조자 *** | 오전 8 : 30 | 오후 3 : 51 |
| 1 보조자 *** | 오전 9 : 39 | 오후 5 : 00 |
| 시간제 보조자 | 오후 4 : 00 | 오후 7 : 00 |

* 매주 교대 / ** 주당 하루 아침 추가 / *** 매주 교대

**《표 6-6》 유아 학교의 시간 조직**

유아 학교 개원 시간
월요일부터 금요일까지 오전 8시부터 오후 4시까지
특별한 요청이 있는 가족을 위해 이른 등원(7 : 30)과 연장 일과 운영(오후 6 : 30)

유아를 위한 연간 일정–(1999~2000)
1999년 9월 1일~2000년 6월 30일
특별한 요청이 있는 가족을 위해 7월 한 달간 1개의 유아 학교 개원

교직원의 연간 일정–(1999~2000)
1999년 8월 24~2000년 7월 13일

**유아 학교 교직원 일과**

| 주당 전체 근무시간 수 | 유아와 함께 | 다른 활동* |
|---|---|---|
| 36 | 30 | 6 |

* 전문적 발달, 계획, 매체 준비, 공동체 관리, 부모 모임, 그 외 모임 등

**교직원 근무 시간**

| 역 할 | 시 간 | |
|---|---|---|
| 학급 교사* | 오전 8 : 00 | 오후 1 : 48 |
| 학급 교사* | 오전 8 : 27 | 오후 4 : 00 |
| 아뜰리에리스타 | 오전 8 : 30 | 오후 3 : 33 |
| 연장 시간 교사 (시간제)** | 오후 3 : 30 | 오후 6 : 30 |

| 교직원 근무 시간 | | |
|---|---|---|
| 역 할 | 시 간 | |
| 요리사 | 오전 8 : 00 | 오후 3 : 21 |
| 보조자 *** | 오전 8 : 00 | 오후 3 : 21 |
| 보조자 *** | 오전 9 : 00 | 오후 4 : 21 |
| 시간제 보조자 | 오후 12 : 36 | 오후 4 : 30 |
| 시간제 보조자 | 오후 4 : 00 | 오후 7 : 00 |
| * 매주 교대 / ** 주당 하루 아침 추가 / *** 매주 교대 | | |

센터와 학교들은 대략 9월 1일에 개원하여 다음해 6월 30일 연간 교육 일정이 마무리된다. 직원들의 근무 기간은 8월 24일부터 시작하여 다음해 7월 13일까지이다. 필요한 부모들을 위해 1개 기관에서 방학 동안 여름학교를 운영한다.

유아 학교와 영유아 센터의 일과는 오전 8시부터 오후 4시까지 하루이며, 월요일부터 금요일까지이다. 정규 일과를 연장하여 일찍 도착하는 유아를 위해 오전 7 : 30부터, 특별한 요구를 가진 가정을 위해 오후 6 : 20까지 연장한다.

교사와 직원들은 한 주에 36시간을 근무하며, 이 중 31시간은 유아와 함께하고, 5시간은 전문적 발달을 위한 참여, 계획, 매체 준비, 부모와의 미팅, 기록화 작업, 공동체 관리 업무, 혹은 통신, 문서 등과 같은 학교의 업무들을 수행한다. 근무의 효율을 극대화하기 위해 교대업무를 안배하여 근무 시간이 계획되고, 유아를 위해 융통성 있게 조직한다.

교사가 받는 급여는 이탈리아 내에서의 초등학교 교사 수준이다. 국내와 마찬가지로 미국도 유아교사의 급여 수준이 공립학교 교사와 비교하여 높지 않다. 그러나 이탈리아 유아교사들의 연금, 직업 보장, 건강보험, 은퇴 계획, 휴가 수당 등은 공립학교 수준과 동일하다. 최근까지 저조하였던 유아교사들에게 도움을 줄 수 있는 계획들이 재고되고 있기는 하나 이탈리아의 레지오 교사들은 여전히 미국보다도 상당히 높은 수준이다.

교사들은 학급에서 유아들과 활동하는 시간 이외에 1년에 190시간을 더 일하는데, 이 중 43시간은 부모나 위원회와의 모임에, 40시간은 세미나 · 워크숍 등에 참여하며, 107시간을 현직교육에 참여한다(Filippini, 1993). 이러한 기회를 통해 교사들은 질적인 교육을 실천할 수 있는 높은 수준의 전문적 성장을 얻고자 노력한다.

유아들은 같은 교사, 같은 또래와 3년 동안 함께하므로(영아~3세, 3세~6세) 교사는 유아의 개인적인 시간이나 개개인의 독특한 성격을 점진적으로 알게 된다. 매년 각 반은 발달적 욕구와 흥미의 변화 때문에 환경을 재구성한다. 그러나 교사와 또래들 간의 관계는 지속되고 유지된다.

3년간 지속되는 관계는 개별 유아의 시간 감각과 개인적인 리듬을 알게 하므로 일상의 경험과 프로젝트를 계획하고 실행하는 데 반영된다. 특히, 학교의 종일제 일과는 여유있는 시간 운영을 가능하게 한다. 이러한 일과 운영은 좋은 환경에서 친구들과 어울려 깊이 있게 활동을 마무리하는 데 충분한 시간을 제공한다.

지속되고 여유있는 시간 조직 체제는 우리 문화에서 유아, 교사, 부모 모두에게 적합한지 재고해 보아야 하겠지만 이러한 레지오의 시간 조직은 다음과 같은 장점을 갖는다.

- 긴밀한 유대감을 갖게 한다.
- 유아-교사-부모 간의 상호 관계를 강화한다.
- 학습 과정의 연계성을 촉진한다.

종일제 프로그램 운영은 현재 우리 문화에서도 절실한 사회적 요구로 대두되고 있다. 레지오의 이러한 일과 시간 조직은 유아, 교사, 부모 모두에게 여유 있고 안정감이 있으며 융통성 있는 교육적 · 복지적 차원의 서비스를 제공하고 있다.

특히, 프로젝트 학습을 계획하거나 운영할 때, 구조화된 시간적 '틀'에서 비교적 자유롭게 유아의 요구나 관심, 이해 정도를 교사가 충분히 고려하면서 유아의 탐색과 문제 해결이 가능하도록 서두르지 않는 활동 시간을 진행할 수 있다. 이러한 시간 조직 방식이 궁극적으로 레지오 유아교육의 질을 높이는 전제 조건으로 작용하고 있다.

# 04 관계에 기초한 교육을 위한 국내 현장의 행정 및 운영의 변화

## 04_1 관계 형성을 위한 인적 조직의 변화

### 04_1_1 교사 지원을 위한 인적 환경

레지오 적용 기관들을 대상으로 다음과 같은 설문조사를 하였다. 이를 분석해 보면 다음과 같다.

*레지오 체제의 '교육조종관(pedagogista)에 의한 실제적이고 본질적인 지원'에 대해 알고 계십니다. 이에 대해 어떻게 생각하시며, 귀 기관에서는 어떤 변화를 시도하고 계신지요?*

#### 진정한 의미의 장학제도의 필요성 인식

국내 현장에 레지오 접근법을 적용하는 기관들은 교육 과정의 질적인 운영과 바람직한 교사 발달을 위해 진정한 의미의 장학제도가 절실히 필요함을 인식하고 있다.

> **진정한 의미의 장학**이 전무한 우리의 상황에서 페다고지스타는 **국가의 교육 미래를 위해 반드시 도입되어야** 할 제도라고 생각한다. 대부분의 기관들이 나름대로 열심히 하고 있지만, 근본적인 철학이나 맥락 없이 얕은 수준에서 모방하고 전시성 프로그램을 실시하고 있다. 뿌리가 있고 과정이 있는 교육을 위해 필수적이라 생각한다(S어린이집 원장).

> 유치원 장학사를 통한 장학제도나 행정, 교육 감독 및 지도가 형식적이나마 이루어지고 있다. 그러나 구립어린이집들조차 이러한 제도가 구체적으로 실시되고 있지 않으며, 다만 행정에 관한 감독만이 상하관계에서 존재한다. 절실히 필요로 하는 지원이며, 교사나 학부모가 보다 나은 교육의 주체자의 역할을 할 수 있도록 한다고 본다(S어린이집 원감).

S어린이집 원장은 국가의 교육 미래를 위해 일관된 철학 없이 단지 모방하여 운영되고 있는 현 기관교육의 모순을 지적하면서, 뿌리 있는 교육의 실천을 위해서 기관과 교사를 지원할 수 있는 진정한 페다고지스타 등의 장학제도가 진정으로 필요하다고 보고 있다. S어린이집 원감은 현 체제의 수직적이고 관료적인 장학제도를 비판하면서 교육이 질적으로 이루어지도록 교사 발달과 학부모의 주도적 참여를 지원하는 장학제도가 필요하다고 말한다.

다음의 A교사와 B교사의 저널에서 보는 바와 같이 교육을 담당하는 교사들도 자신들의 끊임없는 연구와 재교육을 위해서 궁극적으로는 전문성 신장을 위해 전문가인 페다고지스타의 지원이 필요함을 인식하고 있다. 레지오 접근법을 적용하는 기관의 교사가 그저 가르치려고 하는 행위의 한계 또한 인식하고 끊임없이 반성하면서 바람직한 교수 학습의 방향을 설정하고 교수 학습 과정에서 구성, 재구성해 나가는 실천적 행위가 요청됨을 알고 있다. 이러한 실천을 위해서는 교사의 이미 정형화된 경험적 · 분석적 지식이 아니라 비판적이고 해석적인 탐구 방향을 제시해 줄 수 있는 인적 지원을 원한다.

> 교사가 교육적으로 끊임없는 연구와 재교육을 거쳐 전문성을 가져야 함에도 불구하고, 기본적인 교사교육의 기회가 많지 않다보니 전문성을 가진 페다고지스타가 교사를 지원한다면 바람직한 방향으로 **교사의 전문성이 발전될 수 있는 기회**가 될 것 같다(G유치원, A교사).

> 교사는 자신이 알고 있는 작은 범위 안에서만 가르치려 하고 활용하려고 한다. 그러다보면 교사의 지적 자원은 소모되어 더 이상 발휘할 수 없게 되기도 한다. 교육조종관을 통해 재교육을 받기도 하고 객관적이고 체계적인 교육 방향을 지도하는 것이 교사에게 새 도약을 할 수 있는 기회가 될 것이다(B어린이집, J교사).

### 기관내 공동체에서 전문가와의 교육 협의를 통한 지원

국내 레지오 적용 기관들 중 정기적으로 전문가와 함께하는 기관내 공동체에서 전문가와의 교육 협의 기회를 통해 많은 도움을 받는다고 피력하였다. 다음 S어린이집 원장, 교사들의 저널에서 들을 수 있다.

> 본 기관에서는 레지오 연구 기관으로의 지속적 성장을 위해 교수님과의 **실질적 운영의 자문**을 연결하고 있다. 매월 1회 협의 시간을 통해 교육의 전반적인 질 향상을 위해 대화하고 반성하며 새로운 아이디어를 공유하는 활동을 계속 진행해 왔다(S어린이집, 원장).

> 우리는 레지오 공동체로서 교수님과의 만남을 정기적으로 갖고 있다. 원에서의 진행 과정, 실행 과정에 대한 조언이나 조력을 받을 수 있고, 함께 고민하며 보다 실질적인 방안을 모색하고 있다. 기관에서만의 해결이 어려운 부분은 보다 광범위하고 다각적인 시각으로 바라볼 수 있어 교육조종관으로서의 실질적 지원으로 도움이 많이 되고 있다. 따라서 우리 원은 **지역의 분위기나 정서를 반영한 우리만의 교수법을 찾고 부모와의 연계를 시도하는 변화**를 가져왔다(S어린이집, P교사).

> 교수님과의 정기적인 만남을 통해 **프로젝트의 방향과 제시하고자 하는 문제 해결 방향을 교환**할 수 있어 좋았다. 교육 활동과 방향을 여러 교사들과 함께 나누며 하고자 하는 목적과 취지를 정리하는 데 도움이 되고 이를 통해 반성하면서 보다 나은 교육을 진행하는 데 주춧돌과 같은 역할을 해주고 있다고 생각한다(S어린이집, K교사).

> 지난 교수님과의 만남을 통해서 우리 반과 내가 알아가야 할 것을 정한 것 같다. 우리 반 친구들과 프로젝트하고 있는 '기차'에 관해서, 레지오 교육은 기차의 모든 것을 알아가지만 그 중 한 가지를 집중적으로 탐색하면서 남들에게 알려줄 수 있게 만들어야 한다. 그래서 **아이들의 관심이 어느 곳에 집중되어 있는지를 알고 그것에 대해 지원해 줄 수 있다**(S어린이집, B교사).

### 기관간 공동체를 통한 지원

그 외 4~5개의 레지오 적용 기관들이 함께 모여 이루어지는 기관간 공동체를 통해 교사들은 프로젝트 아이디어, 기관 단위의 매체 활용, 기관 운영, 부모 참여 방식, 그 외 정보를 공유하고 새로운 아이디어를 포착하는 좋은 기회로 삼고 있다.

> **새로운 사실에 대해 배우게 되는 기회**가 되는 것 같다. **필요한 자료나 매체를 제공**받을 수 있고, **프로젝트 진행 과정에 대한 피드백**을 받을 수도 있으며, 교사의 입장에서 조언을 받을 수 있다는 것도 좋은 교육의 방향이라고 생각한다. 한 달에 한 번씩 다른 어린이집과 함께 모임을 가지고 교수님의 자문을 얻고 자료를 공유하고 있다(B어린이집, U교사).

> 교사의 교육 방향이나 수업에 대해 조언해주고 지도해주면 교사도 자신의 부족한 점에 대해 알고 **반성의 기회**를 가질 수 있으며 자신의 장점은 더욱 발전시켜 나가고 좋은 방향으로 변화시킬 수 있다(D유치원, K교사).

> 매달 몇몇 원끼리 모여 그동안 했던 프로젝트, 매체, 환경 등에 대해 발표하고, 교수님께 자문하여 보다 아이들을 위한 **다양한 시도와 교사 역할에 관한 조언**을 받곤 했다(S어린이집, K교사).

### 무엇보다 기관내 협의 문화 조성이 중요

진정한 장학이나 지원을 위한 인적 자원이 부족한 국내 현장의 체제에서 보다 필요한 풍토는, 전문가와 함께하는 기관내 공동체나 기관간의 공동체보다는 기관내 교사간, 기관장과 교사 간 수직적이지 않은 인적 관계 형성과 지적 열정이 넘치는 기관내 협의 문화 조성이 중요함을 교사들은 강조한다. 페다고지스타의 지원이 없는 우리의 실정에서 레지오 접근법의 적용은 불가능할 것이라 생각했으나 교사간 협력과 협력 과정에서 도출되는 교사의 열의가 교육을 가능하게 한다고 다음에서 L교사와 O교사는 말하고 있다.

> 처음에 레지오의 많은 지원을 보고 부러움이 앞섰습니다. 그리고 그런 지원이 없는 우리 현실에서 레지오 수업을 한다는 것이 불가능하다는 생각도 했습니다. 아직도 구체적인 외부의 지원은 없으나 **교사의 열의**가 그 무엇과도 비교할 수 없는 큰 지원입니다(E어린이집, L교사).

> 교육조종관의 지원이 있다면 효율적이고 실제적인 레지오 교육에 많은 도움이 될 것 같습니다. 따로 교육조종관이 있지는 않지만 저희 원에서는 **교사들간의 상호 협력**이 이루어지고 있습니다(H유치원, O교사).

교사간 협력과 상호 협의를 통해 교사들은 유아의 말에 귀 기울이는 교사, 권위적이지 않은 학습에 파트너로서의 교사, 전문적이고자 노력하는 교사로 변화되어감을 교사들의 이야기에서 알 수 있다.

> 유아의 작업을 계획하고 면밀히 관찰하고 경청하는 교사의 모습은 전혀 권위적이지 않은 파트너로서의 교사의 모습을 보여준다는 점에서 훌륭하다. 때에 따라 유아의 이야기를 적고, 녹음하고, **기록하며 함께 그 이야기를 토론**하고 프로젝트를 진행하기 위한, 교육적인 주체로서의 유아의 역할을 이해하기 위해 노력하고 있다(P어린이집, K교사).

> 전문적 지식을 갖춘 교사라면 유아들의 관심사를 알고 좀 더 다양하고 새로운 경험을 제공해 줄 수 있을 것이다. 교사의 역할이 중요하기 때문에 **정기적인 교사 모임**을 통해 정보도 교류하며 서로의 부족한 부분에 도움을 받고 프로젝트 진행 때마다 피드백을 받고 있다(D어린이집, K교사).

실제적인 교육 과정 운영에 있어서도 교사들은 프로젝트 공유, 예상 주제 협의, 유아들의 반응, 사고력 고양을 위한 방안 등 교실에서 교육 과정 운영 관련 다양한 사항이나 문제를 해결해 나간다고 말한다.

> 저희 원에서는 교사 회의를 통해 각 반에서 이루어지고 있는 **프로젝트를 상호 공유**하고 다음에 있을 **예상 주제를 협의**하고 있습니다. 활동하면서 어려웠던 점이나 아이들이 반응이 좋았던 점을 이야기하는 시간을 갖고 있습니다(O어린이집, B교사).

> 일반적인 통합 교육처럼 다중적 교육을 하기보다 **유아가 과학적이고 체계적인 사고**를 할 수 있도록 관련 문제나 사항들을 교사가 도와주면서 **유아들 스스로 깨닫고 풀어가는 교육**이 되도록 하기 위해 교사간의 회의를 통해 제안하는 등 다각적인 노력을 하고 있습니다(O어린이집, B교사).

### 기관들이 활용하는 대체 방안

재정적, 제도적 지원이 현실적으로 부족한 실정에서 페다고지스타의 지원을 대체할 수 있는 방안들을 현장에서는 제안하기도 한다. 다음의 R어린이집 원장은 경험이 많은 기관의 원장이나 원감, 경력 교사들이 재교육을 통해 주도적인 역할을 할 수 있을 것이며 이에 대한 연구 노력이 필요하다고 말한다. 레지오 유아 학교나 영유아 센터 체제와 달리 기관장, 원감, 주임 교사 등의 역할이 있어 온 국내 유아 교육 현장에서 유아교육에 대한 학력과 경력을 가진 인적 자원을 페다고지스타의 기능을 할 수 있도록 재교육하는 방안에 대한 연구와 재정적 지원이 요청된다.

실제 레지오 기관에서 원장, 원감의 이러한 역할이 교사들에게 좋은 인적 지원이 됨을 L교사의 저널에서 알 수 있다.

원장이나 원감 등 기존 인력을 재교육하여 활용한다면 충분히 교육조종관의 역할을 수행할 수 있을 것 같다. 현실적으로 인력 지원이 어려운 만큼 원장이나 경험 많은 교사의 주도적 역할과 연구 노력이 있어야 할 것으로 생각된다(R어린이집, 원장)

원장, 원감 선생님은 원의 형평성과 전체 의미를 전달해 주며 한 반만의 주도적인 교육 진행만을 보는 것이 아닌 하나의 교육 목표를 정하고 그곳을 향해 모든 교육자와 분위기가 흘러갈 수 있도록 돕는다. 또 다른 각도에서 의견을 제안하고 의논하며 교사에게 도움을 주곤 한다(S어린이집, L교사).

그 외 교사들은 레지오 교사교육, 프로젝트 관련 지역사회 전문가, 지역사회 복지관, 상담사 등 다양한 분야의 인적 지원을 모색 · 활용하고 있음을 알 수 있다.

레지오 교사교육을 교사 전체가 받고, 받은 후에는 프로젝트 수업을 진행하고 있다. 기본적인 주제 중심 활동보다는 프로젝트 활동에 중심을 두고, 다양한 관찰과 현장학습 등으로 수업이 변화되고 있는 편이다(B어린이집, K교사).

기관에서도 교육조종관 역할을 해주는 전문가가 도움을 준다면 많은 활력을 줄 수도 있을 것 같다. 우리 기관에서는 프로젝트 진행에 있어서 도움이 필요한 부분에 **지역사회의 전문가**를 활용하는 변화를 시도하고 있다(B어린이집, A교사).

지역에 따른 능동적인 지원은 아직 미흡한 점들이 많이 있는 듯하다. 각 프로젝트에 맞게 교사들이 **현장**에 나가 상의하고 지원을 받기도 한다(P어린이집, H교사).

**사회복지관의 놀이치료실장**인 심리학을 전공한 교수님을 모시고 교사교육을 실시할 예정이고, 정기적인 상담 모색 중이다(D어린이집, R교사).

만약 국가 관련 행정기관 차원에서 페다고지스타나 장학을 위한 인적 요원 등을 발굴하여 유아 교육 기관을 지원할 수 있다면, 다음의 S어린이집 원장이 기대하는 뿌리있는 교육 실현과 함께 행정기관과의 원활한 연계가 가능할 것이며 나아가 부족한 재정적 지원까지 가능하리라 본다.

뿌리가 있고 과정이 있는 교육을 위해 체제 차원의 페다고지스타는 필수적이라 생각하며 결과적으로는 **행정기관과의 연결 고리 역할**을 할 수 있어 **재정적 지원**도 기대해 볼 수 있다(S어린이집, 원장).

### 수평적인 기관의 조직 풍토

상기한 바와 같이 교사들은 외부의 페다고지스타를 통한 지원 제도보다 더욱 중요한 부분은 기관내 교사간의 협의 문화라고 보고 있다. 공동체 기관을 대상으로 다음을 질문하였다.

*레지오 학교에서는 교직원뿐 아니라 '교사들간에 수평적인 인간관계'를 가지며 상호 협력이 이루어집니다. 이에 대해 어떻게 생각하시며, 귀 기관에서는 어떤 변화를 시도하고 계신지요?*

기관과 교사 모두가 기관내의 교사간 관계를 위한 협의 문화를 중요하게 인식하는 한 전통적인 유아 교육 기관의 수직적인 조직 풍토는 사라질 수밖에 없으며, 레지오 교육에서 지향하는 진정한 사회적 구성은 구성원들간에 경계 없이 생각을 나눌 때 가능하다. 수평적인 관계의 인식과 실천은 직접 교육을 담당하는 교사뿐 아니라 행정을 수행하는 원장, 원감도 모두 진한 공감대를 형성하는 부분이 되고 있다.

이 부분은 다른 교수법이나 교육 과정과 두드러진 차이를 나타내는 부분이라고 생각된다. 또한 교사 인력이 부족한 상황에서 특히 상호 도움을 받을 수 있는 부분이라고 본다. 내 반은 내가 책임진다는 생각보다는 **우리 반과 나의 생각을 열고 서로 나눌 수 있을 때** 진행하고자 하는 프로그램은 시너지를 내고, 이는 유아나 부모와의 관계에도 파급 효과를 가져온다고 본다. 본 기관에서는 주 1회 정도 교사간 협의가 이루어지고 있다(S어린이집, 원장)

레지오 교육을 운영하려면 교사들간의 인성 변화가 없으면 발전되지 못하는 특성을 발견하였다. **사물에 대한 개인의 제한된 시각을 서로 공유하며 교사 상호간의 정보 체계를 넓히고 조언해 주는 과정** 속에 인격적인 교류가 이루어지고, 이해가 넓어지는 듯하다. 자연스럽게 상하간의 교류보다는 수평적인 관계가 이루어지게 되고, 훈련된다(S어린이집, 원감).

본 유치원에서도 이사장님, 원감, 교사 및 교직원 모두 함께 프로젝트를 공유하고, 유아를 관찰한 내용을 나누며 새로운 아이디어에 대해 토론하고 협상하며 조사하는 시간을 정기적으로 가지고 있다. 레지오 교사라는 **공동체적인 책임과 긍지**를 가지고 유아들과 생활하고 있다(T유치원, 원감).

전통적인 유아 교육 기관 조직 풍토에서는 교사들의 상사로서 역할하면서 기관의 교육 · 행정 · 기관 운영 등 전반적인 제반사항들을 결정하고, 상부에서 하부로 하달하는 위치에 있는 원장과 원감들도 인간적인 교류, 공동체적 책임감, 상호 교류하는 정보 체계, 수평적 관계 등을 강조하는 변형 지향적인 리더십을 가지고 있다. 이러한 리더십이 기관을 변형시키는 원동력인지, 아니면 레지오 교육 접근이 이들을 변형 지향적으로 변화하도록 만들었는지 좀 더 연구해 볼 부분이지만 이러한 마인드를 가진 리더가 학교를 변형시킨다.

**환경 조성 및 프로그램 운영은 교사 혼자만의 힘으로는 불가능하며 많은 관계와 지원 속에서 가능**하다고 본다. 이를 위해 우리 기관에서는 유아들의 생각을 반영하고 실현시킬 수 있는 방법을 보다 심층적으로 고민하고 시도하는 아이디어를 기관 전체가 공유할 수 있어 많은 도움을 받을 수 있다. 현재 많은 시간은 갖지 못하나 주 1회 서로 협의하는 시간은 갖고 있으며 그 외 수시로 짧게 동료 교사와 의견을 교환하고 있다(S어린이집, P교사).

어떤 공동체든 팀워크가 중요하다고 생각된다. 수직 관계도 팀워크를 이루어 가는 데 필요한 요소이긴 하지만, 수평적인 인간관계는 서로의 마음을 열어주는 구조이기 때문에 더욱 **상호 협력이 잘 되며 정보 교환이 원활**히 이루어져 교사 관계뿐만 아니라 교육의 질도 높아진다고 생각된다. 현 유치원에서는 연령과 경력이 수직적 구조를 보이지만 수업 내용의 평가, 계획, 수정 등을 함께 하고 있으며 수업 후 서로 정보를 나누며 상호 협력하고 있다(G유치원, K교사).

## 04_1_2 부모와의 관계 형성

레지오 적용 기관들을 대상으로 다음과 같은 내용의 설문조사를 하였다. 레지오 적용 기관들이 보내온 설문 내용을 통해 교사들은 무엇을 생각하며 부모와의 관계 형성을 위해 어떤 실천을 하고 있는지 살펴보고자 한다.

*레지오 학교에서 이루어지는 '교육의 주체로서 부모 참여 및 부모 운영 위원회 활동'에 대해 알고 계십니다. 이에 대해 어떻게 생각하시며, 귀 기관에서는 어떤 변화를 시도하고 계신지 구체적으로 알려주십시오.*

레지오 적용 기관은 부모 역할이 중요하다. 부모의 주체적 인식, 공동체적 참여가 기관 교육의 질을 높인다. 그러나 여전히 레지오 접근법을 적용하는 기관들 중에도 부모를 교육해야 하는 대상으로 보며, 부모는 방관자적 자세를 취하는 수준의 기관도 있다. 나아가 부모가 기관 교육에 참여할 수 있는 다양한 방안을 연구하고 부모가 참여자로 임하는 수준의 기관이 있는가 하면, 그야말로 기관과 부모가 함께 유아를 교육하는 일에 공동체적 마인드로 접근하는 수준의 기관까지 다양하게 나타나고 있다.

### 주체적인 부모 역할의 중요성 인식

레지오 방식을 적용하는 기관들은 모두 부모의 주체적 역할의 중요성을 인식하고 있다. 교육의 세 주체 중 하나로 보며 부모의 주체적 인식, 공동체적 참여가 기관 교육의 질적 향상을 가져온다고 믿는다.

부모는 레지오 학교에서 필수적인 역할을 하며 **제3의 주역**으로 참여한다(T유치원, 원감).

이제 교육은 교사들만이 하는 것이 아니라 부모와 파트너십을 가지고 동반자의 입장에서 의사소통이 이루어져야 하고, 어떤 결과가 교사의 책임만으로 전가되지 못하도록 과정 중 **지속적으로 부모의 참여와 의사소통이 필요**하다(S어린이집, 원장).

교육은 기관에서만 이루어지지 않으며 **가정과 연계되어 협력**해 나갈 때 더 큰 효과를 기대할 수 있다고 생각합니다(H유치원, U교사)

부모가 유치원 교육에 참여하며 제3의 주체로서 활동한다면 아이들과 교사의 교육을 지원해 줄 수 있다고 생각합니다. **잘 구성된 부모 조직이라면 교육에 권리를 행사**한다는 것은 옳으며 좋다고 생각합니다. 저희 유치원에서는 조직적으로 구성된 위원회는 없지만 교육에서의 부모의 참여를 적극적으로 권장하며 부모의 의견을 귀 기울여 들으려 합니다(D유치원, G교사).

이제는 모든 유아 교육 기관이 그렇듯 교육이 교육 기관만의 책임이 될 수 없으며 **부모 역시 유아들의 교육에 함께 동참해야** 한다(B어린이집, J교사).

교사들은 부모의 역할을 제3의 주역, 부모와의 파트너십, 동반자적 입장이라고 표현한다. 이제 교육은 기관이나 교사만의 책임이 아니라 가정과 기관이 긴밀히 연계되고 부모가 동등한 자격으로 유아교육에 동참할 때 교육의 효과와 질적 발전이 가능하다고 말한다.

레지오 학교의 시스템 중 가장 닮고 싶은 부분이라 생각되며 그러한 협력자로서의 참여 및 활동은 기관이 **행정, 교육, 운영, 교사의 교육 활동을 위한 환경 조성 등에 호의적으로 기여**했다고 본다(S어린이집, 원감)

부모님들의 적극적인 참여는 **프로젝트의 성패를 좌우**한다고 생각한다(D유치원, L교사).

어린이집에 더 많은 관심을 갖게 되고, **교사들이 생각하지 못했던 의견**을 들을 수 있을 것 같다(Y어린이집, K교사).

부모의 참여가 있는 교육이라면 **유아의 자발적 참여** 역시 이에 비례한다고 생각한다(D어린이집, K교사).

유아, 부모, 교사 간의 상호 작용 기회가 많다는 의미에서 매우 바람직한 것 같다. 현대 사회가 복잡하고 다원화되어 있는 만큼 부모마다의 욕구와 원하는 교육이 모두 다르므로 **다양한 욕구를 골고루 반영하기 위해서**는 교육의 주체로서 부모 참여가 꼭 필요한 것 같다(B어린이집, A교사)

부모 참여는 가장 가까운 인적 자원이 될 수 있고 또한 **숨어있는 전문 인력**이 많다(H유치원, P교사)

이러한 부모의 동반자적 역할은 기관 행정, 교육, 환경에 긍정적으로 기여하며, 부모, 교사, 유아 간 상호작용 기회를 높임으로써 다양한 시각을 교육에 반영할 수 있으며 나아가 프로젝트의 바람직한 운영, 유아의 자발성 등을 고양시키는 가장 가까이에 숨어 있는 전문 인력으로 보면서 부모 참여를 활성화시킬 수 있는 기관의 노력이 필요하며 부모의 목소리에 귀 기울이고자 한다.

### 여전히 부모를 교육하는 기관과 부모의 수동적 자세

그러나 여전히 레지오 적용 기관들 중에도 부모를 교육해야 하는 대상으로 보며, 부모 역시 방관자적 자세를 취하는 수준에 머무르는 기관들도 있다.

유치원 교육에 부모 참여가 자유롭게 이루어진다면 서로간에 신뢰성이 이루어질 것으로 보이나 부모가 유치원 교육 활동에 자유롭게 참여하고 정착되기까지는 많은 시간이 걸리고 **여러 가지 어려움**이 있을 것 같다. 신중한 검토와 계획으로 조금씩 부분적으로 부모 참여가 이루어지는 것도 좋을 것 같다(G유치원, K교사).

부모가 유치원에 대해 관심을 가질 수 있다고 생각하며 우리 유치원에서는 참여 수업을 통해서 우리 **원의 프로그램과 운영 방식 등을 알려드리려고** 합니다(H유치원, L교사)

우리 원에서도 **부모 교육을 실시**하고 있으며 가정 통신이나 편지를 이용하여 부모 참여 혹은 도움을 받고 있습니다(H유치원, J교사).

저희 기관에서는 **부모 교육**을 학기 초에 실시하고 있고 교육 내용을 부모에게 보이고 직접 활동할 수 있는 프로그램을 계획하고 있습니다(H유치원, O교사).

학부모를 대상으로 유아기 **자녀 양육에 필요한 연수**를 실시하고 있고 학기별로 담임교사와의 개별 · 집단 상담을 통해 교육 활동에 대한 부모 참여를 유도하며 부모 참여 수업과 시장놀이 등 여러 가지 사후 활동에 참여하고 있다(G유치원, H교사).

기관들이 우리네 유아교육에서 이전부터 부모에 대해 가져왔던 개념을 벗어나는 데는 어려움이 있는 것 같다. 여전히 부모를 교육해야 하는 대상으로 생각하는 경향이 있으며, 기관들은 부모의 바람직한 역할에 대한 교육, 자녀 양육에 대한 연수를 실시하고 있다. 부모에게 기관 교육을 알게 하기 위해 부모를 기관으로 불러내기보다는 기관이 계획하여 프로그램과 운영을 소개하고 부모 참여 수업, 개별 또는 집단 상담, 그 외 다양한 부모 활동 프로그램에 참여하도록 하고 있다. 이러한 기관의 태도는 부모를 수동적이고 방관자적 자세를 갖도록 만들지 않을까.

### 부모가 참여자로 임하는 수준의 기관

설문에 답하였던 레지오 적용 기관의 대부분이 부모가 기관 교육에 참여하는 역할로 변화되고 있음을 알 수 있었다. 부모는 기관의 철학과 프로그램에 동의하여 협력할 의사가 있으며, 기관은 부모가 참여할 수 있는 다양한 방안을 연구하여 의사소통하고 협력해 나간다. 그러나 여전히 부모를 기관의 부족한 인력을 보완하는 추가 지원 인력으로 부모가 역할하거나 보는 경향이 남아 있다. 그러나 이는 기존의 부모 역할과는 상당한 차이가 있으며 진일보한 형태로서, 기관들은 부모운영위원회 구성의 필요성을 느끼고 있다.

이러한 참여를 통해 **추가 지원 인력으로서의 교사의 부족한 인력을 보충**하여 역할을 증진, 확장시키는 데 도움이 된다. 본 기관에서는 연 3회 교사와의 상담과 **월 1회 이상 환경, 매체, 프로젝트, 현장학습, 급식, 기록화, 컴퓨터, 파일 정리, 일일교사 등의 영역을 지원**하는 부모 참여 프로그램, 부모 스터디 모임, 설문지, 참여 수업 등을 통해 부모도 교육 활동에 참여하고 교육 운영에 대한 의견을 나눌 수 있는 기회를 갖고 있다(T유치원, 원감).

프로젝트를 시작할 때부터 부모의 도움과 지속적인 관심을 요청하기 위하여 주간 저널에 프로젝트 진행을 개재하면서 유아들의 생각과 언어적, 신체적, 표상들과 사고의 변화 과정을 알려줌으로써 부모들의 협조와 관심이 지속되도록 노력하고 있다. 그 외 **유치원 활동 관련 다양한 정보를 제공하고 홈페이지를 운영**하고 있다(D유치원, 원장).

단순한 교육 활동의 결과물만 확인하던 종전과는 다르게 레지오 교육을 시작하면서 교육 활동의 과정과 변화되는 모습을 유아들의 활동 사진과 함께 **기록하여 전시하면서 부모들이 등 · 하원 시에 참관**할 수 있게 되었다(Y어린이집, U교사).

레지오 교육을 시도하면서부터 **부모들도 유아와 함께 수업을 준비하고 진행하며 프로젝트 관련 주제에 대해 탐색**하면서 유아, 교사, 부모가 모두 주체적으로 참여하는 입장이 되었다. 따라서 우리 원에서는 **매주 '가정 연계 활동'** 과제를 주어 학부모들의 참여를 활성화시키기 위한 방안을 항상 고민하고 있다(Y어린이집, S교사).

부모님의 맞벌이로 참여가 어려우나 **매체 주머니를 보내어 영역 구성에 참여하도록** 하고 있다. 교실에서 이루어지는 활동을 가정으로 보내어 부모와 함께 해오도록 하며 **참여 수업**을 통해 수업에 동참하여 패널을 보며 어떻게 활동하는지 알도록 한다(E어린이집, H교사).

레지오 적용 기관들은 일반적으로 주간 저널, 홈페이지 운영, 기록 패널, 편지, 신문 등을 활용하여 기관 활동과 유아들의 경험을 가정과 의사소통하면서 부모로 하여금 프로젝트 운영에 지속적인 관심을 가지고 참여하며 지원할 수 있도록 한다. 기록 패널이나 일일 저널들을 기관의 교실과 현관, 피아자 등에 항상 전시해 둠으로써 시간에 제한없이 부모들이 등 · 하원 시에 참관할 수 있도록 하고 있다. 한편 가정 연계 활동, 매체 주머니 등의 보다 적극적인 방법도 활용하여 부모 참여를 유도하고 있다.

부모운영위원회 활동은 하고 있지 않지만 부모 참여 활동의 일환으로 **오픈하우스** 형식으로 프로젝트 소개와 공유 및 연계 활동을 하고 있다(A어린이집, 원장).

**일일교사, 과학 축제, 참여 수업 등 다양한 방법을 통해** 부모 참여를 유도하고 있다(E어린이집, R교사).

한 학기가 끝날 때는 **한 학기 활동을 평가하고 새학기 계획을 소개하며 공유**하는 시간을 갖고 있다(Y어린이집, U교사).

우리 원에서는 부모 참여 수업을 연례 행사로 진행하고 있으며, 현재 부모님의 의견을 들어보고 **설문조사**를 통해 **부모님들의 운영위원회에 대한 계획**을 세워보고자 한다(Y어린이집, K교사).

부모로 하여금 기관의 교육철학과 교육 과정의 특성 및 교수 학습 방식에 대한 이해를 돕기 위해 기존에 흔히 활용해 오던 교육이나 연수보다는 오픈하우스, 부모 참여 수업 등 부모가 유아의 기관 경험을 직접적으로 경험할 수 있는 방식을 활용한다. 기관 교육에 대해 부모의 관심을 높이고, 보다 깊은 이해를 돕기 위해 부모 스터디 모임과 같은, 보다 적극적인 참여도 이루어진다. 부모가 교육 활동에 참여하고 교육 운영에 대한 의견을 나눌 수 있는 기회를 갖기 위한 설문지를 통해 의견을 수렴하거나 한 학기의 교육 활동을 부모와 함께 평가하고 공유하며 다음 계획을 하기도 한다. 몇몇 기관들은 이미 부모운영위원회를 조직하여 운영할 계획도 가지고 있다.

이러한 부모 참여는 유아의 학습과 사회적 상호 작용을 증진시키며 프로젝트 운영은 물론 기관 환경 구성에도 도움이 되고, 부모의 적극적인 마인드 형성을 이끈다고 교사들은 말하였다. 따라서 이와 같은 부모 참여를 체제화할 수 있는 방안을 연구, 모색하고 있다.

부모가 연합하는 프로젝트 속에서 유아는 사회적인 상호 작용의 범위 또한 넓힐 수 있다고 생각한다. 우리 기관에서도 부모님이 보실 수 있는 저널, 기록 패널 등을 활용하고, 진행 과정에 필요한 도움을 편지로 보내는 등 프로젝트 관련 많은 지원과 도움을 받고 있다(P어린이집, K교사)

부모의 참여는 수업에 커다란 도움을 주고 더 좋은 환경을 구성할 수 있도록 해준다. 우리 원에서도 수업 중에 필요한 매체를 가져와서 사용하거나 부모 교육과 참여 수업을 통해 부모가 레지오 수업에 적극적인 마음을 갖도록 하고 있다(D어린이집, K교사).

부모를 교육의 주체로 끌어들이기 위해 부모 참여와 운영위원회 활동은 바람직하다고 생각한다. 현재 **부모와 함께 공유, 개발, 연구하는 수업 방식을 채택**하여 실시하고 있다(D어린이집, P교사).

부모의 참여를 유도하기 위해 활용할 수 있는 접근 방법을 소개하면 다음과 같다.

1. 환영 받는 느낌을 주는 기관 환경과의 만남
2. 학교의 철학과 기대를 배우는 첫 만남
3. 기관을 소개하는 오리엔테이션
4. 가정에서 기관으로의 원만한 전이 돕기
5. 부모, 기관 간 지속적인 의사소통을 통한 관계 형성
   1) 기록화 공유 및 의사소통
   2) 저널을 통한 의사소통
   3) 소식지 접하기
   4) 가정에서 물건 가져와 소개하기
6. 부모를 위한 공간 만들기
7. 가족이 프로젝트에 참여할 수 있는 창의적인 방법 고안하기
8. 가정, 기관 간 저널 쓰기
9. 유아와 가족 포트폴리오 개발
10. 교사 역할 돕기
   다음의 다양한 영역 중 선택하여 직접 참여하고 교사의 역할을 이해하고 도울 수 있다.
   1) 환경 구성 및 매체 활용(정보 공유, 활용, 구입, 수집)
   2) 패널 디자인 및 제작
   3) 프로젝트 관련 자료 수집
   4) 현장학습 정보 제공 및 조사
   5) 간 · 급식 지원
   6) 전사, 기록화, 디지털카메라 출력 등 컴퓨터 작업
   7) 컴퓨터 교육 및 관리
   8) 개별 유아나 프로젝트 파일 정리
   9) 현장학습 지원
   10) 도서대여
   11) 일일교사

11. 아이 생각과 기관교육을 알기 위한 부모 참여
  1) '아이 생각 엿보기' 프로젝트 참여
  2) '아이 생각 함께하기' 오픈하우스
12. 유아들이 만든 행사에의 부모 참여
  1) 부모 참여 바자회
  2) 가족 운동회
  3) 유아들이 만든 작은 음악회
  4) 동네 놀이마당
13. 부모 참여 가시화하기

### 부모의 공동체적 참여가 부족한 원인

각 기관 교사들은 부모와의 공동체적 관계 형성이 부족한 이유에 대해 다음과 같이 말하였다.

> **맞벌이 가정**이 대다수라서 쉽지 않을 듯하다(S어린이집, K교사).

> 부모들의 **레지오 방식에 대한 이해도 부족**한 현실이라 시도가 불가능합니다(D유치원, A교사).

> 직장 다니는 부모들이 대부분이라 이루어지지 못하고 있습니다(B어린이집, P교사).

> 부모들에게 **시간적 여유**가 많이 부족함이 느껴진다(Y유치원, K교사).

> 장기적이고 전문가적인 교육이 필요하다고 생각한다(R어린이집, R원장).

> **레지오 기본 이념과 부모 역할에 관한 확실한 이해**가 있을 때에 적극적 참여가 이루어질 것이라 생각한다(G유치원, K교사).

> 임대 아파트와 맞벌이 부모가 많이 거주하고 있는 **지역적인 특성**으로 인해 부모 참여율이 매우 낮습니다(Y어린이집, L교사).

현장 교사들이나 부모들과 만나면서 인식하게 되는 부모와의 긍정적 관계 형성의 도전점은 다음과 같이 분석될 수 있다.

- 바쁜 현대 부모의 시간 부족
- 현대인의 스트레스로 인한 기력의 부족
- 선택사항으로 여겨지는 유아 교육 기관의 위상
- 학교를 수직적인 기능으로만 인식하는 학문 중시 풍토
- 내 아이 중심의 비공동체적 마인드
- 기관의 의례적인 부모 교육 자세 및 교사의 인식 부족
- 부모와의 의사소통 부족
- 부모 참여를 위한 체계적 접근의 부족

가족과 강력한 관계를 형성하는 것은 부모와 교사가 관계를 시작하고 유지하는 데 충분한 시간과 정력을 가지고 있는가에 달려 있다. 그러나 오늘날 사회·경제적 차이, 가정이나 직장·사회에서 스트레스가 많은 환경 조건 때문에 발생하는 시간과 기력의 부족 등과 같은 문화적 요인 외에도 많은 요인들이 가정과 학교가 강한 상호 관계를 형성하는 데 어려움을 주고 있다. 기관들은 교사-부모 관계를 완전한 동반자 관계로 강화하는 측면과 씨름하고 있다. 여기에는 많은 요인이 있을 것이다.

하나는 우리의 전통은 어린 유아를 보육하고 교육하는 일차적인 책임을 가정 내에만 두어 왔다. 유아가 가정 밖에서 교육될 때 분리와 구분에 대한 기준이 모호하다. 일단 대가를 지불하면 교육의 의무가 유아 교육 기관에 주어지고 가정에서 양육할 때 부모가 져야 하는 책임과 정력을 줄일 수 있다고 느끼지만, 분담된 의무에 대해서 불편해 하기 때문에 협력적 관계 형성이 어렵다. 유아기를 많은 관계와 가능성이 있는 시기로 재개념화할 때, 유아교육 프로그램이 가정과 차별화되면서 보충적인 역할을 가지고 있는 것으로 인식될 것이다.

또 다른 요인은 기관과 교사가 부모를 파트너로 재개념화하는 데 있다. 레지오 학교에서의 높은 부모 참여가 학교의 질을 개선시키기보다는 학교 교육의 높은 질과 질적 교육을 향한 의지가 부모를 학교로 끌어들이고 있다. 이는 우리네 기관들에게 좋은 시사점을 주고 있으며 다음 절에서 소개할 S어린이집의 적용 사

례에서도 나타난다.

아래에 소개하고 있는 몇 가지 원칙은 교사와 가족이 긴밀한 관계를 형성하는 데 도움이 될 것이다.

- 의사소통을 통해 유아교육에 대한 기관과 부모 간 가치관의 차이를 조정한다.
- 관계를 통해 유아에 대한 가족의 스트레스 요인을 이해하고 지원한다.
- 가족들로 하여금 기관에서 환영받는 느낌을 갖도록 만든다.
- 참여의 중요성과 구체적 방법에 대한 뚜렷한 기대치를 전달한다.
- 기록과 대화를 통해 부모에게 프로그램에 참여하는 유아들에 대한 정보를 제공한다.
- 부모들과 꾸준하고 솔직하게 의사소통하고 경청함으로써 신뢰와 소속감을 갖도록 한다.
- 가족이 프로그램에 참여할 수 있도록 창의적인 방법을 고안한다.
- 가족들간의 직업, 문화, 가치관의 차이를 인정하고 학습에 활용한다.
- 매달 모이는 부모-교사 공동체를 시도해 본다.

### 부모의 공동체적 참여

레지오 교육을 2년 정도 경험하면서 느낀 것은 교사 혼자 또는 교사와 아이들만이 하는 교육이 아닌 **교사, 유아, 부모가 함께 참여하는 교육이야말로 앞으로 우리가 지향해야 할 교육**이라는 생각과 현실적으로 이런 교육이 **초등학교까지 연계되지 않는다는 점이 무척이나 아쉽습니다**(S어린이집, 5세 J부모).

이는 레지오 교육을 5년째 적용하고 있는 S어린이집에 자녀를 2년간 보내고 있는 부모의 이야기이다. 현재 S어린이집은 보육기관이 안고 있는 본질적 특성과 지역적인 어려움에도 불구하고 기관과 부모가 함께 유아를 교육하는 일에 공동체적 마인드로 접근하는 수준에 이르고 있다. 가정과 기관이 유아를 교육하는 일에 공동체적 마인드로 접근할 수 있기까지는 기관 교육의 질뿐 아니라 상기 J부모의 이야기에서 알 수 있듯이 부모의 의식 변화가 수반될 때 가능하다. 이러한 **부모의 의식 변화는 부모 교육이나 기관의 가시적인 환경보다도 기관교육이 유아에게 긍정적인 영향을 줄 수 있으며, 내 아이의 변화되는 모습과 기관의 의미있는 교육을 부모가 공감할 때 가능하다**.

3년에 걸쳐 점진적으로 변화되어 오면서 현재 부모의 주체적 참여가 이루어지고 있는 S어린이집 사례를 통해 어린이집에서 부모의 공동체적 참여가 가능하게 되기까지의 과정을 소개하면서 기관 스스로 개별 기관에서 이루어질 수 있는 부모 지원의 가능성을 타진해 볼 수 있으리라 생각된다.

부모 참여의 당위성에 대해 **먼저 부모가 수긍하여 자발성을 띠어야 하되, 교육 외적 요인보다는 가장 핵심적인 교육적 요소에 초점을 맞출 수 있을 때 부모 또한 책임감과 성취감, 공동체 의식이 성장**하는 것이며, 지역사회와 연결할 수 있는 연결 고리가 될 수 있을 것이다. 본 기관에서는 프로젝트 진행 과정 중 교사 혼자 진행하기 힘든 부분에 부모의 참여가 이루어지고 있어 프로젝트에 대한 공감대 형성이 이루어지고 있다(S어린이집, 원장).

교사 인력이 충분치 않은 실정에 레지오 프로젝트를 진행해 가기 위한 여러 방안 중 **부모의 공동체적 참여는 가장 실질적이고 효과적인 도움의 주체**가 되었다. 기관에서 기대하는 전문적이고 세부적인 파트너로서의 역할로는 아직 부족하지만, 기관과 교사들에 대한 부모들의 마음이 수용적으로 변화되고, 행동이 수반되는 부모 참여 과정을, 본 기관의 가장 큰 변화로 본다(S어린이집, 원감).

다음에 S어린이집 5세 B교사가 보내온 부모 참여의 변화 과정을 소개한다. 공동체적 태도로 조금씩 변화되어가는 부모 참여 형태를 연차적으로 말하고 있다. 부모의 주체적 참여가 가져온 기관 교육의 호혜적인 상승 작용, 함께 변화되어간 교사의 인식과 부모의 공동체적 참여를 이끌기 위한 기관의 노력이 필요하였음을 피력하고 있다. 이와 함께 부모 참여에 임하면서 부모들이 보내온 저널을 통해 부모의 변화를 읽을 수 있다.

## 공동체적 태도로 조금씩 변화되어 온 부모 참여

S어린이집, 5세 B교사

지금 우리 기관의 부모들이 달라지고 있다. 종전의 기본적인 부모 참여에서 벗어나, 보다 적극적이고 주도적으로 유아의 교육과 환경에 대해 함께 고심하고 참여하며 현장에 자신들의 목소리를 내고자 변화를 시도하고 노력하고 있다. 이런 부모의 권리를 찾아나가도록 하기 위해, 물론 부모 스스로의 의식 변화와 노력도 있었으며, 기관의 끊임없는 방안 모색과 시도도 빼놓을 수 없다. 부모를 원으로 보다 가까이 끌어들이기란 쉽지 않았다. 이전과는 달리 맞벌이 가정이 증가하다보니 부모들이 마음과는 달리 유아에 대한 관심이나 참여도가 낮을 수밖에 없었다. 또한 원에서도 프로젝트나 프로그램 진행에 있어 교사의 인력 부족에 대해 고심하게 되었다. 이 두 가지 상황을 모두 충족하기 위해 지속적인 기관의 고민과 의도적인 노력이 시작되었고 다양한 형태의 부모 참여 방안을 연구 · 적용해 왔다.

### Ⅰ. 부모 참여 변화의 첫걸음 (2003)

2003년 학기 초 부모 오리엔테이션을 맞이하여 기관에서는 유아교육은 기관과 교사만이 하는 것이 아니라 부모 또한 함께 참여해야 한다는 점을 강조하였다. 부모들에게 보다 구체적이고 상세한 부모 참여 방안을 제시하였다. 원의 환경 지원, 매체 지원, 프로젝트 참여, 일과의 부분적 참여, 부모 모임 등이었다. 기관에서 제안한 방안 중 부모가 한 해 동안 한 가지라도 참여 가능한 활동, 날짜, 시간을 표기해 보도록 하였다. 이는 부모들이 참여를 원하지만 방법을 몰라 막연해 한다는 사전 분석에 의해 마련된 방안이었다.

이러한 기관의 방안 제시에 대한 부모의 인식은 긍정적이었으나 여전히 참여에 대한 부모의 부담감을 볼 수 있었다. 학기가 시작되어 환경을 지원해 주는 부모들을 시작으로, 재활용센터의 물품 지원, 반별 프로젝트에의 부분적인 참여, 부모 모임, 점심시간을 활용한 요리 활동, 동화책 함께 읽기 등 작지만 이전보다 유아들과 가까워질 수 있는 구체적인 부모 참여 활동이 시작되었다.

5월에 이르러 어린이날과 어버이날을 맞아 부모가 보다 주체적으로 참여할 수 있는 방안을 시도하였다. 유아들과 '엄마 아빠와 함께 가보고 싶은 곳'을 선정하여 소그룹 '팀별 나들이' 활동을 계획하였다. 첫해에 이루어진 팀별 나들이 활동 후, 참여 자체에 부담을 느끼는 부모도 있었지만, 이전의 참여 수업과는 형식이 다르며, 활동을 통해 유아들과 함께 깊이 사고할 수 있는 기회를 가진 것에 매력을 느끼기 시작하였다. 부모들은 '많은 감동을 받았다' '바쁜 일상 속에서 아이와 함께하지 못했던 미안함을 보상할 수 있었다' '내 아이에 대한 객관적인 정보를 얻을 수 있는 시간이었다'는 등과 같은 만족감을 표현하기도 하였다.

물론 첫 시도였기 때문에 모든 부모들이 능동적이지는 않았다. 첫 단계에서는 이런 활동에 빠지지 않고 참석했다는 사실만으로 만족하였으나, 이후 유아들의 활동을 부모들이 직접 사진으로 찍어 기록하고 정리하는 과정을 통해 부모 참여의 깊이가 조금씩 생겨나기 시작하였다.

직장 여건상 참여하지 못하는 부모들 또한 참여하지 못하는 것에 대해 유아에게 미안해 하고 무척 속상해 하였으나 여러 차례의 부모 교육이나 학급별 모임, 저널 등을 통해 다른 부모들과 자연스럽게 활동에 참여하는 자녀의 모습에 차츰 생각이 변화되기 시작하였고, 시간이 가능한 때에 다른 방법으로 기관 참여를 원하게 되었다. 이에 따라 참여하지 못하는 경우 아이가 속해 있는 팀의 활동 후에 내용을 전달받아 기록하는 역할을 하거나, 다른 활동에 참여하여 보완하는 등으로 전환되기 시작하였다.

이러한 직장을 가진 부모의 참여는 오히려 이후 개별 부모가 잘 할 수 있는 다양한 형태의 부모 참여 활동이 제안되고 유아와의 활동에 부모가 역할하는 계기가 되었다. 이 과정에서 부모의 특기를 살려 제안된 부모 참여 활동으로 바느질, 요가, 기차여행, 자유선택 활동시간의 놀이 지원, 요리, 환경 구성, 친구 초대 등이 이루어졌다.

부모와 다녀온 월드컵 공원

부모들의 기록화 과정

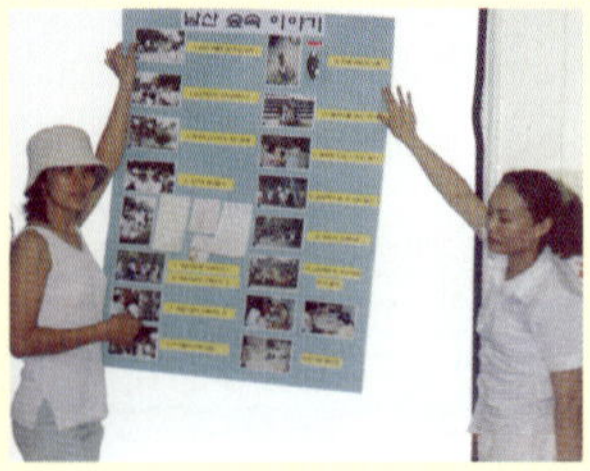
부모 참여 공유

부모 참여를 위한 소모임

## Ⅱ. 부모들의 활발한 참여 및 주도 (2004)

아빠와 영아들이 만드는 벽화

이전 해에 행해진 참여 활동을 토대로 불편했던 상황들을 수정, 보완하여 2004년에는 보다 활발하고 다양한 부모 참여가 가능하게 되었다.

설문조사에 있어서 이전과 약간 형태를 달리하였다. 일괄적으로 기관에서 참여 활동 내용과 시간대를 정하여 부모가 선택하도록 하던 방식을 벗어나 부모의 제안을 반영하여 참여 활동 목록을 만들고 부모 일정을 조사하고 조절하여, 되도록 부모가 원하는 활동에 각 개인의 상황에 맞도록 참여하는 방식으로 전환되었다. 이에 따라 부모들은 참여에 대한 부담을 덜게 되었다.

팀 구성에 있어서 혼합 연령으로 팀을 구성하여 부모간 교류를 활성화하고, 활동의 내용도 부모의 직업과 연계하여 이전보다 더 다양하게 특성화되도록 구성되었다. 참여 활동이 끝난 후 지속적인 소모임 구성을 제안하는 부모들도 있었고, 기관은 이를 반영하여 후속 프로그램들이 이어질 수 있도록 지원하였다. 관련 직업을 가진 아버지, 어머니의 제안에 따라 생선초밥과 유부초밥을 만들어 보는 요리 모임과 비즈 공예 모임을 갖기도 하였다. 부모들 스스로 참여의 장을 만들어 가는, 이전에는 볼 수 없었던 형태를 관찰할 수 있었고 부모 참여에 대한 부모들의 인식 수준이 많이 성숙해짐을 느낄 수 있었다.

부모가 기관의 일과에 자연스럽게 참여하는 형태도 생겨났다. 부모가 자유선택 활동시간에 오셔서 소집단 유아들과 함께 놀이하고 동화책을 읽어주는 등의 참여가 이루어졌으며, 진행되고 있는 프로젝트와 관련된 견학을 함께 가거나 극놀이의 구성원으로 참여하기도 하고, 소품 제작을 지원하는 등 교육 활동과 관련된 다양한 참여가 이루어졌다.

부모의 직업이나 개인의 특기, 특성화된 기술, 능력이 파악되자 이를 활용한 프로젝트를 시도해 보기로 했다. 한 예로 유아들과의 염색 프로젝트에서 퀼트 일을 하신 부모가 참여하였고 유아와 쿠션, 매트를 제작하기도 하였다. 다음 해 2005년 이 부모는 모빌과 요요바느질을 스스로 계획, 제안하여 유아들과 함께 진행하였다. 이러한 참여는 부모가 주도하였고 교사는 기록자, 전체적인 계획의 조력자로 역할하였다. 부모가 주도하는 활동에서 부모는 초기에 교사와 많은 이야기를 나누고 진행 방법들을 몇 차례 협의하여 계획하는 과정을 거친 후 차츰 큰 맥락만을 함께 협의하고 부모 스스로 유아들의 진행 단계에 맞도록 과정을 구체적으로 구성·운영하는 것을 볼 수 있었다. 또한 유아 개개인의 발달 특성과 개인차들을 고려하며 진행하였고 보다 유아 중심으로 활동을 진행하고자 연구, 노력하는 모습까지 엿볼 수 있었다.

부모와 이천, 도요 방문 나들이

아빠와 초밥 만들기

음악극 준비하기

전통놀이 소품 만들기

엄마와 하는 공기놀이

### Ⅲ. 가정과 기관 간 공동체적 의식이 확장된 참여(2005)

3년째 부모 참여가 이루어지면서 부모들의 기관의 철학 및 프로그램에 대한 이해의 깊이가 달라졌고, 자녀의 학습과 놀이 지원을 위한 구체적인 방법과 기술을 획득해 나가는 모습을 관찰할 수 있게 되었다.

차츰 부모들은 참여 활동 계획 시 팀 구성에서 시작하여 활동 계획을 세우고 활동 내용을 정하여 유아들과 어떻게 공유하고 탐색할지를 고찰·연구하였다. 방향이 결정되면 사진 기록, 상호 작용 기록, 활동 내용 정리, 팀장, 어린이집 카페에 자료 올리기 등의 역할을 분담하고, 유아들과의 활동을 수행하였다. 활동이 이루어진 후 유아와 부모들 간 공유에 이르기까지 상당히 구체적으로 활동이 이루어져 가는 과정의 변화를 가져왔다.

활동 후의 공유 과정도 그저 다녀온 곳을 보고하거나 한 부모가 혼자 활동을 정리하여 원에 제출하던 이전 방식에서 벗어나 유아들과 함께 다녀온 곳을 재방문하고 경험 과정을 회상하면서 준비한 질문 리스트들을 정리하는 모습으로 변화되었다. 이와 함께 활동 과정을 저널의 형식으로 기록·정리하는 발전적인 모습을 관찰하게도 되었다. 이제는 특정한 활동이나 프로젝트가 제안이 되면 카메라와 필기도구를 지참하고 자유로이 유아와 함께 다녀오기도 하고 다른 가정과 팀을 이루어 다녀온 후, 활동 기록 과정들을 정리하는 것이 자연스럽게 이루어지게 되었다. 올해 부모가 주체가 되어 진행한 프로젝트 활동에서도 전문적이지는 않지만 부모가 기록들을 시도해 보았는데 참여한 유아들 개개인의 변화 과정을 포착하여 기록하기도 하였다. 프로젝트 활동이나 관찰 후의 기록 작업과 공유 경험을 통해 부모들의 유아, 교사, 부모로서 자신의 역할에 대한 반성이 수반되었다.

**교사에 대해 아이에게 '가르친다'는 단순한 이미지에서 아이들과 함께 '생각하고 활동한다' 라는 이미지로 변화되었습니다.** 프로젝트를 위해 많은 시간과 노력을 투자하고 부모 참여 활동들로 인해 더 많은 부분을 신경 쓰시는 것 같습니다. 부모 참여 활동들이 교사 입장에서는 부담되고 번거로운 일임에도 불구하고 효과적인 프로젝트를 위해 노력하는 점에 감사를 드립니다(교사에 대한 부모의 생각 변화, 5세 E부모).

부모들 또한 기록 작업의 중요성을 인식하게 되어, 가정과 진정 협조적인 관계로 연계되는 프로젝트 활동이 가능하게 되었다. 그 좋은 사례로 '나눔' 프로젝트를 진행하는 과정에서 나눔의 한 방법으로 부모를 통해 한 유아가 벼룩시장을 소개하게 되었고, 이에 대한 유아의 관심이 연계되어 집 근처에서 벼룩시장을 운영하는 등 프로젝트 관련하여 보다 확장되어진 활동이 진행됨을 볼 수 있었다.

나눔 프로젝트 과정 중 골목 청소를 해보았습니다. 부모인 저도 반성을 하고 매일 아침 골목 청소를 하고 있습니다. 골목이 깨끗해짐으로써 마음, 기분이 상쾌해지고 이웃과도 친해지게 되었습니다. 내가 봉사를 실천하고 나눔으로써 이웃과도 친하게 되고 행복해진다고 아이들과 대화를 나누었습니다. 아이들 또한 학교 1분 말하기 주제를 '쓰레기 줍기'로 정해서 1분 주장 발표하는 것을 들으며 **부모인 내가 솔선수범함으로써 아이들도 자연스럽게 따라온다는 것을 느꼈습니다**(나눔 프로젝트에 참여 후, 5세 J부모).

부모 또한 나눔을 행동으로 솔선하여 보여주면서 유아가 자연스럽게 느끼고 받아들일 수 있도록 가정에서 자연스럽게 모델이 되어주었다. 이는 부모가 프로젝트에서 확장된 유아의 관심을 가정에서 할 수 있도록 지원하고 그 과정을 간단하게나마 기록하여 유아의 경험에 대한 의미를 부여한 부모에 의해 가능한 것이었다. 부모 스스로 유아를 위해 구체적인 지원 방법과 역할을 학습한 좋은 예라 하겠다. 직장을 가진 부모는 오히려 자신이 자녀와 함께할 수 있는 시간과 상호 작용의 부족을 의미있게 보완할 수 있는 기관 참여에 감사를 표하기도 한다.

여건이 되는 대로 부모 참여에 동참을 했다. 그러면서 작은 변화들이 생겼다. 직장에 다니기 때문에 같은 또래의 엄마들과의 친분이 없어서 정보 얻기가 어려웠는데 다른 엄마들을 만나면서 정보를 얻을 수 있어서 좋고, 무엇보다 달라진 점은 아이와의 대화다. 전에는 "오늘은 어린이집에서 뭘 배웠어?" "그랬구나 재밌었어?" 정도였었는데, 이제는 "거북놀이 할 때 우물을 우유팩으로 하는 아이디어 좋더라." "그치, 우유팩에 신문이나 휴지를 넣어 뚱뚱하게 만드는 건 내가 생각한거야." 이렇게 우리 모자간의 대화가 달라진 것이다. 이런 과정들을 겪으면서 이제는 부모 참여에 대한 나의 생각이 달라졌다. **단순히 의무감만으로의 참여가 아닌, 마음도 함께 참여하는 나를 보면서, 그런 엄마의 모습을 보면서** 나와 우리 아이는 '레지오 프로젝트'의 중심에 있게 되었다(직장 가진 부모가 말하는 자신의 변화, 5세 S부모).

J의 벼룩시장

나눔 프로젝트 참여를 위한
부모-교사 간 협의

엄마와 함께하는 바느질

부모와 인형극 준비하기

## Ⅳ. 기관과 교사의 노력

부모 참여를 통해 부모, 유아뿐 아니라 교사도 함께 변화되는 것 같다. 이전에는 어린이집의 특성과 실정으로 인하여 모든 것을 교사 혼자 해결해야 한다고 생각하였지만, 3년째 시행된 부모 참여를 통해 교사로서 나 자신의 변화는 부모와 함께 학급의 일을 공유하여 나눌 수 있으므로 일에 대한 심리적 부담감이 많이 줄었고, 실제 소수의 유아들과 집중하여 몰입해야 하는 활동이 필요할 때 부모와 함께하는 활동이 많은 도움이 되고 있다.

처음 부모 참여를 시도할 때에는 교사 스스로 교실의 활동 과정이나 원을 개방해야 한다는 심리적인 부담감과 부모들의 활동 과정을 조율하는 문제 등 모든 부분에 있어 힘이 들었다. 많은 과정과 단계를 거치면서 교사와 부모 모두의 의식이 공동체적 마인드로 차츰 변화되고, 참여 자체가 당연시되는 단계에 이르게 되면서 모든 활동이 자연스럽게 개방되어 부모들의 참여를 미리 염두해 두고 활동을 계획하기도 하고 유아가 제안하여 시도하게도 되었다.

또한 부모들이 관찰·기록한 자료들을 통해 현재 진행되고 있는 활동에 대한 유아들의 관심이나 다양한 반응들을 인식할 수도 있으며, 활동에 대한 개선점이나 새로운 제안들로 도출되기도 하여 도움이 된다.

본 기관에서 이루어져온 다양한 형태의 부모 참여 과정이 원만히 진행되기까지는 부모들의 활동 과정에 대한 충분한 이해와 준비 과정에 기관과 교사들의 많은 시도와 노력이 필요했으며 지속적인 방법 연구와 협의가 있었다. 이러한 과정에서 교사의 폐쇄적인 의식이 자연스럽게 깨어나고 내적인 의식도 차츰 개선되어 갔다. 이제 부모 참여는 하루 일과의 중요한 부분으로 자리 잡아 가고 있으며 부모가 보다 주도적인 역할을 할 수 있도록 진행하기도 한다.

> 내 아이의 교육을 위해 참여하기 싫은 부모가 몇이나 있겠는가? 하지만 현실적인 여건이 안 되어서 참여를 못하고 어쩔 수 없이 뒷전에 있어야만 하는 부모도 있을 것이다. 하지만 이것 한 가지만은 꼭 이야기해 주고 싶다. 아이의 교육을 위해, 부모인 나를 위해, 부모 참여 활동에 조금이라도 관심과 의지만 있다면 먼저 문을 두드려라. 예를 들어 **내가 가능한 시간을 말하고, 참여할 수 있는 것 한 가지만이라도 이야기한다면 처음에는 설사 잘 안될지라도 어느새 교육기관이 달라지고, 내가 달라지고, 내 아이가 달라질 것이다**(직장 가진 부모가 다른 부모에게 하는 말, S부모).

앞으로 보다 더 많은 부모들의 자발적인 참여들이 있으리라 기대하며 더불어 이에 대한 기관과 교사의 끊임없는 노력과 연구, 의식의 변화가 수반되리라 본다.

부모와의 공동체적 관계 형성 방안을 소개하면 다음과 같다.

- 기관 단위의 부모 공동체 또는 부모-교사 공동체 구성
- 부모와 함께하는 프로젝트
- 부모의 프로젝트 경험하기
- 기록자로 역할하기
- 교사, 부모 간 프로젝트 기록 연구
- 교사, 부모 간 유아의 발달 및 학습 과정 연구
- 부모가 만드는 활동
- 부모-교사 회의를 통한 반성 및 계획
- 부모 참여 가시화 및 공동체간 공유

### 04_1_3 지역사회와의 관계 형성

우리 문화에서 지역사회와의 연계는 가장 어려움이 많은 부분 중 하나이다. 유아교육의 보편교육, 공교육이 이루어지기 어려운 이유와 유사한 맥락을 가지고 있다. 지역사회 구성원들이 유아교육의 필요성과 중요성에 대한 인식이 부족한 것이 가장 큰 요인이라고 할 수 있으며, 한편 그간 유아 교육 기관 운영이나 교육이 지극히 소극적으로 이루어져온 데서도 원인을 찾을 수 있을 것이다. Vygotsky가 말한 바와 같이 유아는 사회의 한 구성원이며, 자신이 속한 사회 · 문화적 맥락 속에서 다른 사람과의 상호 작용을 통해 학습하는 것임을 감안할 때, 나아가 교육이 우리 사회의 문화를 전수하는 것임이 분명할 때 지역사회와의 연계는 간과할 수 없는 우리 교육의 필수불가결한 부분이라 하겠다. 공동체 기관들을 대상으로 다음 질문에 대해 설문조사하였다.

*레지오 학교의 '지역사회 참여와 운영위원 구성 및 자문'에 대해 알고 계십니다. 이에 대해 어떻게 생각하시며, 귀 기관에서는 어떤 변화를 시도하고 계신지요?*

#### 레지오 교육을 적용하면서 필요성은 인식하지만 부딪치는 갈등과 어려움을 호소하는 기관들

지역사회의 참여는 레지오 교육을 할수록 절실히 필요하다고 느끼지만 **현실적으로는 불가능**하다. 하지만 유아들과 함께 필요한 지역 기관에 가서 자문을 얻거나 자료를 가져온다(H유치원, J교사).

성숙된 사회 문화권 안에서 시행되는 가장 이상적 구성이라 생각되며, 본 기관에서는 지역사회와 연계를 위한 저소득 가정 돕기 모금, 소방서 견학, 파출소 견학 등, 유기적인 관계를 갖기 위한 노력을 하지만 본 기관 쪽에서 요청할 때만 **한시적으로 이루어지고 있는 실정**이 안타깝다(S어린이집, C원감)

많은 참여가 적극적으로 이루어지는 것은 아니다. 지역마다 차이가 있는 듯하나 지역사회 참여가 활발히 이루어진다면 보다 나은 교육이 이루어질 것이며 유아교육에 대한 이해가 증가할 것 같다(H유치원, H교사).

레지오 수업을 진행하는 데 있어서 지역사회의 참여와 협력이 매우 필요하다고 생각한다. 다양한 주제의 프로젝트를 진행하다보면 교사나 학부모 등 한정된 자원으로는 해결되지 않는 경우가 종종 있다. 지역사회와 연대한다면 유아와 유치원과 크고 작은 만남을 통해 진행되고 있는 프로젝트의 깊이는 심화될 것이다(D유치원, 교사)

지역사회와 연계되는 프로그램을 통해 많은 정보를 얻기도 하고 유아들에게 좋은 경험이 되는 기회를 제공하고 있다. 그러나 **아직도 귀찮아하는 분들이 많아** 가끔 어려움이 있기도 하다(E어린이집, L교사).

직접 가서 알아볼 수 있는 곳은 미리 공문을 보내어 갈 수 있도록 하고 있으나 교사 인력 부족으로 힘들 때가 있다(B어린이집, P교사).

기관들은 레지오 교육과 프로젝트를 운영하면서 보다 많은 자원의 확보, 연계 활동 나아가 유아의 성취감과 유아교육의 폭넓은 이해를 위해 지역사회와의 협력의 필요성을 절실히 느끼고 있다. 하지만 지역사회의 협조와 인식이 부족하여 관계 형성에 어려움이

있으며 귀찮아하기까지 한다고 말한다. 그러나 프로젝트와 관련된 참여와 방문이 이루어지고 있음을 호소한다.

### 기관과 지역사회 모두의 노력 부족을 인식, 개선 방안을 연구 · 모색하는 기관

기관들은 지역사회와의 관계 형성이 어려운 이유는 지역사회뿐 아니라 기관의 노력 또한 부족하였음을 인식하고 상호 노력해야 함을 강조한다. 공공기관과의 연계, 인적 · 물적 자원 확보, 자문 요청, 자문위원 구성 계획 등의 관계 형성 방안을 연구 · 모색하고 있다.

좀 더 온전한 교육을 위하여 지역사회 참여와 운영위원 구성은 필요하다. 그러나 **기관 차원에서 먼저 철학의 정립이 필요하고 이를 지역사회에 적절하게 표현**할 수 있는 능력이 전제되어야 한다고 본다. 상호간에 충분한 이해가 되지 않는다면 기관에서 의도하는 방향과는 다른 전시성의 참여가 될 우려가 있기 때문이다. 그럼에도 기관 차원의 교육의 필요성 때문에 계속 노력해 나가야 할 부분이다(S어린이집, B원장).

매스컴, 지역사회, 부모가 함께 참여하는 것은 현재 유아교육 방향에 필수 · 필요 조건이 되어야 한다고 생각한다. 이를 위해 단기적 시도나 참여로는 정착되기 힘들고 **부모와 지역사회가 교육 경험을 통해서 바람직한 모형을 만들어 가는 것이 필요**하므로 본 기관에서는 실천과 변화를 위한 교사간, 부모간 협의를 시도하고 있다(S어린이집, L교사).

매월 유아의 생일을 맞이하여 자신이 갖고 싶은 직업에 대해 직 · 간접 경험을 해보는 시간을 갖거나 견학을 계획하고 있으며, 연말 원 신문 제작 시 **'원과 주변 지역사회와의 관계'에 초점을 두고** 유아들이 도움을 주는 주변 기관이나 가게 등을 방문하여 직접 인터뷰하고 신문에 내용을 실어 제작하는 시도를 하고 있다(S어린이집, P교사).

**초등학교와 연계, 지역기관 등의 도움**을 받아 활동을 진행해 나가고 있다(G유치원, H교사).

본 유치원에서는 운영위원 구성이나 자문기구는 없지만, 늘 **지역사회와의 원활한 협조와 지원을 얻기 위해 노력**하고 있다(T유치원, 원감).

**노인복지관과 관계**를 가지고 5, 6세 예절 수업을 하고 있다(D어린이집, 원장).

적극적인 참여와 관심이 많이 있다. **지역 연계 프로그램을 계획해서 기록화 작업을 했고, 수업과 연계된 견학**을 하고 있다. 공공기관에 직접 연락하여 전문 인적 자원 확보를 위해 노력하고 있다. 실생활에서 지나칠 수 있는 지역사회에 직접 참여하면서 유아들이 지역사회 환경에 대해 더 나은 방향을 제시할 수 있다(Y어린이집, C교사).

지역사회 참여를 통해서 아이들이 자신이 살고 있는 지역에 대해 관심과 흥미를 가지고 지역에 대해 알아갈 수 있어서 좋다고 생각한다. 주제에 대한 좀 더 깊이 있는 지식 체계를 요구할 경우 그 분야의 전문적인 개입이 필요하기도 하다. **기관 자체에서 레지오 프로젝트에 대한 지역적인 홍보가 이루어졌으면** 좋겠다. 유아들이 좀 더 풍부한 경험과 환경을 제공받도록 알리고 참여를 활성화했으면 좋겠다(B어린이집, J교사).

우리 기관이 복지관 내에 위치하고 있어 좋은 영향을 주고 있는 것 같다. 열린 마음으로 주변 지원을 받아들이고 있으며 **프로젝트에 관련이 있는 기관 등으로 연락을 취하고 도움을 요청**하며 활동하려고 노력하고 있다(P어린이집, U교사)

지역사회를 연계하는 점에는 미비한 수준이지만 기관에서 **차츰 그 범위를 넓히고** 있다(P어린이집, K교사).

운영 위원 구성이 이루어지지는 않지만 레지오 수업을 하면서 지역사회를 아이들과 경험하며 전보다 더 많은 연계를 갖는다. 지역사회와 연계가 필요하면 나가서 탐색하고 관찰하며 활동을 확장시킨다. 우리 어린이집에 **할아버지 할머니들이 방문**하셔서 마술도 보여주고 맷돌 체조도 가르쳐 주시는 등 다양한 활동을 하고 있다(Y어린이집, H교사).

### 유아를 지역사회 구성원의 일원으로 인식, 생태학적 참여 시도

교육은 소속 사회의 문화를 전수하는 과정이라 하였다(Vygotsky, 1978). 사회적 구성주의 패러다임에서 지적 발달은 사회적·상징적 상호 작용을 통해 이루어짐을 전제할 때, 유아는 자신이 속한 사회를 알아야 하고 그것이 또한 교육 행위인 것으로 귀결된다. 대부분의 기관에서 운영해 온 프로젝트는 유아가 기관내에서 지역사회와 연계된 특정한 주제를 탐색하거나 지역사회의 특정 기관이나 장소를 견학, 방문하여 알아가는 형태로 마무리되는 경향이 있다. 이제 생태학적 관점에서 유아가 주변 환경에 영향을 주고 주변 지역 구성원들과 의사소통하며 주변 사회 문화적 맥락에 변화를 가져올 수 있는 적극적인 주체로 역할하도록 접근해 보기를 권장한다. 작은 시도이지만 다음의 기관들에서 이루어졌던 사례들이 참조점이 될 수 있다.

D어린이집 유아들의 문수산성 프로젝트와 김포시청과 연계한 사례를 소개한다.

#### D어린이집 문수산성 프로젝트

'성' 에 대한 프로젝트를 진행하던 중 성에 대한 모습과 유래에 대해 관심을 보이는 유아들을 위해 인근에 있는 문수산성에 다녀오게 되었다. 직접 눈으로 본 유아들은 성을 어떻게 쌓았는지 궁금증을 갖게 되었고, 이로 인하여 성에 대한 큰 관심을 가질 수 있게 되었다. 교실로 돌아와 직접 성을 쌓아보는 등 다양한 활동으로 연계되었다.

문수산성 탐색

유니트 블록으로 성 구성하기

문수산성 역사 고무자석 구성놀이

문수산성 3차원 구성

그러나 문수산성에 대한 정보 및 리플릿 등이 없어서 산성에 대한 구체적인 학습이 이루어지지 못하였다. 행주산성과 다른 여러 지역 박물관에는 있는 리플릿이 없어 속상하다는 유아들의 의견과, 행주산성 리플릿을 집에서 가지고 온 유아가 문제를 제기함에 따라 유아들은 문수산성에는 안내 자료를 만들어 주자고 제안하였다. 다양한 안내책자를 탐색한 후, 문수산성에 대해 탐색한 내용을 바탕으로 문수산성 리플릿을 제작할 수 있었다. 유아들이 여러 가지 리플릿을 탐색하는 동안 교사는 문수산성에 관한 정보를 얻고자 김포시청 인터넷 사이트에 들어가게 되었고, 정보를 찾는 동안 〈시민제안〉 코너를 발견하게 되었다. 김포 시정에 관한 다양한 안건을 접수한다는 정보를 얻고 유아들과 함께 유아들은 만든 리플릿을 김포시청 〈시민제안〉 코너에 접수하기로 의견을 모았다. 유아들은 시청에 자신들의 의견이 수렴되기를 바라며 직접 편지를 써서 보내게 되었다.

리플릿을 만들게 된 유아들은 다른 친구들에게도 좋은 장소를 소개해 주고 싶다며 다른 어린이집 탐방을 희망하였다. 제일 가까운 Y어린이집에 가서 문수산성에 대한 홍보 활동을 하기도 하였다.

시청에서도 유아들의 의견에 관심을 보이며 시민제안을 접수하게 되었고 기획예산과와 문화홍보과에서 유아들이 이러한 안건을 제시한다는 것에 대해 무척 놀랐다는 내용의 답장을 받으며 유아들의 제안에 감사의 표시를 하였다. 유아들도 자신들의 의견에 시청에서 반응을 보인다는 것에 대해 뿌듯해 하며 2006년 3월에 발표될 선정 여부를 기다리고 있다.

완성한 리플릿

이웃 Y어린이집에 알리기

김포시청 제안 코너에 보낸 리플릿

김포시청에 보낸 우편물

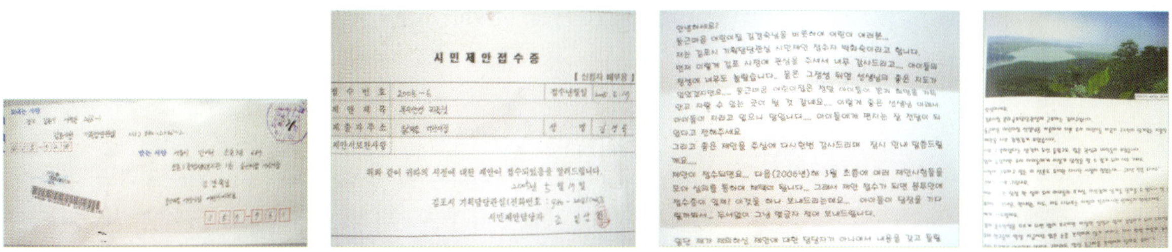

김포시청에서 받은 답장

## 집 프로젝트와 대학과의 연계

H대학에 자문을 구해 인적 자원 지원

프로젝트 진행 시 교사가 해줄 수 있는 부분에도 한계가 있는 것 같다. 집을 짓는 과정에 대한 탐색 중에서 설계에 관심을 갖는 유아들에게 어떠한 활동을 제안해 줘야 하는지 고민하던 중 어린이집 인근의 H대학에 실내건축학과가 있다는 정보를 얻어 인터넷 게시판에 글을 올리게 되었다. 다행히 건축과 교수님이 글을 보고 설계에 도움을 주겠다고 하여 대학생들과 함께 어린이집을 방문해 주었다. 큰 모눈종이에 설계하는 방법에 대해 설명을 해주고 대학생 봉사자들과 함께 직접 설계를 해보게 되었다. 대학생 봉사자는 충분한 인적 자원이 되어 소집단의 유아들에게 큰 도움이 되었다. 교수님이 다녀간 뒤 유아들은 스스로 모눈종이를 찾아 배우지 않은 가구들을 설계하여 만드는 모습을 볼 수 있었다. 대학생들은 사후 활동으로 재활용 종이 박스를 이용한 주택 모형을 만드는 데 도움을 주기로 하였다. 오히려 담임교사보다 유아들에게 더 큰 관심을 보여 주었고 주택 모형 전시회도 직접 의견을 제시해 주는 것을 보고 지역사회도 잘 활용하면 기대 이상의 효과를 얻을 수 있다는 것을 알았다. 지역사회에 유아에게 관심을 갖고 있는 이들이 많이 있지만 기관에서 먼저 손 내밀지 못해 도움을 주지 못하는 경우도 있다는 것을 알게 되었다.

건축과 교수님 초청

도움 요청 메일

## 영화 프로젝트의 영화 촬영소 연계

영화 음악사 M&F에 요청하여 배경음악 지원

영화 프로젝트를 진행하면서 감독, 작가, 분장, 의상, 음향 등의 배역을 나누어 영화 촬영을 하게 되었다. 음향을 맡은 유아들이 음악을 선정하는 데 있어 어려움을 겪게 되자 음악 선생님에게 편지 쓰기를 희망하였다. 이에 영화 「클래식」, 「형사」, 「연애소설」 등의 영화 음악을 맡은 〈M&F〉에 유아들이 쓴 대본을 보내고 각 장면에 필요한 음악을 요청하게 되었다. 슬픈 음악, 신나는 음악, 발소리가 들리는 음악, 인라인 스케이트 타는 소리가 나는 음악 등으로 상세히 기록을 하여 도움편지를 보내고 답장이 오기를 기다렸다. 일주일 뒤 답장과 함께 배경음악 10여 곡이 담긴 CD를 받게 되었다. 유아들은 자신들의 의견이 반영되어 음악 CD로 돌아오자 많이 놀랐다. 음악 없이 연습하던 유아들이 음악을 넣어 영화 촬영을 하게 되면서, 전에는 느껴지지 않았던 슬픈 감정이 느껴져 눈물이 날 것 같다며 매우 흐뭇해 하였다.

촬영 현장 방문

도움 요청 메일

생각을 조금만 달리 한다면 우리 모두가 하나가 될 수 있다. 유아는 지역사회의 한 구성원으로서 중요한 역할을 충분히 해낼 수 있는 존재이다. 누군가에게 도움을 받고 도움을 주는 활동을 통해 진심으로 사람을 위하는 마음을 배우게 될 것이다. **지역사회의 문을 두드려 보면 모두가 하나가 될 수 있는 길은 멀리 있는 것이 아니다. 유아가 자기만이 아니라 우리 모두가 함께하는 세상임을 아는 유아기를 보낼 수 있도록** 문수산성 등과 같은 지역사회 유적지 탐방 후 연계 활동, 다른 어린이집 견학 및 상호 공유, 유아들이 좋아하는 영화 촬영소 방문, 학부모는 물론, 인근 대학교수, 파일럿 등 각 분야의 전문가를 비롯하여 무수히 많은 인적 자원을 활용할 수 있다. 은행, 우체국, 전화국, 구청, 소방서 등 지역사회와 많은 협조와 협력 관계를 갖는 지역사회 연계 프로그램을 위해 노력하고 있다. 지역사회 운영위원 구성 및 자문을 시도할 예정이다(D어린이집, 5세 K교사)

다양한 자료 탐색하기

### R어린이집 N어린이공원 프로젝트와 지역사회 연계

R어린이집이 있는 아파트에는 단지 주민을 위한 구청 관할 N어린이공원이 있다. 바로 그 옆에 어린이집이 인접해 있어 아이들의 벗이 되고 있는 공원이기도 하다. 그러나 아파트 입주와 함께 11년이라는 세월 동안 약간의 보수만 했을 뿐 별반 달라진 게 없는 평범한 놀이터이다. 관심의 대상인 놀이터를 주제로 4, 5세반이 프로젝트를 진행하면서 놀이터에 대한 문제점을 인식하게 되었고 유아, 교사, 부모가 원하는 놀이터와 공원 시설을 꿈꾸며 모두가 참여하는 프로젝트를 실행하였다. 그러나 문제는 실제로 우리가 원하는 공원으로 바꿀 수 있냐는 것이었다. 프로젝트 수행 과정 내내 '가능할까' 라는 의구심을 품었지만 유아들이 완성한 공원 설계도와 모형을 보면서 그야말로 과학적인 사고와 놀라운 창의력에 대한 유아들의 잠재 능력을 다시금 확인할 수 있었으며, 우리의 꿈은 이루어질 것이라는 확신이 들었다. 한 달 이상 장기간의 프로젝트를 수행하면서 유아들은 부쩍 성장하였고 원장과 교사들은 레지오 접근법의 매력에 또 한 번 빠져 들지 않을 수 없었다.

놀이터 주변 탐색하기

내가 만든 모형 소개하기

놀이터 블록 구성

놀이터 모형 만들기

능말 어린이공원에 무엇이 있으면 좋을까

어른들 생각 알아보기, 그리고 소개하기

우리가 원하는 놀이터와 공원 계획하기

부모와 함께 놀이터 모형 만들기

공원 관찰 후 수정하기

엄마 아빠와 함께 공원 만들기

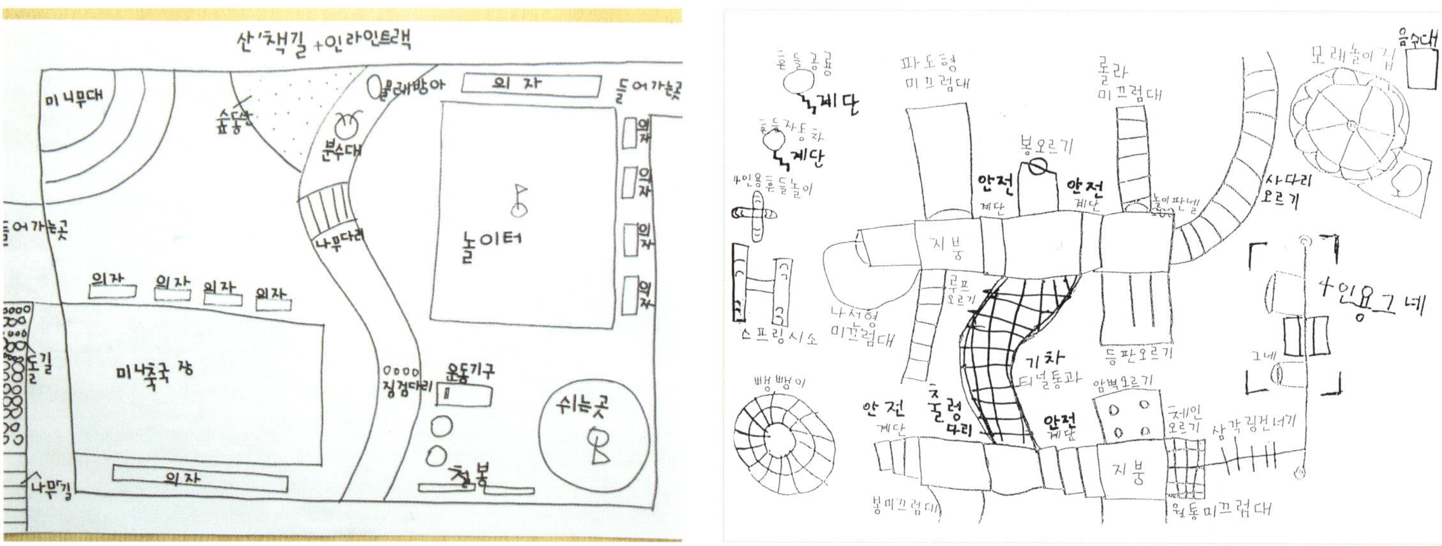


놀이터와 공원 설계도

R어린이집 R원장은 유아들이 부모들의 도움을 받아 설계한 공원을 현실로 이룰 수 있겠다는 생각을 하며 공원녹지과에 방문하기 전 전화로 능말 어린이공원에 대한 의견 제안을 하고 싶다는 의사를 밝혔다. 구청직원은 의아해 했고 한 번도 이런 사례가 없어서 그런지 어리둥절해 하며 우편으로 제출하라는 말과 함께 간단히 통화를 끝냈다.

며칠 후 원장, 교사, 대표 유아들은 공원 프로젝트를 제출하기 위해 찾아뵙고 싶다고 했더니, 구청직원은 바쁜 업무로 인해 부담스러웠는지 그냥 우편으로 제출해도 본인들이 알아서 잘 검토하겠다며 추운 날씨에 아이들까지 데리고 오는 것에 대해 달가워하지 않았다. 그러한 구청의 반응은 기관장을 조금 우울하게 했다. 유아들이 그동안 열심히 꿈과 희망을 품고 진지하게 했던 프로젝트가 어른들의 편견으로 무산되지나 않을까 조금은 고민도 되고, 열정만 가지고 너무 서두른 게 아닐까 하는 자책감마저 들었다고 한다.

하지만 원장은 여기에서 멈추지는 않으리라 다짐하면서, 직접 유아들의 공원 프로젝트를 접하면 생각이 달라질 것이라는 희망을 가지고, 반기지도 않는 구청 공원녹지과로 향했다. 유아들과 함께 엘리베이터에 오르며 불안하기도 했지만 행정하는 어른들도 유아들의 열정과 노력으로 만들어진 이 프로젝트 결과와 과정을 접한다면 방금 전 한 말들을 후회하게 될 것이라고 확신하며 공원녹지과 문을 두드렸다. 예상대로 매우 바쁜 것 같았다. 한 여직원이 한눈에 이 일행이 그 별난 어린이집의 원장과 아이들이라는 것을 눈치챘는지 다가오더니 자리를 마련해 주며 조금 기다리라고 하였다. 10분 정도 되었을까, 팀장이 다가와 "어린이집에서 오셨죠? 바쁘실텐데 우편으로 보내시지 번거롭게 오셨습니까?"라고 멋쩍게 말하며 앉았다.

R원장과 유아들은 프로젝트 결과물인 저널과 CD, 그동안 유아들의 손때 묻은 자료를 내놓았다. 팀장은 자료를 보더니 놀라면서 "준비를 많이 해 오셨네요" 하며 천천히 자료를 훑어 보았다.

유아들이 설계하여 만든 놀이터 모형

그런데 반응은 놀라웠다. 믿기지 않는다는 표정으로 "정말 이게 아이들이 설계한 공원입니까?" "이건 앞으로 우리가 추진하고자 하는 공원의 모형과 너무 흡사하네요" 라며 아이들의 생각에 놀라움을 금치 못하였다. 자신들이 추진하여 설계한 공원 사례를 보여주며 아이들의 꿈을 꼬옥 이루어 주고 싶다고 말하였다. 주변에 있던 직원들도 궁금한 듯 모여들며 프로젝트 자료를 흘깃흘깃 보았다. 기특하고 대견하다며 아이들의 머리를 계속 쓰다듬어 주던 팀장은 '너희들이 있기에 어깨가 더욱 무거워진다' 며 '앞으로 쾌적한 환경을 위해 더욱 열심히 일하겠노라' 며 격려해 주었고 엘리베이터 앞까지 배웅을 나왔다.

보름 후 답변이 왔는데 예산이 편성되는 대로 꼬옥 유아들이 설계한 모형대로 공원을 조성하겠다고 약속하였다. 정말 가슴 뭉클한, 어린이집 프로젝트와 행정기관이 잘 연계된 사례라 할 수 있으며 우리로 하여금 많은 것을 생각하게 한다. 프로젝트를 끝까지 이루어낸 R어린이집 유아, 교사, 용기를 잃지 않은 R원장에게 감사와 격려의 박수를 보낸다.

이상은 공동체 기관의 R원장이 보내온 메일을 토대로 구성하였다. 가슴이 뜨거워지는 지역사회 연계를 위해 노력한 사례이다. 다음은 R기관과 행정기관이 주고받은 공문이다.

수 신 : OO 구청
참 조 : 가정복지과장
제 목 : OO 어린이공원 관련 요청건

1. 귀 청의 무궁한 발전을 귀원합니다.
2. 우리 어린이집은 OO 어린이공원과 관련하여 지역주민과 유아가 함께 공유할 수 있는 공간으로 거듭나길 바라는 OO 친구들의 바람을 첨부물로 제출하오니 검토하시고 답변 부탁드립니다.

첨 부 : 놀이터 프로젝트 CD 1장
학부모 배부 저널 1부

끝.

O O 어 린 이 집 원 장

구청 공원녹지과 답변

제 목 : OO O동 OO 어린이공원 관련 민원 처리 회신

1. 우리 구청 발전에 관심을 가져 주시고 공원녹지에 깊은 애정을 가져 주시는 귀 어린이집원장님과 아이들에게 진심으로 감사를 드립니다.
2. 귀 어린이집에서 우리 구 OOO동 OO 어린이공원 정비 시 아이들의 의견에 대하여 검토 후 가능한 범위 내에서 적극 반영을 요망하신 사항에 대하여 현장 확인 및 검토한 바
3. OO 어린이공원이 조성된 지 오래되어 전체적으로 낡고 노후되어 있어 우리 구에서도 정비 대상 공원으로 파악 분류하고 있음을 알려드리며
4. 향후 예산이 확보될 시 OO 어린이공원에 대해 공원 전체적으로 정비를 실시하는 현대화 사업을 시행하도록 노력하겠으며 아울러 귀 어린이집 아이들이 제출한 의견이 설계에 최대한 반영되도록 하겠습니다.
5. 어린이들의 소망을 신속하게 들어주지 못함을 어린이들에게 이해할 수 있도록 말씀해 주시고, 귀 어린이집의 무궁한 발전과 어린이들에게 희망과 행복이 충만하길 기원합니다.

복 많이 받으세요.

끝.

OO특별시 OO구청장

공원녹지과장 OOO (2005. 12. 26 회신)
주 사 : OOO
서 기 : OOO

우리가 원하는 공원을 꿈꾸며 한 달여 동안 공원 프로젝트를 진행하던 중 **우리는 이웃에 대한 소중함과 함께하는 문화에 대해 진지한 생각을 하게 되었다.** 지역사회 전문가, 부모님, 구청직원 등 다양한 지역주민의 의견을 들을 수 있었고, 부모 참여 수업 때는 학부모님과 아이들의 진지한 토론과 작업을 끝으로 멋진 공원이 완성되었다. 레지오 에밀리아시의 사례처럼 지역사회와 학교가 공동으로 긴밀한 협조 체제를 통해 교육적 의사결정에 개입하고 지원해 주는 시스템을 우리도 적용해 볼 좋은 기회이자 시작이라는 생각이 들었다. 좁은 의미의 프로젝트보다는 **좀 더 넓고 포괄적인 지식을 구성해 나가면서 유아들에게도 교사들에게도 좋은 경험이요 도전**이 되었다(R어린이집, R원장).

그 외, 공동체 기관들이 지역사회 연계를 위해 시도해 온 크고 작은 생태학적 사례들도 많이 있다.

이처럼 유아들과의 협력적 탐색이 단위 기관을 넘어 지역사회로 확장, 교사 · 기관 · 가정 · 지역사회 문화 전반의 신념 체계, 행정 조직, 행동양식에 있어 관계에 기초한 교육의 일관성이 나타날 때, 거시 유아교육 체계는 유아의 잠재력을 확장시키게 될 것이다.

## 04_2 관계 형성을 위한 집단 조직의 변화

레지오 적용이 이루어지면서 기관과 교사들이 인식하는 교사의 인력 부족과 시간 부족은 시간이 지날수록 가중된다. 이는 교육이 본질적으로 정착되면서 교사들이 감당해야 하는 일들에 대한 인식과 현실적인 상황에서 야기되는 예측 가능한 장애이다. 공동체 기관들에게 다음과 같이 질문하였다.

### 공동 교수 제도에 대한 생각

*레지오 학교에서는 한 학급 25명(이거나 그 이하)에 2명의 교사가 팀으로 근무합니다. 이에 대해 어떻게 생각하시며, 귀 기관에서는 어떤 변화를 시도하고 계신지요?*

기관들은 다음 B원장처럼 인력 부족에 대한 어려움과 인력 확충의 필요성을 호소한다. 기관들은 T유치원의 경우처럼 부모들과의 협의를 거쳐 반당 교사의 수를 늘려 공동 교수제를 점진적으로 시도하기도 한다.

프로젝트를 진행하면서 교사가 가장 힘들어하는 부분이 기록화이나, 레지오 방식의 교육을 하지 않는다 하더라도 기본적으로 1인의 교사가 담당하는 것은 적합치 않으며 레지오식 접근법을 진행하는 데에 있어 실습생이나 학부모, 자원봉사자 등의 도움을 받고 있지만 레지오 학교에서처럼 **상근 교사 체제가 제도적으로 절실히 필요**하다(S어린이집, B원장).

레지오 학교는 시 지원이고, 영유아 센터와 유아 학교의 체계가 확립되어 원활하게 유지되어 있는 반면, 우리 현실에서는 지원도 없고, 자체적으로 운영을 해야 하는 관계로 3세 24명, 4세 35명, 5세 35명을 담임, 부담임의 교사 체제로 진행하다가 올해부터 5세만 **2담임 정교사 체제로 바꾸어 변화를 시도**하고 있다. 교육의 효과나 학부모님의 반응, 재정적 지원 현실이 이루어진다면 다른 연령까지 확대하여 시행할 계획이다(T유치원, 원감).

하지만 충분한 의사소통이 이루어지지 않거나 현실적인 어려움들이 있어 기관들은 기관의 특성에 따라 다음과 같은 대안을 연구, 모색하고 있다.

레지오 학교의 사회적 여건상 2명의 교사가 가능하지만, 본 기관에서는 정교사 2명이 한 팀이 되는 것은 아직 제도적으로 불가능하다. 그래서 보완책으로 **실습교사, 인턴교사, 또는 부모 인력 등을 한시적으로 활용**하고 있다(S어린이집, C원감)

상호 작용 기록이나 사진 기록들의 역할이 보다 세밀해지려면 현재 1명의 교사로 이루어지고 있는 시스템에서는 어렵다. 2명의 경우 아이들의 상호 작용이나 생각들을 보다 자세하고 깊이 있게 알 수 있을 거라 생각된다. 이런 환경을 위해 기록 작업, 소그룹 수업 참여 및 준비 등에 부분적으로 실습생이나 **다른 반의 교사와 일시적으로 공조**하고 있다(S어린이집, B교사).

> 유아를 관찰하고 기록하는 일, 교육 활동을 계획하고 진행하면서 언제나 시간이 부족한데 교사가 2명이라면 훨씬 효율적일 거라는 생각이 든다. 본 원에서는 그나마도 **고용보험을 통한 인력을 충원하고, 자체적으로 아르바이트생**을 쓰고 있다. 오전 수업 시간에 고용보험교사가 있으므로 수업하는 데 훨씬 수월해졌다(Y어린이집, U교사).
>
> 2명의 교사가 같이 한 학급에서 근무하면서, 아이들과 활동을 진행하는 데 더 수월해졌다. 큰 반의 경우는 한 교사가 모든 유아를 데리고 활동하기에 힘든 점이 많아 보조교사가 1명씩 있으면 이상적이나 현실적으로는 그렇게 하지 못하고 있다. 우리 원에서는 한 교사가 근무하는 반에 **복지관을 통해 청소년 선생님을 투입하여 활동**에 도움을 주고 있다(B어린이집, P교사).
>
> 도움이 필요할 때는 어린 연령 반 교사에게 도움을 요청하여 협력하며 연령별로 함께 활동하기도 하며 소그룹이나 학급별로 탐색한 내용들을 상호 교환하는 **학급별 공유시간**을 갖고 있다(Y어린이집, H교사).

대부분의 교사들은 두 교사의 공동 교사 제도가 기록 작업, 유아와의 상호 작용, 수업 준비 등을 위해 효과적이라고 생각한다. 그러나 현실적으로, 특히 유아들이 기관에 머무르는 시간이 긴 어린이집의 경우, 교사들의 인력 부족, 시간 부족에 대한 목소리는 더욱 커진다. 기관들은 학급간 협력 학습, 프로젝트 공유 등과 같은 운영의 묘를 살리는 한편, 부모 · 실습교사 · 인턴교사 · 시간제 교사 · 고용보험 교사 · 청소년 교사 등의 인적 도움을 대체 방안으로 활용하고 있다. 그러나 충분한 전문적 자질이 갖추어지지 않은 경우, 다음 K교사의 경우처럼 보충 인력도 근본적인 도움을 주지는 못한다. 진정한 협력이 이루어지기 위해서는 역할을 공유하고 협력하는 방안까지 연구 · 모색되어야 한다. 한 반에 정교사가 공동 교수를 담당하는 경우에도 진정한 역할 분담과 협력이 이루어지지 않는다면 많은 인력이 오히려 교사간 불화와 갈등을 야기하여 인적 관리나 기관 운영이 어려워지는 경우도 많이 있다.

> 본 원은 1명의 정교사와 1명의 시간제 교사로 구성되어 정교사가 주로 수업을 주도하고 있다. **시간제 교사의 전문성이 부족**하여 이에 따라 해결 가능한 일에 한계가 있다(D어린이집, K교사).
>
> 물론 **협의 기술의 부족**임을 알고 있으나, 다른 교사와 협의하는 시간이 때로는 쓸데없는 논의로 흐르는 경우도 있다. 그러나 근본적으로는 부족한 나의 생각에 많은 자극과 깨우침을 줄 수 있는 교사간 협의를 원하고 있다(T유치원, J교사).

### 소집단 프로젝트 운영 방안

소집단으로 프로젝트가 이루어질 경우 유아들간 언어적 상호 작용과 매체 활용을 효율적으로 할 수 있어, 보다 깊이 있게 대화하고 표상하면서 질적인 탐색이 이루어진다. 그러나 대부분 기관의 경우 학급당 교사 대 유아의 비율이 높아 소집단 프로젝트 운영에 어려움이 있다. 다음의 질문에 대한 교사의 소집단 운영 방식을 살펴보고자 한다.

*레지오 학교에 비해 교사 대 유아의 비율이 높은 학급에서 소집단 프로젝트 운영을 어떻게 시도하고 계신지요?*

> **2명의 교사가 한 교실**에 있어, 한 명은 소그룹으로 진행을 하고 다른 한 교사는 다른 영아들이 방치되지 않고 다른 활동을 할 수 있도록 하고 있다. 큰 반에서는 교사가 한 명이라 자유 선택 활동을 하여 프로젝트 진행을 하였다(B어린이집, P교사).
>
> 우선은 **시차제 운영**을 통해 A, B타임으로 나누어 30분씩 소집단 프로젝트가 진행되며, 자유선택 활동시간에도 프로젝트 활동은 프로젝트에 관심 있는 소집단 유아 중심으로 각 교실의 아뜰리에에서 하고 있다(T유치원, 원장).

본 기관에서는 소집단 프로젝트에 교사의 부족한 인력을 도울 수 있도록 **부모의 공동체적 참여**를 활용하고 있다(S어린이집, 원장).

우리 원에서는 **대그룹 프로젝트를 운영하면서 유아의 흥미나 관심에 따라 소주제로 운영**하여 공유하고 있다(G유치원, K교사).

주로 팀을 이루어 동시에 진행하며, 실습교사나 지원자가 많은 경우 각 팀을 맡아 진행하고, 그렇지 않은 경우 각 팀별 주제 혹은 문제만을 서로 협의케 하고 결정되어지는 내용들은 종이에 기록해 보도록 하고, **로테이션하며 개별·팀별 상호 작용**을 한다. 원에서 하는 **특별 활동 시간을 활용**하고 있으며 오전·오후 자유선택 활동시간에 일찍 등원하거나 혹은 늦게 하원하도록 부모의 이해를 도와 따로 진행하기도 한다(D어린이집, B교사).

소집단으로 프로젝트가 이루어지는 경우 자유선택 활동시간에 **학급 전체 유아들과 공유**하면서 의견을 나누고 토론을 하기도 한다. 또 소그룹 프로젝트에 이러한 문제점이나 갈등 상황이 일어나면 대집단에서 함께 해결 방향을 찾아보고 의견을 나누기도 한다(G유치원, H교사).

**자유선택 활동시간을 늘려** 소집단 프로젝트를 주로 교사가 지원해 주고 있으며, 녹음기 등을 이용하며 유아간 상호 작용을 녹음하여 교사가 확인한 후, 다음 날 토의를 하고 있는 편이다(H유치원, J교사).

기관들은 시차제 운영, 부모의 공동체적 참여, 대·소집단 병행 및 공유, 특별 활동 시간의 활용, 자유선택 활동시간 확장 등의 방안을 활용하여 현실적인 문제를 해결해 나가고 있다. 그러나 개별 학급에서의 해결 방안 모색도 중요하지만, 좀 더 적극적으로 학급간 협력을 시도해 본다.

처음에는 이 부분이 가장 힘든 문제로 여겨졌으며 많은 기관들이 이 부분을 넘어가지 못해 시도도 해보지 않는다. 보조 인력은 항상 있는 것이 아니므로 담임교사 혼자 기본적으로 이끌어가되 꼭 필요한 경우 **다른 반 교사의 도움**을 빌리기도 한다. 소집단으로 이루어지더라도 과정을 학급 유아들과 공유하게 되므로 이에 대한 부작용은 우려보다는 크지 않다고 본다(S어린이집, B원장).

두 반을 연합할 경우 유아의 수는 많겠으나 자연히 2교사 체제가 되므로, 한 교사는 소집단 유아들과 프로젝트를 진행하며 다른 교사는 일상적인 영역 활동 시간을 갖거나 집단 활동 등을 할 수 있다. 학급간 협력 학습은 여러 가지 경우로 이루어질 수 있다. 동일 연령 집단의 경우, 일과 중 자유 선택 활동과 같은 특정한 시간을 두 반이 연합하는 시간으로 활용한다. 연령이 다른 학급의 경우, 학급간 서로 다른 유아의 발달 수준을 고려하여 나이 든 학급 유아의 도움을 요청하거나 피드백을 받는 방식이나, 나이 어린 유아에게 알려주기 위한 목표를 가진 프로젝트를 운영한다. 소집단으로 수행된 프로젝트는 어떤 경우든 다른 유아와 공유하는 시간을 가짐으로써 협력 학습의 효과를 가져올 수 있다. 상기 B원장의 저널에서 볼 수 있듯이 이러한 협력 학습은 교사의 인적 자원의 부족을 보완하여 집단 조직을 효율적으로 할 수 있는 효과 이외에도 가르치기에 대한 서로 다른 질을 가진 교사간 계획, 프로젝트 수행 과정, 기록 및 반성에 있어 상호 도움을 주고받는 본질적인 협력의 동기가 부여된다.

### 일과 운영의 변화

레지오 방식의 수업을 적용하면서 기관의 일과 운영이 이전과 다르게 변화된다. 각 기관의 일과 운영의 변화를 알아보았다.

*레지오 방식의 교육을 적용하면서 귀 기관의 일과 운영은 구체적으로 어떻게 변화하였나요?*

앞서 살펴본 바에 따르면 T유치원의 경우 한 학급을 A, B그룹으로 나누어 다음과 같이 **시차제 운영**을 함으로써 교사와 유아 간 상호 작용을 긴밀히 하고, 소집단 프로젝트를 보다 활성화하고 있다. 이와 함께 일과 운영을 살펴보고 기존 기관과 어떤 차이가 있는지 알아보았다.

| 수업 시간 | 활동 제목 | 내 용 |
|---|---|---|
| ~9:00 | 등원(A타임) | |
| 9:00~9:30 | 소집단 활동<br>(그룹 토의 및 소그룹 활동) | A타임 친구들이 모여 프로젝트나 관심 있는 활동에 참여하고 이야기 나눈다. |
| 9:30~10:30 | 등원(B타임)<br>화장실 다녀오기 및 간식 | |
| 10:30~10:50 | 인사 나누기, 일과 계획 | 하루 일과 계획 및 어제 B타임 유아들의 활동 경험을 공유한다. |
| 10:50~11:50 | 〈자유 선택 및 프로젝트 활동〉<br>• 아뜰리에 작업(다양한 매체를 이용한 활동)<br>• 찰흙 • 철사 • 직조<br>• 자석 • 이젤 • 블록<br>• OHP/ 라이트 테이블<br>• 메시지 센터<br>• 역할놀이 • 책 보기 | 유아들은 자유롭게 하고 싶은 활동을 선택해서 한다. 자연물과 다양한 매체를 활용하여 프로젝트 및 기타 활동 관련 표상이 이루어진다. 유아는 늘 친구들과 상호 작용하며 새로운 놀이를 생각해 내는 시간이다. 교사 또한 유아와 함께 상호 작용하고 기록하면서 유아의 일상이 프로젝트를 통한 특별한 순간으로 발전될 수 있도록 경청하고 지원한다. 아울러 소집단 유아가 프로젝트 탐색을 할 수 있다. |
| 11:50~12:10 | 놀이 평가 및 소개 | |
| 12:10~12:40 | 대집단 활동 (노래, 게임,<br>신체 표현, 동화 · 동극 등) | |
| 12:40~13:00 | 실외놀이 | |
| 13:00~13:50 | 점심식사 및 귀가 준비 | |
| 13:50~14:00 | 귀가 (A타임) | |
| 14:00~14:30 | 소집단 활동<br>(그룹 토의 및 소그룹 활동) | B타임 친구들이 모여 진행 중인 프로젝트를 수행하고 이야기 나누는 시간이다. |
| 14:30~ | 귀가 (B타임) | |

아이들의 흥미를 관찰하기 위해 **자유 선택 활동이 다소 길어졌다**(D어린이집, 원장).

이전의 주제 중심 · 단원 중심의 프로그램 진행 시 미리 계획되어진 활동을 하는 것과는 달리 프로젝트를 하면서 **일과 운영이 유동적**이 되며, 큰 계획을 갖고 있으되 그날의 진행 과정에 따라 중요시되는 부분들이 조절 가능하게 되고 아이들의 자발적인 조사 · 협의 등의 참여 부분의 시간 운영 계획이 보다 많이 할애되고 구성되어지는 것 같다(S어린이집, B교사).

자유선택 활동시간이 종전에 비해 길어졌으며 교사가 수업 준비하는 시간보다는 **매체를 준비하는 시간 또는 협의하는 시간을 더 많이 사용**하고 있다(H유치원, J교사).

아침 자유 선택 시간이 조금 늘어나고 **그룹 토의하는 시간이 많아졌다**(D유치원, G교사).

소그룹으로 활동하는 시간이 늘어났다. 유아반은 부담임 선생님이 계셔서 두 그룹으로 나누어 활동과 놀이를 병행할 수 있었다. 수업 후 그날 활동한 내용들을 **기록화**하여 **교사간 상호 작용**하고 협의하는 시간이 많아졌다(G유치원, H교사).

기록 작업을 많이 하기 때문에 부모들이 아이들을 데리고 오거나 갈 때 아이들의 활동 사진을 보고 **부모와 이야기할 수 있는 시간이 많아졌다.** 주제 통합 수업처럼 시간에 맞춰 계획하지 못하고 어떤 때에는 한 가지 활동으로 하루를 모두 보내기도 하지만 아이들을 알아간다는 기쁨을 더 크게 느끼는 것 같다(Y어린이집, L교사).

일과의 집단 조직을 적극적으로 변화시키지 않은 기관들의 경우도 소집단 프로젝트가 용이한 자유선택  활동시간이 대부분 길어졌다. 자연히 교사가 주제별, 주별 교육 활동을 미리 계획하여 주관하던 이전에 비해 프로젝트에 따라 일과 운영이 유동적이 되며, 자연히 교사는 교육을 계획하는 시간보다 매체를 준비하고 교사간 협의하는 시간을 더 많이 사용하게 된다고 말하며 오히려 부족함을 느끼기도 한다. 유아는 자신들이 몰입하여 탐색한 바에 대해 그룹 토의하는 시간이 많아졌으며 부모는 일과 중 수시로 기록화를 통해 기관 교육을 이해하기 시작하면서 부모와 교사가 유아와 교육에 대해 이야기할 수 있는 시간이 많아지는 변화를 많게 또는 적게 가져오고 있다.

## 04_3 관계 형성을 위한 시간 조직의 변화

각 기관은 종일제 운영, 3년간 지속되는 학급의 시간 조직, 부족한 교사의 현직 교육 시간 및, 기록화하고 연구하는 시간 부족에 대해 알아보기 위해 다음과 같이 질문하였다.

### 종일제 운영에 대한 기관의 생각, 3년간 지속되는 학급 제도에 대한 견해

*레지오 학교들은 종일제로 운영되고 있습니다(정규 일과 오전 8시~오후 4시, 연장 시간 오전 7시 30분~오후 6시 30분). 이에 대해 어떻게 생각하시며, 귀 기관에서는 어떤 변화를 시도하고 계신지요?*

현재 유아 교육 기관은 이원화되어 있어 유치원의 경우는 반일제 또는 시간 연장제로 운영되며, 어린이집은 종일제로 운영되고 있다. 때문에 체제에 따라 기관들의 종일제 운영에 대한 생각의 차이를 볼 수 있었다. 따라서 유치원과 어린이집으로 나누어 각 체제의 생각을 알아보고 두 체제를 서로 비교해 보았다.

> **학부모들의 요구와 지역사회 요청으로 종일제는 필요**하다고 생각한다. 우리 유치원에서도 정규 일과는 오전 9시~오후 2시, **연장 시간**은 오전 8시~오후 7시 30분까지 운영하고 있다(H유치원, O교사).

> 우리나라도 점차 종일제를 원하는 부모가 많아짐에 따라 **교육 시간의 변화**도 점차 이루어지고 있다. 본 유치원은 올해부터 정규 오전반의 경우 30분을 더 연장하여 오전 9시~오후 2시 30분, 종일반의 경우 오전 8시~오후 6시 30분까지 운영하고 있다(T유치원, 원감)

유치원의 경우 대부분 학부모들의 요구와 지역사회 요청으로 교육 시간의 변화를 가져오며 원하는 유아에 한하여 종일반을 운영하고 있다. 흔히 오전반은 오전 9시~오후 2시 내지는 2시 30분까지 운영된다. 종일반의 경우 오전 8시~오후 6시30분 내지는 7시 30분까지 운영됨을 알 수 있다. 그러나 모든 원아를 대상으로 종일반 운영을 하거나 레지오 방식으로 운영하기 위해서는 부모 동의, 재정적 지원, 그 외 원 차원의 지원이 필요하다고 기관들은 보고 있다. 따라서 다음 H유치원의 경우처럼, 종일반 교사를 채용하여 운영하는 경우들도 많이 있다.

> 현재는 오전 9시~오후 2시의 반일제로 운영하고 있으며, 종일반은 원하는 아이들로만 구성되어 있으며 레지오 방식으로 운영되고 있진 않다. 모든 원아가 종일제로 운영되려면 **학부모들의 동의와 재정적인 지원, 원에서도 여러 가지 지원이 필요**하다고 여겨지는데 아직은 어려울 듯하다(D유치원, L교사).

> 종일제를 운영하고 있는 경우 프로젝트 활동을 더 심도 있게 할 수 있겠으나 학부모 또는 교사의 협의가 이루어져야 가능하다. 또 아이들이 귀가한 후 교사의 업무가 있기에 우리 원에는 **종일반 선생님**이 따로 계신다(H유치원, J교사).

정규 일과가 종일제로 정해져 있는 어린이집의 경우 프로젝트나 기록화를 하기에는 어려움이 있다고 생각하던 초기와는 달리, 아래 B어린이집 U교사의 이야기에서도 알 수 있듯이 종일 기관에 있느냐보다는 얼마나 체계적인 프로그램을 하고 있느냐의 문제라고 인식한다. 또한 S어린이집 원장은 레지오 학교 체제와 비교할 때, 앞서 분석한 인적 지원, 집단 조직, 시간 조직에서의 어려움이 국내 어린이집 교사들로 하여금 연구 시간을 할애하는 것을 쉽지 않게 한다고 말한다.

> 종일제로 운영되고는 있지만 실질적인 프로젝트 활동은 모든 유아가 참여할 수 있는 오전 시간에 이루어지고 있습니다. 그렇기 때문에 꼭 종일제 운영 프로그램의 특성을 알기보다는 **얼마나 체계적인 프로젝트를 진행하느냐**

에 따라 다르게 받아들여지는 것 같습니다(B어린이집, U교사).

레지오의 학교가 종일 운영되고 있다고 하여도 정규 교사는 오후 4시까지 근무하므로 우리의 체제와는 현격한 차이가 있다. 본 기관에서는 오후 5시 30분 정도에 종일반 유아들이 합반하여 퇴근까지의 시간을 활용하고 있다. 실습교사가 있다고 해도 담임교사가 퇴근 전까지 **연구 시간을 할애하기는 쉽지 않다**(S어린이집 원장).

어린이집의 현실적인 문제를 해결하는 방안으로 기관과 교사들은 부모의 사정에 따른 시간제 운영, 야간보육교사의 활용, 보조교사 활용, 2교대 교사제 도입 등을 제안한다.

아이들의 신체 · 정서적 안정을 위해서는 시간이 오전 8시~오후 2시/ 오후 2시~오후 4시/ 오후 4시~오후 7시 30분과 같이 **부모의 사정에 따라 세부적으로 나뉘면 더 좋을 것 같다.** 구립의 특성 상 오전 7시 30분~오후 7시 30분까지 운영하고 교사는 오전 8시 40분~오후 6시까지 거의 하루를 아이들과 같이 지내고 있어 **효율적인 교수 활동**이 저해된다고 생각한다(S어린이집, L교사).

우리 원에서는 정규 일과를 오전 8시부터 오후 5시까지 운영하고 있으며, 오후 5시 이후에는 **야간보육 선생님께서 통합보육을** 하고 있다. 교사는 오후 5시 이후로는 프로젝트 기록과 정리를 하는 시간을 갖고 있다(D어린이집, 원장).

유아가 흥미를 갖는 주제라면 집중해서 깊이 있게 탐색하는 시간과 기간도 상대적으로 늘어나기 때문에 종일제로 운영되면 탐색 시간을 길게 가질 수 있어서 좋을 것 같다. 반면, 교실내에 **보조교사가 상주**해 있어서 교사의 교육 활동 계획과 준비 및 기록화 작업 등의 일을 분담할 수 있을 경우에 효과적일 것 같다(O어린이집, U교사).

**2교대 교사의 도입**이 이루어져야 종일제 운영이 효율적으로 될 것 같다(P어린이집, A교사).

종일제를 체제의 기본으로 하고 있는 어린이집들은 현재 오히려 교육 과정의 변화를 더 많이 시도하고 있으며 다음의 B어린이집 A교사의 이야기에서 나타나듯이 활동 시간을 서두르지 않고 진행할 수 있는 장점을 십분 활용하고 있다. 다음 어린이집 교사들이 밝히는 바와 같이 어린이집들은 개별 기관의 실정에 따라 교육 과정 연구를 게을리하지 않으며, 다양한 방식의 프로그램 운영을 시도하고 있다.

현 운영 시간 역시 법적으로 정해져 있기 때문에 종일제 운영은 지금 우리와도 비슷하다고 생각한다. 다만 그 정해진 시간 내에 그동안의 일률적인 시간 편성을 다르게 해보고 **어느 것이 우리 원에 적합한지 연구**하면서 아이들에게 더 도움이 되는지 등을 파악하기 위해 노력하고 있는 단계이다(O어린이집, C교사).

종일제로 운영하다보면 **활동 시간을 서두르지 않게 진행할 수 있어서 좋은 것 같다.** 또한 아이들마다 프로젝트 발현에 있어서 시간차와 개인차가 존재하기 때문에 충분한 시간을 두고 유아를 기다려 줄 수 있다는 사실도 장점 중 하나이다. 우리 기관도 맞벌이 부모들이 욕구를 충족시켜 주면서 **다양한 프로그램을 계획**하는 종일제 일과 운영을 하고 있다(B어린이집, A교사)

### 3년간 지속되는 학급 제도에 대한 견해

*레지오 학교에서는 한 학급이 3년간 지속됩니다. 이에 대해 어떻게 생각하시며, 귀 기관에서는 어떤 변화를 시도하고 계신지요?*

3년간 지속되는 학급 체제를 국내에 적용하는 것에 대해 기관들은 장점과 단점이 각각 있음을 말한다. 기관들이 인식하는 장점과 단점을 분류해 본 후 그에 따른 변형 내용을 알아보고자 한다.

국내의 경우 **교사들의 이직이 많고 교사에 대한 지원이 부족**하여 한 학급을 3년 동안 지속하기 어렵고, **유아들의 교육 기관 이동**이나 **학부모의 선호도**에 따라 국내 현실은 한 학급을 3년 연속으로 담임을 맡아 지속하는 것에 대한 문제점이 있다. 그러나 장점 또한 있다고 본다(T유치원, 원감).

**물리적 환경**과 **인적 구성**이 부족한 현 상황에서는 별로 바람직하지 않다고 본다. 긍정적인 면도 있지만 3년간 변함없는 친구 관계가 때때로 부정적인 영향을 줄 수 있고, 인적 자원이 부족한 가운데서 한 명의 교사에게 한 유아의 3년간을 의지한다는 것은 보조 인력의 도움 없이는 다소 모험적인 것이라 생각된다(S어린이집, 원장).

장 · 단점이 있겠으나 **교사의 성향과 잘 맞지 않는 유아의 경우는 적응에 어려움**이 있으며 교사가 부족한 성향을 다른 교사와의 만남으로 보완할 수 있지 않나 생각을 한다(S어린이집, P교사).

한 교사와 아침부터 오후까지 지내며, 3년을 지속하는 것은 좀 어렵다는 생각이 든다. 아이들도 좀 더 다른 경험이 필요하며, 교사마다 지닌 성향과 스타일이 있어 계속 연임을 하는 데 긍정적이지 않다. 교사가 **한 아이를 3년 동안 교육하다보면 아이의 숨은 잠재력을 보지 못할 수도** 있을 것 같다(H유치원, L교사).

한 학급이 3년간 지속된다면 아이들간의 상호 작용은 더 용이하고 심화될 수 있겠으나 **좀 더 다양한 친구들과의 만남이 적을 것 같고** 한 교사의 스타일 혹은 교육관에 젖어들 수 있다는 생각이 든다(H유치원, J교사).

또 다른 면으로는 3년간 한 학급을 담임한다면 **교사와 유아들 간의 오랜 생활에 대한 도태 내지는 안일함**을 느끼게 되지 않을까라는 생각을 한다(D유치원, G교사).

… 그러나 우리나라 교육 환경의 실정은 한 기관을 3년 동안 지속적으로 다니는 유아가 적어서 어려움이 있으며, 부모의 요구사항을 고려하다보면 한 학급이 3년간 지속되기는 현실상 힘들지 않을까라는 생각이 든다. **각 지역의 특성과 유치원의 초등 연계도 고려해야** 할 것 같다(G유치원, 원장).

국내 기관은 유치원, 어린이집 모두 3년간 지속되는 시간 조직에는 단점이 대체로 많을 것으로 인식하는 경향이 있다. 기관들이 단점으로 인식하는 이유는 우선 교사의 경우, 교사들의 이직이 많고, 교사에 대한 지원이 부족하여 한 학급을 3년 동안 지속하기 어려우며, 개별 교사의 성향과 잘 맞지 않는 유아의 경우는 적응에 어려움이 있고, 교사마다 성향과 스타일 및 자질이 서로 달라 3년을 한 교사에게 많이 의존해야 하는 국내 현실에서 대체로 부정적으로 인식하는 것이다. 그리고 한 교사가 아이를 3년 동안 교육하다보면 아이의 잠재력을 보지 못할 수도 있으며, 같은 교사와 유아들 간의 오랜 생활에 대한 도태 내지는 안일함을 느끼게 되지 않을까라는 우려를 나타내고 있다.

유아의 입장에서는 상기한 내용과 동일한 우려가 있으며 유아들의 기관 이동이 많고, 1년 담임 제도에 익숙한 국내 학부모의 선호도를 고려할 때 별로 바람직하지 않다고 본다. 긍정적인 면도 있지만 3년간 변함없는 친구 관계가 때때로 부정적인 영향이 될 수 있어 다양한 친구들과의 만남이 적어질 것으로 보았다.

기관 차원에서는 물리적 환경이 부족하고 인적 구성이 부족하며 교사에 대한 충분한 지원이 이루어지지 않고 있으므로 각 지역의 특성과 1년 단위로 학급이 바뀌는 초등교육과의 연계도 고려해야 한다고 말한다.

기관들은 지속되는 학급의 시간 조직에 상기한 조건들이 보완된다면 장점도 있다고 보고 있다. 유아간 친근한 관계 속에서 상호 작용이 자연스럽게 이루어질 것이며 심화된 프로젝트를 유아들의 이전 경험과 연계하여 깊이 있게 할 수 있을 것으로 본다. 또한 유아, 교사, 부모 간의 지속적인 관계는 자연히 좋은 관계를 유지할 수 있는 장점도 있다고 본다.

한 학급이 3년으로 지속이 된다면 아이들간의 **상호 작용도 더 자연스럽고 프로젝트도 심화**될 수 있을 것 같아 좋다고 생각한다(H유치원, U교사).

장·단점이 있다고 생각한다. 3년간 지속된다면 **교사, 유아 간 관계**, 신뢰 등이 잘 형성되며, 교사가 유아의 특성이나 성격 등을 잘 알게 되고, **부모와의 관계** 또한 좋을 것이라 생각되나… (D유치원, G교사).

따라서 국내 기관들은 거의 3년간 지속되는 학급의 시간 조직에 대해 우려를 표하면서 현실적으로 적용하지 않는 경향을 보이나, 이를 감안하여 이러한 일부 시간 조직의 장점을 적용할 수 있는 변형 방안을 나름대로 시도하고 있다. 해마다 담임은 바꾸되 오히려 교사는 한 연령을 3년간 맡음으로써 연령별 교사가 알게 된 교수 학습 방법을 지속 또는 개선하여 적용할 수 있도록 하거나, 학급이 바뀔 때 교사간 개별 유아와 부모에 대한 충분한 협의를 하기도 하며 개별 유아에 대한 편견을 배제할 수 있도록 담임이 아닌 기관의 제삼자가 객관적인 시각으로 각 유아를 관찰, 이해하는 기회를 갖고 있다.

그러나 장점 또한 있다고 보아, 본 유치원에서는 한 **연령 담임을 3년 하는 것을 원칙**으로 하고 있다. 3년 정도는 경험해야 그 연령에 대한 이해와 교육적 노하우가 생길 것이라는 생각에서 시도하고 있다(T유치원, 원감).

현재 기관에서는 기본적인 교사 인력의 안정성을 두되 **각 교사간의 대화**를 통해 이전 반에서의 유아의 상황을 파악하고 **좀 더 객관적인 입장에서 볼 수 있는 원감이나 원장을 통해 유아를 파악**하고 있다(S어린이집, 원장).

### 부족한 교사의 시간과 교사교육, 기록화 및 교육 과정 연구 시간 조직

*레지오 교사들은 연간 107시간을 현직 교육에 참여하며, 기록화 및 교육 과정 연구에 많은 시간을 보냅니다. 이에 대해 어떻게 생각하시며, 귀 기관에서는 어떤 변화를 시도하고 계신지요?*

현재 국내 유아 교육 기관의 실정에서 교사의 연구, 기록, 반성을 위한 시간의 부족에 대해서는 모두가 공감하고 있다. 시간의 부족은 인적 자원의 부족을 말해준다. 유치원과 어린이집으로 나누어 이를 살펴보고 문제와 해결 방안 및 변형 방향을 짚어 보았다.

레지오 교사들은 주 36시간 중 30시간을 유아들과 함께하고, 4시간 30분을 협의·교육 등에, 1시간 30분을 기록화하는 시간으로 보낸다고 하는데, 본 유치원 교사들은 주 50시간 중 유아들과 30시간을 보내고, **8시간을 정기적인 협의 및 교육 참여에, 10시간 이상을 기록화 및 교육 과정 연구에 보내고 있다.** 또한 교사교육 및 다양한 부분의 연수 등에 참여하는 등 발전에 도움이 되는 교육에는 적극적으로 임하고 있다(T유치원, 원감).

우리나라 현직교사들도 1년에 몇 번의 연수가 있지만 그 내용이나 질적인 면에서 부족한 점이 많다. 우리 원은 다른 원들보다 원장님, 교사들 모두 원에서 행하고 있는 교육 과정을 연구하고 다른 원의 교사들에 의해 피드백을 받기 위하여 **한 달에 한 번 공동체에 참여**하고 있다(D유치원, A교사).

한 주제를 선정해 깊이 있게 활동을 진행해 나가며 교사 본인도 주제에 푹 빠져 드는 것 같다. 유아들의 눈높이에 맞춰 활동을 진행하되 무엇보다 한 발 앞서서 **부단히 연구하고 노력**해 나가는 것이 교사가 해야 할 일인 것 같다(G유치원, H교사).

기록화나 저널 작업을 하면서 상당히 많은 시간이 소요된다는 것을 알았다. **수업 후 기록화나 저널 작업을 하고 나면 다른 일은 할 시간이 없어서 근무 시간을 넘기게 된다.** 교사들의 잔무가 줄어들고 레지오 교육에 시간을 많이 할애해야 할 것 같다(D유치원, B교사).

우리나라 유치원의 경우 교사들은 레지오 교사보다 더 많은 시간을 기관에 근무하면서, 유아와 함께하는 시간은 유사하나 기관에 따라 레지오 학교의 교사보다 교육 협의 시간과 기록화 및 기록화 연구에 더 많은 시간을 보내는 경우도 있었다. 상기 T유치원의 경우 8시간을 정기적인 협의 및 교육 참여에, 10시간 이상을 기록화 및 교육 과정 연구에 보내고 있다. 또한, 교사교육 및 다양한 부분의 연수 등에 참여하는 등 발전에 도움이 되는 교육에는 적극적으로 임한다고 하였다. 반면 D유치원의 경우, 기록화나 저널 작업을 하면서 상당히 많은 시간이 소요된다는 것을 알았다. 수업 후 기록화나 저널 작업을 하고 나면 다른 일은 할 시간이 없어서 근무 시간을 넘기게 된다고 말한다.

> 레지오 교사들에 비해 현직 교육에 참여하는 시간은 매우 적지만 **공동체 모임**을 통해 기록화 및 교육 과정을 연구하기 위해 노력하고 있다. 이와 관련된 현직 교육이 있다면 보다 나은 프로젝트를 위해 적극적으로 참여하고 싶다(D어린이집, 원장).

> 현직 교육은 교사들이 실제 적용하는 데 도움을 줄 수 있는 필수적인 요소이나 레지오에 107시간 정도를 투자하기에는 기타 배워야 할 것들이 많다. 현재 **월 1회 공동체 모임**(회당 3시간 정도, 연 36시간)을 하면서 기타 다른 현직 교육에 참여하는 것도 쉽지 않으므로 본 기관에서는 **교사간 협의**를 통하여 보완하고 있다. 항상 귀결되는 사항이지만 보조 인력이 있다면 가능할 사항이다(S어린이집, 원장).

> 연간 교육 시간은 본원이 더 긴 듯하나 **기록화 및 교육 과정 연구에 할애되는 시간은 많이 부족**한 편이며, 따로 시간이 있는 것이 아니라 아이들이 하원한 이후에 작업이 이루어져야 하므로 많은 한계와 어려움, 더 많은 시간의 투자가 뒤따르고 요구되고 있다(S어린이집, B교사)

> 솔직히 정말 많이 힘들다. 출근부터 퇴근까지 유아의 교육과 보육을 담당하는 것은 보통의 노력으로 힘들다. **교사의 독립된 공간이 없이** 교실내에서 아이들과 함께 기록화 및 교육 과정 연구를 해야 하기 때문에 충분한 연구 시간이 부족하고, **교사와 유아의 비율**이 레지오 교육과는 거리가 있어서 교사의 업무로 인해 유아에 대한 충분하고 정확한 관찰이 이루어지지 못하고 있는 것도 현실이다. 반면, 본 원에서는 이러한 교사 업무를 최대한 줄이고, 유아 관찰 · 기록에 시간을 늘리기 위해 **보조교사**를 최대한 활용하고 있다(Y어린이집, U교사)

> 레지오 교사들의 가장 돋보이는 점인 것 같다. 늘 기록화와 연구 활동에 매진하는 모습은 항상 본받을 만한 모습이라 생각된다. 우리 원에서는 아직 완벽하지는 못하지만 기록화 작업을 시도하여 지금도 매일 기록화 작업을 하고 있고, 유아들이 관심을 갖는 프로젝트 활동을 진행해 나가기 위해 **교육 과정 및 연구에 몰두**하려고 한다(O어린이집, C교사).

아이들과 함께 활동하는 시간만큼이나 기록화 작업에 많은 시간이 쓰인다는 것이 작업에 익숙해지기 전에는 매우 부담스럽게 느껴졌지만, 조금씩 기록화 작업에 익숙해지면서는 쉽지 않은 기록화 작업에서 그만큼 **얻을 수 있는 것이 많다**는 것을 직접 깨달을 수 있었다(Y어린이집, S교사).

유치원에 비해 종일제로 운영하는 어린이집의 경우 교사가 유아와 함께하는 시간이 상대적으로 길어 현직교육에의 참여, 기록 작업, 교육 과정 협의를 위한 시간이 현실적으로 부족함을 호소한다. 이에 대한 해결 방안으로는 보조 인력의 확충, 교사와 유아의 비율 조정, 교사가 연구에 몰입할 수 있는 독립된 공간 확보, 교사의 잔무 없애기 등을 들고 있다. 현실적인 제한에도 불구하고 유아들을 관찰, 기록하고 연구하는 시간과 교사간 협의 시간은 유아들을 위한 교육에 많은 것을 얻게 하고 반성하게 한다고 교사들을 말한다. 따라서 기관들은 정기적인 공동체 모임에의 참여, 보조교사 활용, 부모 참여, 스스로의 연구 노력을 기울이고 있다. 그러나 교사들과의 이야기를 통해 유치원과 어린이집의 서로 다른 체제가 일괄적으로 시간 조직에 여유가 있거나 또는 부족한 것이 아니라, 개별 기관이 기울이는 노력 여하에 따라 다르게 나타나고 있음 또한 재고해야 할 부분이라 하겠다.

# Chapter 7

# 이론적 영향과 레지오 에밀리아 접근법의 진화

## 질 문

01 Dewey의 어떠한 철학이 레지오 교육에 영향을 미쳤는가?

02 Piaget의 구성주의 학습은 유아 교육 현장에서 어떻게 실천되는가?

03 레지오 교사들은 Piaget의 어떤 부분에 영향을 받았으며 어떤 부분을 비판하는가?

04 사회적 구성주의는 구성주의 학습과 어떻게 다른가?

05 Vygotsky의 이론은 레지오 교육에서 어떻게 실천되는가?

06 Piaget와 Vygotsky 이론의 차이점은 무엇인가?

07 유아들간의 사회적 상호 작용은 왜 중요한가?

08 사회적 구성주의 학습에서 교사의 지원 역할은 어떻게 달라지는가?

09 Gardner와 레지오 교육이 일관되는 점은 무엇인가?

10 레지오 접근법은 상기한 이론들을 토대로 어떻게 독특하게 진화되었는가?

Malaguzzi(1993a)는, 레지오 교육자들이 '개인이 지식을 구성하는 방법' 을 배우기 위해 Piaget를 연구하는 데 흥미가 있지만 또한 유아가 사회적 상황에서 지식을 함께 구성하는 방법을 이해하기 위해 Vygotsky의 이론을 연구하는 데에도 관심이 있으며 철학을 형성하는 데 많은 이론적 관점을 활용했다고 하였다.

Piaget는 개별 유아의 내적 · 내생적 · 인지적 발달에 초점을 두었다. Vygotsky, Dewey, Malaguzzi는 유아의 적극적인 역할을 인식하는 한편, 이러한 발달에 영향을 미치는 문화와 환경의 적극적인 역할 또한 강조하여, 레지오 접근법에 중요한 영향을 주었다.

Gardner와 레지오와의 인연은 1980년대 초 Gardner가 레지오를 방문하면서 시작되었다. 레지오 에밀리아의 교육과 Gardner가 이끌어 왔던 Project Zero 연구와의 유사점은 유아의 언어는 한 가지가 아니라 백 가지 또는 8~9가지라며, 유아의 다원성 · 가능성 · 풍부함을 인정하고 있다. 또한 유아의 학습에 대한 새로운 평가 유형을 각각 기록화와 프로젝트 스펙트럼(project spectrum)으로 연구하였다. 나아가 다양한 이해를 돕는 교수 학습에 대한 인식론에 있어 일관성이 있다. 최근 이러한 공동 인식을 가시화하는 협력 연구가 이루어지고 있다.

Malaguzzi와 레지오 교육의 매력은 이러한 이론들을 토대로 나름의 실천 속에서 스스로 변형하면서 진화해 온 데 있다.

덩쿨나무가 있는 정글, 5세

Dewey' s Philosophy

Piagetian Constructivism

Vygotskian Sociocultural Perspective

Gardner and Reggio

Malaguzzi and Reggio

## 01 Dewey의 철학

Dewey, Piaget, Vygotsky, Malaguzzi 간에는 많은 공통점이 있다. 이들은 유아를 적극적이고, 표현적이며, 사회적이고, 호기심이 풍부하고, 스스로 성장하며, 학습하는 방법을 학습할 수 있는 존재로 본다. 학습은 유아가 적극적으로 참여할 때 가장 잘 이루어진다고 믿는다. 이는 학교는 모든 유아가 자신의 개인적 잠재력과 주관성을 표현하고 개발할 수 있는 가능성이 주어져야 한다고 본 Gardner의 견해와도 일관된다.

Dewey는 남북전쟁 당시 버몬트의 벌링턴에서 태어났다. Dewey는 교육 이론과 교수 철학에 초점을 두었다. 1896년부터 1904년까지 8년 동안 시카고 대학에 있는 실험학교를 운영하면서 오늘날 우리가 배울 수 있는 가치 있는 경험들을 하였다. Dewey는 교육은 미래의 삶을 준비하는 것이 아니라 삶의 과정이므로, 유아가 현실세계에서 살아가기 위해 교육받는 유아 중심 교육 과정을 발달시켰다.

Dewey는 유아를 **"열정적으로 적극적인(intensely active)" 존재**로 보았다. 그는 유아가 '모든 종류의 활동으로 넘친다' 고 보았으며, 교육은 '유아의 활동을 파악하고 방향을 제시하는 것' 이라고 하였다. 교육자를 향해 Dewey는 어떻게 유아의 활동을 포착하여 방향을 제시해 줄 것인가를 질문하였다. 유아에게 '자신의 경험을 상상적으로 재생산할' 매체를 제공해야 하며 "매체를 제시하고 다루는 법은 유아 자신의 본성에 내재되어 있다" 고 하였다(1959). 레지오 에밀리아 교사들에게 Dewey의 유아에 대한 이미지는 인간의 본성에 대한 긍정적인 견해를 갖도록 영향을 주었다.

Malaguzzi는 교사 초년 시절에 미국을 방문하여 Dewey의 사상을 비롯하여 당시 실행되고 있는 많은 원리들을 레지오 에밀리아에 가져왔다. Dewey와 레지오 교육자들은 **교육 내용과 생활 경험 간의 본질적인 연결**을 강조한다. 유아는 '생활을 통해, 생활과의 관계 속에서' 학습해야 한다고 하였다. 레지오와 Dewey는 유아의 직접적인 경험에 가치를 두기 때문에 학습은 유아의 자발적 활동으로부터 시작될 때 가장 효율적으로 이루어진다고 본다. 학습은 유아가 주도하는 것을 따르는 교육자와의 사회적 과정 속에서 유아의 사회적 생활로부터 실마리를 도출하고 새로운 방향을 향해 개방될 때 가장 잘 이루어진다고 하였다.

Dewey(1966)의 철학에서 **학습은 "계속되는 경험의 재구성"** 이며 **교육은 "계속적인 재조직, 재구성, 변형의 과정"** 이었다. Dewey가 교육을 적극적이고 구성적으로 본 것은 학습을 '수동적인 흡수' 로 (Dewey, 1966)로 보고, 가르침을 '쏟아 붓는' (Dewey, 1966) 것으로 인식하는 전통 교육과 구분된다. 이러한 교육은 매체, 도구, 아이디어, 능력, 적용을 위해 사람들간의 '연합 활동(joint activity)' 을 통해 사회적 방향을 갖는다. 레지오 에밀리아의 교사들이 유아의 사고를 파악하고 방향을 제시하기 위해 유아의 이야기를 주의 깊게 듣는 데서 Dewey의 영향을 찾아볼 수 있다. 따라서 학교의 교육 과정 내용은 유아의 사회생활 능력이 성장하도록 이끄는 것을 최선으로 보았다. "학교 교과목간 상관 관계의 진정한 중심은 과학도 아니고, 문학도 아니고, 역사도 아니며, 지리도 아니며, 유아 자신의 사회적 활동이라고 믿는다(Dewey, 1959)."

Dewey는 유아들의 흥미나 관심에서 시작하여 유아 스스로에 의해 관심의 초점이 확산될 수 있음을 지적하였다. 교사들이 이러한 자발적인 경험을 '이끌어 내는' 중요한 역할은 "사실, 정보, 아이디어를 포괄하는 교과의 범위를 확장시키는 데에 있다(Dewey, 1969)."

교사가 가르침과 학습을 경험의 계속적인 재구성 과정으로 볼 때에만 이러한 역할을 할 수 있다. 유아로 하여금 스스로의 연구를 통해 지식을 자유롭게 구성하게 하면 내적 학습 동기를 발달시킨다고 하였다. 이것은 **프로젝트 접근의 시작**으로서 오늘날 많은 유아 프로그램에서 실행되는 방법이다. 레지오 교육자들도 Dewey의 이러한 철학과 원리를 자신들의 독특한 방법으로 해석하였다. 예를 들어 레지오에서의 프로젝트 활동은 Dewey가 주창한 과정과 유사하다. 레지오 교사들은 유아들의 흥미와 질문에서 시작하여 유아들의 탐색을 지원하기 위하여 유아들을 따라가면서 밀접하게 안내하는 역할을 한다.

Dewey와 레지오 교육자들은 교사가 유아의 활동을 안내하고 연결하는 데에 중요한 역할을 한다고 믿는다. 일단 유아들이 스스로를 작가 또는 발명가로 지각하도록 지원 받는다면, 일단 유아들이 탐색에 흥미를 갖고 지원 받는다면, 자신의 동기와 흥미를 드러낸다(Malaguzzi, 1998). 레지오의 수많은 프로젝트에서 유아들이 높은 관심을 갖는 주제를 지원할 때 다양한 교과 영역의 총체적 학습에 깊게 동기 유발됨을 볼 수 있다.

Froebel과 같이 Dewey도 교육에서 놀이의 가치를 믿었지만, Dewey의 놀이 개념은 보다 개방적이었다. 교실에 놀이 공간을 마련하고 목공 도구와 요리 기구 같은 실제 매체를 제공하여 일상적인 생활 경험을 재연할 것을 주장했다. 이것을 '**친숙하고, 직접적이며, 수월한 실제 매체**' 라고 불렀다. Dewey는 또한 유아들이 상상을 통해 자신의 경험을 재연하게 해야 하며 민주주의 사회에서 살아가는 방법을 연습하고 학습할 수 있어야 한다고 믿었다. Malaguzzi는 미국 방문에서 유아들이 집단과 상호 작용하고 교사의 도움을 받아가며 자신의 문제를 해결하게 할 때 '행위 민주주의' 를 목격했을 것이다. Malaguzzi는 이러한 사고를 레지오 에밀리아의 교사들에게 전하였으며, 결국 Dewey의 원리는 레지오 학교의 철학에서 중요한 부분을 차지하게 되었다. 레지오 교사들은 Dewey가 **사고를 표상하는 놀이의 역할**을 강조한 점을 상징적 표상에 사용할 수 있는 유아의 수많은 언어 개념으로 확장시켰다.

Malaguzzi에 따르면, Dewey는 '실용주의 철학과 새로운 심리학적 지식, 탐색을 통한 교수 학습 내용의 숙달을 유아의 창의적인 탐구 경험과 결합한 교육 방법을 주장' 하는 한편, '교육 연구와 사회 · 문화 연구의 새로운 관계를 추구' 했다(Malaguzzi in Edwards, Gandini, & Forman, 1998). Dewey는 또한 **가족과 사회 환경의 맥락에서 유아를 보는 중요성**을 강조하였는데 이는 레지오 접근법의 주요 원리가 되었다. Malaguzzi는 1993년 방문단에게 '사회생활과 과제 내용이 통합된다는 점에서 Dewey와 레지오 에밀리아는 유사하다' 고 말했다.

사회 생활과 학교 학습 내용을 통합하는 이러한 Dewey의 철학적 입장은 레지오 접근법의 중요한 요소이며, 레지오 접근법과 세계 다른 곳의 유아교육에 공통적으로 존재하는 유기적 근원이 된다. 레지오 에밀리아 접근법은 발도르프와 몬테소리 학교에서와 같이 폐쇄적인 체제이기보다는 자유롭게 성장하고 발달하며, 프로그램간의 교류가 가능하다. 따라서 레지오 에밀리아의 유아 학교에서 생겨난 원리는 다른 많은 유아교육 프로그램에도 의미가 있다. 사실 대부분의 유아교사들이 큰 철학적 · 지적 도약 없이 레지오 접근법을 사고하고, 상호 이해되는 이론을 적용하는 데 있어 초점을 맞출 수 있는 것은 이러한 공통된 이론적 이해 때문이다.

## 02 Piaget의 구성주의

Jean Piaget는 1896년 스위스에서 태어났다. Piaget는 생물학, 심리학, 사회학, 과학 역사, 과학적 사고, 유전심리학과 실험심리학을 포함하는 다양한 학문 영역을 연구하였다. Piaget는 최초로 유아에게 부족한 점에 초점을 맞추지 않고 유아가 할 수 있는 것에 진지하게 주의를 기울인 사람(Malaguzzi in Edwards, Gandini, & Forman, 1998)이었다.

그는 학습은 양적이지 않고 질적이어야 한다고 하였다. 이러한 유아 이미지의 개방성에서 교사의 역할은 학습을 지도하는 역할에서 촉진하는 역할로 변화된다. 또한 환경은 교사가 유아에게 내용을 전달하는 구조적 환경에서 유아의 탐구와 연구를 증진시키는 환경으로 변화된다. Piaget 이론을 따르는 교사는 탐색을 촉진하는 교실에서 인지 발달적 접근을 취하며 유아가 능동적으로 환경을 탐색하면서 지식을 구성하도록 돕는다. 이러한 학습 환경은 **환경과의 경험을 통해 지식을 구성하는 능동적인 발견자와 창조자로서의 유아 이미지**를 만들어 냈다.

발달이 경험과의 관계 속에서 이루어진다는 Piaget 학파의 구성주의 시각은 레지오 에밀리아 학교에서 잘 보여주고 있다. 학교의 풍부하고 자극적인 환경은 유아가 다양한 매체를 사용하여 사고와 아이디어를 상징적으로 표상하고 스스로 지식을 구성할 수 있는 많은 기회를 제공한다. 이러한 기회는 레지오 에밀리아 학교의 기초가 되는 발생적, 또는 발현적 교육 과정의 부분이다. 레지오 교사는 학습자가 스스로 문제 해결을 위해 상황을 조정해 나가는 자기 규제적 학습 과정에 신념을 가지고 유아 **스스로 가설을 세우고 갈등을 가지며 새로운 지식을 구성해 나가는 자율적인 학습** 능력을 믿는다.

Piaget는 교육을 재구성 과정으로 믿었다. Piaget(1973)는 학습자의 진정한 '활동'은 학습자가 학습한 사실을 재구성하고 재발견할 때 가능하며, 무엇보다 개인적인 경험이 실험되어지는 데에 있다고 '과학적인 교육의 기본 요소'를 말하였다. Piaget는 '유아와 성인의 자발적인 연구를 위해 광범위한 적극적인 방법'의 사용을 강조하였고, 모든 유아들은 흥미나 관심이 있는 활동을 하면서 자신의 진정한 이해를 '재구성' 하거나 '재발견' 하기를 원한다고 하였다. 레지오 교육자들과 Piaget 학파들은 유아들이 스스로 지식을 구성해 간다는 데 확신을 갖고 있다.

능동적인 유아와 능동적인 학습 방법에 대한 Piaget의 주장은 Dewey나 레지오 교육자들과 유사하다. 레지오 교육자들은 Piaget의 학습에 대한 관점에 토대를 둔다. 인지적 갈등의 중요성에 대한 Piaget의 관점에 가치를 두고, 내적인 갈등을 개인 유아가 성장하는 한 방법으로 본다. 또한 소그룹 활동에서 이루어지는 유아간 서로 다른 관점의 상호 교환에 가치를 둔다. 이러한 과정은 Piaget가 예시한 바와 같이 개별 유아에게 내적인 지식을 재구성하게 하는 동기를 부여하고, 유아들로 하여금 보다 높은 수준의 **논리적으로 일관성 있는 이해**를 수립하도록 한다. 또한 '실수'는 레지오의 이론과 실제에 있어서 중심 역할을 담당하며, 실수와 갈등은 학습을 향한 마인드를 갖게 한다. **의미있는 지식의 구성, 즉 진정한 앎**을 위해 표상을 통해 알고 있는 바를 의식화하고 추론이 내재된 탐색 후 달라진 생각을 가지고 이전의 잘못된 생각을 재방문하고 반성하면서 의미있는 지식을 구성해 가는 이러한 방법이 전통 교육 방법과의 차이점이다.

발달심리학과 지식의 본질에 대한 Piaget의 연구는 어떻게 지식이 생성, 변화, 발달하는가를 발견하고자 하는 독특한 목적을 갖고 있었다. Piaget의 구성주의 학습이 교육에 미친 영향은 수십 년 동안 교사와 교사 교육자들에게 깊은 영감을 주어 왔다. 『발달에 적합한 실제(DAP) (Bredekamp, 1987; Bredekamp & Copple, 1997)』의 초판과 개정판에서 교사들로 하여금 유아들이 탐색하고 이해하는 것을 관찰하며, 유아가 적극적인 학습자가 되도록 하는 방법을 찾아 인지적 발달을 촉진하는 적극적인 교육에 가치를 두도록 안내하였다.

'OO 초등학교 가는 길' 지도 수정을 위한 유아간 협의, 4세

Malaguzzi는 '우리는 Piaget에게 항상 감사하는 마음을 갖고 있다…' 고 피력하면서 Piaget의 인지 발달 이론과 구성주의 학습이 레지오 접근법에 공헌했다고 인정하였다. 레지오 학교에서 유아들이 알고 있는 바를 가시화하고 반성적으로 사고하도록 하는 수단으로 활용하는 **'학습을 위한 그리기'** 와 상징화 주기를 거치면서 **'과학적으로 탐색하는 방법'** 은 구성주의 학습 원리의 적용이다. 레지오에서 교사들은 학습자의 이러한 내생적(內生的) 과정에 대한 신념을 갖고 유아가 흥미를 갖는 활동에 참여하면서 스스로 조사하고 싶은 문제와 의문점을 발견하여 갈등 요인을 의식할 수 있도록 가설을 세우게 돕는다.

그러나 한편, 레지오 교사들은 능동적이고 스스로 동기를 부여하는 Piaget의 유아 이미지에는 동의하지만, 사회 집단과 분리되어 성인의 도움 없이 지식을 구성하는 자기 중심적인 유아의 모습에는 이의를 제기한다.

또한 Piaget는 모든 유아의 지적 발달이 위계적이고 순서적으로 변함이 없이 내적으로 이루어진다는 데에 초점을 두었다. 유아가 자기중심적인 관점으로부터 탈중심화될 수 있도록 하는 사회적 관계에 가치를 두었고, 학습과 발달이 이루어지는 사회적 환경의 중요성을 인식하였으나 Piaget의 초점은 여전히 내적인 인지 발달에 있다. 레지오 교육자들은 Piaget가 이야기한 사회적 상황에서 자연히 일어나는 오류, 실수, 갈등의 관점과 같은 그러한 경험이 유아들의 성장을 자극한다는 것을 인정한다. 그러나 레지오 교육자들은 Piaget의 불변적이고 순서적인 단계의 관점에 동의하지 않는다. 즉, 모든 아이들이 동일하게 단계를 거쳐 간다고 생각하지 않는다(Malaguzzi, 1998). Malaguzzi와 레지오 에밀리아의 교사들은 또한 Piaget 이론에서 네 발달 단계를 통한 고정화된 성장에 대한 기본 견해에 의문을 제기한다. 따라서 유아는 자신의 경험으로부터 인지 발달이 이루어진다고 한 Piaget의 견해보다 개별 유아의 근접 발달 영역 내에서 성인의 지원을 통해 잠재적 수준으로 발달한다는 Vygotsky의 이론에 동의한다(Edwards, Gandini, & Forman, 1998).

Piaget는 학습 과정에 있어서 문화의 역할이나 인지 발달의 사회적 매커니즘에 초점을 두지 않음으로써 Vygotsky의 관점과는 차이가 있다. Dewey의 철학과 Piaget의 이론이 교육자들에게 널리 인식되어 온 한편 Vygotsky의 새로운 기여가 현저히 부상하였다. Cole과 Wertsch(2001)가 지적한 바와 같이 Piaget와 Vygotsky는 서로 다른 것이 아니라 서로 다른 초점을 갖는다.

## 03 Vygotsky의 사회 문화적 인식론

레지오 교육자들은 Vygotsky가 말한 바와 같이 개인과 사회와의 상호 연계성과 불가분성에 깊은 가치를 둔다. Malaguzzi는 유아들이 스스로 발달하는 존재라기보다는 다른 사람과 함께 상호 작용하면서 발달하고 스스로를 발달시키는 존재라고 생각한다. 집단의 맥락 속에서 유아가 발달한다고 보는 이러한 관점은 세계 교육자들의 관심을 끌었으며, 현재 유아교육에서 Vygotsky의 업적에 대한 관심을 확장시키는 데 공헌하고 있다.

1896년 러시아 한 작은 마을의 유복한 가정에서 태어난 Vygotsky는 유대인임에도 불구하고, 모스크바 대학에 입학하여 심리학에 깊은 관심을 가졌으며, 38세의 나이에 결핵으로 죽기 전까지 짧은 생애 동안 7권의 저서와 수많은 논문을 남겼다. Vygotsky의 사상은 1950년대 러시아의 정세가 변화될 때까지 무시되고 거부되었으나 1960년대에 재발견되어 전 세계의 관심을 끌어왔다. 실제 Vygotsky의 역동적인 아이디어는 러시아 심리학 분야에서 격한 토론의 중심이 되었다. 당시 우세하였던 행동주의 심리학과 교육 이론의 수많은 저항에도 불구하고 Vygotsky는, 학습은 적극적이고 창의적인 개인과 유아에게 영향을 주는, 환경 간의 상호 교환에 의해 의미를 만들며, 환경을 내재화하고 표현하는 역동적인 과정이라고 하였다.

Vygotsky는 창의적인 사고자로 다양한 관점을 연합하는 **변증법적인 방법**을 불러왔다. 그는 사회적 과정이나 개인적 과정에만 주의를 기울이지는 않았으며 '사회와 개인의 연합(Vygotsky, 1998)' 을 통해 구성되는 역동적이고 상호 의존적인 관계를 '발달의 사회적 상황' 이라고 하였다. 이것은 환경만을 강조한 행동주의자들과는 대비되며, 개인의 내적 발달에 일차적인 초점을 둔 Piaget와도 대조된다.

Vygotsky의 다음 네 가지 견해가 현재의 유아교육에 강조되었다.

첫째, 유아는 능동적으로 지식을 구성한다는 Piaget의 견해에 동의했다. 그러나 Vygotsky의 시각에서 본 유아는 **지혜롭고, 강하고, 창의적이고, 능력있는 사회적 유아**다. 레지오 에밀리아 접근에서 유아 이미지는 사회적 · 문화적 집단 내에 안전하게 매재되어 있는 존재이다.

그러나 두 번째 견해는 Piaget의 이론과 상반된다. Piaget는 발달은 가변적이지 않으며 발달에 뒤이어 학습이 이루어진다고 하였다. 그러나 Vygotsky는 **학습이 발달에 선행**한다고 보았으며, 학습은 Piaget의 생각처럼 한결같은 것이 아니라 경험과 관계가 있다고 보았다. 예를 들어 유아에게 먼저 해당 사물의 이름을 말해 주면 유아의 개념 이해 능력이 촉진된다는 것이다.

셋째, **학습은 사회적 맥락과 분리될 수 없다**는 것이다. 학습은 유아가 학습 과정에서 자신을 도와주고 지원해 주는 사람들과 상호 작용할 수 있을 때 향상된다.

넷째, 상징적 사고 같은 **고등 정신 기능은 언어를 통해 전달**되기 때문에 언어, 즉 상징적 능력이 지적 발달에서 중추적인 역할을 한다는 것이다.

Vygotsky는 세 가지 초등 정신 기능과 고등 정신 기능을 말하였다. 초등 정신 기능은 선천적인 것으로, 반응적 주의(reactive attention), 연관된 기억(associative memory), 감각 운동적 사고(sensorimotor thought)와 같은 낮은 기능이다. 고등 정신 기능은 집중된 주의(focused attention), 의도적 기억(deliberate memory), 상징적 사고(symbolic thought)와 같은 인간 특유의 것으로서 다른 사람과의 상호 작용을 통해 발달한다.

개인적인 성장과 사회적인 성장 방법을 연합한 Vygotsky의 관점은 **학습이 쉽게 일어나는 근접 발달 영역**(Zone of Proximal Development : ZPD)을 강조하였다. 그 영역은 개인의 독립된 발달 수준과 잠재적인 발달 수준 간의 범위라 정의하였다(Vygotsky, 1978). 한 유아가 성인이나 보다 숙련된 또래로부터의 지원을 받아 ZPD 내에서 기능할 때 자신의 독립된 수준에서의 기능 이상으로 행동할 수 있게 된다. 이러한 보다 발달된 기능은 교사가 유아의 이전 지식에 주의를 기울일 때, 그리고 유아에 대해 보다 발달된 능력을 가져올 수 있는 존재라는 신념을 가질 때 강화될 수 있다.

Piaget와 Vygotsky 이론의 가장 큰 차이점은 유아간 그리고 교사나 주변 사람과의 관계에 부여하는 중요성에 있다. Piaget의 세계에서, 유아는 자신의 지식을 스스로 구성한다. 반면 Vygotsky는 다른 사람들과 함께 지식을 구성한다고 보았다. 이때 교사나 양육자와 맺는 관계의 질은 유아의 성장과 발달에 큰 영향을 미친다.

레지오 교육자들은 Vygotsky의 '교사의 합리적이고 넓은 개입' 에 가치를 둔다(Malaguzzi, 1998). 동시에 교사가 '능력을 갖지 않은 어떤 사람에게 능력을 주는 것' 이 쉽게 이루어졌던 전통적 교육에서 이러한 상황의 모호성을 지적하였다. ZPD 내에서 역할하는 것은 '성인이 이미 보고 있는 것과 유아가 보게 될 것' 간의 간격이 좁을 때, 그리고 '유아의 기대와 성향이 성취에 도달하기 위한 준비도와 기대를 가질 때' 보다 효율적이라고 하였다. 이러한 사회적 상황에 대해 Malaguzzi는 다음과 같이 말했다.

"우리는 성인이 이미 보고 있는 것을 유아가 곧 볼 수 있는 상황을 추구한다… 그러한 상황에서 성인은 유아에게 판단력과 지식을 빌려줄 수 있고, 또 빌려주어야 한다. 그러나 유아가 상환한다는 조건으로 빌려준다" (Edwards, Gandini, & Forman, 1998). '상환' 은 기술과 독립심이 증가한 형태로 이루어진다.

교사의 Scaffolding-교사, 유아가 함께 인형극장 고치기 방법 협의, 4세

Piaget와 마찬가지로 Vygotsky는 유아의 발달에서 놀이의 중요성을 인정했다. **두 이론가는 놀이가 유아에게 상징적 표상과 상징적 행위에 참여할 기회를 제공**한다는 점에서 그 가치를 인식했다. 그러나 Piaget는 놀이가 유아에게 능동적으로 참여할 자유를 제공한다는 점에서 그 가치를 인식한 반면, Vygotsky는 놀이가 유아 의지대로 행동하는 자유로운 표상을 억제하도록 한다는 점에서 중요시하였다. 각 놀이 활동에는 유아가 성공적으로 참여하기 위해 따라야 할 규칙과 역할이 있다. 놀이의 가장 큰 가치는 유아로 하여금 자신의 행위에 숙달하도록 요구하는 데 있다고 생각했다. 놀이가 전적으로 자발적인 것은 아니라고 생각한 점에서 Piaget와 견해를 달리한다. Vygotsky는 놀이가 **자기 조정력의 발달에 필수적인 억제와 제약을 유아에게 부과**한다고 하였다(Bodrova & Leong, 1996).

과거에, 세계의 유아교육 프로그램들은 유아의 발달이 놀이를 통해 이루어진다는 철학을 근간으로 삼고 있었다. 하지만 Vygotsky, 그리고 이후 Bruner의 연구에서 유아의 발달에 있어서 **관계의 필수적인 역할**이 밝혀진 후, 프로그램에서 관계의 역할을 필수적인 요소로 보는 경향이 나타나고 있다. 서구 사회에서 Vygotsky의 이론이 일반적으로 알려지기 이전에 레지오 교육자들은 관계의 중요성을 이미 파악하고 있었고, 프로그램의 필수적인 요소로 삼고 있었다.

Doll(1993)은 지능이 어떻게 공동 구성되는지를 더 잘 알수록 "공동체 의식은 새롭게 자리매김 하게 된다"고 보았다. **비판적 판단과 협동심을 가진 공동체**는 우리의 민주적 신념을 유지하고 작용하게 하는 단지 유쾌한 틀이 아니라 그 이상으로 깊은 의미를 지닌 학습의 본질이 될 수 있다. 또한 "사람들이 생각을 공유할 때 갈등을 낳는 의견들이 종종 집단 내에 일어나지만 그 갈등은 방해물로 작용하기보다는 집단이 방향을 전환할 수 있게 하는 에너지의 원천이 될 수 있으며 창의적인 문제 해결법을 찾게 해준다"고 지적했다. "우리는 성장을 가져오는 딜레마를 만들어 내는 갈등을 통한 상호 작용으로부터 인류의 수많은 학습이 일어났음을 깨달을 필요가 있다"고 했다.

내가 생각하는 정글 디자인, 5세

## 04 Gardner와 레지오의 연계

오랫동안 Gardner가 중심이 되어 온 Project Zero는 하버드 사범대학 내의 연구조직으로서 1967년 철학자 Nelson Goodman에 의해 예술 분야 교육의 연구와 개선을 위해 창설되었다. 예술 교육에 관한 체계적인 지식이 없음을 은유하여 그 당시 'Project Zero'라 이름하였다. Gardner는 1972년부터 Perkins와 함께 공동대표가 되었으며 현재는 Seidel이 대표를 맡고 있다. 수년간 Project Zero는 예술 분야의 연구에 집중해 왔으며 동시에 모든 분야로 확장하여 인지 발달과 예술 및 학습 과정과 교육에 대한 구체적인 이해에 기초를 두고 있다. Project Zero 연구자들은 학습자를 교육 과정의 중심에 두고 다양한 삶의 단계에서 **개인이 학습하는 방식과 세상을 지각하고 아이디어를 표출하는 다양한 방식**에 관심을 갖는다. 나아가 **개인, 집단, 기관이 자신의 능력을 최대한 발휘하여 학습이 일어나도록 도와주는 새로운 접근을 개발**하는 공동의 목표를 가지고 있다. 즉, 학습자가 이해하도록 가르치고 배우는 방법 탐색, 학습자가 비판적이고 창의적으로 '사고하는 문화'를 창출하는 방법, 교육 과정에 평가를 필수적, 지속적으로 만들어 가르침을 강화하고 학습자가 반성적으로 사고하도록 하는 연구 등이 수행되고 있다.

지난 30여년 동안 Project Zero는 현재 예술 교육뿐 아니라 인지, 학습, 교육학에 대해 연구하는 가장 오래되고 큰 교육 기관 중 하나로 성장하였다. 그동안 100여 명이 넘는 연구자들이 수백 여 가지의 연구와 프로젝트를 수행해 왔다. 대표적인 연구 'Project Intelligent'를 선두로 하여, 1985년에서 1990년까지 피츠버그 공립학교와 교육테스트 서비스(ETS)가 협력 프로젝트로 수행한 'Arts PROPEL'에서는 중·고등학교에서 포트폴리오를 사용한 음악, 시각 예술, 창작문예의 평가 방법을 고안하고 학생들의 작업에 대한 교사들의 대화를 구조화하는 프로토콜을 개발함으로써 교수와 학습을 새롭게 통찰하고 아이디어와 질문을 이끌어 내며 학생과 함께 작업을 검토하는 과정을 발달시켰다. 나아가 10여년 동안 연구된 '프로젝트 스펙트럼(Project Spectrum)' 프로젝트는 유아교육에서의 평가 방법을 개발하였다. 1990년대 초 미국에서 시작되어 현재 세계 여러 지역에 잘 알려진 중재 교육으로 '이해를 위한 가르치기(Teaching for Understanding)'가 있다.

1980년대 초 Gardner는 그동안 이루어진 발달심리학과 신경심리학 연구들을 토대로 '다지능이론'을 개발하였다. 1983년 『마음의 틀』이라는 저서를 통해 지능을 '문제를 해결하는 능력 혹은 특정한 문화에서 가치 있게 여기는 산물을 만들어 내는 능력'으로 정의하고, 인간이 가질 수 있는 8~9개의 서로 다른 지능을 정의내림으로써 **지능에 관한 우리의 관점을 확대**시켰다. 지능의 유형에 대한 Gardner의 정의는 지능이 무엇인가에 대한 우리의 의식을 변화시키고, 인간은 모두 지능을 가지고 태어나지만 유전적이고 환경적인 영향에 의해 시대에 상관없이 개인의 지능은 서로 다르며 이는 교육을 통해 무시될 수도 있고 활용될 수도 있음을 인식하도록 하였다.

Gardner가 정의한 첫 번째 지능은 **언어 지능**이다. 이는 소리·문법·구문을 포함하는 언어의 구조와 의미론·의미 형성·실용론을 포함하는 언어의 기능에 관한 인식을 의미한다. 읽기와 쓰기를 즐기고 말놀이를 하며 상상의 이야기를 고안해내는 유아들의 말 속에서 이와 같은 지능을 찾을 수 있다. 두 번째 지능은 **논리-수학적 지능**이다. 수 사이의 관계를 알아내고 패턴 발견하기를 즐기는 유아들은 이러한 지능을 나타내고 있는 것이다. 세 번째, 리듬 · 소리 · 높낮이 등 음악에서 민감성을 강조하는 **음악적 지능**은 초기에 발달하며 흔히 2, 3세가 되면 명확해진다. 네 번째, **공간적 지능**은 패턴을 조화시키는 능력, 유사성을 지각하는 능력, 공간적 관계를 개념화하는 능력을 포함한다. 이와 같은 능력은 유아 학교에서 레고 블록과 같은 3차원 매체들을 가지고 복잡한 구조물을 만드는 유아들에게서 종종 볼 수 있다. 다섯 번째인 **신체-운동적 지능**은 자신의 신체를 효율적이고 창의적인 방법으로 사용하는 능력이다. 자신의 운동 능력으로 실외 놀이 영역의 놀이 기구들을 능숙하게 사용하거나, 음악에 맞추어 리듬감 있게, 표현적으로 움직이는 능력은 신체-운동적 지능을 설명해 준다. 여섯 번째와 일곱 번째 지능은 개인 혹은 사회적 지능이다. **개인 간 지능**은 타인에 대한 이해를 포함하며, **개인 내 지능**은 자기 자신에 관한 이해를 포함한다. 특히, 정서적인 자극과 사회적 환경의 역동성에 민감한 유아는 개인 간 지능을 나타내 주며, 자신과 잘 지내는 유아는 개인 내 지능을 설명해 준다. 즉, 자신이 좋아하는 것과 싫어하는 것, 자신의 강점과 약점을 잘 알고 있다. 유아 학교 환경에서 자신이 즐겁게 할 활동이 무엇인지 쉽게 선택하고 직관적으로 아는 유아들이 그러하다. 최근에 Gardner는 여덟 번째인 **자연적 지능**을 정의 내렸다. 이것은 특별히 자연 세계에 민감한 유아들을 설명한다. 마지막으로 개인의 영적인 능력을 말하는 **실존주의적 지능**이 있다.

Krechevsky(1993)는 "정상적인 사람은 위에 기술한 모든 지능을 가지고 있다. 다만 지능의 특별한 구성에 있어서 차이가 있다. 지능은 분리되어 나타나지 않으며, 대부분의 역할, 과제, 산물에는 여러 지능들이 조합되어 나타난다"고 했다. "교육에 있어 흥미로운 도전은 서로 다른 지능의 프로파일을 이해하고 어떻게 구축할 것인가를 해결하는 것"이라고 하였다.

이러한 '다지능 이론'에 영감을 얻어 다중지능이론이 어떤 식으로 교육 과정, 교육학 및 평가에 있어 개별적인 접근을 촉진시킬 수 있는가를 알아내는 교육 연구를 위해 노력하고 있다. '다중지능이론에 따른 Project Zero의 교육 연구'는 두 가지 방향으로 진행되었다. 그 한 가지는 학습자의 학습을 어떻게 가장 잘 평가하는가에 초점을 두고 특히 다중지능이 어떻게 관찰될 수 있는가에 관심을 가졌다. Arts PROPEL과 프로젝트 스펙트럼은 이러한 두 가지 노력의 소산이다. 다른 한 가지는 다양한 학습에서 학습자들이 가장 잘 이해할 수 있는 방법에 초점을 맞추었다. 여기서 이해는 사실이나 개념을 단순히 암기하는 것에서 벗어나서 새로운 상황에 지식을 적절히 활용하는 것을 말한다. Gardner의 견해에서 이해란 여러 지능을 사용하여 자신이 학습한 것을 어떻게 활용하는가를 자신과 다른 사람에게 보여주는 것으로 본다. 이러한 아이디어들이 **'이해를 돕는 교수 방법'에 대한 연구**를 통해 개발되고 있다.

Gardner와 레지오 학교와의 인연은 1980년대 초 레지오 학교가 『마음의 틀』이라는 책에 관한 강연을 위해 그를 초청하면서부터 시작되었다. 이후 레지오와 Project Zero 연구자들 간에는 많은 교류가 있었으며 1997년부터 2000년까지 3년간 '학습을 가시화하기(Making learning visible)' 협력 연구를 수행하였다.

Gardner와 Project Zero의 연구가 레지오 접근법과 맥을 같이 하는 부분은 첫째, 다중지능이론 둘째, 새로운 평가에 접근하는 방법, 셋째는 이해에 초점을 두는 교수와 학습에 대한 인식론이라 하겠다.

첫째, Gardner의 '다지능 이론'의 기본 사상에 대한 이해는 Malaguzzi가 레지오 유아들의 경험 특성을 나타내는 "백 가지 언어"이론을 개발하고 수정하는 데 영향을 주었다. 레지오 교육자들은 유아들이 경험을 구성하고 이해하는 수많은 방법을 인식하고 있다.

다지능 이론에서 말하는 8~9개의 표현 방법에 제한하지 않고 '유아들의 백 가지 언어'를 강조한다. 그러나 지능의 특정 수치에서 벗어나서 **지능의 다원성, 가능성, 풍부함, 확장과 대화의 개념**들을 중요한 구성 요소로 본다(Rinaldi, 2001)

둘째, Project Zero에서 개발한 Project Spectrum과 Arts PROPEL의 **평가 유형**은 레지오 교육자들이 가지는 유아, 교수, 학습에 대한 가치관이나 시각과 유사하다. 물론 Seidel(2001)은 자신들의 평가가 개인의 작업에 집중하여 기록하고 보고하려는 경향이 있는 반면, 레지오는 집단과 개인이 움직이고 상호 작용하며 공헌하고 '타인이 학습하는 방법'으로부터 배우는 방식에 초점을 두고 있다고 하였다. Project Zero가 결과, 성취, 시간 경과에 따른 발전을 측정하는 데에 초점을 두는 반면, 레지오는 교수, 학습, 놀이, 사고 및 기타 인식론적 고찰의 행위에 초점을 두는 차이점을 지적한 바 있다. 레지오 학교에서 이루어지는 유아들의 프로젝트에서 학습자의 학습 과정에 대한 기록 작업은 독특하고 체계적인 평가 형식이다. 기록 작업은 유아들의 아이디어, 가설, 느낌, 실험, 추론, 개념의 원인과 발달, 직관, 수행에 초점을 둔다. 그리고 경험 · 지식 · 기술과 통찰력 간의 관계를 나타내는 이해의 '내용과 그 과정'에 개입된 인지 과정을 중요하게 다룬다. 레지오의 기록 작업은 유아들의 행위와 상호 작용을 기록하여 공유하는 과정에서 새로운 아이디어가 발현되며 새로운 사고, 질문, 발견을 이끌어낸다.

셋째, 학교 교육의 목적과 목표 달성을 위한 최선의 방법에 대한 최근의 교육 논쟁에서 학교에서 이루어지는 학습은 이해에 초점을 두어야 한다는 입장이 우세하다. Project Zero는 **'이해를 위한 교수 학습'**을 목표로 이해란 무엇인가?, 이해는 어떻게 발달되는가?, 학습자의 이해를 어떻게 알아볼 수 있는가?, 깊은 이해를 도모하고 지원하기 위한 학습 환경은 어떻게 구성할 수 있을까?를 연구하였다. 이러한 노력으로 인하여 '지속적인 평가'를 학습 경험의 구조 속에 포함시켜 교사뿐 아니라 학습자가 자신의 사고와 활동에 대해 스스로 평가하고 반성할 수 있는 기회의 틀을 만들어 왔다. 물론 그간의 초점은 '이해의 수행'에 있었지만 이해는 유동적이며 발전해 가는 것임을 인정하는 맥락에서 이루어지고 있다. 이러한 측면에서 레지오 교사들이 학습을 보는 방식과 유사하다. 레지오 교사들은 유아의 높은 지각 능력, 인지 능력과 동기 부여를 기반으로, 유아가 흥미를 느끼는 부분을 잘 찾을 수 있도록 돕는다. 이 과정에서 교사는 유아의 잠재 능력과 도달점에 대한 이해를 넓혀 줄 수 있다.

## 05 Malaguzzi와 레지오 접근법의 진화

2차 세계대전이 끝난 후 1945년 봄, 레지오 에밀리아 지역 시민들은 유아들을 위해 자신들이 참여할 수 있는 학교를 짓기 시작하였다. 레지오 학교는 지역사회 중심으로 운영되는 교사 주도의 학교로 시작하였다. 레지오의 초기 학교는 한 교실에 30명~50명의 유아와 1명의 교사가 함께하면서 전통적인 가르침 위주의 교육이 이루어지는 접근이었다.

1963년부터 시립학교 체제가 시작되어 25년 동안 실제적인 지도자로서 Malaguzzi의 강력한 리더십에 따라 학교 변화가 시작되었다. Malaguzzi는 많은 사람들과 상호 협력적으로 일하고, 논의하는 데 몰입하며, 다른 사람들로부터 배우고자 하는 강력한 교육 지도자요, 교사들의 중심이 되었다. 또한 이탈리아의 다른 진보적인 교육자들과 일하면서 다른 나라의 이론들을 연구하고 도입하였다. Malaguzzi는 교사가 유아들과 함께 '행한 것'과 '행하지 않은 것'을 볼 수 있는 새로운 방식을 시도해 보도록 도전을 주었으며 교사 간 긴밀한 대화를 촉구하였고 자신 또한 이러한 탐색에 리더십을 가지고 참여하였다.

Malaguzzi는 교사와 유아 간 학습에서 어떻게 새로운 아이디어가 발달되고 학습에 실용될 수 있는가 뿐 아니라, 보다 새로운 자신들 나름의 방법을 발달시키고 이론을 형성하여 유아교육에 영향을 주었다. 이론과 실제에 대한 이러한 역동적이고, 상호 작용적인 관점은 Vygotsky의 역동적인 관점과 유사하다. Malaguzzi가 레지오 학교에서 도출해 낸 새로운 아이디어는 다음과 같다.

- 두 교사가 한 교실에서 동일한 책임감을 갖고 일하는 **공동 교수제**
- 교사들이 학습한 것을 **상호 의사소통**할 수 있는 지원과 시간
- 시각 미술을 훈련받은 **아뜰리에리스타**를 두어 유아를 다른 시각에서 보고 교사, 유아, 부모와 공조하기
- **미술**을 끌어와 학교의 중심에 둠으로써 새로운 의미 부여하기
- 유아들의 활동을 **기록화**하여 학교에서 일어나는 일을 가족과 지역사회에 의사소통하는 방법으로 활용
- 학교를 하나의 **사회 체제**로 보고, 모든 부분은 총체적 체제에 영향을 주는 부분으로 이해

Malaguzzi는 독특한 나름의 아이디어를 발달시킴과 동시에 자신들의 경험으로부터 학습하고, 학습한 것에 대해 다른 사람들과 이야기한다. 레지오 학교의 Carlina Rinaldi는 이는 진정으로 유아와 성인 모두를 위한 것이라고 지적한다.

> 모든 지식은 자신과 사회를 구성해 나가는 과정에서 나타난다고 우리는 믿는다. 유아들은 자신의 경험에서 단지 수동적인 존재가 아니라 또래들과 함께 지식을 구성하고 사회화해 나가는 적극적인 주체이다. 유아들의 행위는 사회적 환경에 대한 반응 이상이며 사회적 상호 작용을 통하여 유아에 의해 발달된 정신적 구성물로 간주될 수 있다. 사회적 발달과 인지적 발달 간에는 밀접한 상관 관계가 있다. 그것은 일종의 나선형으로서 인지적 체제와 사회적 체제 모두를 수정하는 인지적 갈등에 의해 유지된다(Rinaldi, 1998).

Malaguzzi와 레지오 교육자들은 성인, 유아 모두를 위해 개인과 사회적 과정 간의 역동적인 상관 관계에 대한 이해의 토대 위에 교육 경험을 구축하였다. 자신들의 용어로 '자신과 사회적 구성주의(self and social constructivism)'라 표현되는 이 개념은 레지오 교육자들이 협력을 통해 지식을 공동 구성해 나가는 이론이자 실천이다.

유아의 학습을 학교와 지역사회가 볼 수 있도록 만드는 기록 작업은 레지오에서 교사가 유아들과 협력해 가는 중요한 요소이다. 유아의 활동을 관찰하고 기록화함으로써 레지오 교사들은 유아들의 근접 발달영역에 대한 민감성을 포착할 수 있는 창의적인 방법을 발견하였다. 교사들은 흔히 유아들의 대화를 비디오나 오디오로 기록하여 이후 다른 교사들과 함께 유아들의 사고와 이론을 연구하고 제언한다. 이러한 방식으로 교사들은 유아의 생각과 밀접한 관계를 유지하면서 유아들의 특정 질문과 관심에 자신들의 역할을 세밀하게 조율한다. 이러한 방식은 프로젝트 주제에 대한 교사와 유아의 질문과 사고를 확장시키는 데 효율적인 방법임이 입증되어 왔다.

협력적 의사소통을 위한 시간이 레지오 학교에는 구조적으로 설정되어 있다. 예를 들어 각 교실에서 이루어지는 교사간 공동 교수는 교사들이 매일의 교수 행위에 대해 서로 반성하기 위한 시간을 갖게 한다. 레지오 교육자들은 교사와 가족 개개인이 강한 리더십을 가지고 자신의 개인적 관점을 표현하도록 한다. 해가 더해 갈수록 성인들이 스스로 대화하고 반성하는 능력은 발달되어 왔으며, 그것은 유아와 성인 모두에게 학습하고 변화하며 성장하도록 하였다. Malaguzzi는 이러한 활동 방법에 대해 다음과 같이 통찰하였다.

> 관계는 우리 체제의 여러 차원을 본질적으로 연결한다. 그러나 그것은 단지 따뜻하고, 보호적으로 포장되는 것이 아니라 공동의 목표를 향하여 초점과 요소들을 상호 연결하는 하나의 원동력이다. 우리 체제의 강점은 우리가 만들어가는 그러한 방법에 분명히 달려있고, 그것이 관계와 상호 작용을 위한 필요를 강화한다. 우리는 기대, 갈등, 협력, 선택의 흐름을 보장해 주고 프로그램의 인지적, 정의적, 표현적 영역이 연합되도록 전개해갈 수 있는 사회적 상호 교환의 지원을 추구한다(Malaguzzi, 1998).

이것은 레지오의 실천에서 교사들이 자신들의 일에 대해 다른 사람과 협의하는 것을 얼마나 중요하게 생각하는지를 보여준다. Malaguzzi는 교사들이 다른 사람과 깊이 있게 토의하는 이점에 대해 다음과 같이 기술하였다.

> 교사들은 자신이 사고하고 행동하는 것을 개인의 이론에 의존하면 알기도 하고 모르기도 한다. 다른 사람과 의견을 나누는 과정은 개인의 이론이 유아교육과 어떻게 연결되는가를 지적해 주며 학교내의 상호 관계와 조직체내의 상호 관계를 알게 한다. 일반적으로 동료들이 함께 긴밀하게 일하고 공동의 문제를 공유할 때, 개인의 이론은 수정되고 행동의 일관성은 촉진된다. 우리는 언제나 이를 격려하고자 노력한다(Malaguzzi, 1998).

레지오로부터의 학습은 거리가 먼 곳으로부터 온 것이 아니라 그간 유아교육이 발달되고 연구되면서 잘 알려져 온 철학들을 재정교화하는 학습을 강조한다. 레지오의 이론들은 친숙한 면도 있는 반면, 레지오 교육자들의 경험에 의해 나름대로 변형되어져 왔다. 레지오로부터의 학습은 교육자들로 하여금, 교육자로서 우리 스스로에 대해 학습하게 하고, 우리 스스로 유아와 가족을 이해하고 지역사회간, 문화간 그리고 개인 간의 관계를 심화시켜 나가는 방법과 함께 일하는 방법을 알게 하였다. 또한 교실에서 유아의 보다 창의적인 생활이 개방되도록 이론이 변형되어졌다.

Malaguzzi는 비판적이고 창의적으로 사고하는 깊이 있는 이론가였으며, 이론은 실천을 수반할 때에만 유용하다(Malaguzzi, 1998)고 주장하였다. Malaguzzi는 레지오 에밀리아에서 유아들을 위한 학교 실제를 개선하기 위하여, 실용적이고 원동력 있는 이론의 발달을 위해 자신의 인생을 헌신하였다. 레지오의 한 작은 도시에서 동료들과 함께 시작하여 유아들의 문화를 바꾸고자 한 기발한 목표는 레지오 에밀리아 접근법으로 계속되었고, 전 세계 많은 사람들과 유아교육 프로그램에 충격을 주었다.

나무늘보가 좋아하는 독 있는 나무를 만들자, 5세

# Chapter 8

질 문

01 프로젝트를 위한 프로제타지오네는 반드시 필요한가?

02 발현적 교육 과정은 어떤 과정을 거쳐 변형되는가?

03 우리가 강조해 온 '창의성'의 함정은 무엇인가?

04 '그리기'가 학습의 수단으로 활용될 때 창의적 표현은 제한되는가?

05 프로젝트의 상징화 주기는 다양한 활동 수행이 아니라 이해를 심화 · 확장하는 과학적 탐색이 되고 있는가?

06 다매체의 서로 다른 인지적 기능에 대해 연구하는가?

07 탐색 주제에 대한 의미론적 · 기능적 목적을 지속적으로 재고하는가?

08 표상과 메타 표상의 차이는 무엇인가?

09 우리 교실에서 유아간, 교사 · 유아 간 진정한 사회적 상호작용은 이루어지는가?

10 인력과 시간이 부족한 유아 교육 현장에서 교사들은 기록화를 어떻게 인식하고 실천하는가?

# 사회적 구성주의 패러다임의 교육과정 운영과 변형

사회적 구성주의는 넓은 관계 체제 속에서 유아를 지식의 적극적인 구성자로 보는 이미지에 근거하며, '레지오 접근법' 의 철학과 실천에 근간이 되고 있다.

현 시대가 요청하는 포스트모더니즘은 우리가 가져온 진리, 가치, 믿음과 그것의 원천에 대한 반성을 필요로 한다. 교육 과정 리더로서 유아교사의 교수 학습 행위는 반성적 실천의 객관적 습관화가 필요하다. 반성적으로 탐구하는 교사는 교육을 예술로 본다. 스스로를 고정된 지식자, 기술자보다는 탐구자, 예술가로 보며 예술을 교실에서 표현한다. 반성적 탐구를 통하여 개발되어지는 가르치기의 예술과 변형 교육 과정 간에는 유기적인 관계를 가진다. 사회적 구성주의 철학, 교수 학습 원리를 잘 적용하고 있는 레지오 학교의 교육 과정 운영 원리별로 교사가 반성해야 할 사항과 질문해 온 내용들을 추출하였다. 나아가 국내 현장에 적용하면서 교사 수준, 기관 수준에서 가져온 교수 학습 방법의 변형 과정과 내용을 공유하고자 한다.

상수리나무 땅밑에는
뱀과 다람쥐들이 살아, 5세

Progettazione and Emergent Curriculum
Drawing to Learn
Cycle of Symbolization
Reflective Media
Meta Representation
Social Interaction
Documentation

## 01 프로젝트를 위한 프로제타지오네와 발현적 교육 과정

반성1. 미리 정해진 주제가 아니라 유아의 흥미와 관심에 따라 프로젝트 주제를 선정하였는가?

반성2. 프로젝트 계획 단계에서 다방면의 학습 가능성을 예측하고 수행에 필요한 자원을 '사전 정찰' 하였는가?

반성3. 사전 정찰을 토대로 가설적 운영 계획을 세우고 유아의 흥미나 요구에 부합되는 융통성 있는 목표를 설정하였는가?

반성4. 유아의 관심, 학습 진행 상태 등과 교사의 판단에 따라 상호 협상 과정을 통해 학습의 잠재력을 찾고 지원 방법을 협의하였는가?

반성5. 프로젝트 전개 시 교사간의 프로제타지오네를 통해 학습의 잠재력을 찾고 지원 방법을 협의하였는가?

반성6. 주제에 대한 이해의 폭을 넓히기보다 이해의 깊이를 심화시키는 프로젝트를 시도하였는가?

반성7. 비교육적이라 생각되는 주제라 하더라도 유아가 흥미나 관심을 갖는 주제일 경우 과감하게 시도하였는가?

프로젝트를 수행한다는 것은…

우연히 또는 의도적으로 과정 중에 변형될 수도 있지만
목표를 달성한다는 견지에서
아이디어와 사실들을 예측해 보고 예견해 보는 것을 의미한다.

이는 유아들이 엄청난 집중력과
때로 믿을 수 없을 만큼의 능력을 보이면서
어떻게 그룹으로 대처해야 하는지 알아가는
강도 높으며 가설적인 게임이다.

교사들이 해야 할 중요한 일은
유아들은 우리가 생각하는 것 이상으로
더 많이 나아가는 데 필요한 자원을 가지고 있다는 신념을 갖고,

유아들의 창의적이고 실천적인 과정이 갖는 자연스러움을
가능한 한 보존해 주는 것이다.

우리는 유아들이 가진 최고의 자원과
자신들의 경험에서 생겨나는 의미를
내면화하고 재조직할 수 있는
최대한의 능력을 발휘할 수 있도록 해주어서,
프로젝트를 수행하는 탐색 과정을 통해
개인적 발달의 약속과 목표를 유지할 수 있도록
보장해 주어야만 한다(Loris Malaguzzi).

## 01_1 프로제타지오네와 발현적 교육 과정

Eisner(1994)의 가르침의 예술은 경험에 기초하여 전개되는 내용을 해석하며, 발현되는 사건에 기초하여 교수하고, 과정 중에서 목표가 창안될 때 가능하다. 이러한 '예술 작업'은 탐색, 발견해 가는 다양한 방법을 기르는 접근이며, 구성주의 학습을 실천하는 교실에서 발견된다(Garrison, 1997). 예술로서의 가르침은 교사들이 기록화를 토대로 협의를 통해 교육과정을 발현해 가는 레지오의 프로제타지오네에서 볼 수 있다.

사회적 구성주의 패러다임에서는 교육 과정을 미리 정해놓는 것이 아니라 유아와 교사의 아이디어를 진정으로 존중하여 자연스럽게 학습 과정의 흐름을 따른다. 여기서 **프로젝트는 교수 학습을 위한 토대**가 된다. 유아와 교사들은 추론을 위한 학습에 대한 강한 신념에 기초하여 그룹으로 토의하고 아이디어와 경험을 재방문하면서 더 나은 이해와 의미있는 학습을 추구하는 중요한 교수 학습 방법이다.

**프로젝트에 대한 아이디어**는 유아들의 호기심 많은 마인드를 함께 따라가면서 유아들이 지식을 구성해 가는 과정에서 유아와 교사의 경험의 계속성을 추구함으로써 시작된다. 프로젝트는 며칠간 또는 몇 달간 지속될 수 있다.

'프로제타지오네'라는 이탈리아 말은 프로젝트 과정에서 탐색 방법을 더 연구할 유연성 있는 계획을 세우고 유아, 부모, 지역사회와 협력하여 계획을 실행할 방법을 고안하는 것을 의미한다. 교육 과정을 미리 계획하는 대신 교사들은 매번 프로젝트 수행에 필요한 자원을 '**사전 정찰**(reconnaissance)' 하는 것으로 시작한다. 사전 정찰을 토대로 프로젝트 운영을 위한 **가설적 계획**을 세우고 유아의 흥미나 욕구에 부합되는 **융통성 있는 목표를 설정**한다. 교사들은 프로젝트의 전개와 경험의 방향이 무엇인가에 대한 가설을 만들고 일반적인 목표를 설정함으로써 결과적으로 적합한 준비를 한다. 이러한 일반적인 목표와 가설들은 교사로서의 자신의 경험에 기초할 뿐만 아니라 각 개별 유아와 유아 그룹의 역동성에 대한 지식에 기초한다.

활동 과정에서 교사는 유아들을 관찰한 후에 관찰한 바를 함께 비교하고 토론하고 해석한다. 교사는 유아가 충족시켜야 할 욕구를 가진 존재가 아니라 도전에 개방적이고, 또래와 협력할 수 있으며, 목표한 것을 실행할 수 있는, 능력 있는 권리를 가진 존재로 보기 때문에 유아의 활동에 **끊임없는 실험과 기록화를 수행**한다. 기록화를 토대로 교사간 프로제타지오네를 통해 학습의 잠재력을 반영하고 지원해 줄 수 있는 단서를 찾는다.

이에 따라 유아가 문제와 의문점을 스스로 발견하고 가설을 세우고, 검증, 확인해 나가도록 돕는다. 교사들은 자신의 노트 기록, 녹음 내용, 시각적인 표상을 가지고 토론하며 융통성있게 계획하고 준비한다. 교사들은 탐색과 학습을 지속하는 방법과 무엇을 제공할지에 대해 선택하고 유아들과 공유한다. 종종 교사들은 재고찰을 위해 유아들과의 경험 내용을 재방문하기도 한다. 유아의 학습을 강화하고 발견할 수 있는 새로운 기회를 제공하기 위해 **학습하고 행한 내용의 의미를 교사들과 함께 재고**한다.

실제 프로제타지오네는 경험이나 프로젝트 과정 속에서 **계속적으로 구성**되며 유아들과 그리고 교사들 간의 계속적인 대화를 통하여 적합하게 재조정된다. 이를 위한 기록 작업 과정은 레지오 에밀리아의 유아학교와 영유아 센터에서 일상적으로 일어나는 경험을 통합시키는 중요한 수단이다.

교사는 유아와 교사, 대집단 유아, 또는 집단의 유아들 혹은 혼자 작은 공간을 필요로 할 때 활용할 수 있는 기회를 제공한다. 교사는 언제나 가까이 있지만, 유아는 또래들과 **소그룹으로 상호 작용**할 때 많은 것을 배운다. 교사는 학습자가 경험을 형성해 나가는 존재임을 인식하고, 유아와 함께 학습 · 재학습해 나간다. 두서넛 또는 다섯 명의 소집단 유아들은 집중하고, 서로의 의견을 듣거나 따르고, 호기심과 관심을 키우고, 질문하며, 서로에게 답하는 등의 가능성을 만들어 낸다.

Malaguzzi는 동일 연령 집단의 유아일수록 대화를 통해 계획하고 결정하는 것이 용이하다고 하였다. 이러한 소그룹 학습 상황은 **인지적 갈등**을 발생시키고, 이러한 갈등은 유아들이 해결책을 찾아내는 동안, 새로운 학습과 새로운 기술을 함께 구성하도록 한다.

**장기 또는 단기의 프로젝트**를 통해 한 가지 주제를 중심으로 소집단의 유아가 협력적 상호 작용을 통해 문제 해결을 할 수 있는 기회를 최대화하고 유아는 자신의 아이디어를 상징적으로 표상할 수 있도록 여러 가지 매체를 제공한다. 유아가 **다양한 매체**를 사용한 다상징적 표상을 통해 반성의 기회를 가짐으로써 심화된 학습이 이루어지도록 한다. 또한 유아의 경험과 활동에 대해 언어적 시각적 **기록을 제공하며 재방문하여 반성하고, 해석할 기회를 제공**한다.

그러므로 학습에 있어서 성인의 역할은 최소화할 수 없으며, 유아의 자발적 참여 또한 강조되고, **교사와 유아가 함께 프로젝트를 수행**한다. 그러한 학습 과정에서 유아와 교사 모두 발전한다고 믿는다. 프로젝트 운영 과정에서 유아들의 제안과 교사들의 지속적인 프로제타지오네를 통해 학급마다 다양한 장르와 하위 주제가 발현되어 유치원 차원의 전통놀이 마당이 전개된 사례를 소개한다.

T유치원에서 부모와 동네 어른들을 초대하기 위해 유치원 전체 유아가 탐색 · 준비 · 제작 · 구성하였던 '놀이 한마당' 프로젝트 수행 과정에서는 유아간, 유아-교사 간, 교사간 협의 과정을 거쳐 학급별로 '마당극(5세)' '난타(5세)' '탈극(4세)' '전래놀이(4세)' '강강술래(3세)' 와 같은 하위 프로젝트가 발현되었다. **발현된 장르별 전통극**은 동네 사람들과 어우러지는 놀이 한마당을 향한 공동의 목표를 가지고 약 7~8주간 각 학급별로 전개되었다. 인근 초등학교의 강당에서 유아들이 제작한 초대장과 포스터를 보고 모여든 부모뿐 아니라 동네 사람들과 유아들이 주관하는 한마당이 벌어졌다. 대략의 탐색 및 구성 내용은 다음 표와 같으며 마당극 공연을 위한 탐색 과정을 예시하였다.

# T유치원 놀이마당

마당극(5세)
'늑대가 들려주는 아기돼지 삼형제'

1. 동화 선정 (늑대가 들려주는 아기돼지 삼형제)
2. 마당극 탐색
3. 마당극 공연 보기
4. 소품 만들기(돼지 집)
   4.1 볏짚으로 만든 집
   4.2 나뭇가지 집
   4.3 벽돌 집
5. 옛날 노래 종류 알아보기
6. 노래 선정
7. 장단 알아보기
8. 장단, 노래에 맞추어 대본 수정
9. 배역 정하기
10. 준비되지 않은 소품 만들기
    10.1 늑대 의상
    10.2 신문기사
11. 마당극 공연 시연
12. 부족한 부분 평가
13. 공연 모습 비디오 모니터링
14. 다른 반 초대 리허설
15. 평 가
16. 다른 반 공연 관람
17. 관람 소감 나누기
18. 공연 장소 돌아보기(인근 초등학교)
19. 다른 반과 협력하여 무대 배경 만들기
20. 공연 과정 비디오 녹화
21. 평 가
22. 공연 장소에서 리허설
23. 수정 · 보완하기
    23.1 장소 · 위치 수정
    23.2 의상 · 소품 수정
    23.3 무대 위치 수정
    23.4 돼지집 수정
    23.5 끝날 때 마무리 수정
24. 초대장 만들기
25. 포스터 만들기
26. 공 연

1. 동화 선정

2. 마당극 탐색

3. 마당극 공연 보기

4.1 볏단 집

4.2 나뭇가지 집

4.3 벽돌 집 만들기

5. 옛날 노래 종류 알아보기

6. 노래 선정

7. 장단 알아보기

8. 장단 · 노래에 맞춰 대본 수정

9. 배역 정하기

10.1 늑대 의상

10.2 신문기사

11. 마당극 공연 시연

12. 부족한 부분 평가

13. 공연 모습 모니터링

14. 리허설

15. 평 가

16. 다른 반 공연 관람

17. 관람 소감 나누기

18. 공연 장소 돌아보기

19. 다른 반과 협력하여 무대 배경 만들기

20. 공연과정 비디오 녹화

21. 평 가

22. 공연 장소에서 리허설

23.1 장소 · 위치 수정

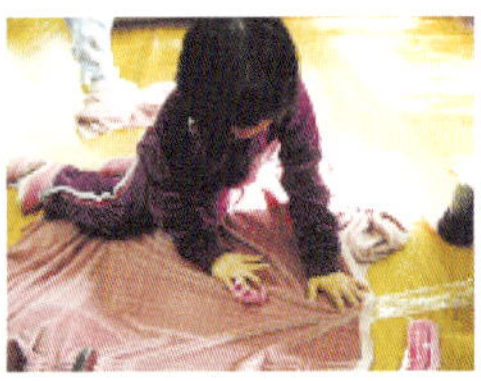
23.2 의상 · 소품 수정

23.3 무대 위치 수정

23.4 돼지 집 수정

23.5 끝날 때 마무리 수정

난 타(5세)
'브레멘의 동물 음악대'

1. 난타 알아보기
2. 소리가 나는 물건 찾아보기
3. 소리 탐색
4. 난타 공연 보고 이야기 나누기
5. 우리 느낌으로 동화 각색(브레멘의 동물 음악대)
6. 전통 노래 배우기
7. 각 장면에 어떤 노래 넣을지 토의
8. 노래 가사 개사
9. 배역 정하기
10. 모아진 물건 소리
11. 인터넷 통해 난타 공연 보기
12. 노래에 맞는 박자 정하기
13. 소품 만들기 (집, 도깨비 방망이)
14. 역할 정하여 시연
15. 첫 공연 후 평가
16. 난타의 분위기에 맞는 장단 연구하기
17. 사물놀이 알아보기
18. 북, 징, 장구, 꽹과리 소리 재연을 위한 물건 분류하기
19. 악기 소리 내보기
20. 노래에 맞는 장단 찾기
21. 배역 추가
22. 공연한 모습 비디오 촬영
23. 비디오 관람 후 평가
24. 탈 꾸미기
25. 인근 초등학교 공연장에서 공연
26. 초대장 · 포스터 만들기
27. 공 연

탈 극(4세)
'도깨비와 동물 친구들'

1. 탈 인형극 알아보기
2. 동화 정하기
3. 내가 본 탈극 소개하기
4. 탈극 그림 그리기
5. 탈춤 비디오 보며 이야기 나누기
6. 궁금한 점 이야기
7. 탈 종류 · 탈춤 추는 이유 알아보기
8. 탈춤 춰보기
9. 실제 탈 관찰
10. 탈 쓰고 추기
11. 탈 만들기 결정
12. 적합한 동화책 탐색
13. 동화 각색하기
14. 종이 죽 만들기
15. 역할 정하기
   15.1 해설자 / 15.2 등장인물
16. 동물 모양 탐색
17. 역할별 동물 그리기
   17.1 도깨비 / 17.2 코끼리 / 17.3 개미
   17.4 고슴도치 / 17.5 코뿔소 / 17.6 공작
   17.7 부엉이 / 17.8 사자
18. 종이죽으로 탈 만들기
   18.1 형태 만들기/ 18.2 표정 구성/ 18.3 윤곽 표현
19. 탈춤 장단 배우기 "낙양동천이화정"
20. 장단, 탈춤, 탈극 순서 정하기
21. 쉬운 장단 정하기
22. 의상 만들기
   22.1 모양 정하기 / 22.2 엄마와 옷 만들기
23. 탈 꾸미기
   23.1 적합한 매체 찾기
   23.2 어울리게 꾸미기
   23.3 꾸미기
24. 동물 탈 완성
25. 동물별 옷 완성
26. 초대장 만들기
27. 포스터 만들기
28. 공 연

전래놀이(4세)
'여러 가지 전래놀이'

1. 동극을 위한 동화 정하기(금붕어의 숨바꼭질)
2. 동화책 내용 각색하기
3. 전래놀이에 관심 갖기
4. 전래놀이 종류 탐색
    4.1 '꼬마야 꼬마야'
    4.2 '우리집에 왜 왔니?'
    4.3 '무궁화 꽃이 피었습니다'
    4.4 '대문놀이'
    4.5 '문지기 놀이'
    4.6 '여우야 여우야 뭐하니?'
5. 공연을 위한 대본 만들기
6. 소품 만들기
    6.1 바위 만들기
    6.2 큰 나무 만들기
7. 놀이별 소그룹 정하기
8. 놀이별 공연 방법 협의하기
    8.1 줄 돌리는 방법
    8.2 술래 정하기
    8.3 대문놀이 규칙 정하기
    8.4 여우놀이 규칙과 순서 정하기
9. 대본 연습하기
10. 국악 선생님께 춤 배우기
11. 소그룹별 공연
12. 형님과 선생님 초대하여 공연
13. 지적된 부족한 점 협의
14. 나무 꾸미기
15. 국악 선생님과 연습
16. 공연 장소 방문 & 연습
17. 두 번째 공연
18. 초대장 만들기
19. 포스터 만들기
20. 공 연

강강술래(3세)
'우리가 만든 강강술래'

1. 음악에 대한 경험 나누기
2. 음악 감상
    2.1 왈츠 음악 감상
    2.2 음악에 맞는 춤 이야기하기
    2.3 캉캉음악과 비교하기
3. 전통음악 듣고 몸으로 표현하기
4. 강강술래 탐색
    4.1 노래 탐색 / 4.2 춤 탐색
5. 강강술래 해보기
    5.1 국악선생님 초대하기 / 5.2 강강술래 춤추기
6. 강강술래 노래, 박자 재구성하기
7. 강강술래 유래 알아보기
    7.1 이야기 나누기/ 7.2 인터넷과 자료검색
8. 강강술래 노랫말 재구성
9. 역할 나누기
    9.1 고사리 엮자/ 9.2 청어 엮자/ 9.3 청어 풀자
10. 남자, 여자 놀이 나누기
    10.1 여자친구팀 (강강술래)
    10.2 남자친구팀 (손치기, 발치기)
11. 동작 구체적 협의
12. 노래 방법 협의
    12.1 여자친구팀/ 12.2 남자친구팀
13. 강강술래 해보기
14. 문제점 발견
15. 형님과 선생님 초청 강강술래 공연
16. 문제점 해결
17. 놀이마당 장소에 가 보기
18. 강강술래 첫 공연 후 재공연
19. 강강술래 두 번째 공연 및 평가
20. 평가 후 재수정
21. 강강술래 소품 준비
    21.1 보름달
22. 부모님 초대 준비
    22.1 초대장 만들기
    22.2 형님 도움 받아 포스터 만들기
23. 공 연

## 01_2 기계적, 일상적, 창의적 변형으로

사회적 구성주의 패러다임의 학습 공동체 참여 기관과 함께 변화되는 프로젝트 적용 수준을 알아보았다. 기관내 학습 공동체가 이루어지는 동안 연간 세 차례, 교육 과정 적용 수준을 평가하고 실천 과정에서 수집된 협의 내용, 교사의 종적 · 횡적 저널, 교사 면담 전사 내용들을 분석하였다.

기관내 학습 공동체 실천 동안 교육 과정 적용 수준의 변화 과정을 살피고 이후 실천을 반성하기 위해 학년 초(3월), 1학기 말(7월), 겨울 방학 전(12월)의 적용 수준을 분석하였다. 아래 〈표 8-1〉에서 보는 바와 같이 적용 수준은 기계적 적용에서 일상적 적용으로 그리고 변형된 창의적 적용 수준으로의 변화 경향을 보였다.

학년 초에는 7개의 특성 중 '학습을 위한 그리기'와 '의사소통 맥락의 표상 활용'에서만 기계적인 적용(수준 3)을, 나머지 5개 특성에서는 적용 준비(수준 2)의 높은 수준을 보인다. 1학기가 끝나는 7월에는 기록화의 활용에서만 '기관간 공유 활동의 부족'으로 인해 근소한 차이로 수준 3을 넘지 못하였고 모든 영역에서 기계적 적용 이상의 수준을 보였다. 12월에는 근소한 차이가 있기는 하나 대부분 특성에서 일상적 적용(수준 4)으로 나타났으며 학습을 위한 그리기, 상징화주기를 통한 다상징화, 교수 매체 활용에서는 창의적 수준에 이르는 교사도 있었다.

**〈표 8-1〉 교육과정 운영 특성별 적용 수준 변화**

| 운영 특성 범주 | M | | | |
|---|---|---|---|---|
| | 3월 | 7월 | 12월 | |
| 1. 프로젝트를 통한 발현적 교육 과정 운영 | 2.72 | 3.19 | 3.89 | |
| 2. 학습을 위한 그리기 | 3.35 | 3.25 | 4.27 | |
| 3. 상징화 주기를 통한 다상징화 | 2.93 | 3.28 | 4.03 | |
| 4. 의사소통 맥락의 표상을 통한 학습 | 3.01 | 3.20 | 3.88 | 비적용 1<br>적용 준비 2 |
| 5. 사회적 상호 작용 | 2.86 | 3.10 | 3.92 | 기계적 적용 3 |
| 6. 기록화의 활용 | 2.73 | 2.94 | 3.84 | 일상적 적용 4 |
| 7. 교수 매체 활용의 개선 | 2.98 | 3.27 | 4.13 | 창의적 적용 5 |

다음에 작성된 교사들의 종적 저널을 통해 교육 과정 적용 수준의 변화 과정을 알 수 있다. 3월에 쓰여진 내용에서 지난해의 프로젝트 적용은 **기계적 적용 수준**(수준 3)으로써 교사가 이해한 교육 과정 운영 특성에 기초하여 자신의 적용을 되돌아볼 여유도 없이 단기적인 프로젝트를 계획하고 적용하는 데 모든 노력을 기울이는 수준이다. 유아 주도의 진정한 발현이나 몰입, 장기적이고 연관된 학급 활동을 고려하지 못한 교사의 필요에 의한 적용이었음을 알 수 있다.

> **교사의 의도대로 유아들을 몰아갔던 게 아닌가 싶을 때도 있었다.** 탐색거리를 정하고 가설을 세우고 자료를 모으고 다양한 방법으로 알아본 후, 이후에 형성된 지식을 2차 표상을 통해 알아보고, 여러 과정을 통해 구성된 지식을 마무리 활동을 통해 소개하는 틀에 박힌 프로젝트 진행에 어느 정도 회의를 느끼고 있다(3월, T유치원, G교사).

> 교사들이 아침, 저녁으로 회의하면 **'내일은 이걸 해야 해.'** 라고 정해 놓고 모든 반이 다 했었어요. 어쩌다 제가 다른 내용을 하면 다른 교사가 좋은 시선으로 보지 않았어요. 거기에 맞추다 보니 각 반 전시회도 다 비슷해요 … 고민했었죠 … (5월, Y유치원, K교사).

6월 이후에 쓰여진 교사 저널에서 교사간 협의, 기관간 공유 경험, 물리적 · 공학적 환경 지원으로 인하여 효과적이고 안정적인 **일상적 적용**이 이루어짐을 알 수 있다. 일상적 적용이란 교사가 교육 과정의 근본이념을 인식하고 있고, 유아의 흥미에 토대를 둔 프로젝트의 근본 목표를 성취하기 위해 교수 학습 원리들을 활용하는 수준을 말한다.

유치원 주변 돌아보기를 통해 발현된 '우리를 둘러싼 늘 푸른 나무'도 '몸으로 말해요'나 '초록색과 친구되기' **프로젝트도 유아들의 관심과 흥미에서 선정되었고 유아들과의 충분한 대화를 통해서 전개**해 나갔다는 점에서 작년과는 큰 변화이다 … 꾸준한 교사 협의를 통한 연구, 다양한 물리적 환경이 수업 진행에 도움이 되었다(6월, T유치원, G교사).

직접 다른 기관에 방문했어요. D유치원과 H유치원 선생님들이 발표를 하셨는데, '프로젝트가 저런 방식으로 발현할 수 있구나'라는 생각을 하면서 많은 것을 느꼈어요(7월, Y유치원, R교사).

초록색과 친구되기 프로젝트

물들이기

2학기에 접어들면서 교사들은 기록과 관찰의 역할을 인식, 실천하고 기관 상황에 따라 기존 교육 과정과 연계된 창의적이고 변형된 프로젝트를 운영하고자 갈등한다. 학기 전반에 걸쳐 수정, 재수정 과정을 거치면서 변형되어 가는 과정을 볼 수 있었다. 이후 교사들은 12월 저널에서 보는 바와 같이 기관 실정에 따라 유아가 의미있게 몰입할 수 있도록 유아, 교사 개인, 부모의 요구, 행사 등의 상황에 맞게 교수 학습 원리들을 수정, 정교화하고 통합해 나가는 **변형된 교육과정 적용 수준**에 이르고 있다.

생활 속에서 접하는 주제에 따라 융통성 있게 프로젝트의 긍정적인 면을 적용시키는 것이 좋을 듯하다. … 그럴듯한 활동을 전개해야 한다는 부담 속에서 행하는 교수 방법은 의미 없는 교사들의 작품에 그치지 않는다고 본다(8월, T유치원, G교사).

유아들은 이전부터 교실에 있었던 앉은뱅이 라이트 테이블의 불편함에 대해 문제를 제기하여 우리가 사용하기에 편리하도록 만들어 나간 '라이트 테이블 고치기' 프로젝트가 발현되었다. 유아들의 대단한 몰입과 그에 따른 성취감은 잊을 수가 없다(10월, T유치원).

### '몸으로 말해요' 프로젝트

그림자 스크린으로 동작 표현

그림의 조각을 보고 전체 표현하기

적당한 라이트 테이블 높이

나무블록 활용해 적당한 높이 정하기

2차원 배경을 이용하여
운동하는 모습 표현하기

다양한 느낌과 감정에 따라
변하는 모습 그리기, 이야기 나누기

다리 길이 조정

완성한 후 소개

처음에는 꼭 주기를 따져서 흘러갔거든요. 2학기 들어서는 유아들이 관심 있는 쪽으로 진행되고 있어요. 교사가 프로젝트를 계획하기보다는, 놀이 속에서 프로젝트를 찾아요(10월, Y유치원, N교사).

이제는 유아들이 어떤 놀이를 하는지 자세히 살펴봐요. 처음에는 블록을 무조건 키만큼 쌓다가, "키만큼이 얼마만큼이지?"라고 해서 프로젝트가 시작됐어요(11월, Y유치원, M교사).

놀이는 대부분의 유아교육 프로그램의 철학에서 중심적인 위치를 차지했었다. 레지오 학교의 유아들은 놀이에 많은 시간을 보내지만, 놀이에 초점을 맞추지는 않는다. 놀이가 중심이 되는 교육 과정에서 교사들은 놀이를 촉진시킬 환경을 만드는 데 많은 시간과 노력을 들인다. 그러나 레지오 교사들은 놀이에서의 관찰과 유아들과의 대화 내용을 프로젝트를 더욱 발달시키는 시발점으로 생각한다. Bruner(1996)는 놀이는 교사와 유아 간 이해의 상호 교환이며, 유아의 직관에서 체계적인 사고의 뿌리를 발견하는 것이라 하였다. 이와 같이 교사들은 유아들과 함께 협력하면서 프로젝트를 더욱 발달시킨다.

그러한 프로젝트의 결과는 관계와 호혜적 상호 작용 과정이 진행되면서 발현되므로 레지오의 교육자들은 놀이를 관계 형성의 중요한 매개물로 파악한다. 유아들이 놀이 집단 속에서 상호 작용하기 때문에 사회적·인지적 기술을 발달시킬 많은 기회가 주어진다. 놀 시간이 많이 주어지지만, 프로그램의 초점은 유아와 성인이 함께 지식을 공동 구성하면서 형성되는 관계에 맞춰져 있는 것 같다. 레지오 교육자들은 놀이가 유아들이 상징적인 발달에 사용되는 백 가지 언어의 하나로 본다.

유아들이 뭐든 돌려요. 소꿉놀이 영역의 냄비뚜껑, 장난감, 자기 몸, 쿠션까지 돌려요. 한 유아가 시작하면 모두 모여 방법을 토의해요. … 여기서 팽이가 돌아가는 원리를 탐색하는 프로젝트를 시작하기로 했어요(Y어린이집, C교사).

2학기 수업은 유아들의 **대화나 놀이 속에서 적절히 변형된 프로젝트 활동이 진행**되었다. 의미있는 교수 원리를 적절히 적용시키고 유아의 흥미에 따라 발현되는 활동을 따라가며 '작은 음악회' 행사 등 상황에 맞게 삭제·첨가·수정하여 진행하였다. … 유아와 부모들의 반응은 놀라울 만큼 대단했다. 유치원에서는 마치 축제와 같은 나날이 계속되었고 교사나 유아 모두 유치원 생활이 마냥 즐겁고 흥미진진했다(12월, T유치원, G교사).

뮤지컬 관람

작은 음악회를 위한 뮤지컬 소품 만들기

공연 연습

부모님 초대 준비

뮤지컬 공연

## 한가위 민속놀이 ‘거북놀이’ 프로젝트

유아들의 거북놀이는 민속놀이 탐색으로 이어졌고,
동네 민속놀이로 전개되었다(S어린이집, 5세).

‘거북놀이’ 자료 조사 및 시연

정확한 거북놀이 재연을 위한 협의

농기 제작하기

용기 제작하기

부모 도움 받아 우물, 대문 제작 협의

부모의 우물 제작

부모의 대문 제작

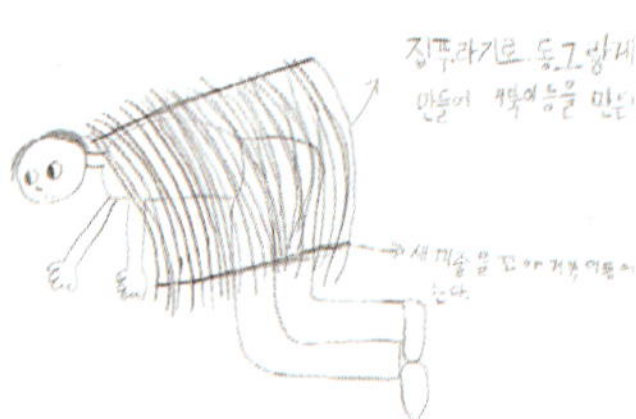

거북 몸 디자인

거북 몸 제작

공 연

## 02 창의적 표현보다는 학습을 위한 그리기

반성 1. 그리기를 심미적, 창의적 표현에 목적을 두기보다 학습의 수단으로 활용하는가?

반성 2. 주제에 대한 유아의 이해 정도를 알아보기 위해 그리기를 활용하였는가?

반성 3. 그리는 과정에서 반성적으로 사고하게 되므로 개념과 의미 형성을 돕기 위해 그리기를 활용하였는가?

반성 4. 유아간 사회적 상호 작용을 위한 의사소통의 수단으로 유아가 그린 그림을 활용하였는가?

반성 5. 재방문하여 잘못된 생각을 반성, 수정해 나가는 수단으로 그리기를 활용하였는가?

T유치원, 3세

벌은 몸 속에서 꿀을 이렇게 만들어, 3세

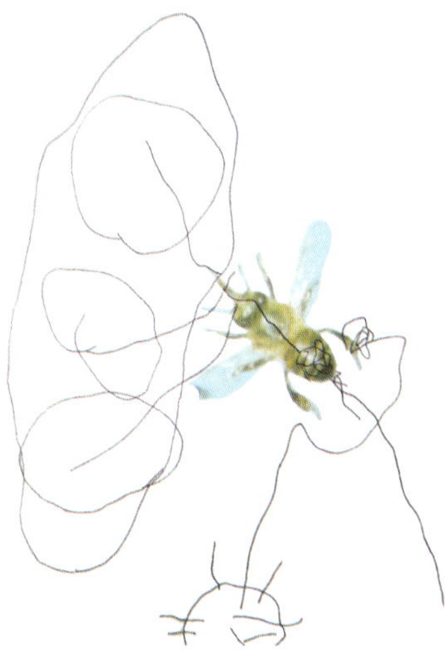

벌은 꿀을 가져와 저장하는 거야, 3세

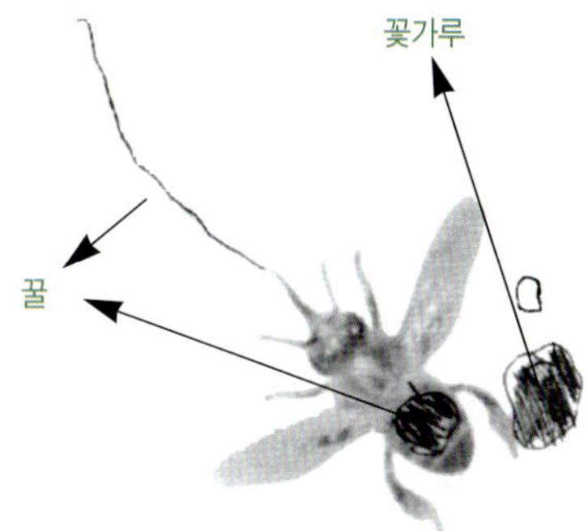


다리에 꽃가루가 붙고 꿀을 먹어서 가지고 갔다가 토해서 다시 입으로 나와요

사람이 벌에게 꿀을 주면
벌이 날아가서 컵에 꿀을 넣어요

꽃가루는 다리에 갖고 가요.
꿀은 배 안에 있어요.
애벌레들한테 주려고 집에 가져가요.

## 02_1 창의성에 대한 인식

창의성을 신장하는 방법에 있어서 레지오 교사와 우리나라 교사 간의 가장 큰 차이는 유아들이 작업 활동에 이용할 수 있는 이탈리아의 다차원적인, 수없이 **다양한 매체**이다. 레지오 학교들은 아뜰리에라고 부르는 전형적인 공간과 시각미술을 전공한 **아뜰리에리스타**가 있어 유아의 프로젝트 관련 표상을 유아교사와 함께 공조하고 유아들의 표상과 작업 활동 과정을 돕는다.

국내 대부분의 유아 교육 기관들이 유아들이 이용할 수 있는 창의적인 매체의 범위를 충분히 확산할 수 있다 하더라도 매월 정기적으로 아뜰리에리스타의 급여를 지원할 수 있는 학교는 실제 드물 뿐 아니라 아뜰리에리스타가 있을 수 있는 공간을 영구히 제공할 수 있는 아뜰리에도 거의 없다.

이에 대한 대안으로 국내에서는 본서의 2장에서 제시한 바와 같이 미술을 전공한 전문가나 교수들과의 다학문적 프로그램 운영과 모형 교실 운영, 기관간 학습 공동체를 통한 환경 및 매체 활용 아이디어 공유 기회 등을 가지면서 이러한 지원이 부분적으로 가능하도록 노력해 오고 있다.

유아 교육 현장에서 흔히 창의적인 표현을 목적으로 그리기를 해오던 방식의 장점은 유아들로 하여금 그리기 매체를 사용해서 자신의 느낌을 표현하도록 허용하는 것이다. 다른 한편 레지오 방식의 프로젝트에서 제공하는 학습을 위한 그리기의 목적은 **유아들로 하여금 자신의 아이디어를 표현하고 설명**할 수 있도록 한다. 예를 들어 '새들을 위한 놀이공원' 프로젝트에서 분수대를 탐색할 때, 어떻게 물이 분수대 위로 솟아 나오겠는지 또는 '비 속의 도시' 프로젝트에서 무엇이 비를 내리도록 하는지를 표상하고 설명하도록 한다는 데에 차이가 있다.

우리네 현장에서는 교사가 제시한 정해진 틀에 색칠하거나 모델을 제시하여 그대로 모방하는 활동을 권장하고 교사가 만들어 놓은 것과 유사하게 유아가 뭔가를 만들도록 재촉하는 경향이 있다. 이러한 경향은 유아가 어릴수록 더욱 가중된다. 이를 두려워하고 유아의 독특성과 탐색에 가치를 두는 접근이 레지오 방식의 '학습을 위한 그리기' 에서 볼 수 있다. 본서의 각 장에서 제시된 프로젝트에서 발견된 바와 같이 유아들로 하여금 자신의 경험 과정이나 사고하고 있는 것을 그리도록 요청한다면 분명 동일한 결과물을 그려내지는 않을 것이다.

레지오 에밀리아에서 교사들은 복제 그 자체를 강요하지 않고, '삶으로부터 이끌어 낼 수 있도록' 하는 기회를 제공함으로써 유아들이 **몰입하여 관찰할 수 있는 힘**을 기르게 한다. 예를 들어 '양귀비 프로젝트' 에서 유아들에게 양귀비에 대한 자신의 아이디어를 첫 그리기 하도록 요청한다. 그런 다음 실제 양귀비 들판을 방문한다. 거기에서 유아들은 양귀비 꽃들을 자세히 관찰하도록 동기 유발되며, 그 달라진 생각을 돌아와 그림으로 그리고 이전의 그렸던 그림과 비교하게 한다. 이러한 과정은 유아들의 관찰하는 힘을 크게 증진시키는 과학적 탐색의 과정이며, 세상의 아름다움을 인식할 수 있도록 한다. 이러한 예는 다음 절에 제시된 4세 유아들의 달팽이 그림의 변화에서도 볼 수 있다.

창의성에 대한 접근에 있어 간과하지 말아야 할 부분은 매체 사용 시, 교사가 제시하는 **매체 제시 조건과 지원**이다. 흔히 유아 교육 기관의 교사들은 표상하고자 하는 특정한 대상이나 내용에 대해 유아가 충분히 알고 있는 것을 표상하고 의사소통할 수 있도록 하는 창의적인 방법에 대해 연구, 개입을 게을리하는 경향이 있다. 그러므로 전형적으로 색연필, 크레용, 물감 또는 점토 블록 등의 일상적인 매체를 제공하고 안전하게 사용하도록 하며, 그 매체들을 효율적으로 사용하는 유아 나름의 방법을 발견하거나 나름의 생각을 자유롭게 표현하도록 한다.

다른 한편 레지오 교사들은 사람의 옆모습을 표현하기 위해 철사를 어떻게 구부리고 연결해야 하는지 또는 점토로 만드는 컵을 떨어뜨리지 않도록 하기 위해 가장자리에 붓으로 어떻게 자국을 내야 하는지 등의 방법을 보여주는 것을 망설이지 않는다. 레지오 교사들은 다루기 힘든, 못에 망치질을 하는 것이든 철사 조각을 구부리는 것이든 **필요할 때마다 성인의 지원을 빌려주는데**, 이것은 유아들로 하여금 스스로 자신의 창조물을 다루도록 한다. 이 방법은 일단 구멍을 뚫어 놓고 어떻게 하는 것인지 알려주는 것과 구멍을 내기 위해 송곳과 못 쓰는 법을 보여준 다음 어디에 구멍을 내야 하는지 물어보는 것 간의 큰 차이와 같다.

다음 사진은 유아들이 우리 몸의 눈에 대해 탐색하는 과정에서 표상 기술이 부족한, 4세 유아들이 이해한 것을 충분히 표현하고 의사소통할 수 있도록 과제를 제시한 사례이다. 교사는 눈, 눈동자 등의 윤곽을 제시한 후, 유아들이 탐색을 통해 알게 된 부분을 표상하도록 하였다.

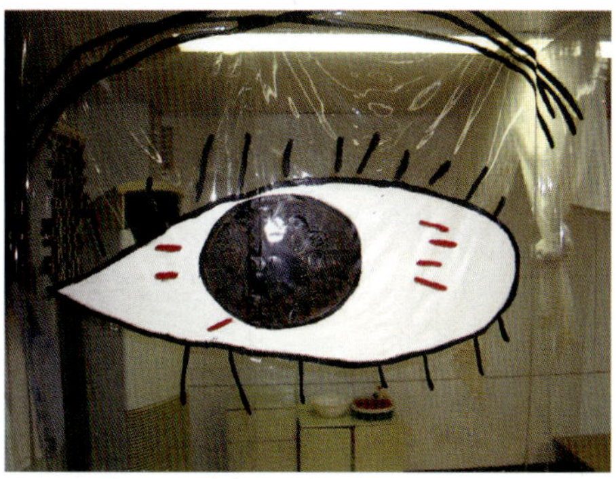

눈 속에 비친 얼굴, 4세

앞서 전문적인 유아교사의 자질로서 교사의 실천적 지식 함양을 위한 연구자적 자세를 강조한 바 있다. 교사들은 프로젝트 활동 과정에서 의례적으로 유아가 생각하고 있는 부분을 그림으로 표현하게 한다. 교사들은 그리기를 학습에 활용하면서도 그림에 나타난 **유아들의 생각을 볼 수 있는 혜안이 부족**하다.

> 유독 그림이 떨어지는 아이가 있어요. 그 아이를 어느 정도까지 해줘야 하는 거예요? 그리기 표현이 안되는 아이들, 못 그리는 아이는 항상 못 그려요(J교사).

J교사의 말처럼 그림을 못 그리는 유아는 항상 못 그린다. 그러나 대부분의 경우 중요한 것은 교사의 그림을 보는 실천적 지식의 부족에 문제가 있다. 유아들의 **그림을 보는 교사들의 고정된 시각** 때문이다. 교사가 매번 해당 유아의 그림을 다른 유아들의 그림과 비교하여 보기 때문이다. 유아의 그림은 잘 그리는 다른 유아들과의 비교가 아니라 해당 유아의 이전 그림과 비교하여 달라진 생각을 읽어내야 한다. 또한 교사들은 유아들의 그림을 보는 데 편견을 가지고 있다. 교사들은 프로젝트를 진행하면서 유아의 그림이 변화되지 않는다고 한다.

> 프로젝트를 진행하면서 그리기는 하는데 아이들의 그림이 변화되지를 않아요. 어떻게 해야 하나요?(B교사)

이는 실제 유아의 그림이 변화되지 않기보다는 흔히 교사들이 유아의 그림을 볼 때 유아의 그림 표현이 실제 그리는 대상과 얼마나 닮게 그렸는지를 보고 평가한다는 것이다. 본서의 7장에서 Vygotsky가 논한 상징 발달과 이에 유관한 사고 수준의 발달에 비추어 볼 때, 교사는 흔히 맥락의존적인 사고 수준에 기준을 두고 유아의 상징적 표현을 본다. 그러나 유아가 얼마나 실제 맥락과 닮은 그림을 그려내는가보다는 더 상위의 사고 수준, 즉 유아의 진정한 개념 발달이 나타나는 '탈맥락적인' 상징적 표현까지를 볼 수 있어야 한다. 이러한 예는 200쪽에서 제시할 수현이의 '자전거' 그림에서 볼 수 있다. 교사의 실천적 지식 함양을 위한 연구 노력이 요구된다.

## 02_2 학습을 위한 그리기의 원리

학습 과정에서 유아가 자신의 사고를 가시화하여 재고찰하고, 반성하는 기회를 갖기 위해 그리기를 활용하는 표상의 역할을 '학습을 위한 그리기(drawing to learn)' 라는 말로 표현한다. 이는 표현적 · 심미적 작품을 만들어 내기 위해 그림의 대칭, 윤곽, 색깔, 구조 등과 같은 디자인적 요소를 강조하는 '그리기를 위한 학습(learning to draw)' 의 목적과는 다르다.

모든 지식은 학습자가 자신의 경험을 토대로 대상물과 사람에 대해 의미를 찾으려고 노력함으로써 구축된다(Kamii & DeVries, 1978). 학습자가 대상물간 또는 자신과 사람 간을 관계지어 사고하는 반성적 추상 과정을 거치면서, 유아는 대상물간의 작용 · 인과 관계 등에 관한 지적 구조를 구성한다. 이러한 반성 과정은 본질적으로 의식의 성장을 뜻하는 것으로 유아가 자신에 대해 그리고 자신과 물리적 · 사회적 세계와의 관계에 대해 점차 알게 된다. 이러한 의식의 성장은 유아들이 그리기나 만들기 등의 자료를 사용하여 대상물이나 사건들을 표상하는 과정 중에 이루어진다.

학습을 위한 그리기는 다음과 같이 학습에 활용된다.

첫째, **학습 내용을 탐색하기 위해 그린다.**

그림을 그리는 표상 과정에서 유아는 자신이 표상하는 현상이나 대상물에 포함되어 있는 의미를 재고하고 반성하므로 문제 해결 상황이나 학습 경험을 심화시키는 데 효과적이다.

유아들은 그림을 그리면서 자신이 알고 있는 것을 시각적으로 가시화하는 과정에서 반성적 사고를 하기 때문에 대상물에 대한 개념과 의미를 형성하게 된다. 또한 대상물이나 상황에 대한 자신의 아이디어를 가시화하여 외형적 기록을 남기게 되면 그 아이디어를 반성의 대상으로 다루어 관련 현상이나 대상물들을 고찰하여 그 형태들간의 관계성을 탐색한다.

둘째, **유아의 이해 정도를 알 수 있다.**

프로젝트에서 다룰 주제에 대해 먼저 유아들이 알고 있는 것을 말로 자유롭게 이야기하게 한다. 그러나 말은 임의적이므로 유아들이 아는 바를 말로 표현하는 데는 많은 제한이 있다. 그리기는 유아들의 정확한 이론을 알게 한다. 그림은 유아의 생각을 가시화하여 볼 수 있는 '창문' 과 같은 역할을 하기 때문에 유아가 이해하고 있는 것, 이해하지 못하는 것, 모호하게 알고 있는 것을 발견하고 알아내도록 한다. 이는 유아에게는 스스로 학습하고자 하는 동기를 부여하며 교사에게는 탐색 활동의 맥락을 설정하게 한다. 이러한 반성적 추상은 '그리는 대상물에 대한 이론(theory of object)' 뿐만 아니라 '학습하고자 하는 마음가짐에 대한 이론(theory of mind)' 까지 유도해 낸다.

Vygotsky의 관점에서 볼 때, 그림은 유아의 이해 정도를 파악할 수 있는 지표가 되므로 교사는 프로젝트 주제에 대한 유아들의 ZPD를 파악할 수 있다. 이를 통해 교사는 프로젝트의 맥락과 방향을 설정하고 적절하게 유아들의 학습을 지원해 줄 수 있다. 이같이 그리기는 교사가 유아를 이해하도록 돕고 유아가 문제에 직면하도록 한다.

아래 K교사와 유사한 방식으로 교사들은 그리기 표상의 학습 원리를 알고 유아들이 매일 그리는 그림을 학습을 위해 활용한다.

> … 달팽이집을 꾸미는 데 관심을 갖게 되었어요. 첫 그리기에서 유아들은 자신들이 알고 있는 집을 그렸어요. 달팽이가 놀 수 있는 놀이터, 화장실 등이 표현되었죠. 그 후 직 · 간접적인 탐색 경험이 이루어진 후 그림 표상을 하였을 때는 실제 달팽이가 살 수 있는 집을 그렸어요 … 프로젝트가 끝난 후, 학급 유아들에게 알려주기 위해 유아들이 알아낸 달팽이에 대한 모든 것을 그림으로 그렸는데 유아들이 그린 그림은 우리 교실에 있는 달팽이책보다 더 정확했어요(K교사).

달팽이 탐색하기

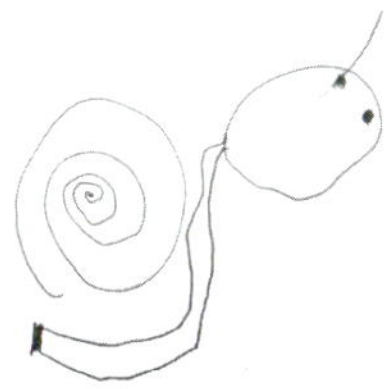

달팽이 그리기

눈이 없어.
점액도 없고…주름도 없네.
맞아, 입도….
치설도 없는데?!

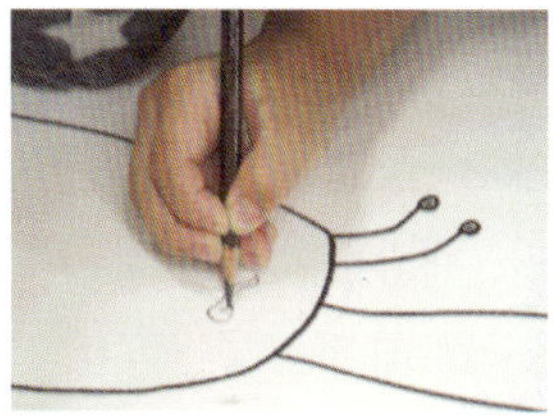

난 입을 그릴게.
치설하고 먹이도 같이 그릴까?
응 그게 좋을 것 같아.

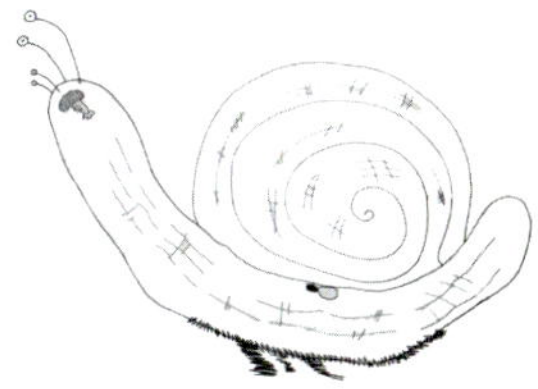

완성된 달팽이, 3세

셋째, **사회 · 인지적 갈등을 유인하는 상호 작용의 수단이 된다.**

또래와의 사회적 상호 작용이 활성화된 학습 환경에서 이루어지는 그리기는 사회적 의사소통의 수단이 된다. 그림을 그리는 과정에서 유아들은 의사소통하면서 생각을 공유할 뿐 아니라 수정한다.

그림을 그린 후에 이루어지는 교사와 유아들 간의 상호 작용은 자신이 알지 못하는 것에 대한 사회 인지적 갈등을 경험하게 하는 좋은 계기가 된다. 자신이 알고 있는 것을 그림으로 표현하고, 그에 대해 말로 설명하는 과정에서 유아 스스로 논리적 비일관성을 발견하여 이전 가설을 수정하고 이론을 발전시켜 나가거나 이후 학습에 대한 동기를 갖게 된다.

Vygotsky(1962, 1978)의 시각에서도 유아가 그림을 그리는 과정은 언어 · 표식 · 수 체계 등의 상징 기호와 마찬가지로 대인 간 상호 작용을 매개하고 의사소통하는 수단으로 인식되므로 유아가 능동적으로 의미를 구축하고 소속 문화의 인습적 상징을 사용할 수 있게 되는 활동일 뿐만 아니라 개인의 정신 기능을 숙련시키는 수단으로 중요한 의미를 가진다.

넷째, 학습 과정을 반복적으로 **재방문하여 반성할 수 있다.**

학습 과정에서 유아들이 그린 그림은 구체적이고 가시적인 기억을 제공할 수 있도록 기록화한다. 프로젝트 과정에서 유아들이 그린 그림을 매번 기록화하여 유아의 설명과 함께 제시함으로써 프로젝트 과정 경과에 따라 유아들이 이전 생각을 재고찰해 볼 수 있는 반성의 수단으로 활용한다.

> 저희 반(4세) 유아들은 나무에 물결 무늬를 그렸어요. … 그림을 보면서 그게 뭔지 이야기 나누는 기회를 가졌어요. 유아들은 빗방울 떨어지는 모습, 다람쥐 꿈틀거리는 모습 등이라고 했어요. 밖에 나가서 구멍을 찾아보기로 했어요. 아이들은 움푹 들어간 부분을 찾아 사진을 찍고 탐색했는데 그 후 나무 그림에서 그 구멍은 사라졌어요(O교사).

O교사는 유아들이 그린 그림을 매개로 상호 작용하게 함으로써 유아들간 사회 인지적 갈등을 경험하는 계기로 삼는다. 이는 학습에 대한 동기를 갖게 함을 알기 때문이다. 이와 같이 그리기를 통한 반성적 추상은 대상물에 대한 이론뿐 아니라 학습하고자 하는 마인드에 대한 이론까지 유도해 낸다.

유아들이 그린 그림을 기록화하여 제시하고 학습 과정이 경과된 후 이전 그림을 재방문해 보도록 하면 유아는 이전 경험을 재현해 볼 수 있으며, 새로운 경험과의 일관성, 유사성, 수정점 등을 발견하게 된다.

그림을 통한 상호 작용

유아는 새로워진 관점에서 재방문하여 이전의 잘못된 이해를 수정·재수정할 수 있는 기회를 갖게 된다. 이는 구성주의 관점에서 볼 때 지식의 일관성을 구축해 나가는 의미있는 학습의 과정이다. 재방문한다는 것은 단순히 이전 경험을 재생하는 것이 아니라 반성적 추상을 하는 재구성 과정이다.

## 02_3 유아들의 달라지는 생각 함께 보기

다음은 연령별로 프로젝트 탐색 과정에서 주제에 대해 변화되어 가는 유아들의 생각이 표상된 그림이다.

### 내 얼굴, 2세

내 얼굴이야. / 머리카락도 그렸어요. / 코가 나왔어요.

### 물고기, 3세

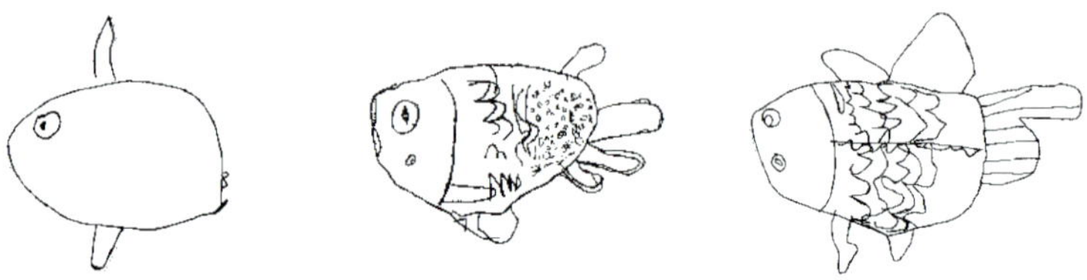

물고기야. / 지느러미가 있어. / 몸에는 중심선이 있어.

### 개미, 5세

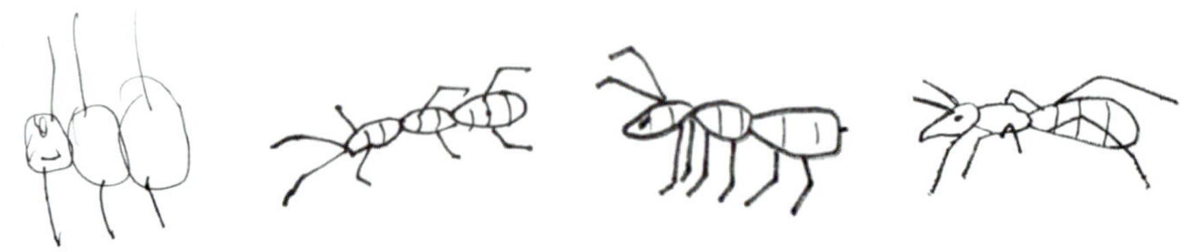

개미 같지 않아. 이것(머리, 가슴, 배)만 개미 같아. / 더듬이가 너무 길고, 어디가 머리인지, 배인지 모르겠어. / 다리만 조금 고치면 될 거 같은데…. / 기어다니는 개미 같아.

## 나비, 5세

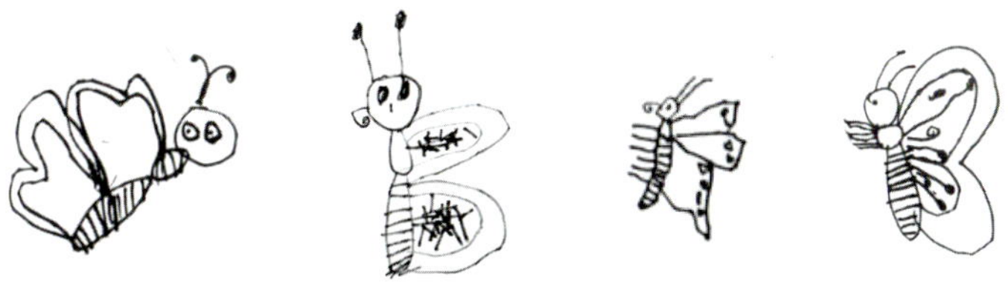

나무에 앉은 나비

나비의 날개는 4개야.

## 무당벌레, 5세

무당벌레는 날개에 점이 있어.

## 개구리, 5세

아직은 개구리처럼 안 보여.

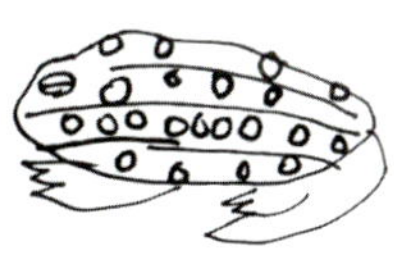

정말 자고 있는 개구리 같아.

개구리가 뛰는 것처럼 느껴져.

이건 겨울잠에서 깨어나는 개구리야.

## 달리는 사람, 5세

## 탈, 5세

## 03 상징화 주기를 거치면서 심화되는 과학적 탐색

반성 1. 깊이 있는 탐색을 위해 표상, 재표상하는 상징화 주기를 거치면서 나선형적으로 전개하였는가?

반성 2. 매 주기마다 유아가 사전 가설을 세우고, 가설을 확인하는 경험 후, 가설을 재방문하는 추론과 반성이 내재된 경험이 되도록 하였는가?

반성 3. 주기마다 새로운 시각에서 이전 가설을 수정, 재수정하여 일관성 있는 지식이 구성되도록 하였는가?

반성 4. 주기마다 유아들의 달라지는 생각을 기록화하는가?

반성 5. 기록화한 자료로 다음 주기의 발현을 위해 교사들과의 프로제타지오네에 참여하는가?

반성 6. 그리기나 만들기 표상 후 토의를 통해 생각을 나누고, 서로 다른 관점을 경험, 갈등을 갖게 하는 상호 작용 기회를 갖는가?

땅 속에서, 봄이 오면… (벽화), 5세

## 03_1 상징화 주기의 활용

레지오 교육자들은 발달을 학습 과정에서 표상을 통해 지식간의 논리적 일관성을 증진시킴으로써 학습자로 하여금 자신과 주변 세계에 대한 이해를 증진시키는 것으로 본다. 따라서 프로젝트에서 유아와 교사는 추론을 위한 학습 원리에 기초하여 그룹으로 탐색하고 토의하면서 다양한 매체를 사용하여 주제에 대해 나선형적으로 방문 · 재방문, 고찰 · 재고찰하는 상징화 주기를 거치면서 보다 깊이 있는 이해와 의미있는 학습을 추구한다.

레지오 교육자들은 학습과 발달의 과정을 기술하거나 프로젝트를 계획할 때, 또는 교육에 대해 말할 때 직선적이기보다 나선형적인 방식으로 사고하는 특징이 있다. 프로젝트 학습 또한 일련의 상징화 주기를 거치면서 나선형적으로 전개한다. 프로젝트가 전개되면서 유아의 관심과 교사의 판단에 따라 반복할 시간을 충분히 가지고 다양한 표상 매체를 사용하여 한 가지 주제를 중심으로 관찰 · 재관찰하고, 고찰 · 재고찰하며, 표상 · 재표상함으로써 일련의 활동을 방문 · 재방문해 나감에 따라 이전 이해와 경험을 깊이 있게 탐색 · 확장시켜 나가는 교육 과정 운영 전략을 활용한다. 이를 '상징화 주기' 라 한다.

일정 기간 동안 한 가지 주제에 대해 말로 토의하고, 그림으로 그리고, 조사한 후 다시 그리고, 탐색하고, 가상의 모형을 만드는 등의 과정을 거치면서 유아가 자신의 현재 가설, 아이디어, 이론을 표상하고, 재방문하여 재표상, 재재표상해 나가는 상징화 주기는 유아의 반성적 사고 능력을 향상시키기 위한 교수법이다. 그러한 과정에서 반성적 추상 작용과 메타 인지 능력을 깊게 하여 유아는 자신이 아는 **지식간의 일관성을 높이고 이해의 수준을 심화**시킨다.

프로젝트의 주기는 미리 정해 두는 것이 아니라 유아와 교사 간 협상을 통해 자연스럽게 학습 과정의 흐름을 따른다. 교사들은 프로젝트의 발현 맥락과 유아의 관심에 기초하여 프로젝트의 전개 방향에 대한 융통성 있는 가설을 만들고 일반적인 목표를 설정함으로써 융통성 있는 계획을 한다. 이러한 일반적인 목표와 가설들은 교사로서 자신의 경험에 기초할 뿐만 아니라 개별 유아와 유아 그룹의 역동성에 기초한다. 활동이 전개되면서 활동 과정에 있는 유아들을 관찰하고 관찰한 바를 다른 교사들과 비교, 토론하고 해석하여 새로운 주기가 발현된다.

교사들은 새로운 주기에서 탐색과 학습을 지속하는 방법과 제공할 매체를 선택하고 유아들과 공유한다. 매 주기 시작 시, 교사는 유아가 이전 학습을 재고찰하고 새로운 주기의 질문과 의미를 명료화할 수 있도록 이전 주기의 경험 내용을 함께 재방문한 후 전개한다.

이러한 방식으로 유아들의 학습을 강화하고 심화할 수 있는 새로운 기회를 제공하기 위해 매번 유아들이 학습하고 행한 것의 의미를 교사들은 함께 재고하고 협의한다. 교사간에 이루어지는 이러한 프로제타지오네는 교육 과정 발현을 위한 융통성 있는 계획을 의미하며, 진행되는 경험이나 프로젝트의 과정 속에서 지속적으로 구성되어지고 유아들과 그리고 교사들 간의 계속적인 대화를 통하여 적합하게 조정되어진다.

이러한 상징화 주기가 잘 나타나 있는 사례로 레지오의 '비 속의 도시' 프로젝트를 모델로 하여 미국의 Amerest에 있는 Marks Meadow 초등학교에서 5~7세의 4학급 전체 유아가 참여한 '눈 속의 도시' 장기 프로젝트(Edwards et al., 1993)를 들 수 있다. 이 프로젝트에서 전개된 상징화 주기는 본서의 1권에 해당하는 『레지오 에밀리아 접근법의 이해와 현장 적용』에서 이미 소개한 바 있다.

- 주기 1–아는 것을 말로 표현하기(verbal outpouring)
- 주기 2–첫 그리기와 토의(initial drawing & discussion)
- 주기 3–가상해 보기(simulation)
- 주기 4–그림을 통한 개념 정의(using the drawing as the referent)
- 주기 5–실제 경험(the experience)
- 주기 6–경험 후 그리기(the post-experience drawings)
- 주기 7–확장(broadening)
- 주기 8–심화(deepening)
- 주기 9–발전된 확장과 심화(more broadening & deepening)

이상과 같은 상징화 주기는 전형적인 것이 아니라 프로젝트의 성격이나 대상 집단에 따라 서로 다르게 발현된다.

일반적으로 사고를 자유롭게 하도록 탐색을 시작하는 것은 중요하다. 레지오 프로젝트는 전형적으로 주제에 대한 유아의 기억, 아이디어, 고찰한 것을 언어로 분출하는 것으로 시작한다. 아는 것을 말로 표현하는 동안 이후 프로젝트에서 수행할 수 있거나 해야 할 것에 대한 많은 가설이 나온다. 그런 다음 이전 과정에서 나온 아이디어를 유아 스스로 확인하고, 다른 사람과 의사소통하기 위해 그림으로 표현한다. 그리기는 유아의 이해를 깊게 할 뿐만 아니라 이후 활동을 계획하게 한다.

상징화 주기를 거치면서 이루어지는 다양한 형태의 표상은 유아의 탐색과 조사를 위한 수단이 된다. 언어적 표상은 유아가 이전 경험을 쉽게 기억하여 단어나 대화로 재생해 낼 수 있기 때문에 유아의 가설적 이론이 되고 프로젝트에서 다루어질 개념의 맥락과 동기로 역할한다.

2차원적 그리기는 사건의 세부 내용을 사고하고 관찰하여 복잡성을 표현해야 하기 때문에 유아의 탐색을 돕고, 또한 자신의 질문에 답이 되는 이론을 표현해야 하기 때문에 조사 과정이 되며, 유아와 교사로 하여금 주제에 대한 개념 이해 정도를 읽을 수 있게 하는 중요한 단서가 된다.

3차원적 모형 만들기는 유아의 아이디어를 기능적 맥락에서 사고하도록 자극하므로 이론을 검증하게 한다.

모든 주기의 경험이 교육적인 것은 아니다. 유아가 자신의 이론에 대한 증거를 찾고 질문에 대한 답을 찾으며 호기심을 만족시켜 주는 경험이 중요하다. 따라서 경험할 내용이나 대상에 대한 유아들의 이론을 의식화하여 가시화하는 가설을 세우는 과정이 내재되도록 전개한다. 이를 통해 단순한 직접 경험 이상의 추론이 내재된 반성할 수 있는 경험이 될 수 있다.

표상 후 유아간 소집단 토의를 통해 이루어지는 원인과 결과에 대한 포괄적인 질문은 유아로 하여금 자신의 이해에 대한 잘못된 개념과 정확한 사고를 확인하고 인지적 갈등을 갖게 하는 동시에 사고를 깊게 하는 도전이 된다.

또한 유아가 가상의 모형 만들기나 실제 경험을 한 후 다시 그림으로 표상하고 이전 그림을 수정하기 위해 주기를 거슬러 올라가게 하는 재순환은 중요하다. 이러한 재표상은 유아가 자신의 지식을 강화하고 잘못된 개념을 재정의, 개선하여 지식의 일관성을 갖도록 돕는다.

## 03_2 과학적 탐색이 이루어지는 실험실로서의 교실

흔히 교사들은 '유아가 알고 있다' 고 말한다. 프로젝트를 기관에 적용해 나가면서 교사들은 '안다' 는 것은 아는 것을 표현할 수 있는 반성력이 내재해 있는 것(Piaget, 1962), 즉 이해하는 것임을 확인한다. 아래의 S교사처럼 교사들은 단순히 유아들의 흥미를 알고자 하기보다는 탐색 대상에 대해 무엇을 알며 무엇을 모르는지 알려고 노력한다. 여기서 프로젝트가 시작되어 유아의 의미있는 학습을 돕고자 반성하는 자세를 볼 수 있다.

> … 교실에서 그림자놀이를 했었는데, 유아들이 천장이나 바닥에 생기는 그림자를 의식하지 못해서 바깥으로 나갔어요. 바깥에 나가니까 비둘기가 있었고 그림자가 바닥에 나타나잖아요. 유아들은 비둘기를 쫓아 다녔어요. 저는 그림자를 쫓아 다니는 줄 알았죠. 교실에 들어와서 본 걸 얘기해 보자고 했더니 비둘기 쫓아 다닌 게 재밌었다는 얘기를 해요. 그래서 알았죠, 그림자에 대해 의식조차 못하는 아이도 많이 있다는 걸, **아는 것이 아니라는 걸** … (S교사, 3세 담임).

> 저는 유아들에게 "나 말고도 그림자가 있을까?"라고 질문한 후, 생각한 사물을 그리고 그림자를 그리도록 하여 가설을 갖게 했어요. 그리고 밖에 나가 살펴보면서 그제서야 유아들은 자기가 생각했던 것과는 전혀 다른 그림자를 발견할 수 있었어요. 자동차는 자동차가 축소된 그림자가 있을 것이라고 했는데 사실은 그런게 아니잖아요. … 거기서 갈등을 느끼고 … 탐색을 하면서 "한강도 그림자가 있을까?" "쓰레기통도 있을까?" "사탕도 있을까?" 질문이 많이 생겼구요. 그림자는 따라다니고 해로 인해서 생긴다는 것, 빛에 의해서 생긴다는 것 그 개념은 확실해졌어요(S교사).

두 번째 사례에서 S교사는 유아의 수준에 맞는 표상을 통해 유아들이 의식적으로 가설을 갖도록 돕는다. 의미있는 학습을 돕고자 할 때, 단순한 직접 경험이 아니라 유아가 미리 예측하여 가설을 가지고 그 가설을 확인하는 추론이 내재된 경험일 때 의미있는 지식이 구성될 수 있음을 교사들은 시행착오를 통해 알아나간다. 구성주의 학습 원리를 이해한 교사들은 과학적 탐색이 이루어지는 교실 환경을 모색한다.

아래의 G교사에서 볼 수 있듯이 교사들은 이전 학습 과정에서 사용해 온 자신의 상호 작용의 질에 대해 반성하고, 유아들의 호기심과 탐색을 자극하여 풍부한 문제 해결 환경을 구성할 수 있는 질문을 하고자 하며 이에 대한 부족함과 끊임없는 연구 또한 필요함을 인식하였다.

> 처음 프로젝트를 했을 때 지금과 다른 점은 제 말의 50~70, 80%가 "뭐가 궁금한데, 빨리 말해봐"라는 식으로 재촉하는 것이었어요 … 이제 생각이 많이 달라졌어요(G교사).

> 교사가 유아들과 상호 작용할 때 문제를 좀 더 깊이 탐색해 볼 수 있게 하는 질문법이 굉장히 중요하다고 생각해요. 이 부분은 레지오 접근법에서 중요하다고 느끼는 건데도 상호 작용하는 구체적 방법에 대한 스터디는 잘 이루어지지 않고 있어서 이제는 상호 작용에 관한 교사들간 연구 모임도 이루어져야 되지 않을까 느끼는데 … (K교사).

K교사의 지적대로 교사들에게 계속되는 도전은 유아간, 교사와 유아 간에 제기되는 호기심, 대화, 토의를 어떻게 지원하여 탐색 학습이 이루어지도록 하는가이다. 우리는 서로의 생각을 나눌 때 고도의 전문성을 얻을 수 있다. 사회적 구성과 과학적 탐색의 원리를 아는 교사들은 이제 꾸준히 자신들의 실천을 공유하면서 구체적인 상호 작용이나 교사의 개입 측면에 대해 상호 피드백을 받을 수 있도록 지속적인 학습 공동체 경험이 중요하다 하겠다.

## 03_3 상징화 주기 함께 보기

여기서 소개하는 프로젝트는 국내에서 레지오 접근법의 현장 적용 초기에 이루어진 것으로 프로젝트 주기를 살피기에 좋은 사례로 판단하여 소개한다.

### 우리를 둘러싸고 있는 늘 푸른 나무들

봄 식물에 대한 탐색은 대부분 씨앗 심기, 싹틔우기, 식물의 성장 등을 주된 탐색거리로 선정하여 진행해왔던 것이 이제까지의 반복적인 모습이었으나, 과연 이것이 진정한 유아들의 흥미와 관심에서부터 비롯되는 탐색이었는지 진지하게 반성하는 데서부터 프로젝트의 사전 정찰이 시작되었다.

봄에 대한 생활 주제가 시작됨에 따라 달라지고 있는 자연의 변화에 유아들의 관심이 높아지고 있었다. 특히, 두드러지게 나타나는 식물들의 변화에 대한 흥미를 많이 보였으며, 겨울 내음과 봄 내음을 함께 느낄 수 있었던 시기였던 만큼 봄과 겨울의 모습을 함께 비교하며 식물들의 모습을 주의 깊게 관찰하는 기회를 가졌다. 유아들이 대부분의 시간을 보내고 있는 유치원 주변의 환경을 돌아보며, 내 주변을 탐색해 볼 수 있는 기회를 가짐으로써 자연의 변화를 가까운 일상에서부터 느끼고 알아볼 수 있도록 프로젝트의 방향이 전개되었고, 유치원 주변 생태에 공헌하는 활동 경험도 하였다.

잣나무, 5세

향나무, 5세

1.0 유치원 주변 돌아보기

- 1.1 유치원 주변의 식물들의 모습 관찰하기 (인상적인 것 사진 찍기)
- 1.2 유치원 주변의 식물들의 모습에 대해 이야기 나누기 (사진 자료 이용)

2.0 탐색 주제 정하기

- 2.1 주제 발현: 유치원을 둘러싸고 있는 늘 푸른 나무들
- 2.2 탐색 대상 정하기: 유치원의 양 측면과 정면에 위치한 5종류의 나무들
- 2.3 탐색 대상 확인하기: 나무 종류대로 사진 자료 분류하기
- 2.4 실물 확인하기: 다시 밖으로 나가 대상 나무 확인하기

3.0 대상 나무의 이름 알아보기

- 3.1 탐색 활동의 출발에 대해 이야기 나누기
- 3.2 이름 알아보기 위한 방법 토의
- 3.3 수집해 온 정보를 이용해서 나무 이름 알아보기
- 3.4 나무 이름 재확인하기

4.0 나무 탐색하기

- 4.1 나무의 모습 첫 그리기
- 4.2 각 나무를 관찰하여 특징적인 부분 찾아내기
- 4.3 다양한 감각을 이용한 관찰
- 4.4 다른 사람들이 나무를 잘 구별할 수 있도록 자료 만들기에 대해 토의
- 4.5 나무들을 외형적으로 구별하기 쉽도록 목록을 정하며 자료 작성하기
- 4.6 각 나무의 모습 다시 그리기

5.0 유치원 주변의 나무 통계 내기

- 5.1 통계 방법 정하기
- 5.2 통계를 위한 준비하기
- 5.3 통계 내기
- 5.4 통계 그래프 만들기

6.0 나무를 구별할 수 있는 상징 고안하기

7.0 분포도 만들기

- 7.1 분포도 제작에 대한 계획 세우기
- 7.2 기호에 대한 탐색하기
- 7.3 기호 정하기
- 7.4 분포도 틀 만들기
- 7.5 위치에 따른 각 나무의 수를 재확인하여 분포도에 기호 표기하기

8.0 다른 반 친구 초대하여 소개하기

- 8.1 교실 안에 전시된 기록물 소개하기
- 8.2 직접 나무를 관찰하며 소개하기

9.0 아파트 입구에 분포도 게시하기

## 1.0 유치원 주변 돌아보기

생활주제 '봄'에 대한 활동이 시작되면서 '봄동산 나들이'가 계획되었다. 봄동산 나들이를 마친 후 디지털 카메라로 촬영한 견학 과정 자료를 살펴보며 이야기를 나눌 때 늘 푸른 나무에 대한 이야기가 주를 이루었다.

- 여기도 저기도 새싹이 나고 있네….
- 와, 근데 저 나무는 잎이 벌써 다 자랐어. 엄청 빨리 자랐나봐.
- 아니야, 저건 침엽수라서 그래.
- 침엽수는 겨울에도 푸른 잎이 붙어 있어.
- 맞아, 잎이 두껍고 강하기 때문에 벌레도 먹을 수 없고 바람에도 잘 견뎌서 겨울에도 튼튼하게 지낼 수 있으니까. 저게 침엽수야.

유치원 주변을 돌아보며 자연의 모습을 살펴보았을 때 역시, 자연스럽게 유치원 주변을 지키고 있는 늘 푸른 나무들에 대해 관심이 모아졌다.

- 여기도 침엽수가 많아.
- 이 나무들도 겨울에 파란잎이 그대로 달려 있어.
- 우와, 정말 많다. 여기도 많이 있어.

늘 푸른 나무의 일반적인 특징에 대해 알고 있는 몇몇 유아들이 친구들에게 정보를 전달하는 과정을 통해서 유아들의 관심은 더욱 높아졌다.

## 2.0 탐색 주제 정하기

우리는 다시 실외로 나가 나무들을 관찰하며 유치원의 측면과 정면에 위치한 5가지 종류의 나무를 탐색 대상으로 선정하고, 대상 나무에 대해 여러 각도에서 사진 촬영을 하였다. 이때 유아들은 자신들이 발견한 나무에 대해 구체적인 촬영 방법을 요구하며 나무에 대한 사진 기록에 적극적인 모습을 보이기도 했다.

- 선생님 이것도 찍어 주세요. 이쪽에서요.
- 찍은 사진 좀 보여주세요.
- 선생님 이 나무는 찍었어요?

그 후 촬영한 사진 자료를 분류하며 대상 나무를 확인하는 과정에서 유아들이 대상 나무들에 대한 구별과 위치 인식이 불분명하다는 것을 알게 되었다. 나무의 형태를 구분하지 못하므로 사진의 배경을 보고 나무의 위치를 확인하는 것이 고작이었다. 사진을 각 나무에 따라 분류하는 확인 작업을 위해 다시 한번 실외로 나가 사진과 나무를 직접 비교해가며 우리가 탐색할 나무에 대한 자료를 분류해 보았다.

- 어, 잘 모르겠어요. 다 비슷한 거 같아.
- 이게 어디 있었더라? 아파트가 보이는 걸 보니까 저 나무인 것 같은데….
- 저거는 놀이터 앞에 있는 거다.
- 줄기 같은 거는 잘 모르겠어.

봄동산 나들이

유치원 주변 돌아보기

우리가 본 주변 이야기

탐색 대상 나무 정하기

### 3.0 대상 나무의 이름 알아보기

대상 나무를 확인한 후, 먼저 각 나무의 이름을 알아보기로 하였다.

그러나 각각의 나무들을 외형적으로 구별하기 힘든 상태에서 나무의 이름을 알아낸다는 것이 쉽지만은 않은 일이었다.

- 이 5가지 나무에 대해서 어떤 것부터 알아볼까?
- 이름 먼저 알아야지 다른 것도 알 수 있을 것 같아.
- 어떤 방법으로 알아볼 수 있을까?

나무의 이름을 알아보기 위한 방법을 토의하여 몇 가지 방법을 정하고, 가정에 협조문을 보내는 것을 시작으로 조사가 이루어졌다.

먼저 유아들이 수집해 온 책, 사진, 인터넷 검색 자료, 가족과의 탐색 후 얻은 정보 등을 이용해서 나무의 이름을 알아보았다. 유아들이 수시로 수집해 오는 자료는 미니 아뜰리에 벽면에 항상 게시하도록 하였고, 관련 서적을 정리해 두는 책꽂이를 별도로 마련해 두어 언제든지 친구들과 함께 자료를 살펴보며 공유할 수 있는 정보 교환 장소로 이용하기로 하였다.

- 유치원에 오다가 떨어져 있는 나뭇잎을 주워 왔어요. 이것도 옆에 붙여 놓을께요.
- 야, 네가 가져온 이 사진이랑 내 책에 있는 사진이랑 똑같은 것 같아. 저기 있는 진짜 나뭇잎이랑 비슷하지?

수집 · 조사 자료 공유하기

나무 이름 알아보기

각 나무들의 특징에 대한 정확한 지식이 구성되지 않은 상태에서 나무 이름을 알아내기까지는 여러 번의 시행착오가 있었고, 최종적으로 유치원의 나무를 관리해 주시는 기사 선생님을 초대하여 우리가 수집한 자료와 활동 과정을 설명해 드린 후 도움을 요청하여 알아낸 이름이 맞는지 확인할 수 있었다.

- 야호, 이제 전부 알아냈다. 다 끝났다.
- 우리가 알아낸 게 틀렸는지도 모르잖아. 어제 알아낸 잣나무도 처음에는 소나무인줄 알았었잖아. 또 틀린 게 있으면 어떻게 해?
- 음… 기사 선생님이 나무에 물도 주시고 잔디에 풀도 뽑아 주시잖아. 그러니까 기사 선생님께 물어보면 될 것 같아. 그리고 전에 기사 선생님은 나무에 대해서 잘 알고 계신다고 했었어.

기사 선생님과의 대화를 통해 나무 이름 확인하기

### 4.0 나무 탐색하기

#### 나무 첫 그리기

나무 첫 그리기는 평소 자신들이 그리던 패턴 그대로 나무의 모습을 표현하는 유아들이 대부분이었으며, 쉽게 그리기를 시작하지 못하고 망설이는 유아들이 많았다. 첫 그리기 후, 자신의 그림과 실제 나무를 관찰하며 비교할 때에도 나뭇잎의 생김새와 구조에 대해 복잡하고 어렵다는 표현을 많이 했으며, 자신의 그림과는 그 생김새와 구조가 확연히 다르다는 것은 인정했지만 어떤 차이가 있는지는 잘 설명하지 못하였다. 아직까지 유아들은 나무의 생김새나 구조에 대한 지식이 전혀 형성되어 있지 않다고 판단되었다. 이렇게 유아들의 지식을 가시화하여 볼 수 있는 기회를 통해 교사는 나무의 모습에 대한 유아들의 이해 정도를 판단할 수 있었고, 다음 활동을 나무 탐색에 대한 맥락으로 설정하게 되었다.

- 너무 어렵다. 못 그리겠어. 나무를 보고 그리면 안돼?
- 야, 나무가 너무 이상해.

### 관찰 탐색 후 다른 사람에게 알려줄 나무 구별 자료 만들기

탐색 대상 나무에 대해 여러 각도로 탐색해 볼 수 있는 경험을 집중적으로 갖게 되었다. 나뭇잎, 잔가지, 나무기둥, 열매, 꽃, 냄새, 촉각, 전체적인 형태, 구조적 특징 등에 대한 세부적이고 구체적인 관찰을 수차례 반복하였다. 또 시각적인 관찰뿐 아니라 촉각과 후각을 이용한 개별적인 특성을 관찰하며 각 나무에 대한 외형적인 묘사뿐 아니라 느낌과 연상되는 사물에 대한 표현을 나누며 각 나무마다 구분을 확실히 하는 과정을 가졌다.

다른 사람들에게 우리가 알아낸 나무 구별법을 알려줄 수 있는 자료를 만들기로 하여 그동안에 알아낸 정보를 담은 나무에 대한 자료를 만들며 다시 한 번 각 나무에 대한 관찰과 탐색을 하였다.

- 이건 너무 뾰족하니까 가문비 나무구나.
- 윽, 냄새를 맡아보니까 향나무야. 향나무는 뚝뚝 부러지는 비늘잎이야.

- 향나무 밑에서 줄기를 올려 보면 꼭 뱀들이 엉켜있는 것 같아.

유아간 협력 작업

타인을 위한 나무 구별 자료

### 나무 모습 다시 그리기

나무에 대한 구별 자료가 완성되기까지 각 나무에 대한 충분한 탐색을 경험한 후, 우리는 다시 나뭇잎의 모습을 그려 보았다. 유아들은 자신이 가지고 있는 나무의 모습을 첫 그리기 때와 달리 어렵지 않게 표현하고 있었으며, 각 나무의 특징적인 묘사가 눈에 띄게 많아졌다. 다시 그리기 표상을 마친 후, 각 유아에게 첫 그리기 자료와 다시 그린 그림을 비교해 보며 생각을 나누어보는 시간을 가졌다. 이 과정을 통해 학습 과정에 대한 구체적이고 가시적인 기억을 제공할 수 있는 이전 그림을 재방문하여 이전의 이해를 현재 학습과 결합시킬 수 있는 기회를 마련할 수 있었다. 또한 자신의 표상을 친구들에게 설명하고 이해시키는 효과적인 의사소통 수단이 되었다.

- 전에는 그리기가 너무 어려웠는데 이번에는 조금 쉬워졌어.
- 두 번째 그림이 나무랑 더 비슷한 것 같아.
- 진짜 나무처럼 그리는 건 너무 어려운데, 그래도 향나무는 조그만 잎 여러 개가 붙어 있는 모습이어서 비슷하게 보여.

### 5.0 유치원 주변의 나무 통계 내기

다시 그린 그림 자료를 통해 유아들이 나무를 구별해 낼 수 있도록 지식이 형성되어 있음을 확인한 후, 유치원 주변에 있는 각 나무의 수량을 파악해 보는 활동을 전개하였다. 먼저 통계를 위한 영역을 정하고, 통계 방법에 대해 토의하였다.

- 너무 먼 곳까지는 할 수 없어.
- 유치원 옆에 놀이터에는 나무들이 많으니까 놀이터에 있는 나무들을 세어보면 좋겠어.
- 그런데 친구가 세고 지나간 나무를 다른 사람이 또 세면 어떻게 해?
- 그럼 나무에 표시를 해두면 헛갈리지 않잖아.
- 어떻게 표시를 해?

유아들은 나무를 정확하고 효과적으로 세기 위한 방법으로 나무 표지를 고안해 냈고, 팀을 나누어 자신들이 맡은 각 나무의 수량을 세어 보았다.

- 야, 나는 3그루 찾았다.
- 이리 줘봐. 같이 합쳐서 세어 봐야지.
- 아니야, 자기가 가진 만큼 스티커를 붙이면 되잖아.

수량 파악을 마친 후, 5가지의 나무 수를 한눈에 비교해 볼 수 있도록 그래프를 만들었다.

- 전부 한꺼번에 볼 수 있도록 옆에 다 붙여 두면 좋겠어.
- 그런데 이거는 종이가 엉망이 되어 버렸고, 그냥 보면 어떤 게 많은지 잘 모르겠어.
- 잘 보이도록 다시 만들었으면 좋겠어.

통계를 위한 준비 작업

나무 찾기

나무 수량 파악하기

통계 그래프 만들기

## 6.0 나무를 구별할 수 있는 상징 고안하기

유치원 주변의 나무 통계 내기 활동 시, 유아들은 너무나도 쉽게 흘깃 보기만 해도 나무를 구별해 냈다. 교사의 눈에는 과연 유아들이 어떤 특징을 쉽게 분별해 내고 나무를 찾아내는 것인지 알 수 없었다. 따라서 첫 그림과 다시 그린 그림에서처럼 나무에 대한 정확한 묘사를 위한 표상이 아닌, 자신이 그 나무를 쉽게 구별해 낼 수 있는 나무의 특징적 모습을 표상해 볼 수 있는 상징을 고안하는 기회를 가졌다. 유아들은 다양한 특징과 이미지를 자기 나름대로 각 나무를 구별해 내는 중요한 기준으로 삼고 있었다.

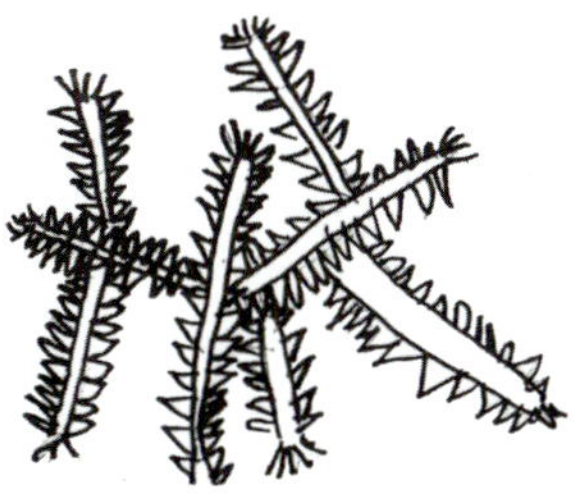

- 가문비 나무는 잎이 칼처럼 뾰족하게 생긴 것을 찾으면 돼.
- 그리고 (나무 기둥 윗부분잎이 나 있는 모습이) 삼각형으로 보여.

- 향나무는 멀리서 보면 둥글둥글 볼록볼록 생겼어.

- 잣나무는 기둥이 숫자 1 처럼 생겼고, 한 구멍에 나뭇잎이 5개씩 나 있어.

## 7.0 분포도 만들기

이번엔 우리가 통계 낸 나무가 어떤 위치에 분포되어 있는지 한눈에 알아볼 수 있는 평면 분포도를 만들기로 하였다. 표현 방법을 모색하던 유아들은 기호의 필요성을 제기하였다.

- 그런데 너희들이 이 많은 나무들의 모습 그대로를 다 그릴 수 있겠니?
- 너무 많아.
- 작게 그려야 되는데 힘들 것 같아.
- 그럼 어떻게 하면 좋을까? 너희 혹시 지도 본 적이 있니?
- 아빠가 운전할 때 많이 봤어. 길도 많이 있고 이상한 표시도 나와 있어.
- 지도에는 왜 그런 표시들이 많이 그려져 있을까? 우리 함께 살펴볼까?

먼저 교사와 유아가 함께 평면도의 기본 틀을 그려서 작성한 후, 실제 지도를 살펴보며 지도에 나와 있는 기호의 의미와 필요성에 대해 생각해 보는 시간을 가졌다.

- 어, 이건 목욕탕 표신데….
- 왜 이런 그림으로 목욕탕을 표시했을까?
- 목욕탕에서는 뜨거운 물에서 수증기가 나오니까 그걸 나타낸 그림 같아.
- 교회는 예수님 표시로 십자가를 그렸나 봐.

지도를 보며 기호에 대해 알아보기

기호의 의미에 대한 이해를 바탕으로, 유아들 스스로 각각의 나무에 적절한 의미를 내포하는 기호를 창안해 냈다. 이는 유아가 자신의 생각을 다른 사람이 이해할 수 있도록 표현하는 의사소통 맥락의 표상이며, 내용면에 있어서는 자신이 아는 것을 사고하고 표현해야 하므로 메타 인지적 기능을 수행하는 기회를 가질 수 있었다. 각각의 유아들이 창안해 낸 다양한 기호를 함께 보며, 그 적합성에 대한 메타 상징적 수준에서의 토의를 거친 후, 의미를 가장 잘 전달할 수 있는 기호를 최종 결정하였다.

- 이건 왜 향나무인지 잘 모르겠어요. 다른 사람들이 잘 알 수 있어야 하는데…….
- 상훈이가 그린 칼 모양은 날카로우니까 가문비 나무인 걸 쉽게 알 수 있어.
- 측백나무는 종이 모양이 제일 많이 나왔어요. 정말 종이 같으니까.

각 나무에 대한 기호 창안하기

기호를 창안한 후 분포되어 있는 나무의 수량과 위치를 다시 한번 확인하며 평면도 위에 나무를 배치하였다. 그런 다음 완성된 평면도를 밖으로 가지고 나가 확인해 보며 틀린 부분을 수정해 보는 과정을 거쳤다.

## 8.0 다른 반 친구 초대하여 소개하기

다른 반 친구들을 초대하여 그동안의 활동을 소개하는 시간을 통해 자신들의 학습 과정에 대해 재방문하고, 얻게 된 지식을 다른 사람이 이해할 수 있도록 표현해 보는 기회를 통해 성취감을 느끼며 학습 의욕을 고취시킬 수 있었다.

교실 안 전시 자료 돌아보기

실제 나무 돌아보기

## 9.0 아파트 입구에 분포도 게시하기

유아들이 만든 늘 푸른 나무 분포도는 아파트 입구 게시판에 아파트 주민들이 볼 수 있도록 게시하였다. 유아가 지역사회의 한 구성원으로서 지역사회에 공헌할 수 있다는 사실은 우리 반뿐 아니라 전체 유치원 유아들에게 긍정적인 확인감과 자신감을 갖게 하였다.

유치원 주변의 늘 푸른 나무 분포도

## 04 반성의 도구로서 교수 매체 활용의 개선

반성 1. 교수 매체는 사실을 검증, 확인하기보다 반성적 사고를 자극하는 도구로 활용하는가?
반성 2. 다양한 경험을 위해서보다는 다국면적 사고를 도와 심화된 학습이 되도록 매체를 다양하게 활용하는가?
반성 3. 부족한 표상 기술을 우려하기보다는 아는 것을 충분히 표현할 수 있도록 매체 제시 조건을 고려하는가?
반성 4. 언어적 표상을 통해 유아가 경험이나 생각을 자유롭게 분출하도록 하였는가?
반성 5. 그리기 표상을 통해 유아의 정확한 이론과 달라진 이해를 표현하도록 지원하였는가?
반성 6. 만들기 등의 3차원 표상을 통해 유아가 기능적 맥락에서 사고하거나, 이론을 스스로 검증하는 상호 작용 기회를 갖는가?
반성 7. 주어지는 매체에 따라 유아가 사고하게 될 국면을 예측하고 활용하였는가?
반성 8. OHP, 슬라이드, 영사 장치, 라이트 테이블, 그림자 스크린 등 공학적 기기를 활용함으로써 유아의 사고 범위를 확장시키는가?
반성 9. 인터넷을 통한 정보를 프로젝트 학습에 활용하는가?
반성 10. 기록화를 위해 디지털 카메라, 비디오 카메라, 컴퓨터 등 주변기기를 활용하는가?

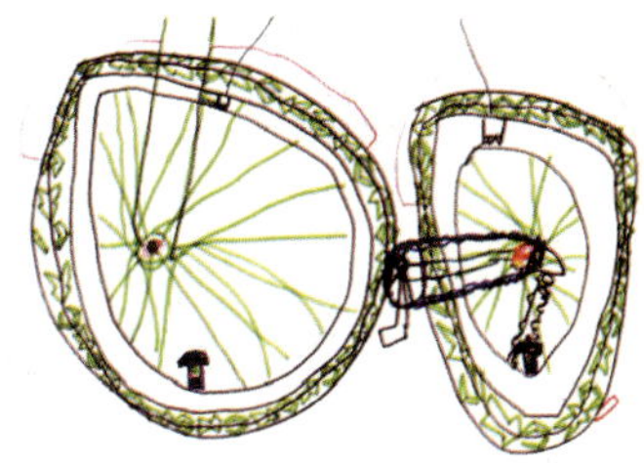
자전거 바퀴, 5세

### 04_1 교수 매체 활용의 개선

학습에 있어서 반성적 사고의 중요성을 아는 교사들은 교수 매체를 **사실을 검증하고 확인하는 보조 자료가 아니라 경험을 반성하게 하는 도구로 활용**함으로써 유아 교육 기관에서 교수 매체의 활용 차원이 달라지고 있는 듯하다. 학습은 교사가 주는 경험이 아니라 유아가 경험한 것을 반성할 수 있는 기회와 다양한 도구를 통해 이루어진다. 이제 놀이 방법이 정해져 있는 교구를 제작하는 데 유아들의 보다 반성적이고 깊이 있는 사고를 자극할 수 있는 매체 활용을 연구할 때이다.

유아들이(4세) 맥락과 떨어지면 반성적이 되지 못하잖아요. 실외에서 사물을 관찰할 때 사진을 찍어 활용하면 더 자세히 보게 되고, 들어와서 이야기할 때도 회상할 수 있는 매개물이 있으니까 더 반성적으로 이야기를 하게 돼요. 3차원 실물과 2차원 사진이나 그림을 비교해서도 많이 이야기를 해요(O교사).

기존 주제 중심 통합 교육을 운영할 때는 넓게 알면서 활동마다 맥락이 끊겨버리잖아요. 깊이 있는 탐색이 없으면서 주제가 끝나면 잊어버리고 얼른 다른 주제로 들어가게 되는데, 다상징적 프로젝트는 처음에 유아들이 낯설어하다가도 진행되면서 호흡이 맞아 떨어져 이해가 깊어지잖아요. 그런 걸 경험해요 … 첫 그리기와 경험 후 다시 그릴 때 다르고, 이전 그림을 수정하게 하면 의식적으로 사고하는 것 같아요. 다른 경험을 하고 다른 매체로 표상할 때 반성적 사고가 두드러지는 것 같아요(K교사).

O교사와 K교사는 프로젝트 학습에서 다양한 매체를 사용하면서 순환적으로 탐색해 나가는 상징화 주기를 통해 유아가 주제에 대해 고찰, 재고찰하게 되고 다양한 매체의 서로 다른 잠재력으로 인하여 학습이 심화됨을 경험하고 실천한다.

그러나 다음 I 교사의 경우처럼 반성을 위한 도구로서 교수 매체를 활용하는 데 어려움을 느끼고 갈등하는 교사도 있다.

> 그림을 그리면 유아가 어느 정도 알고 있는지 구체적으로 아는 데 도움이 되지만, 정말 알고 있는데 그림 표현이 안 되는 유아들이 있어요. 이야기해 보자 하면 다 아는데 그림으로 그려보자 그러면 그림을 못 그려서 표현하지 못해요. 그런 아이들은 어떻게 해야 할지 모르겠어요(I교사).

교사가 어떻게 질문하느냐에 따라서도 유아들의 표상은 달라진다. "자전거를 그려 보자" "사람이 자전거를 탔을 때 어떻게 움직이는지 그려 보자" "모르는 동생이 알 수 있도록 그려 보자" 등의 제안에 따라 유아는 다르게 사고한다.

내가 아는 자전거 그리기

사람이 자전거를 탔을 때
어떻게 가는지 그리기

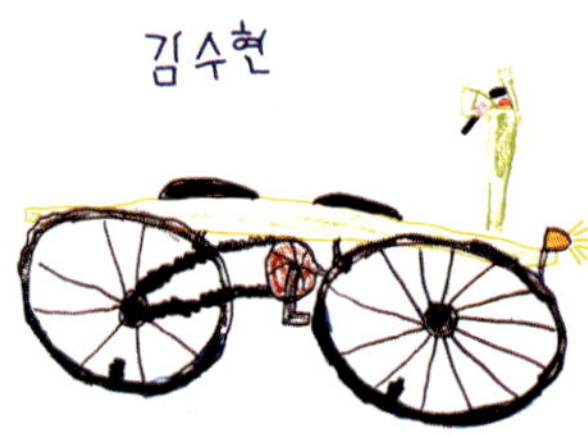


모르는 동생이 알도록 그리기

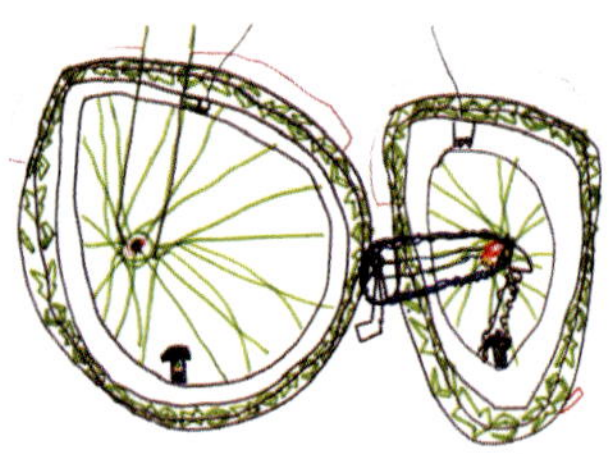

탐색 후 알려주기 위해 그리기

자전거 만든 후 그리기

다음의 G교사와 V교사는 유아의 표상 기술보다도 **교사의 매체 제시 조건이 유아의 구체적인 표현을 유도하는 데 중요**함을 알며 유아가 알고 있는 바를 메타 인지하여 메타 상징화하도록 적절히 지원함으로써 유아들이 자신의 이론을 체계적으로 조직해 나감을 볼 수 있다.

> 그리기 전에 어떻게 그릴지 생각하는 것이 중요하다고 생각해요. 그림으로 표현하는 방법을 몇 번 제시해 주면 다른 경우에도 생각을 하면서 그릴 뿐 아니라 큰 종이, 작은 종이를 달라고 하거나 칸을 나누고 순서를 정해서 그릴 줄을 알아요. 아이들이 자기 생각을 체계적으로 표현하는 방법을 알아가는 것 같아요(G교사).

**매체를 활용하고 다루는 방법은 학습되어진다.** 교사가 다양한 재질, 형식, 모양을 가진 종이 매체를 제공하거나 다양한 방법으로 생각의 과정을 조직할 수 있도록 제시한다면 쉽게 유아들은 논리적으로 자료를 배열하고 조직하는 방식을 학습한다. 아래 V교사의 경우와 같이 우리 문화에서 흔히 사용하는 기호를 사용하여 생각을 상징화하는 방식도 마찬가지이다.

> 읽긴 하는데 쓰지 못하는 아이가 있었어요. 다람쥐가 얼마나 자는지 좋아하는 기호를 사용하여 그리라고 했더니 동그라미를 15개 그렸어요. 밤은 별, 낮은 새를 그려서 표현하고, 동그라미를 둘로 나누어 밤을 검정색으로 표현하였어요(V교사).

유아 교육 **기관의 환경이 유아로 하여금 사물을 다양한 시각에서 관찰할 수 있도록 구성**된다면 사고를 자극하여 표상 욕구를 불러일으킬 수 있을 것이다. 이를 위해 레지오 학교들의 물리적 환경을 간접적으로 경험한 기관과 교사들은 빛(전기)과 공학적 기기를 기관에 도입하고자 시도하고 있다. OHP를 이용한 구성놀이, 라이트 리플렉터를 이용한 구성놀이 영역, 그림자 스크린을 활용한 극, 라이트 테이블을 활용한 작업, 실물 환등기를 활용한 가상놀이, 빛이 투과하는 아크릴 이젤 등은 유아의 창의적 사고를 도울 수 있다. 일부 현장에서는 이를 인식하여 활용을 시도하고 있지만 변화가 요청되는 현실적인 문제들도 있다.

> 공간 확보가 중요해요. OHP나 슬라이드를 놓아서 여러 가지를 올려놓아 보고 구성놀이도 해보고 싶은데, 기기의 모서리 등이 위험해서 문제가 많이 생겨요. 기존에 보드 중심의 교구들을 치우고 공학 기계를 많이 활용하고 싶은데 공간이 비좁아 힘들어요. 레지오에서는 위에서 내려오는 스크린이 방마다 부착되어 있잖아요. 이러한 환경 변화는 원 전체의 기초 설계나 지원이 필요한 것 같아요(H교사).

> 현재 교실에 새롭게 추가되고 있는 라이트 테이블, 아크릴 이젤, 구성놀이 영역 등은 아이들이 흥미로워하고 활동을 자극하고 있어요. 근데 처음부터 설계되지 않아서 … 교실 자체가 어두울 때와 밝을 때 차이가 있잖아요. 그림자 스크린 등이 교실 한쪽의 어두운 부분에 있어야 효과가 있을텐데 … 낮에 햇빛이 잘 들거든요. 창문에 암막을 설치해서 효과를 높여야 할 것 같아요(I 교사).

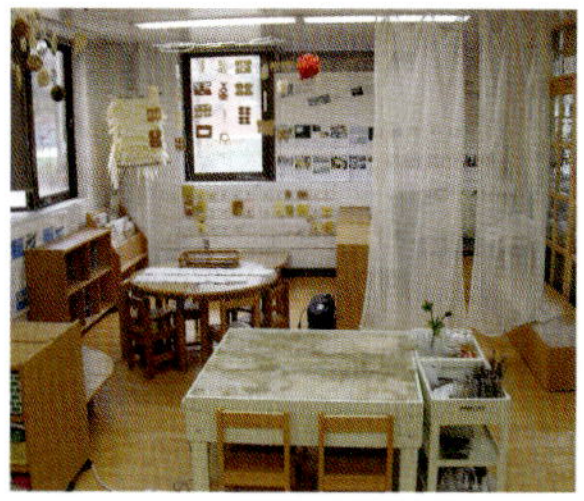
4세 교실

5세 교실

라이트 테이블 구성 영역

3차원 구성 영역

H교사와 I 교사가 지적한 바와 같이 교사 차원의 미시 수준에서 이루어질 수 없는 변화도 많다. **기술공학을 유아 교육 현장에도 끌어들여 교육 환경을 과학화**해 나갈 수 있도록 기관 차원에서 움직여 주어야 한다. 뿐만 아니라 교수 매체를 적절히 활용할 수 있는 교사의 실천적 지식 또한 요청된다. 이에 대해서는 다음에서 고찰하고자 한다.

## 04_2 다상징화의 학습 원리

우리네 유아 교육 현장의 교사들은 유아를 위해 다양한 매체를 개발, 활용하는 데 집중하지만 그 각 매체가 유아로 하여금 어떤 측면에 대해 사고하도록 하는지, **매체의 서로 다른 인지적 기능**에 대해서는 고찰하지 않는 경향이 있다.

또한 다양한 매체에 내재된 다양한 내용을 접하도록 하는 데에는 집중하지만, 한 가지 주제를 중심으로 **깊이 있는 탐색을 위해 다양한 매체의 서로 다른 인지적 특성을 고려하여 나선형적, 다면적으로 활용**하지는 않는다.

다양한 매체를 사용함으로써 유아의 반성적 사고에 영향을 주게 되는 학습 원리(Forman, 1994)는 본서의 1권 『레지오 에밀리아 접근법의 이해와 현장적용』에서 다음과 같이 설명하였다.

첫째, 각 매체는 **변형을 산출해 낼 수 있는 서로 다른 가용성**(affordances)을 갖는다.

블록은 쌓을 수 있고, 균형을 맞출 수 있고, 패턴에 따라 배열할 수 있다.

점토는 쉽게 조형할 수 있고, 형태를 창안할 수 있다.

동일한 블록이라도 블록의 형태에 따라 대비되는 가용성이 있다.

둥근 블록은 역동적 관계

네모난 블록은 안정된 관계

둘째, 상징의 양식(module)을 변화시킬 수 있는 매체의 **변조성(變造性, modularity)**이 서로 다르다. 예를 들어, 종이는 연필에 비해 변조적이다.

빈 종이가 주어지면 유아들은 그림을 그려서 어떤 형태를 표현하려 한다. 종이를 작게 여러 장으로 잘랐을 때는 잘라진 조각들을 배열하여 눈, 나뭇잎 등을 구성해 낼 수 있다.

셋째, **지속성**(persistence)이란 시간의 경과에 따라 지속될 수 있는 가능성을 말한다.

3차원적 모형이나 그림은 지속되므로 반복하여 재방문, 반성할 수 있다.

3차원 구성

몸짓이나 언어는 지속적이지 못하고 순간 사라져 버린다.

동작적 표상

언어적 표상

넷째, 매체가 제공하는 피드백으로서 **변화에 대한 반응성**(react to change)이 서로 다르다.

예를 들어 반응적인 3차원적 블록이나 점토, 모형 만들기 등은 피드백을 주므로 이론을 검증하게 하고 유아 스스로 수정할 수 있다.

점토 구성

나무블록을 이용한 구성

비반응적인 2차원적 그리기는 피드백을 주지 않기 때문에 많은 실수를 허용하여 유아가 아이디어를 적용해 보고 이론을 구축하게 한다.

다섯째, 서로 다른 매체를 어떤 순서로 제시하느냐에 따라 **매체 제시 순서**는 학습에 영향을 줄 수 있다. 프로젝트를 수행하는 과정에서 '상징화 주기'의 순서는 규정적인 것이 아니나 학습 상황에 따라 다른 효과를 가져올 수 있다.

여섯째, 다른 매체를 활용함으로써 **이전 표상을 수정**할 수 있다. 매체에서 매체로 이행 활동하는 과정에서 유아들은 대상물이나 개념에 대한 기능적, 전문적 관점을 갖게 된다.

'기찻길과 기차바퀴' 프로젝트에서 기찻길에 관심을 가진 유아들은 왜 기찻길은 버스가 다니는 찻길과 다른지, 어떻게 기차가 레일 위를 달리는지, 기차바퀴는 어떻게 위치해야 하는지 등에 대해 의문을 갖는 연계적 문제 해결 상황을 갖는다. 기찻길 그리기에서 유아는 레일을 모두 '납작하게' 직선으로 표현하였다. 유아의 그림 표현이 지침이 되어 3차원 매체를 사용하여 모형을 만들었을 때는 역시 동그란 모양만을 흉내 낸 기차바퀴를 만들었다. 다음 단계에서 입체적인 기차레일을 제시하고 스티로폼과 병뚜껑 등의 입체 매체로 기차바퀴를 구성하였을 때 기차레일에 굴러갈 수 있는 바퀴의 모양을 탐색, 표상할 수 있었다. 유아는 그림의 기찻길 표상을 재방문하고 오류를 발견하

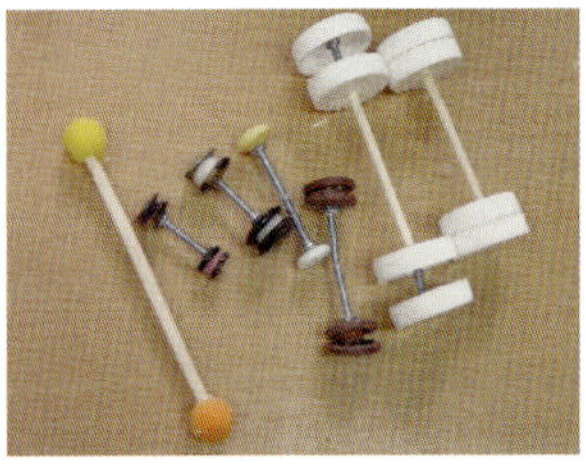
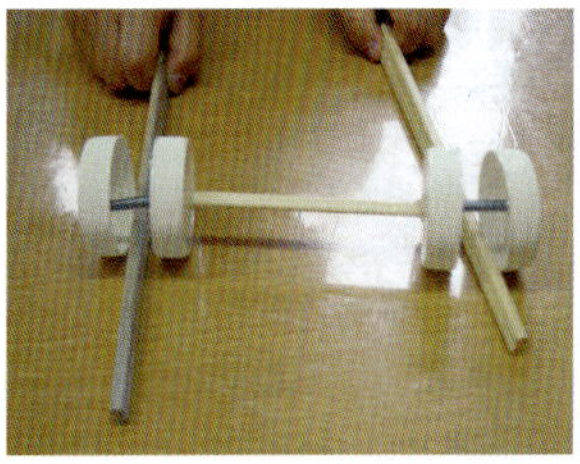

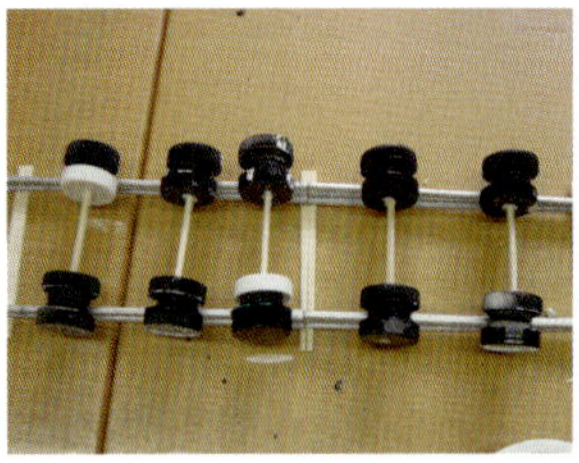

여 레일의 입체적 표현을 수정하였을 뿐만 아니라 기차바퀴의 측면 조망을 어떻게 그려야 하는지 학습하였다. 이러한 과정은 유아에게 그리는 방법을 가르치지 않고도 다양한 매체를 사용하여 여러 국면으로 반성하는 기회를 가짐으로써 문제를 해결한 좋은 사례라 하겠다.

## 04_3 매체의 차원에 따른 다상징적 역할

다상징적 접근에서 유아는 동일한 대상물이나 사건을 여러 가지 매체를 활용하여 탐색해 나가는 학습 과정에서 변화되는 매개적 표상 수단에 따라 다양한 문제 해결의 정위와 태도를 갖게 된다. 이로 인해 학습과정에서 서로 다른 질문을 자극하게 되고 다국면적인 인지 조작 과정으로 인하여 유아는 대상물이나 개념을 보다 깊게 분석할 수 있게 된다. 여기서 각 매체가 어떻게 유아로 하여금 서로 다른 사고 과정을 경험하게 하는지 그 매개적 역할을 살펴보고자 한다.

### 04_3_1 언어적 표상

언어적 표상은 유아가 말로 자신의 이전 기억을 재방문하는 것이다.

언어적 매체는 유아가 이전 경험을 쉽게 기억하게 하고 자유롭게 분출해 낼 수 있게 한다. 사고를 자유롭게 제어할 수 있는 말의 표상적 힘은 사소한 것에서 깊이가 있는 것에 이르기까지 유아가 통찰하는 것에 대한 표상을 가능하게 하여 어떤 결과를 도출해 낼 수 있는 무한한 생각을 창안할 수 있게 한다.

따라서 유아가 가설적 이론을 구축하게 하는 좋은 매체이며, 프로젝트의 맥락과 방향을 설정해 준다. 이는 언어의 큰 장점이자 무한한 지적 잠재력이다.

이러한 장점에도 불구하고 언어는 시상적 매체에 비해 임의적(任意的)이므로 논리성이 결여된다. 흔히 유아들이 기억하여 표상하는 말에는 실제뿐만 아니라 부족한 이야기의 맥락과 일관성을 보충하기 위한 상상적 요소가 다분히 포함된다.

그러나 경우에 따라 프로젝트에서는 이러한 이야기가 정확성의 제약이 있기는 하지만 유아의 사고의 틀 내에서 나름의 논리와 합리성을 갖기 때문에 유아의 가설적 이론이 되고, 이후 프로젝트 수행에서 다루어질 개념의 맥락과 동기로써 역할한다.

그러나 언어는 시상적 표상 매체에 비해 일시적이므로 지속성이 부족하여 매체로서 필요한 기술적 제약이 수반된다 할 수 있다. 언어는 지속적이지 못하고 순간 사라져 버리므로 직접적으로 반성하거나 재방문하여 재고찰할 수는 없다.

## 04_3_2 그리기 표상

학습을 위한 그리기에서 논의한 바와 같이 그리기는 비반응적이며, 활동 방법이 비구조화되어 있어서 다양하게 시도해 볼 수 있기 때문에 학습 과정에서 유아가 자신의 이해를 표현하고 이론을 계획할 수 있게 하는 좋은 매체이다.

언어적 매체는 프로젝트의 맥락과 동기를 설정해 주지만 그리기는 언어적 설명의 모호한 부분을 보완하여 유아의 이해와 이론의 세부 내용을 명확하게 만든다. 유아들이 이전 경험을 언어로 표상하고 그림으로 표현한 후 언어적 설명을 덧붙임으로써 논리적 비일관성을 발견하여 이전 가설을 수정하고 발전시킬 수 있다.

이와 같이 그리기와 말하기는 합리적으로 추론할 수 있는 가설이 나타날 때까지 유아가 아이디어를 배열하고 적용해 나가면서 이론을 구축하게 하는 매개적 역할을 수행하며, 유아로 하여금 자신의 이해를 깊게 하도록 만든다. 뿐만 아니라 그리기 매체는 지속성을 가지고 있으므로 유아가 자신의 이해를 재방문하여 고찰하고 반성하는 수단으로 활용될 수 있다.

한편 그리기 매체의 이같은 장점은 단점으로 작용하기도 한다.

그림은 디자인하기에는 적합하지만 실제적이기보다는 실제를 가장하는 허상이기 때문에 기능적인 맥락에서 사고할 수 없으며, 표상 행위에 따른 피드백이 없기 때문에 유아의 이론이 맞았는지 검증하기는 어렵다. 예를 들어 기차가 가는 기찻길 그림에서 철로와 기차바퀴와 같은 물리적 구조나 원동력을 나타내는 어떤 원리를 전달하기는 어렵다.

또한 그림은 흔히 사물이 어떻게 보이는가 하는 형태 · 크기 · 색깔 등에 초점을 둔다.

**기찻길 그림, 4세**

첫 그리기 　 관찰 후 그리기

'자동차를 어떻게 만들 수 있겠는지 그려보자' 등과 같이 행위를 위한 지침으로서 그림 표상을 사용할 때조차도 유아는 표상하고자 하는 참조물을 단지 설명한다. 다시 말해 3차원 모형을 만들기 위해 그리게 할 때도 그림은 만들어질 모델을 잘 표현했는가를 사고하게 할 것이다. 그림은 잘 작동할 수 있는지 혹은 작동 원리가 어떤지를 사고하기는 어렵다.

## 04_3_3 3차원적 표상

그리기와 칠하기 같은 2차원적 매체는 계획하고 디자인해 보면서 이론을 구축한다. 반면, 점토, 철사, 스티로폼, 나무 등과 같은 3차원적 구성 자료들은 마찰, 중력, 반동력 등의 자연 법칙에 따른 매체 자체의 자발적 반응성을 갖고 있어서 유아가 모형을 만들어 보는 활동을 통해 자신의 이론을 검증해 볼 수 있다.

그림은 디자인하기에는 적합하지만 기능적으로 사고하기는 어렵다. 3차원적 구성 자료는 유아로 하여금 자신의 아이디어를 기능적 맥락(functional context)에서 생각해 보도록 자극한다.

예컨대 앞 절에서 제시한 스티로폼, 병뚜껑, 나무젓가락으로 만든 철로와 기차바퀴는 어떻게 작동하는지를 생각하게 할 것이다. 앞의 예에서 기찻길의 그림에서도 기차바퀴가 갈 수 있는 구체적인 철로의 형태와 상관없이 직선 길만을 그림으로 그렸다. 따라서 기차바퀴와 기찻길의 형태와 구조에 대한 유아들의 관점을 변화시키기 위해 여러 가지 3차원 매체를 사용하여 이전 이론을 단계적으로 검증해 나감에 따라 필요한 개념과 문제를 인식하고 변화 · 수정할 수 있었다. 3차원적 매체를 사용한 표상에서는 구성 자료의 종류나 과제 제시 조건에 따라 표상의 내용이나 문제 해결을 위한 특별한 정위가 달라진다.

동일한 참조물을 표상할 때도 주어진 자료의 물리적 속성이나 가용성에 따라 서로 다른 표상적 편파성를 갖게 한다. 하드보드지로 기차바퀴 모형을 만들었을 때 바퀴 테에 바퀴 살의 중심을 정확히 잡아 회전할 수 있게 만들었고, 긴 네모 종이를 스테이플러로 찍어 링 모양을 만들어 붙일 수 있었다. 점토로 만들었을 때는 점토의 유연성 때문에 일그러져 버리자 이를 부착하는 데 집착하였다. 스티로폼, 병뚜껑 등을 사용하였을 때 병뚜껑의 형태를 고려하여 부착, 기차바퀴가 돌게 할 수 있었다.

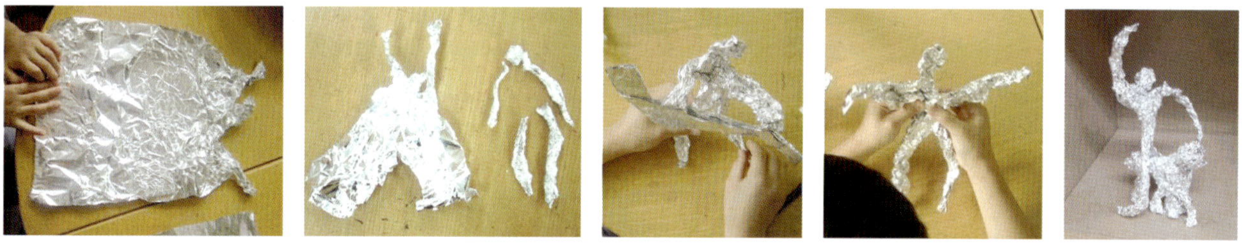

알루미늄 포일로 만든 사람

언어적 표상과 2차원적 표상의 특성적 차이점 및 상호 보완적 역할을 정리하면 다음과 같다.

- 언어적 표상은 프로젝트의 맥락과 동기를 설정해 주며, 2차원적 표상은 유아의 정확한 이론을 알게 한다.
- 언어적 표상은 의미화(signify)가 명확하지 않은 반면, 그림은 시각적 표상을 영상적(iconic)으로 의미화할 수 있음으로 해서 유아의 잘못된 개념을 발견할 수 있게 한다.
- 언어적 매체는 지속성이 부족하므로 직접적으로 반성할 수 없는 반면, 그림 표상은 기록과 같은 역할을 제공하므로 반복적으로 재방문할 수 있는 매체로 활용되었다.
- 언어적 표상에 비해 그림 표상은 유아로 하여금 메타 상징적으로 사고하게 하였다.

그리기 표상과 3차원적 표상의 차이점 및 보완점은 다음과 같다.

- 그리기 표상과 3차원적 표상은 모두 시상적 문식성이 필요하나 다양한 매체를 사용하는 3차원적 표상은 보다 높은 인지적 조정 능력이 요구된다.
- 그리기 표상은 이론을 구축하도록 하는 반면, 3차원적 표상은 이론을 검증하게 하였다.
- 그림 표상은 대상물의 형태 · 크기 · 색깔 · 구조 등에 초점을 두게 하는 반면, 3차원적 표상은 대상물의 작동 원리 등 기능적 맥락에서 사고하게 하였다.

## 05 메타 표상을 통한 의미화

반성 1. 소집단 프로젝트에 참여한 유아들이 탐색한 내용을 표상하여 학급에 발표하는 기회를 갖는가?

반성 2. 의사소통의 맥락에서 다른 사람이 이해할 수 있도록 표상하는 방식을 활용하는가?

반성 3. 유아들이 탐색한 내용을 토대로 지침서를 만들거나 척도를 창안해 보는 기회를 갖는가?

반성 4. 다른 사람의 관점을 고려하여 협의하고 의사 결정하는 기회를 갖는가?

반성 5. 유아들의 표상물은 일상 생활에서 실용적으로 활용하여 의미를 부여하는가?

### 05_1 메타 표상을 통한 유아들의 이야기

표상은 유아들이 자신의 경험을 반성하고 해석하게 하거나, 기억력을 일깨우거나, 다른 사람과 아이디어를 나누기 위해 사용된다. 메타 수준의 표상은 유아가 **자신의 생각을 다른 사람이 이해할 수 있도록 표현하는 의사소통 맥락의 표상**을 말한다.

의사소통 맥락의 표상은 다른 사람이 잘 이해할 수 있도록, 즉 상징이 의사소통의 수단으로서의 역할을 잘 할 수 있도록 표상해야 하기 때문에 유아는 자신이 아는 것을 사고하고 표현해야 하므로 메타 인지적 기능을 갖는다. 유아들이 발명한 상징은 지식의 표현일 뿐만 아니라 동시에 유아로 하여금 현재 다루고 있는 주제에 관련된 하위 요소들간의 새로운 관계를 형성하고, 새로운 의미를 생각하게 하는 지식의 원천이 된다.

프로젝트에서 공통적으로 사용하는 방법으로 교사는 유아들이 프로젝트를 통해 탐색하고 이해한 것을 학급의 다른 유아에게 발표하거나 어린 유아를 위한 지침서를 만드는 단계를 반드시 포함시킨다. '교실의 구조' 를 탐색한 프로젝트 후, 교사는 교실을 물려받게 될 어린 동생들을 위한 교실의 지도 그리기를 제안한다. 이를 위해 유아들은 먼저 어린 유아들이 좋아할 방의 형태를 메타 수준에서 토의하여야 하고, 방의 구조를 잘 나타낼 수 있는 상징을 메타 수준에서 토의한 후 표상해야 한다.

상징을 발명해 내려는 유아들의 동기는 자신들이 이해한 것을 더욱 의식화하고 다른 사람에게 더욱 명확하게 전달하려는 의도에서 생긴다. 자신이 알고 있는 것을 남이 이해할 수 있도록 그려야 하는 경우 그림은 새로운 역할을 한다.

상징은 다른 사람이 이해할 수 있는 정도로 평가된다. 교사는 유아들이 창안한 여러 개의 상징 중 의미를 가장 잘 전달할 수 있는 상징을 결정하게 함으로써 유아들은 상징에 대한 메타 상징적 수준에서 토의하고 사고할 수 있는 기회 또한 가진다.

다음에 프로젝트 과정에서 유아들이 학습한 내용을 상징적으로 메타 표상함으로써 자신의 이해를 스스로 의식화하고 나름의 의미를 찾아 의사소통해 나가는 사례들을 추출하였다.

## 05_1_1 상징 고안하기

### S 어린이집 상징이에요, 5세

졸업을 앞두고 S어린이집 5세 유아들은 어린이집 상징을 만들어 동생들에게 남기기로 하였다. 상징의 의미를 조사하고 주변 상징을 탐색하였다. 어린이집의 원훈에 대해 원장님이 일러주신 "우리들 마음 속의 작은 씨앗을 잘 키워 여러 사람에게 도움을 주는 큰 나무가 되었으면 좋겠다"는 말씀에 따라 상징을 고안하기로 하였다. 유아들은 부모와 동생의 의견을 수렴하고 대학의 시각디자인 전공 교수님과도 만났다. 수정, 재수정의 과정을 거쳐 고안된 상징은 현재 동생들의 가방과 어린이집의 문패, 책자, 봉투 어디든 자리하고 있다.

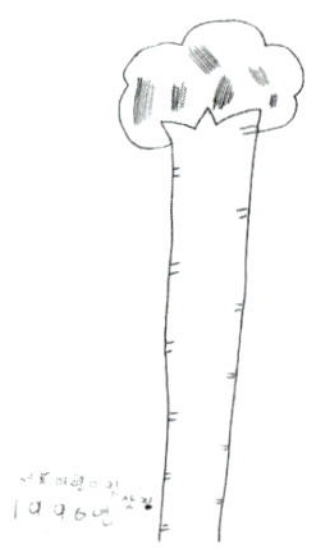

○○어린이집 나무야.

씨앗 모양 ○○나무

씨앗이 점점 자라 큰 나무가 된대.

씨앗과 가지 위치를 바꾸자.

색칠하여 완성

### 우리 반 상징이에요, 4세

T유치원 유아들은 학기 초에 각 반을 가장 잘 나타내는 상징을 고안하여 교실 앞에 게시하였다.

으뜸반 상징이에요, 4세

## 05_1_2 평면도 그리기

### 우리 유치원 평면도를 만들자, 4세

T유치원 4세반 유아들은 3세 동생들과 신입 원아들에게 유치원을 알려주기 위해 유치원과 방 평면도를 그리기로 하였다. 지하, 1층, 2층에 위치한 각 반과 교실 영역의 상징을 고안하고, 원감선생님과 전문가의 조언을 얻어 유치원 층별 평면도와 4세 교실 평면도를 완성하였다. 완성된 유치원 평면도는 피아자에, 교실 평면도는 교실 입구에 원아들이 잘 볼 수 있도록 각각 전시하였다.

1. 첫 그리기

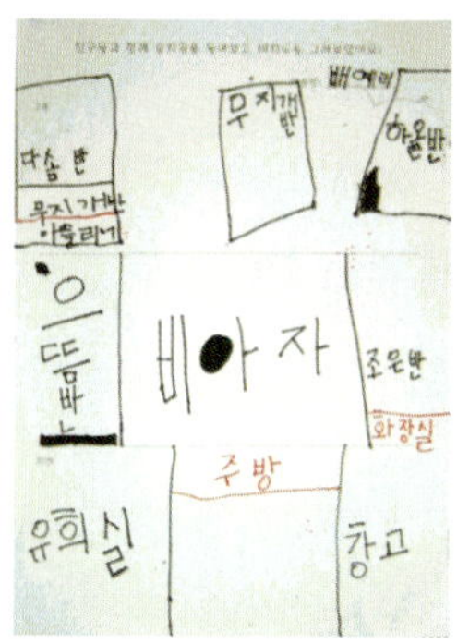

2. 관찰 후 그린 평면도

3. 유아가 고안한 상징

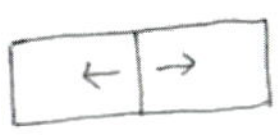

자동문

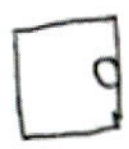

교실문

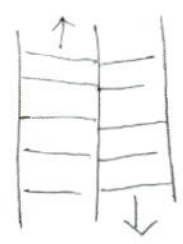

계단

4. 전문가의 평면도와 비교하기

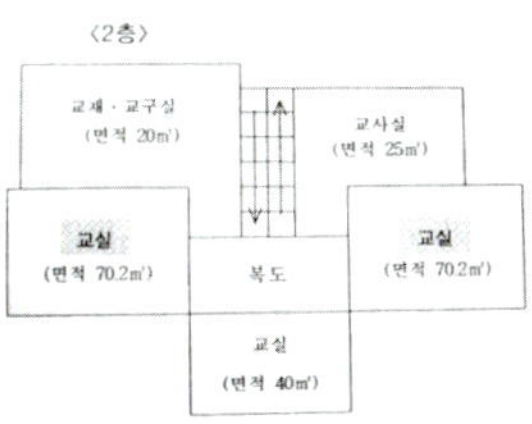

전문가의 평면도

우리가 그린 평면도

5. 전문가 조언 후 그리기

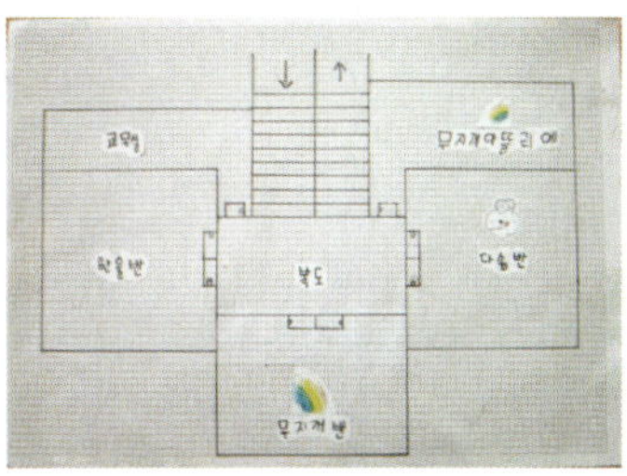

각 교실 이름과 상징 넣기

6. 유치원 층별 평면도 완성

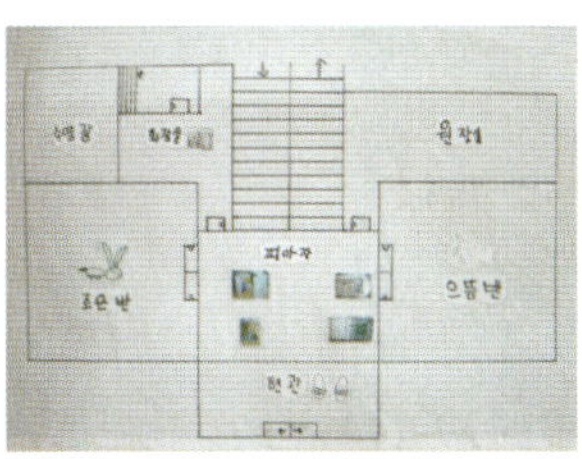

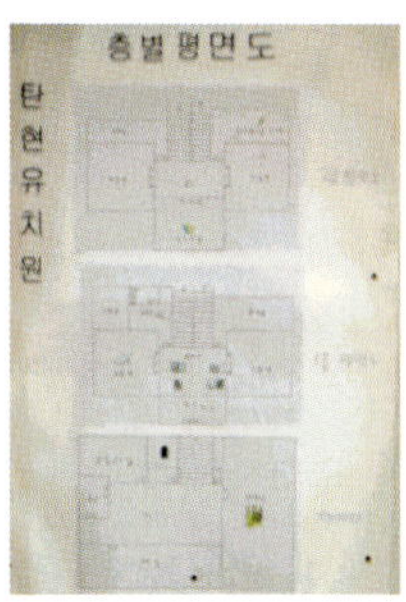


1층 완성

7. 교실 입구에 전시된 우리 교실 평면도와 기록

## 05_1_3 분포도

### 유치원 주변의 늘 푸른 나무 분포도를 만들자, 5세

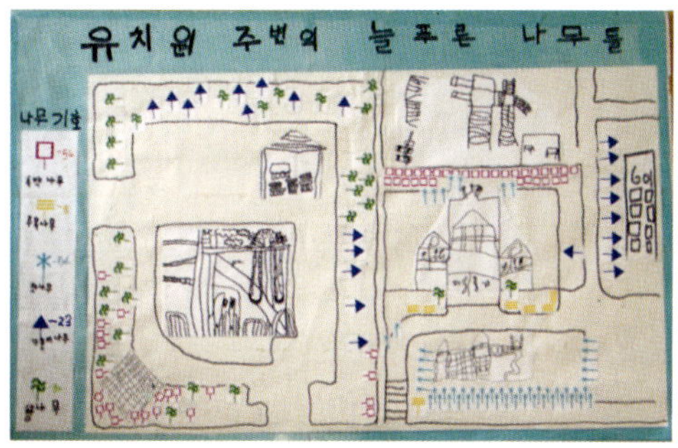


앞서 소개한 T유치원 5세 유아들이 만든 '늘 푸른 나무 분포도'는
동네 주민들을 위해 아파트 게시판에 게시되었다.

## 05_1_4 동네 지도 만들기

### 잘 보시고 찾아 오세요, 5세

S어린이집 5세 유아들은 부모들을 초대하는 행사에, 어린이집 오는 길을 알리는 약도를 만들어 초대장과 함께 가정으로 보냈다.

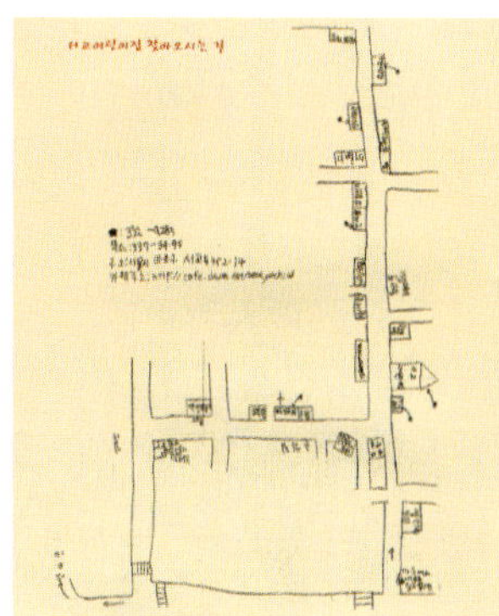

### 유치원 주변 동네 약도야, 3세

S 유치원 3세 유아들은 동네를 돌아본 후, 유치원 주변에서 자신들이 찍은 사진을 이용하여 형님들에게 소개할 동네 약도를 만들었다. 유아들이 구성한 약도는 다른 반 선생님, 5세 형님들의 피드백을 받아 수정, 재수정 과정을 거친 후 5세반을 돌며 소개하였다.

유치원 주변 지도 1차 완성

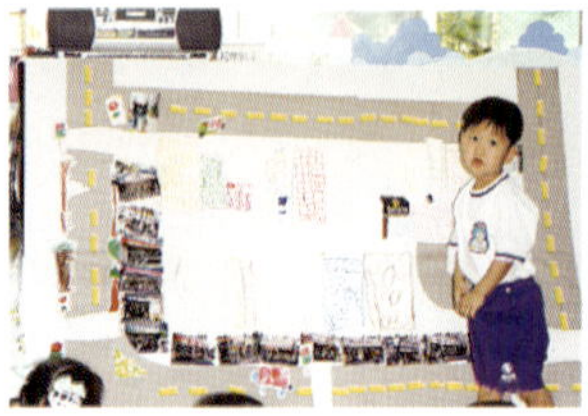
교사들의 피드백으로 재구성

5세 형들의 피드백으로 완성

## 05_1_5 지침서 만들기

### 자전거 페달 지침서야, 5세

J유치원에서는 자전거를 못타는 유아들을 가르쳐 주기 위해 자원한 세 명의 5세 남아가 친구들이 가장 어려워하는 페달 밟는 방법을 예측, 확인, 수정 과정을 거치면서 탐색한 후, 자전거를 배우는 학급의 친구들에게 설명하기 위해 페달 밟는 방법 지침서를 만들었다. 유아들은 발달 수준이 다른 학급의 3, 4, 5세 유아들을 위해 자전거 그림, 색깔과 방향이 다른 페달과 발 그림 그리고 기호를 창안하여 적절히 배치하고 지침서를 만들어 설명하였다. 유아들이 만든 지침서는 다음과 같다.

① 오른쪽 페달이 위에 있을 때
오른발을 앞으로

② 오른쪽 페달이 앞에 있을 때
오른발을 아래로

③ 왼쪽 페달이 위에 있을 때
왼발을 앞으로

④ 왼쪽 페달이 앞에 있을 때
왼발을 아래로

### 우리가 만든 윷놀이 지침서야, 5세

S어린이집에서 유아들이 할 수 있는 다양한 전래놀이를 탐색, 고찰하고 동생들이 쉽게 놀이에 활용할 수 있도록 변형된 윷놀이 지침서를 만들어 활용하였다.

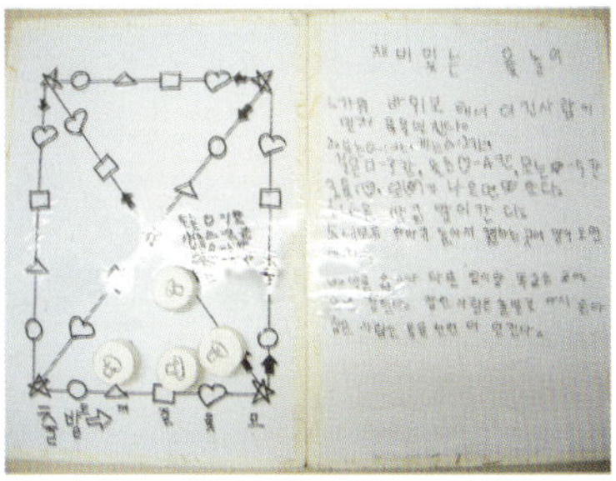

유아가 만든 윷놀이 지침서

## 05_1_6 공유놀이를 위한 서식 만들기

### 가게놀이에 영수증이 필요해, 5세

가게놀이가 재미있게 전개되던 S어린이집에서는 한 유아의 제안에 따라 영수증을 수집하여 탐색, 분석하고 자신들의 놀이에 적합한 영수증을 만들어 동생들과 친구들에게 소개하고 놀이에 활용하고 있다.

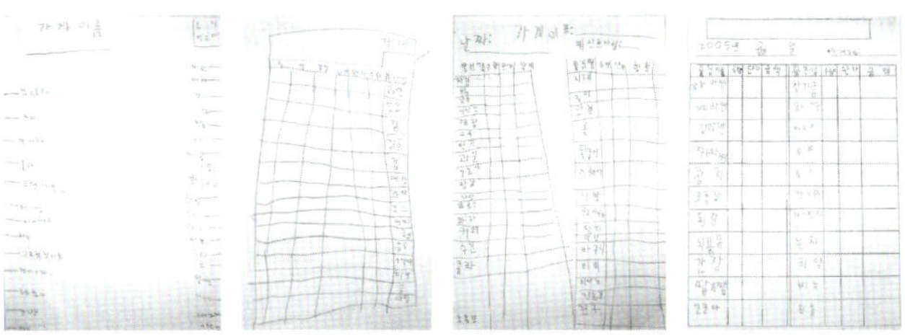

영수증 만들기

## 05_1_7 초대장 만들기

### 엄마, 아빠를 놀이마당에 초대해요, 4세

2005학년도
야! 신난다, 모두 모여라~
<탄현유치원 한마음 가족 운동회>

운동회 하는 날 : 2005년 9월 24일 토요일
운동회 하는 곳 : 황룡 초등학교 운동장
운동회 하는 시간 : 오후 2시 ~ 7시

탄현 유치원

운동회 초대장

## 05_1_8 포스터 만들기

### 엄마, 아빠를 위해 작은 음악회를 준비했어요, 5세

음악극 포스터

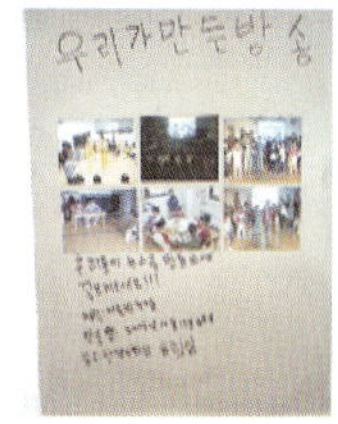


방송극 포스터

### 우리 유치원 놀이마당에 오세요

T유치원 3, 4, 5세 전체 유아들은 동네 주민들과 함께하는 놀이마당을 위해 전래놀이, 탈극, 난타, 탈춤 등을 탐색하고 공연을 준비하였다. 공연을 알리는 포스터를 제작하여 동네의 적절한 곳에 붙였다.

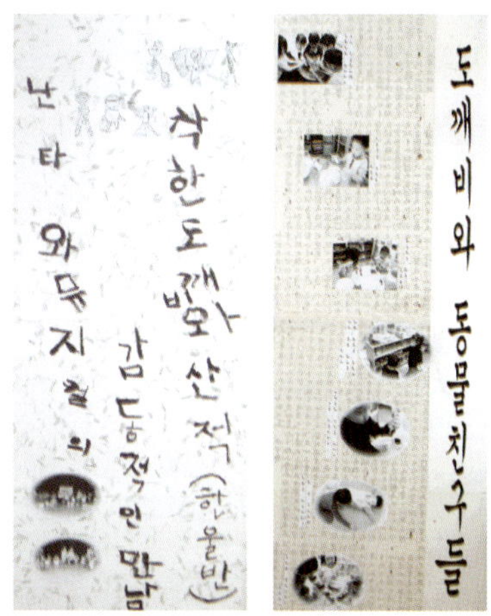


### 거북놀이 포스터예요, 5세

유아가 만드는 거북놀이 포스터

## 06 사회적 상호 작용을 통한 협력 학습

반성 1. 지식의 '사회적 구성'을 인식하여 학습시 또래, 교사, 매체, 환경과의 사회적 상호 작용을 활성화하였는가?

반성 2. 교사는 유아의 ZPD를 파악하고, 적절히 지원해 줌으로써 학습을 돕는가?

반성 3. 교사는 자신이 설정한 목표나 내용을 알려주기보다 유아가 흥미를 갖는 일 자체에 관심을 갖고 상호 작용하고자 노력하는가?

반성 4. 교사는 가르치는 사람이 아니라, 프로젝트의 일원, 즉 '지식의 공동 구성자'로 역할하였는가?

반성 5. 유아들이 알고 있는 바를 충분히 표상하고 의사소통할 수 있도록 '사회적 과제 조건'을 고려하여 매체나 반성을 제시하는가?

반성 6. 유아 상호간의 대화나 갈등을 통해 서로 다른 의견을 조정하여 타협점을 찾고 공동의 문제를 해결하는 진정한 상호 작용이 되도록 지원하는가?

반성 7. 유아의 현재 생각이나 관찰한 바를 이전 경험과 관계 지어 보도록 유도하는가?

반성 8. 교사간에 교수 학습의 문제와 책임을 공유하는 개방적 의사소통 기회를 자주 가지는가?

반성 9. 유아교육 전문가 또는 미술교육 전문가와 유아의 학습에 대해 의견을 나누는가?

반성 10. 기관 또는 학급 전체가 아니라 프로젝트 참여 집단별 현장 경험을 계획, 운영하는가?

넝쿨식물이 많은 정글과 원주민, 5세

교사와 유아의 상호 작용

교실에서 이루어지는 유아간 협력 학습

피아자에서 이루어지는 유아간 상호 작용

## 06_1 유아간 진정한 의미의 상호 작용

사회적 구성주의 학습에서는 사회 · 인지적 갈등을 학습의 중요한 기제로 보기 때문에 교사는 유아들간의 갈등을 억제하기보다는 발전적 토의나 새로운 학습의 계기로 활용한다. 또래간뿐 아니라 유아와 성인간 그리고 환경적 맥락과의 사회적 상호 작용이 이루어질 수 있는 학습 상황을 의도적으로 계획하여 제시한다.

레지오에서는 집단의 크기에 따라 사회적 · 인지적으로 서로 다른 역동성을 가져온다고 본다. 유아가 어릴수록 소수의 상호 작용이 바람직하며, 3명 집단은 홀수이기 때문에 고립과 갈등의 가능성이 높고, 4명 집단과 5명 집단은 또 다른 원동력을 가져오는 것으로 보는 바, 의사소통의 효율성을 고려하여 집단 크기를 5명 이하로 제한한다. 인지적 학습 과정을 극대화하기 위해서는 집단 구성원의 연령과 발달 수준이 동질적일 때 효율적임을 강조한다(Malaguzzi, 1993b). 그러나 상황에 따라 대집단이나 학급 전체와도 교사의 인식이나 지원 여하에 따라 상호 작용은 가능하다.

유아들은 또래간 상호 작용에 참여하여 상징적, 언어적 의사소통을 통해 서로간 불일치와 일치를 경험하고, 협상해 나가는 과정에서 유아 자신에 대한 정체감을 강화하고 개인과 또래 집단의 자율성을 증진시키며 학교에 대한 자신감과 소속감을 갖게 된다.

협력 학습을 위해 필요한 진정한 사회적 상호 작용은 교사 중심적인 상호 작용이나 유아간의 산발적인 의견 제안을 의미하는 것이 아니다. 진정한 의미의 상호 작용은 한 가지 주제를 가지고 유아들이 **공동의 목표를 향해 문제를 공유하고 문제 해결을 위해 협의하고 논의하는 과정에서 사회 · 인지적 갈등을 경험하고 조정하면서 타협안(negotiation)을 도출하게 되는 상호 작용**을 말한다.

교사 중심적인 상호 작용 유형에서 유아는 언제나 교사를 향해 말하고 교사는 항상 유아의 말에 피드백을 주므로 유아간의 의사소통이 부족한 수동적인 상호 작용이다.

이와 대비되는 유아간의 산발적인 상호 작용 유형은 유아들간 상호 작용이 빈번히 이루어지며 많은 주제가 산발적으로 발현되지만 내용 전개가 부족하다.

현장 교사들은 기존의 틀을 벗어나는 데 어려움을 느끼기도 하지만 자신과 유아들의 변화를 발견해 나감을 알 수 있다.

여태까지는 제가 유아들에게 지식을 전달해 주었잖아요. 갈등을 많이 느꼈거든요 … 교육 후에 바로 이야기 대형을 바꿨어요. 반원에서 원형으로 … 처음에는 유아들도 의아해 했어요. 일단 대형의 변화를 가지면서 "나는…" 이라는 표현을 써서 친구들한테 말하도록 하였어요. 몇 번 했더니 생각보다 빨리 상호 작용이 되었어요. 질문이 많은 유아들을 중심으로 지금은 상호 작용 부분에서 자랑스러워요. 제가 물어보고 싶은 질문을 유아들이 해내요. 그런데도 제가 막 나서고 싶은 충동을 많이 느껴요 (T교사).

T교사는 달라지는 자신과 유아의 변화를 보여주었다. 진정한 의미의 상호 작용이란 교사 중심적인 '수동적' 형태가 아니라 유아들간에 공동의 문제 해결을 위한 협의와 논의가 이루어지면서 타협점을 도출하게 되는 형태이다. 사회적 상호 작용 시, 참여자간의 충분한 공유 의미, 간주관성이 확립될 때 의사소통은 활성화된다. 일단 유아들이 진정한 상호 작용을 경험하고 나면 협의하는 방법을 학습하게 됨을 알 수 있었다. 교사는 이러한 이해를 가지고 유아들의 잠재력을 믿고 기다릴 줄도 알며 개입하여 피드백을 하되, 문제를 해결해 주거나 답을 주기보다는 유아의 생각을 밖으로 끌어내도록 유도함으로써 진정한 상호 작용이 이루어지도록 지원해 나감을 알 수 있다. 이러한 상호 작용은 다음과 같은 과정에서 가능하다.

예전에는 그저 유아들이 의견을 잘 표현하는 것만으로도 상호 작용을 잘 이끌어 냈다는 착각을 했었어요. 지금은 유아들이 의견을 제시할 때 굉장히 구체적인 표현을 사용하고 다른 친구들에게 얘기할 때는 논리적으로 제시해요. 유아들이 흥미를 갖고 몰입한다는 것은 유아들간에 논리적으로 돌아가고 있을 때만 가능하며 흥미가 없다는 것은 자기네 스스로 상호 작용이 되지 않고 있다는 것이에요. 제가 상호 작용을 이끌어 내서는 안되고요 교사가 아이들 수준이 되어 지켜보아야 상호 작용이 되는 것 같아요(G교사).

## 06_2 교사-유아 간 상호 작용에서 지식의 공동 구성자로서 교사의 역할

사회적 구성주의 학습이 기존 학습 방식과의 차이 중의 하나는 교사가 '지식의 공동 구성자'로 역할한다는 것이다. 레지오 접근법의 학습 원리를 이해하고 협력적 상호 작용의 효과를 경험한 교사들은 계획한 학습 내용을 전달하기보다 의미있는 학습을 위해 유아들이 또래, 매체, 환경과 상호 작용하면서 지식을 공동 구성하도록 돕고자 노력한다.

이제 유아들은 프로젝트를 하면서 "~에 대해서 알아봐요."라는 이야기를 스스로 많이 해요. 그런 걸 보면 경험이 중요한 것 같아요(K교사).

교사들은 어린 유아나 영아들도 사회적 상호 작용이 가능한지, 프로젝트가 가능한지에 대해 많이 질문한다. 다음의 교사가 어린 1, 2세 영아와 물고기를 탐색해 나가는 사례는 감동적이다.

프로젝트를 진행하면서 만 1세 아이가 그 수준에 맞게 스스로 탐색하는 모습을 보면서 이 나이의 연령도 스스로 탐색을 할 수 있구나 하는 느낌을 받았어요. 물고기를 사러 갔는데 그 전에 물고기에 관한 책을 먼저 탐색했었어요. 아이가 그 책을 수족관에 들고 가서 물고기가 있는 쪽을 펴서 수족관에 있는 금붕어에 딱 갖다 댔어요. 만 1세인데요 … 제가 어떤 구체적 표현도 안 했는데 자기가 스스로 탐색을 했어요. 그 모습을 보고 저희는 감탄했어요(Y교사).

영아의 물고기 탐색

교사교육을 통해 레지오의 한 영유아 센터에서 이루어진 '물고기' 프로젝트를 간접 경험하고 반성하는 기회는 Y교사에게 긍정적인 자극이 되었음을 알 수 있다. 어린 유아의 학습에 대한 잠재력을 믿는 Y교사는 유아의 ZPD에 적합한 탐색이 이루어지도록 책을 제시하는가 하면, 함께 수족관에 가는 기회와 물고기를 사오는 경험을 통해 유아의 관심이 확장될 수 있도록 지원하였다. 프로젝트의 본질은 개별 유아가 흥미나 관심을 갖는 주제에 대해 몰입하여 탐색하도록 함으로써 유아의 이해가 의미있게 확장, 심화되도록 돕는 것임을 전제한다면, 유아의 능력을 믿는 교사가 있을 때 영아도 프로젝트를 경험할 수 있음을 알 수 있다.

어린 유아들간의 상호 작용 가능성, 프로젝트의 적용 가능성 등은 흔히 발달이론가들이 말하는 연령에 따른 일반적 발달 수준으로 결정되는 것은 아닌 것 같다. 오히려 **유아의 자율적 능력에 대한 교사의 신념과 유아를 '사회적 구성주의자'로 보는 교사의 이해에서 가능**하다. 교사들은 사회적 구성주의 학습 이론에서 강조하는 'ZPD', 'Scaffolding' 등과 같은 개념들을 어려워한다. 그러나 교사들은 다상징적 프로젝트를 현장에 적용하면서 쉽게 이러한 개념들에 접근, 말로 사용하기도 하며 의식하지 못하는 사이에 적절한 지원을 해나가고 있음을 볼 수 있다.

사회적 상호 작용 상황에서 교사는 유아의 말, 몸짓, 표상 과정을 관찰하여 유아의 ZPD 내에서 적절한 질문과 피드백을 통해 지원해 줌으로써 유아의 학습 동기와 흥미를 자극하고 발견이 최대화되도록 개별 또는 집단으로 중재한다.

레지오의 교사들은 대부분 프로젝트에 참여하는 사람들이 어떻게 협력할 것인지, 프로젝트에서 무엇을 어떻게 표상할지 등과 같은 유아가 흥미를 갖는 일이나 하고 있는 일 자체에 관심을 갖고 상호 작용하고자 노력한다. 뿐만 아니라 **교사 또한 프로젝트의 일원으로 공동의 관심사에 전념**한다. 유아의 제안이나 질문을 경청하고 유아의 생각을 알고자 하며, 제안은 하되 지나치게 도와주지 않는다. 교사는 유아의 문제를 해결해 주는 치료사도 아니며, 또래는 더더욱 아니다. 교사는 전문적인 학습을 존중하는 사람이다.

교사는 사회적 상호 작용시 주어진 상황에 대해 유아가 **과제에 대한 충분한 공유 의미를 가질 수 있도록 매체나 도구를 제시함으로써 '사회적 과제 조건'**의 틀이 제공될 수 있도록 한다. 이러한 조건하에서 유아들은 한 사건이나 문제에 대해 단순한 기술적 진술을 넘어서 주어진 상황의 복잡한 관계에 대한 자신의 생각을 다른 사람이 이해할 수 있도록 표현하고 원활한 토의와 상호 작용을 할 수 있다. 유아의 아이디어를 표상하게 하는 중요한 기제는 유아가 가지고 있는 발달적 차원의 기술적 문제이기보다는 적절한 표상을 유도하는 맥락적 단서, 즉 교사가 제시하는 매체의 조건이라 하겠다.

교사의 가치관이나 학습 이론에 따라 교사와 유아간 대화의 내용은 달라진다. '사회적 구성주의' 시각에서 진정한 유아의 생각을 토대로 이루어지는 대화는 유아의 기존 지식에 새로운 정보를 계속적으로 제시하는 형태의 행동주의 대화 방식이나 지속적인 강화를 위한 칭찬과 인정을 주는 성숙주의 대화 형태와도 다르며 유아에게 갈등을 갖게 함으로써 스스로 조정점을 찾도록 하는 구성주의 대화 유형과는 차이가 있다.

유아의 생각을 토대로 한 레지오 방식의 타협점이 내재된 사회적 구성주의 언어적 상호 작용의 특징은 다음과 같다.

- 유아의 말에 정보를 더해 주거나 갈등을 제기하기보다는 유아가 더 이야기하도록 한다.
- 관련 주제에 대해 유아가 관심을 갖거나 초점을 두는 바 또는 이전 경험을 알아내기 위해 유아의 생각을 자유롭게 분출하도록 한다.
- 유아가 관심을 갖는 현재 상황이나 관찰한 바를 이전 경험과 관계지어 보도록 유도한다.
- 유아의 생각을 자유롭게 분출하도록 하거나 관련 정보를 충분히 수집한 후 학습의 잠재력이 풍부

한 방향으로 프로젝트의 맥락을 선정한다.

- 학급 유아들이 집단으로서의 청중으로 역할을 하므로 공동의 문제를 학급에 의사소통하고 관심을 보이는 유아들이 프로젝트 집단을 형성하게 한다.
- 항상 유아들이 자신의 생각을 스스로 의식화하고 타인과 의사소통할 수 있도록 기록화하여 가시화한다.

결국 교사의 중심 역할은 유아들간의 대화, 공동 작업, 지식의 공동 구축을 자극하고 촉진하는 데에 있다. 이를 위해 교사들은 유아의 발달 역사를 중시하며 유아-교사-부모 간의 강하고 지속적인 관계와 가정과 같은 분위기를 중요하게 생각하기 때문에 3년간 동료 교사와 함께 한 반을 맡아 운영한다. 교사는 유아와 부모에 대한 지속적인 상호 관계를 형성함으로써 새로운 적응의 시기를 줄이고, 일정 기간 내에 일정한 교육의 목표를 달성해야 하는 초조감 없이 안정감 있게 학급을 운영하며, 장기 프로젝트 또한 수행해 나갈 수 있다.

## 06_3 교사간 의사소통의 활성화

협력적 교사교육을 경험한 교사들은 학습 공동체의 잠재력을 신뢰하고 이제 **교사간 실천 행위에 대해 의사소통하고 문제를 인식, 공유하며 피드백을 받아 서로의 상황을 개선**시키는 데 활용하고자 한다. 이러한 교사간 상호 작용은 교사들이 전통의 답습자가 되거나 자신의 견해에 고착되지 않도록 하고 다수의 관점을 수용하면서 반성적 사고와 실천적 지식을 길러가는 효율적인 방안으로 학습 공동체에서 목적하는 바이다.

> 저희가 이전에 교육 받아왔던 체제에 젖어 있어서 탈피하기가 어렵고 … 탈피하기 위해 좋은 교육관이 필요한데 밀도 있게 협의하여 구성하고 계획, 수행, 마무리하는 그런 열의가 아직 없었던 것 같아요. 이제부터라도 유치원내에서 생각들이 모아진다면 개선이 가능하다고 봐요. 예전에는 유치원에서 "나만 잘 하면 돼"라는 인식이 있었는데 이제는 교사간의 협의가 없으면 어렵고, 개인이 변하지 않으면 안 되기 때문에 이런 교육을 자꾸 접하고 밀도 있게 협의해 나가야 할 것 같아요(T교사).

> 잘 하는 교사, 경력이 많은 교사를 떠나서 얘기를 많이 하면 아이디어를 참 많이 얻는 거 같아요. 저는 제 경력보다 낮은 교사에게서도 어떤 때는 의견의 가치가 더 높고 질문을 돌려서 하는 법을 배워요. 그래서 교사들간의 협의가 중요한 것 같아요(I 교사).

레지오의 교사들은 끊임없는 실험과 기록화를 수행함으로써 정기적인 교사간 토의를 통해 그때 그때 유아의 잠재력을 학습에 반영하고 이후 학습의 방향을 설정해 나간다. 이러한 과정에서 교사 자신도 발전한다고 믿는다. 교사간 뿐만 아니라 페다고지스타, 아뜰리에리스타, 그 외 학교의 전 직원이 함께 교수 학습의 문제와 책임을 공유한다. 사회적 상호 작용과 관계를 중시하는 이러한 레지오의 학교들을 Katz(1993)는 '대가족 모델' '가족 생활 모델'이라 하였다. 이러한 변화를 우리네 현장에서도 볼 수 있다.

학급내 교사 협의

학급간 교사 협의

교사교육

교사들이 수행한 프로젝트 공유

## 07 협상 학습의 수단이 되는 기록화

반성 1. 유아가 학습 과정을 재방문하여 반성하는 자료로 기록화를 활용하는가?

반성 2. 유아가 자신의 활동 과정에 대한 긍정적 확인감을 갖도록 항상 패널화하는가?

반성 3. 교사가 유아를 이해하고 학습 방향을 설정, 확장해 나가는 연구 자료로 활용하는가?

반성 4. 교사간 전문성 발달과 프로제타지오네를 위해 유아의 학습을 연구하기 위한 자료로 활용하는가?

반성 5. 부모와 기관의 교육 내용을 공유하고 협력하는 수단으로 활용하는가?

반성 6. 타 기관의 교사와 교육 내용을 공유하고 피드백을 받는 수단으로 활용하는가?

반성 7. 기관이나 학급 차원에서 상기한 목적을 도모하기 위해 전시회를 갖는가?

반성 8. 교사는 기록화를 위해 항상 유아의 말에 귀 기울여 경청하는가?

반성 9. 교사들은 기록화를 토대로 항상 반성, 연구, 협력하는 연구자로 역할하는가?

### 07_1 협상 학습(negotiated learning)의 수단이 되는 기록화

레지오 학교에서는 유아들의 생각과 대화를 전사하고 활동 과정을 사진으로 찍으며, 다양한 매체를 사용하여 아이디어를 표상하는 과정을 지속적으로 관찰·추적하여 주의 깊게 연구한다. 기관의 학습 과정과 유아의 활동을 기록한 자료들은 교사들과 아뜰리에리스타에 의해 재탐색되고 가시화된다. 기록화는 교실과 기관의 패널 전시를 통해서 뿐만 아니라 교실의 일일 저널이나 가정에 보내는 주간 저널, 프로젝트 과정과 표상물 전시회, CD나 비디오 기록물, 오디오 카세트, 메시지나 편지 등을 통하여 가시화되고 활용된다.

이러한 기록 작업은 다음과 같은 교육적 기능을 갖는다.

**유아**에게는 심화된 프로젝트 학습을 위해 재방문하거나, 영역별 활동에 동기를 부여하고 주변 환경에 관심을 갖도록 하는 중요한 반성의 자료가 된다. 나아가 자신들의 학습 경험이 가치 있음을 인식하는 긍정적 확인감을 갖게 하므로 스스로 학습 활동에 의미를 부여하며 몰입하여 최선을 다하게 한다.

**교사**로 하여금 유아들을 더 잘 이해할 수 있게 하며 유아들과의 교육 과정 활동을 계획하기 위해 활용된다. 기록화 수행 과정과 기록화를 매개로 이루어지는 지속적인 교사간 프로제타지오네를 통해 교사는 개인적, 집단적으로 반성, 연구, 해석하면서 교사 자신의 역할을 평가하고, 나아가 전문적 발달을 촉진한다.

**부모**들로 하여금 유아의 경험과 기관의 철학을 인식하도록 하므로 부모가 기관의 교육과 운영에 참여하도록 하며 교육의 주체로 역할하도록 동기를 불러온다.

**외부 교육자**들과 방문자들에게는 저널이나 누적된 기록물로 이루어지는 전시회 등을 통해 레지오 접근법을 알리는 한편, 아이디어를 상호 교환하고 의사소통을 촉진하는 과정에서 피드백을 받는다. 나아가 유아, 교사, 부모가 즐거움이 있는 학습이 되도록 하며 학교의 역사를 추적하는 기록물을 만든다.

기록 작업이 잘 이루어지는 학교 공간 그 자체는 그 공간에 들어오는 어떤 사람이든 유아의 학습과 교육 내용을 인식할 수 있는 개방된 박물관과 같은 기록 장소가 된다. 상기한 바와 같은 기록화의 기능이 국내 유아 교육 현장에서 실천되고 있다.

레지오 교실에서 교사는 유아들의 일상적인 대화나 프로젝트 주제에 대한 토의 내용을 귀 기울여 들을 뿐 아니라 대화를 녹음하고 전사하여 이후 교사간 프로제타지오네나 공동체 수행 과정에서 해석하고 연구·분석한다. 물론, 관찰·경청한 내용에 대한 전사본을 만들고 함께 재고할 시간을 갖는다는 것은 유아 교육기관의 실정에서는 힘든 일이고 시간이 소요되는 과정이지만, 기록화는 유아의 관심과 생각에 집중하고 가치를 두기 위한 중요한 노력이다.

프로젝트가 진행되면서 주기별 탐색 과정에 따라 사진을 배치하고, 제시된 사진별로 유아의 말과 교사의 부가적인 논의가 포함되어 기록 패널이 구성된다. 기록 패널은 교실과 학교의 어디든 적합한 곳에 위치한다. 이러한 기록화는 레지오 접근법의 초석으로서 높은 가치를 가진다. 왜냐하면 기록 작업은 학교 관련 모든 사람들이 수행한 내용이나 수행하고 있는 것을 반성하고 재방문하도록 하기 때문이다. 만약 우리가 **이러한 기록화 방법을 사용하여 유아들이 말한 것을 기억하도록 한다면, 유아들이 아무런 아이디어도 가지고 있지 않을 때 어떻게 해야 하는지에 대해 교사가 걱정하지 않아도 될 것이다.**

교사들은 프로젝트 과정에서 유아들의 활동 과정을 사진으로 찍고, 생각을 가시화한 그림 등의 표상물을 기록화하여, 유아들이 이전 생각이나 경험을 재방문하여 반성하게 함으로써 생각을 심화, 확장시키는 도구로 활용한다. 다음의 R교사와 Y교사의 경우에서 볼 수 있듯이 교사들은 학습 과정에서 기록화 자료를 활용한 협의를 통해 유아의 학습을 확장시키고 다음 활동을 계획한다.

> 유리로 꽃병 만드는 방법과 창문 만드는 방법을 비교하여 그렸는데, 다음 탐색 활동을 하기 전에 예전에 그렸던 그림을 보게 했어요. 기록화 자료를 재방문하여 회상을 한번 하게 했더니 생각이 보다 깊어질 수 있었어요(5세 담임, R교사).

> 영아반은 녹음기를 사용하면 말이 기록이 안 되기 때문에 저는 사진기를 많이 이용해요. '자동차' 주제에서 아이들이 자동차를 갖고 와서 양보하지 않고 싸웠기 때문에 사회적, 정서적인 내용으로 들어갔어요. 싸우는 모습들을 사진으로 찍었죠. 그 다음 싸울 때 그 사진을 보게 했어요. 그 후 어떻게 놀면 좋겠는지를 협의하는 과정을 가졌어요(Y교사).

언어적 표현이나 시각적인 그림 표현이 부족한 3세 이하 영아의 경우 Y교사의 경우에서 볼 수 있듯이 유아의 말이나 그림이 아니라 온몸으로 나타내는 유아들의 모습을 사진기를 사용하여 포착하고 기록화하여 활용하고 있음을 알 수 있다. 참으로 레지오 교육에서 말하는 '유아들의 수많은 언어'는 학습 과정에서 교사가 유아들과 함께 표상하고 기록하는 데 사용하는 수많은 매체를 지칭하기도 함을 알 수 있다.

> 또 가장 큰 변화라 함은 늘 유아들 유치원에서 활동하는 모습을 디지털 카메라와 캠코더에 담다보니 교사의 별명은 '카메라맨'이 되었고, 유아들이 새로운 활동을 하게 되면 늘 교사를 불러 사진을 찍어달라고 한다(H유치원, K교사).

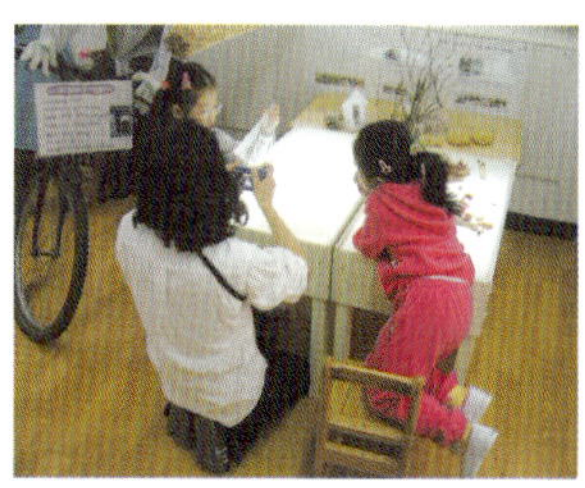

유아의 활동을 디지털 카메라로 기록

매일 이루어지는 교사의 기록 작업

기록화를 효율적으로 하기 위해 녹음기, 사진기, 디지털 카메라, 비디오, 컴퓨터 등의 공학 매체를 활용하고 교실마다 기기를 구비하는 기관이 늘고 있으며 유아의 발달 수준을 고려하여 활용함도 볼 수 있다. 유아들의 활동 과정을 기록화하는 이러한 과정은 유아에게 긍정적인 확인감을 부여함을 앞서 K교사와 다음의 H교사의 사례를 통해 알 수 있다. 자신들의 활동 과정을 교사가 얼마나 중요하게 다루는지 아는 유아는 더욱 진지하게 토론하고 표상하면서 활동에 몰입한다.

> 제가 관찰일지 같은 걸 가지고 다니면서 쓰거든요. 유아들은 무엇을 쓰고 있는지 물어요. 사진을 찍어주면 무얼 찍는지도 이야기해요. 이제 유아들은 사진으로 제가 무얼 하는지 알아요 … 기록화 패널을 보면서 유아들은 회상해요. 회상하면서 자기를 긍정적으로 생각하고 뭘 만들 때 "선생님 여기도 ○○가 만들었다고 써 줘요" … 이렇게 하다보니까 큰 아이들처럼 뭘 만들고 써 주는 것도 가능해졌어요(H교사).

기록화를 토대로 학습 방향과 지원할 단서를 찾아나가는 교사간 협의는 연구자로서 교사의 전문적 발달을 돕는다. S교사처럼 바쁜 일과 속에서도 교사들은 이러한 기회의 필요성을 느낀다.

> 이전에는 교사들간에 정보를 교환하는 상호 작용 기회가 없었어요. 이번에 나름대로 상호 작용하면서 갈등은 있었고 모이면서 부담도 있었지만 얻은 게 많았어요. 모르는 부분, 교육받을 때 미처 몰랐던 부분이 많이 해소됐어요(S교사).

교사들은 가능한 학습 경험의 방향을 예측하기 위해 프로제타지오네 과정을 통해 유아의 아이디어를 탐색하는 잠재성을 가설화한다. 발현적 교육 과정의 방향을 설정해 나가는 이러한 과정은 교사에게 진지하고 놀라운 일이며, 계속적으로 듣고 해석하는 능력을 필요로 한다. 유아들을 관찰한 내용에 대해 토론하고, 해석하며 이후 방향을 위해 유아와 협의하여 프로제타지오네를 만들어 가는 모든 단계에서 고도의 협력이 수반된다.

Eisner(1994)의 가르치기의 예술은 경험에 기초하여 전개되는 내용을 해석하며, 발현되는 사건에 기초하여 교수하고, 과정 중에서 목표가 창안될 때 가능하다. 이러한 '예술 작업'은 탐색, 발견해 가는 다양한 방법을 기르는 접근이며, 구성주의 학습을 실천하는 교실에서 발견된다(Garrison, 1997). **예술로서의 가르치기는 교사들이 기록화를 토대로 협의를 통해 교육과정을 발현해가는 프로제타지오네에서 볼 수 있다.**

유아들의 활동 과정을 기록화한 패널, 신문, 소책자 등의 자료는 교사와 부모 간의 협의를 위해서도 좋은 매개물이 된다. 이는 부모로 하여금 기관의 교육 과정과 목표를 인식하고 교사들을 신뢰하고 존중하게 함으로써 부모를 기관과 유아의 학습에 자발적으로 참여시킨다. Katz(1994)에 의하면, 레지오에서 얻을 수 있는 중요한 배울 점의 하나는 유아와 성인 사이의 관계에 관련된 것이라 하였다. "개인은 아무 이유없이 다른 사람과 관계를 형성하지 않는다. 그들은 무언가 매개체를 필요로 한다"는 것이다. 프로젝트들이 교사와 유아, 부모 모두에게 흥미있는 내용이기 때문에 교사와 유아들은 진실로 풍부한 대화에 몰입한다. 교실에서 일어나는 프로젝트들은 진정한 유아-성인 관계의 수단이자 결과이다.

> 프로젝트 후 기록화한 패널을 벽에 전시하고 있어요. 유치원에 오시는 부모님들께 설명해 드리고 집단 면담 때도 소개하였어요. 부모님들은 "아이들 생각이 많이 크겠구나" "우리 아이가 이렇게 그릴 줄 알아요?" 등의 반응을 보이세요. 어떤 분은 집에서도 그려보라고 하셨대요 … 부모님들이 많이 달라졌고 도와주려 하고 긍정적이세요(H유치원, 원장).

이상에서 기록화는 사회적 구성주의 학습을 위한 상호 협의가 유아, 교사, 부모, 일반 대중 간에 이루어지도록 하는 수단이 됨을 알 수 있다(Forman et al., 1998). 레지오 기록에 대한 최근의 인터넷 대화에서 다른 많은 교사들은 **기록화는 환경의 변화, 학습의 지원, 의사소통, 모든 참여자들간의 관계 형성, 유아들의 사고와 연구에 대한 깊은 반성에 기여하기 때문에 기록은 관계에 기초한 교육을 실행하는 데 중요한 시작점**이라는 데 동의하고 있다.

그러나 실제 기록화의 효율적 전시를 위한 유아 교육 기관의 벽면은 빈 틈이 없다. 동일한 유형의 작품이 유아 수만큼 부착되어 있고 교사가 꾸민 환경판, 교구장들이 거의 벽면을 가리고 있다. 학습 과정 중에 유아들이 사고를 확장시키기 위해 재방문할 수 있도록, 교사들이 다음 학습을 연구할 수 있도록, 그리고 부모들이 유아들의 의미있는 활동을 공감하고 학습을 도울 수 있도록, 나아가 타 기관 교사나 지역사회 대중들과도 교육 과정을 공유하고 지원을 위한 협의가 이루어질 수 있도록 벽면을 비우고 유아들의 활동 과정과 변화하는 생각으로 채우면 안될까?

다음의 H교사와 같이 현장 교사들은 이러한 어려움을 호소한다.

> 기록화를 할 때 공간이 많이 좁아요. 주로 벽은 교구장으로 많이 메워져 있어요. 그렇다 보니까 아이들 눈 높이보다 높은 곳에 전시를 할 수 밖에 없는 것이 현실이에요(H교사).

디지털 카메라, 스캐너, 그래픽 소프트웨어 등 컴퓨터 기술도 상당히 발달하여 대중화되고 있다. 이제 우리의 앞선 기술 공학 매체를 교육 현장으로 끌어들여 유아교육을 과학화해야 할 때이다. 유아교사의 기록 매체의 사용 능력 부족 또한 지적되고 있다.

> 사실 기록화가 왜 안 되냐면 장비가 부족한 것과 선생님들이 기계를 잘 다루지 못한다는 것 그 두 가지인 것 같아요(T유치원 원장).

## 07_2 관찰자에서 기록자, 연구자로의 교사 변화

관찰자로서 교사의 역할은 기록자와 연구자의 역할로 확장된다. 교사는 유아의 경험 내용과 변화하는 이해 과정을 기록화하고 이를 토대로 교육 과정의 발현을 위해 반성, 연구, 협력한다. 교사들은 기록화를 수행하면서 교사로서 자신의 역할, 유아에 대한 인식, 기록 작업의 기능과 목적 및 중요성 등에 대해 반성한다. 다음 T유치원의 연령별 교사 이야기에서 들을 수 있다.

자유 선택 활동에서의 기록

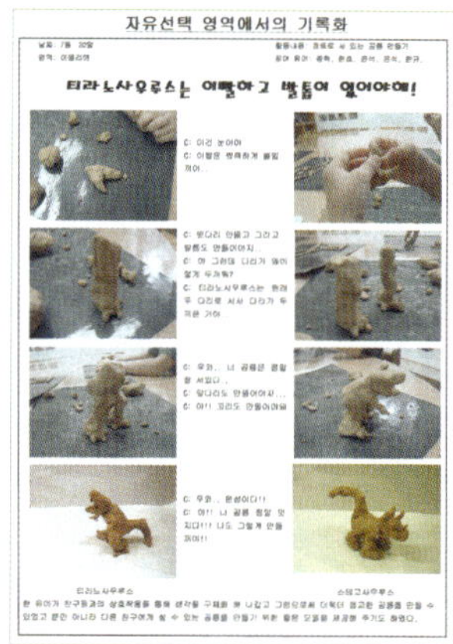


자유 선택 활동의 기록 저널

**기록화 작업을 하면서 교사에게 가장 크게 변화되고 달라진 점이라면 아이들의 작은 속삭임까지도 귀를 기울이게 된 것이다.** 한 예로 학기 초에 교실에서 키우던 달팽이에 관심을 가지고 지켜보던 아이들이, "달팽이는 어디로 똥을 싼 거예요?" 라고 질문한 적이 있었다. 그 당시에 나는 '3세 아이들이 그런 과정을 알아보긴 힘들 거야. 아직 기본 생활 습관도 이루어지지 않았는데….' 라는 반응만 보이는 교사였다. 그러나 지금 기록 작업의 목적과 중요성에 대해 조금씩 알게 되면서부터는 아이들의 호기심과 관심에서 생겨나는 의문을 함께 해결하고 확장시켜 주고자 노력하고 있으며, 한마디 한마디 작은 속삭임까지도 놓치지 않으려고 항상 내 손에는 종이와 볼펜 등이 들려있으며 오늘도 역시 그러했다(T유치원, 3세 J교사).

T유치원 3세 교사의 이야기를 통해, 기록화는 유아들의 일상에서 유아들이 쏟아내는 작은 이야기에 세심하게 귀 기울이면서 시작됨을 알 수 있다. 이러한 기록 과정은 교사로 하여금 기록의 목적에 대해 알게 할 뿐 아니라 유아의 자율적인 탐색 능력과 풍부한 잠재 능력을 인식하고 확장시키고자 하는 교사로의 역할 변화를 가져온다. 다음의 4세 교사 이야기를 들어보자.

'아이 생각 엿보기'라는 1학기 부모 참여 수업을 하기 얼마 전에, **왜 기록화를 해야 하는지 나는 깨달았다. 기록화는 단순히 패널을 만들기 위해서, 그리고 행사 날 학부모에게 보여주기 위해서만이 아니라는 것을 깨달은 것이다.** 프로젝트가 진행되어온 과정을 기록화하면서 문득 프로젝트를 한발짝 물러서서 바라볼 수 있는 계기가 마련되었다. 프로젝트 진행을 하다 보면 어느 한 가지 방향만을 생각하게 된다. 그러나 아이들은 그것이 아니다. 아이들은 여러 가지 방면에서 여러 가지 생각을 통해 탐색 방향을 정하고, 흥밋거리를 찾는다. 기록화를 하면서 순간순간 혹은 상황마다 '아이들은 이것에 흥미가 있었는데 내가 이런 부분을 많이 놓쳤구나…' 하는 것을 느꼈다. 나는 기록화를 하면서 오늘 하루를 정리한다. 오늘 아이들이 어떤 놀이를 하였으며, 아이들이 어떤 놀이에 흥미가 있는지, 교사가 아이들에게 이것에 무엇을 지원해 주어야 하고, 놀이를 어떻게 확장시켜 주어야 하는지 생각한다. 그리고 나는 기록화를 하면서 나의 반성을 많이 하게 된다. 아이들이 이런 이야기를 했을 때 내가 선택한 질문과 단어들이 적절했는지 혹은 그렇게 유도하려고 한 것은 아니지만, 내 의지대로 유도된 질문은 아니었는지 생각하게 된다(T유치원, 4세 O교사).

4세 교사의 이야기를 통해 교사는 기록 작업을 하면서 기록화는 단순히 패널을 만들어 전시하거나 부모에게 보여주기 위해서만 하는 것이 아님을 인식하게 된다는 것을 알 수 있다. 보다 일차적인 기록 작업의 목적은 유아들의 영역별 놀이 활동과 프로젝트를 위한 흥미와 관심 및 생각을 알아내고, 이에 기초한 교사의 상호 작용과 지원 역할을 적절히 최선을 다해 부여하고자 하는 교사의 지속적인 반성과 실천에 있다. 다음의 5세 교사 이야기에서 기록화를 수행하는 현장 교사라면 누구나 경험하는 기록 작업에 대한 부담감, 의무감, 회의를 공감할 수 있으며 기록 작업을 해야 하는 이유까지 반성할 수 있게 된다.

유치원은 한정된 시간에 많은 것들을 해야 하기 때문에 부끄러운 이야기지만 기록화는 항상 뒷전이 되었다. 그래서 항상 밀리게 되었고 공동체 모임이 있기 전에 의무적으로 하는 것이 일쑤가 되면서 기록화를 왜 하는지에 대한 의문도 갖게 되었다. **어느 순간부터인지 잘 모르겠지만 어느 정도 유치원에 적응이 되면서 기록화가 밀리지 않고 진행되게 되었다.** 아이들이 하는 말을 정신없이 받아 적고 녹음을 한 후 수업이 끝나고 전사를 하며 아이들이 했던 말에 대한 의미를 생각해 보기도 하고 아이들의 말에서 수업에 대한 아이디어를 얻기도 하며, 수업 방향에 대해 고민을 할 때 돌파구가 되기도 하였다. 이러한 것들을 느끼면서, 기록화의 의미를 인식하기 시작하였고 기록화는 밀려서 하는 것은 아무 의미가 없다는 사실을 알게 되었다(T유치원, 5세 H교사).

우리네 삶이 그러하듯이 **우리가 기록 작업을 해야 하는 이유는 그것이 우리에게 주는 무게감에서 벗어나기 위해서 하는 것이 아닐까?** 기록 작업을 하면서 교사가 유아에 대해 이해하게 되는 과정은 교사로 하여금 가르치기를 '예술'로 실천할 수 있게 해준다. 예술이란 정형화되어 있는 책무성이 아니라 스스로 몰입하여 만들어 가는 창의적인 과정이다. 이러한 만들어 가는 가르치기와 배우기는 진정으로 유아와 교사를 자유롭게 하는 일이 아닌가.

교육 과정 발현을 위해 기록하고 협의하는 과정은 교사에게 관계의 교육학 속에서 진지하게 가르치기의 예술을 실천하는 탐구 과정이며, 계속적으로 듣고 해석하며 연구·분석하는 능력을 필요로 한다.

> 기록화를 해야 하기 때문에 단순히 관찰만 하는 것이 아니라, 기록화의 시작은 관찰을 토대로 계속 연구하고 해석, 분석하는 것이 참으로 중요함을 조금씩 알아가고 있다(T유치원, J교사).

기록 작업은 유아의 말을 듣고 관찰하는 것에서 끝나는 것이 아니라 관찰한 내용을 토대로 교사간에 해석하고 탐색, 연구하여 지원할 내용과 매체를 분석해 나가는 과정이 수반된다. **단순한 관찰자, 기록자가 아니라 연구자로서의 교사** 역할이 보다 중요함을 J교사를 비롯하여 현장 교사들은 절감하고 있다. 나아가 기관별로 기록의 양식을 개발하여 활용하고 있음을 다음에서 알 수 있다.

> 계획표 자체를 영역별로 바꿨어요. 영역별로 계획하고 평가하죠. 교실 배치도를 다 그려서 아이들을 깊게 관찰하고 평가를 할 수 있는 것도 되는 겁니다. 정형화된 영역으로 교실이 나뉘어져 있는 것이 아니라 교실마다 구성 영역이 다르죠(O유치원, 원장).

> 기존 기록 패널은 프로젝트의 전반적인 진행 과정을 다 다루었지만, 현 패널은 활동 속의 핵심이 되는 중요한 몇 부분을 강조하여 아이들의 활동을 자극시켜 주고, 아이들의 변화를 교사의 시각에서 해석, 평가하며 좀 더 발전할 수 있는 방향을 모색하게 됩니다(O유치원, H교사).

O유치원 원장의 이야기에서 알 수 있듯이 기관들은 교사가 수행하는 일과의 기록 작업을 종적 수준과 횡적 수준으로 나누고, 활동 유형별로 나누어 다양한 기록 방식을 활용하고 있다. 이는 본서의 11장, 기록의 종류에서 다루고자 한다. H교사의 기록에 대한 이야기는 현재 현장에서 교사들이 수행하고 있는 기록 방식에서 더욱 연구되어야 할 부분이라 하겠다.

현재 흔히 이루어지는 기록화는 프로젝트의 전체 진행에 초점을 두는 결과 중심적인 기록이며, 집단 학습 상황에서 집단 유아들의 학습에 초점을 두는 군집적인 기록 방식이다. 유아들의 학습과 발달을 보다 심화·확장시키기 위해서는 결과 중심적인 기록보다는 **매일의 과정에 초점을 두는 기록**으로 전 일과와 교실 영역들을 아우르는 기록이 되어야 하며, 집단의 학습보다는 그 속에서 이루어지는 **개별 유아의 학습 과정과 지식 구성이 미시적으로 분석될 수 있는 기록**으로 변화되어야 한다.

관계를 통한 학습이 교사 역할의 핵심일 때 유아, 교사, 부모 간 협력과 의사소통은 필수적이다. 유아들을 관찰한 내용에 대해 토론하고, 해석하며, 이후 방향을 위해 유아와 협의하여 프로제타지오네를 만들어 가는 모든 단계에서 유아, 교사, 부모와의 고도의 협력이 수반된다. 이러한 파트너십을 가진 성인은 전통적인 감각에서의 교사가 아니라 유아가 지식을 구성하는 데 지원과 도움을 제공할 수 있는 연구자이다.

> … 혼자 일할 때 자기 중심적 생각이 강했잖아요. 같이 일하면서 생각이 많이 달라져요(S교사).

지속적인 교사간 상호 작용

유아의 학습이 호혜적인 상호 관계 속에서 공유된다는 기본적인 견해를 이해하면, 특히 **유아, 교사, 부모 간 의사소통의 중요성**이 분명해진다. 유아들과의 의사소통이란 유아들의 생각을 주의 깊게 듣고, 함께 대화에 참여하는 것을 말한다.

> 4세 유아들은 교실에 감자를 심고 그 변화 과정을 관찰하였다. 감자가 자라는 과정에 대해 알게 된 사실을 그림으로 그려서 5세 형님들에게 알려주기로 하였다. 유아들은 우리가 알아본 사실들을 모두 이야기할 수 있었지만 그림으로 그렸을 때는 차이가 있었다. 감자의 뿌리와 싹이 같은 곳에서 나오는 것을 말로는 안다고 하였지만 그림에서는 감자 밑에 뿌리를 그렸다. 그리고 감자가 땅 속 덩이줄기에서 열리고, 잎이 여러 개 있다고 말하였지만 그림으로 표현된 감자는 모두 땅 위로 올라와 있었고 잎은 나뭇잎과 흡사하게 하나씩 그려져 있음을 알 수 있다. 유아들이 그린 그림에 대해 언어로 상호 작용하는 과정에서 유아들은 자신들이 이야기한 바와 그림이 차이가 있음을 발견하게 되었고 수정하기를 원하였다(T유치원, O교사).

T유치원 O교사의 사례 외에도 현장 교사들은 프로젝트를 수행하면서 미처 알지 못했던 유아들의 이해를 기록 과정을 통해 포착하고 의사소통에 활용한다. 이러한 유아와의 협력 과정에서 탐색의 방향이 설정되는가 하면 새로운 탐색거리가 구체화되기도 하는 발현적 교육 과정이 구성된다. 다음의 사례는 부모와의 기록 공유와 기록을 매개로 부모 참여가 잘 이루어지는 기관에서 들어본 부모의 이야기이다.

> 저널을 통해 유아들의 다양한 호기심에 따라 여러 그룹으로 나뉘어 주제에 접근해 가는 좋은 프로그램을 보고 **부모도 간접적으로 배우게 된다.** 저널의 형태는 유아들 활동의 과정과 결과를 사진과 함께 볼 수 있어서 현장에 있지 않았던 부모들도 유아와 대화를 나누고 주제 탐색에 동참하는 데 용이한 자료로 활용된다(S어린이집, 5세 부모).
>
> 우선 유아들의 기관 생활과 집에서의 생활이 상호 보완적이라 생각한다. 그래서 집에서도 아이와 대화할 때, **지금 진행 중인 관찰이니 프로젝트를 염두에 두고 유아들에게 직·간접적으로 문제를 제기하고 학습할 수 있게 영향을 주려고 노력**하게 된다. 엄마가 좀 더 유아들의 학습에 자리매김할 수 있어 좋다(D어린이집, 4세 부모).

현실적으로 시간과 인력이 부족한 유아 교육 현장에서도 교사들은 기록화를 필수불가결한 요소로 인식하고, 실천해 오고 있다. 우리가 하고 있는 기록화의 보다 구체적인 변형 방향은 이후 11장에서 다루고자 한다.

# Chapter 9

# 레지오 학교의 환경 원리와 적용 그리고 우리의 변형

## 질 문

01 기존의 정형화된 영역별, 주제별 교구를 사용하지 않고도 교실 환경 구성은 가능할까?

02 레지오 환경 원리에 따라 교실이 바뀐다면 기존의 교구들은 어떻게 해야 할까?

03 많은 재원을 투자하지 않고도 레지오 환경 원리를 받아들일 수 있을까?

04 '제3의 교사인 환경'을 창조하는 데 고려해야 할 레지오 환경 원리는 무엇인가?

05 우리의 문화와 생태가 반영된 레지오 교실 구성이 가능한가?

06 왜 레지오 학교의 벽면은 '말하는 벽'인가?

07 레지오 환경 원리를 반영한다면 교실은 어떻게 변화될까?

08 재구성된 기관 환경은 방문자들에게 어떤 메시지를 전달하는가?

09 풍부하고, 강하고, 능력있는 생산자로서의 유아 이미지를 존중하는 환경인가?

10 관계 형성과 사회적 구성이 가능하도록 공간이 구성되었는가?

교육은 복합적인 상호 작용의 산물이며 환경은 그 많은 상호 작용을 가능하게 하는 제3의 교사로서 학습을 자극하므로 중요하다. 환경은 그 안에 살아가는 사람들의 아이디어, 윤리, 태도와 문화를 반영하는 수족관과 같다. 레지오 환경에는 존중감, 관계, 빛, 투영성, 다감각성, 변형, 협력, 사회적 구성, 학습의 기록 및 해석, 일상성, 실내 · 외 연결 등이 반영된다. 그러나 각 학교는 다양성과 변화에 대한 권리 또한 가져야 한다.

날개에 무늬가 많은 나비, 5세

Environment as the Third Teacher

Aesthetics

Transparency

Bringing the Outside World In

Relationships

## 01 환경에 대한 레지오 접근

### 01_1 레지오 환경 원리

레지오에서는 물리적 환경이 사람간의 관계를 촉진시키고, 또 다른 환경을 창조하는 변화를 불러오며, 선택과 활동을 촉진하는 힘을 가질 뿐 아니라 사회적, 정서적, 인지적 학습을 가능하게 하는 잠재력이 있기 때문에 제3의 교사로서 공간을 중요시한다. 이러한 환경은 유아, 교사, 부모에게 행복과 안정감을 느끼게 한다. 따라서 공간은 그 안에 살고 있는 사람들의 생각, 가치, 태도, 문화를 반영하는 수족관이라고 말한다. 이러한 레지오 학교의 환경 원리는 다음과 같이 정리할 수 있다.

#### 01_1_1 미 학

레지오 에밀리아 학교는 미학적 인식에 높은 가치를 둔다. 미학은 유아와 성인의 정체성과 인격 발달 및 학습을 위해 환경에 반드시 고려된다. 환경의 설계 도구로서 관계를 위한 구조, 빛, 색, 자료, 냄새, 소리, 분위기 등 모두에 심미감이 내재해 있다. 레지오 학교의 미적 차원은 학습하고 알고 관계를 구성하는 본질적인 특성이다. Rinaldi(1998)는 즐거움, 미학, 놀이를 학습과 지식을 구성해 가는 데 있어 중요한 부분으로 본다. 학습은 즐겁고 매력적이고 재미가 있어야 하므로 미적 특성은 학교와 교육 공간의 교육적 특성이 된다고 하였다.

이러한 강조는 이탈리아 문화 전반에서 나타나는 미학의 가치를 반영한다. 이탈리아 유아들은 가족과 함께 상점의 윈도우에서, 거리와 광장의 돌 조각에서, 그 외 지역사회에서 주위 문화의 아름다움을 흡수한다. 양귀비 들판 같은 장소나 도시 주변의 분수와 조각상을 방문하면서, 유아들은 자신들을 둘러싸고 있는 미학을 인식하고 경험한다. 레지오 학교에는 바닥, 천장, 창, 복도 어느 곳이든 유아에게 심미적이고 자극적인 환경을 제공하기 위한 관심을 반영하여 아름다운 사물, 화분에 심은 식물, 꽃이 담긴 병이 선반과 테이블 위에 진열되어 있다. 빛은 실내 어디에서나 빛나고 여기저기의 거울에서 반사된다. 교실에서 나타나는 아름다움은 유아들의 시각적 인식에 영감을 주고, 스스로 아름다운 표상을 창조하도록 자극한다. 교실 벽의 게시판에 전시된 기록 패널에는 유아들의 말, 사진, 활동의 예가 포함되어 학습 진행 과정의 기록을 제공한다. 기록 패널 아래의 바닥이나 근처 선반에는 식물, 꽃 화분, 또는 탐색할 아름다운 대상물들이 있다. 유아들의 미술적 감성과 능력을 지원하기 위해 분위기와 환경을 창조하는 것은 학습이나 표상과 관련된 레지오 아이디어의 일부이다. 미학은 유아들의 정체성과 인성을 발달시키므로 성인이 유아의 학습과 발달의 과정을 이해하는 환경을 설계할 때 반드시 고려되어야 한다고 믿는다.

교실내의 미니 아뜰리에

5세 교실

유아들이 재구성한 명화
– 할아버지와 새

## 01_1_2 존 중

환경에 반영되는 존중의 개념은 다른 사람의 말에 귀 기울이며, 존중하고, 타인에 대한 수용성을 의미한다. 공간은 보다 부드럽고, 덜 경직되며, 형식적인 틀을 벗어나 다목적적인 영역이 함께 공존하는 장소이다. 내부와 외부, 물질적인 것과 정신적인 것을 혼합함으로써 보다 풍부한 조건을 만들어 낸다.

개인은 집단의 부분이기도 하지만 조용하게 혼자 쉴 수 있는 공간을 가진다. 서비스 영역, 유아와 성인의 작업 영역, 교실과 사무실 모두 중요하게 인식되며 공유된다. 프로젝트 관련 활동이나 기록화를 위한 공간 또한 갖추어져 있다. 학교 전체가 사용하는 아뜰리에나 교실에 부속되는 미니 아뜰리에에는 일과에 방해를 주거나 방해받지 않고 프로젝트, 표상 활동, 기록화를 기능적으로 수행하게 한다. 따라서 다양한 공간은 상하 관계를 두지 않고 민주적으로 기능하며 존엄성이 동등하게 유지되도록 배열된다. 그러면서도 좀 더 심화된 학습 기회를 위한 목적으로 새롭게 구성되는 공간과 여러 다른 공간의 통합적 복합성에도 관심을 둔다.

레지오 에밀리아 교육자들이 유아에게 보여주는 존중과 유아를 풍부하고 강하고 능력 있는 존재로 이해하는 이미지는 과거 유아가 가능하다고 믿었던 수준을 능가하는 표상을 창조하도록 환경을 구성하는 것에서 나타난다. 교사들은 유아에게 미술가가 사용하는 것과 같은 질의 매체를 매력적이고 접근하기 쉬운 방식으로 제공함으로써 유아들의 능력에 대한 존중을 보여준다. 유아들의 학습과 표상은 그 수행 과정을 자세하게 기록하고 패널화하여 전시된다.

즉, 학교 공간은 **유아**가

- 자신의 잠재력, 능력, 호기심을 표현하도록
- 혼자 또는 또래, 성인과 탐색하고 연구하도록
- 스스로를 학교에서 수행되는 교육 프로젝트의 구성자로 인식하도록
- 유아의 정체성, 자율성, 안정감을 강화하도록
- 타인과 활동하고 의사소통하도록
- 자신의 정체성과 프라이버시가 존중됨을 알도록

구성, 조직한다.

탐구하고 연구하도록 존중받는 유아

**교사**는

- 유아나 부모와의 관계가 지원되고 통합되도록
- 동료나 부모 또는 다른 성인들과의 만남이 용이한 공간과 가구가 갖추어지도록
- 프라이버시 인식 욕구가 충족되도록
- 학습과 전문적 발달 과정이 지원되도록

공간을 구성 · 조직한다.

교사의 연구 공간

**부모**가

- 부모의 목소리가 반영되고 정보를 제공받도록
- 진정한 협력과 의사소통을 촉진하는 다양한 기회와 방식이 이루어지도록
- 다른 부모나 교사를 만날 수 있는 공간이 구성 · 조직되어야 한다.

이러한 과정 지향적인 공간 구성(환경)은 의사소통을 촉진하고 그 자체가 의사소통이다(Rinaldi, 1998).

부모를 위한 공간

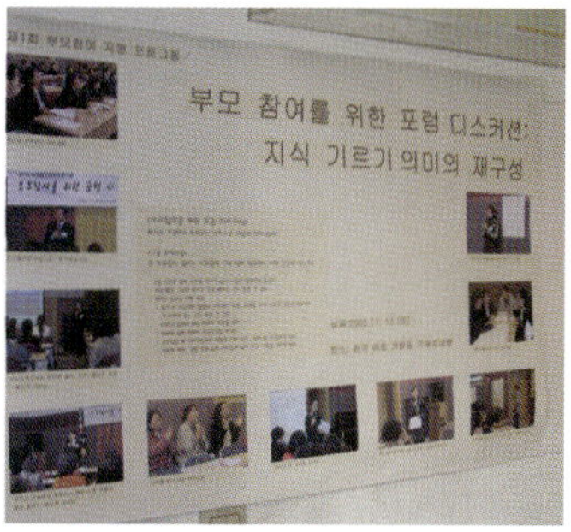


부모 참여의 가시화

## 01_1_3 관 계

공간이 사용되는 다양한 방식과 공간 또는 사람들 간의 관계는 환경에 의해 만들어진다. 다양한 활동들이 수행되고 정보와 문화가 여과되어 공간 속에서 활성화되는 관련성이 가능하도록 한다.

전체적인 환경 설계에 반영된 또 다른 원리는 사회적 관계의 중요성이다. 학교 건물 내의 중앙에는 유럽의 문화를 반영하는 광장, 즉 '피아자'라 불리는 시의 광장과 같은 넓은 중앙 공간이 있다. 학교의 공간들은 모두 피아자를 향하고 있다. 피아자는 만남의 장소이며 학교 건물 내에서 시의 광장과 같은 역할을 하는 공공장소이다. 피아자는 관계 형성을 지원하며 '관계의 교육'을 상징화한다. 이곳에서 만남이 일어나게 하고 유아의 소집단 상호 활동, 이야기, 사회적 관계, 그리고 공공 정체성이 길러진다. 또한 피아자를 사용함으로써 복도의 필요성이 배제되며 모든 공간은 피아자를 통해 연결되어 피아자는 유아들 스스로가 활동 영역 선택을 가능하게 한다. 피아자는 교실과 학교의 다른 장소로 자유롭게 오갈 수 있도록 해준다. 유아들은 해당 교실에서만 놀 필요가 없고 이곳에서 다른 교실 유아들과 관계를 형성할 수 있다.

공간은 건물의 모든 부분이 특정한 목적을 달성하도록 신중하게 고려되었다. 블록으로 구조물 만들기를 할 수 있는 교실 구석의 단, 천장에 플라스틱 조각들을 매달아 공간과 공간을 분리하는 투명 커튼, 대집단 유아들과 교사가 만나 이야기하고 그날의 계획을 논의하는 교실의 낮은 계단 등 Malaguzzi는 상호 작용의 중요성을 강조하면서 "나는 관계를 형성하지 않고는 어떤 것도 존재할 수 없다고 생각한다. 관계는 삶의 필요 조건이다(Kaufman, 1998)"라고 하였다. 레지오 교사들이 흔히 말하듯이, 프로그램의 다양한 측면은 복잡하게 연결된 체제여서, 전체에 영향을 미치지 않고 한 측면만으로 기능하는 것은 불가능하다.

Diana 학교도 다른 레지오 학교와 마찬가지로 학교 중앙에 시의 광장과 같은 이름을 가진 피아자가 있다. 그 이름이 의미하는 바와 같이 피아자를 향해 학교의 내부 공간들이 방사식으로 위치하고 있다. 이러한 배치는 학교 전체가 중앙 공간을 중심으로 사회적 상호 작용을 활성화하도록 유도한다. 중앙 공간을 중심으로 아뜰리에, 도서관, 자료실, 회의실, 부엌과 식당이 있고 3세 교실, 4세 교실, 5세 교실이 위치하고 있다.

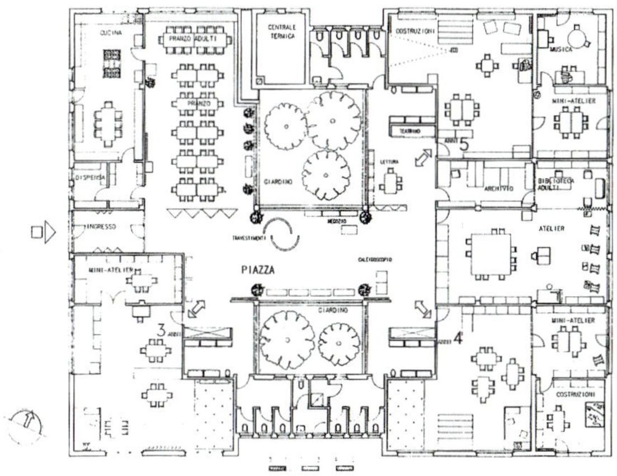


Diana 유아 학교 평면도 (레지오 에밀리아시, 1996)

## 01_1_4 연속성

학교에서의 일과가 사회의 작은 세계를 만들어 내는 것처럼 유아 학교에는 도시와 생활 속에서 일어나는 활동의 많은 요소들이 혼합되어 공간에 녹아 있다. 학습 공간은 주변 세계를 받아들일 수 있는 수용적 공간으로 복잡한 도시와 학교 간에 풍부한 정보를 교환하고 정보는 유아들에게 스며들게 된다. 전통적 관점에서의 학교를 의미하는 것이 아니라 독특한 정체성이 있는 새로운 건축 언어들을 수용하고 명료한 교육적 분위기를 창조해 내는 새로운 정체성을 의미한다. 미리 예정되고 형식적으로 한정된 상황이 아니라, 의식적으로 가능한 모순과 갈등을 만들어 내는 일상성이다.

학교와 지역사회의 밀접한 관계 형성이 레지오 학교의 근간이 되는 특징이다. 학교의 건축 설계와 공간 배열에도 주변 지역사회의 심미적인 문화적 환경과 조화를 이루는 연속성의 원리가 구체화된다. 학교 건물은 학교 수업 이외 시간에는 교사 회의, 교사-학부모를 위한 전문적 연수, 파티, 특별 행사, 부모 자문 회의, 지역 행사 등에 사용된다.

지만 아뜰리에 같은 공간은 독특하다. 영유아 센터와 학교마다 아뜰리에가 있어 교실과 성인의 작업을 지원하는 공간으로 여러 가지 매체를 연구, 실험, 조작하는 데 사용된다. 유아 학교에서는 아뜰리에리스타가 있어 유아의 학습과 창의적 활동을 관찰, 지원하며 교사들과 협력하여 일한다. 아뜰리에는 학급 교실과 함께 작업 장소가 되며 관찰과 기록을 위한 중심이 된다. 아뜰리에 개념은 각 학급의 '미니 아뜰리에'로 더욱 발전되고 있다. 아뜰리에 벽과 교실 벽의 기록은 유아들과 교사의 탐색과 연구에 대한 이야기를 말하는 결과뿐 아니라 과정을 보여준다. 레지오 학교의 환경은 전반적인 철학의 다원적 의미를 반영한다.

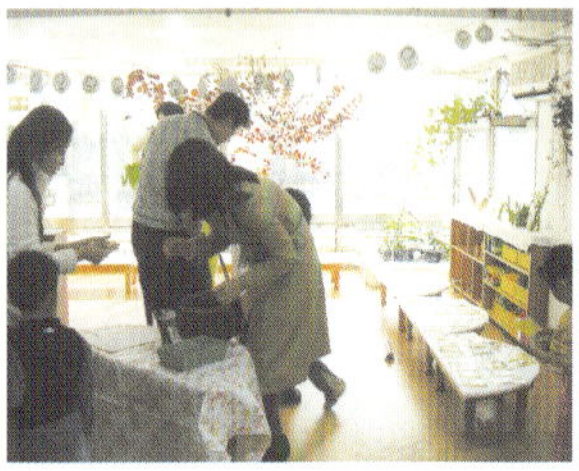
학교와 지역사회 간의 연속성을 위한 사랑을 담은 바자회

미니 아뜰리에 내부

다양한 매체를 활용한
라이트 테이블 활동

## 01_1_5 다감각성

유아는 감각을 통해 현실을 탐색하고 인식하며 해석할 수 있는 능력을 갖고 태어난다. 학교는 유아가 이러한 능력을 발달시키고, 감각 지각을 지원하며 강화시킬 수 있어야 한다. 환경의 질은 공간의 모양, 기능, 실내의 색, 음향, 빛 등 많은 요인들에 영향을 받는다. 그리고 개인에 따라 공간에 대한 기호가 다르기 때문에 환경은 모두에게 표준이 되는 한 가지 공간일 수 없고, 다감각적 공간이 된다.

교실 환경은 유아들이 생활하기에 좋은 장소라는 생각이 들게 한다. 낮은 탁자 옆의 선반, 이젤, 라이트 테이블, 책상 위의 다양한 매체들은 유아들의 학습을 자극한다. 그 외 소꿉놀이 매체, 게임 퍼즐 같은 다른 나라의 유아 교육 기관과 유사한 활동 매체들이 많이 있

## 01_1_6 변 형

학교 환경은 고정되지 않고 변형 가능해야 한다. 유아가 필요에 따라 유아와 교사가 실험하고 탐색하는 과정과 결과에 따라 계속적으로 변형되고 재설계되어 매일 변화되고 수정될 수 있어야 한다. 이러한 과정은 유아의 욕구를 만족시키고 능력 발달을 돕는다.

가상과 현실을 구성하기 위한 인공적인 빛, 슬라이드 환등기, OHP 등은 시각적 공간을 구성하는 데 활용된다.

공간이 변형될 수 있도록 융통성을 부여하기 위해 다음의 설비들이 사용될 수 있다.

- 분리대
- 매체와 도구들을 담을 수 있는 가구

- 이동 가능한 벽면 패널
- 그림자놀이를 위한 스크린과 라이트 리플렉터
- 이동 가능한 바퀴 달린 가구
- 모빌, 벽화, 식물 등을 이용한 공간의 구분
- 시간 경과에 따라 아뜰리에, 교실, 학교 공간에 단계적으로 정교함과 구체성을 가미하여 구성한 벽면 등 무수히 활용될 수 있다.

활동 과정의 변형을 반영한 교실 환경과 기록 패널

## 01_1_7 공동 구성

유아, 교사, 부모가 함께 참여하여 공동의 가치관을 가지고 운영해 나가는 환경을 강조한다. 따라서 공간은 피아자를 중심으로 작업 장소, 주방, 아뜰리에, 화장실 등 어느 것도 상하 순위가 없으며 동등한 수평성을 갖는다. 아뜰리에처럼 직접 탐구와 실험을 위해 특수하게 구성된 공간도 있지만, 학교 전체가 유아들이 자율적으로 표상하고 작업해 가는 학습 공간으로 활용될 수 있는 근본 전제가 내재되어 있으며, 탐구와 표상을 위한 매체들로 가득하다. 학교의 모든 공간은 모두 고유의 특성이 있지만 유아들이 언제나 생활 속에서 실험실이나 작업 장소로 활용할 수 있도록 주방과 사무실까지를 포함하여 모두 개방되어 있다.

아뜰리에에서 함께 작업하는 교사와 유아

## 01_1_8 투영성

'투영성'은 레지오 에밀리아 유아 학교에서 오랜 기간에 걸쳐 발전되어온 개념이다. 투영성은 창, 피아자의 실내 정원 등에서 느낄 수 있는 가시성과 같은 초기 요소에 자연적 · 인공적인 빛을 사용하는 과학적인 다양한 기술이 더해져 더욱 활성화되었다. 투영성 개념은 공간적 수준에서 볼 때, 시각적으로 보이는 공간의 연속성을 의미한다. 공간과 공간, 부분적으로만 볼 수 있었던 공간을 들여다볼 수 있는 가능성이다. 학교에는 투영성의 주요 원리를 반영하여 선명한 자연광, 벽화, 투명 커튼, 거울이나 색유리를 통해 반사되는 빛을 어느 공간에든 활용한다.

또 다른 의미의 투영성은 건물 벽에 달린 창들이 가족과 지역사회, 나아가 서로 다른 철학을 가진 교육자들과 프로그램에 대해서도 상호 교류와 접목 가능성을 시사하는 개방적인 태도를 갖는 철학을 반영한다. 유리벽을 활용하여 공간을 분리하면서도 고립된 느낌을 주지 않고 공동체 의식을 갖게 하며, 교사의 관찰 또한 용이하게 한다. 이러한 기능성은 교사가 유아들의 사고와 느낌을 계속적으로 관찰하도록 돕고, 관찰 내용을 유아들이 공유하고 토론할 수 있도록 기록화

교실과 피아자 간의 유리창

투영성을 살려 구성한 벽화

를 용이하게 한다. 교사들은 이를 연구 자료로 삼아 학습을 지원할 뿐만 아니라 부모가 기관의 교육 내용을 알고 참여할 수 있도록 한다.

### 01_1_9 기록 및 의사소통

의사소통이란 학교 내부와 외부의 의사소통 모두를 포함하며 레지오 에밀리아 학교의 교육 활동에 중요한 요소이다. 유아, 교사, 부모들은 함께 연구하고 생각을 교환하며 토의한다. 부모를 학교의 능동적인 교육의 한 주체로 보는 이러한 '관계에 기초한 교육'은 학교 안과 밖의 의사소통과 기록을 위한 공간의 필요성을 증가시킨다. 유아와 성인, 부모와 교사, 레지오 시와 다른 시들, 문화가 일어나고 발달하는 모든 곳, 모든 사람들과의 의사소통에 가치를 둔다.

교수 학습 개념의 변화와 함께 가르치는 교사의 역할에 관찰과 기록이 포함되고 있다. 사진, 그림, 유아 작품, 비디오 테이프, 매체, 포스터, 영상, 조각들이 포함되며, 교실 출입문, 유아 키높이의 거울 등 많은 도구, 대상물과 설비들이 의사소통을 지원한다.

- 벽은 여러 가지 형식의 전시를 할 수 있어야 한다. 2차원 혹은 3차원적인 전시를 통해 환경은 학교 생활과 유아의 활동을 반영하고 의사소통한다.
- 어떤 영역도 의사소통의 독특한 형식을 수용할 수 있어야 하며 필요에 따라 현관, 교사실, 주방 등도 활용될 수 있어야 한다.
- 교실 내부 또는 가까운 곳에 의사소통 자료를 두어 가족들과 쉽고 여유 있게 매일 의사소통하고 정보를 교환할 수 있도록 한다.
- 녹음기, 카메라, 비디오 카메라, 슬라이드, OHP 등을 준비하여 구체적으로 관찰, 기록하고 의사소통한다.
- 공간은 기록 작업, 프로젝트 수행, 상담, 행정 서류 보관, 교육 자료 제작 및 보관을 위해 효율적으로 조직되어 있어야 한다.

기록화 패널이 전시된 복도

교사의 기록 작업

### 01_1_10 실내 · 외의 연결

학교란 날씨를 포함하여 계절 변화에 이르기까지 외부에서 일어나고 있는 일과 그날의 시간에서부터 도시의 리듬까지를 '감지' 하는 장소가 되어야 한다. 왜냐하면 학교는 분명 특정한 장소와 시간에 존재하기 때문이다. 내부와 외부를 관계 짓게 하는 환경 요소들은 다음과 같다.

- 확장된 현관, 베란다, 차양과 같은 전이 공간
- 지붕이 있거나 혹은 개방된 온실이나 실내 정원, 나무와 자연물, 생물들이 있는 곳
- 언덕, 놀이 시설, 통로, 특수 시설 등과 같은 실외 공간의 사용
- 바람, 물 등과 같은 물리적인 힘의 작용을 볼 수 있는 시설
- 학교 생활과 학습 활동에 대한 정보를 의사소통하고, 유아를 맞이하고 환영하는 현관
- 교실 창으로 보이는 외부 풍경

유아를 맞이하고
환영하는 현관

### 01_1_11 3차원적 공간 활용

학습 활동을 기능적으로 할 수 있도록 바닥, 벽, 천장, 공간을 3차원으로 활용한다. 바닥을 입체적으로 구성하여 블록놀이, 극놀이에 활용할 수 있다. 벽면은 단지 2차원이 아니라 학교와 유아 학습에 대한 정보를 알리는 '말하는 벽'으로 활용한다. 천장에는 유아들의 표상물이나 자연물 모빌 등을 매달아 전시할 수 있다. 천장에 스크린을 매입해 두고 필요할 때 내려서 그림자극, 2차원 극놀이 배경 등으로 사용한다. 그 외에도 그물망, 밧줄, 스프링 등을 매달아 놀이에 이용하거나, 풍선, 공과 같이 부드럽고 위험이 없는 매체들을 영아들의 머리 위로 흔들리도록 매달아 탐색을 자극할 수도 있다.

3차원 구성놀이

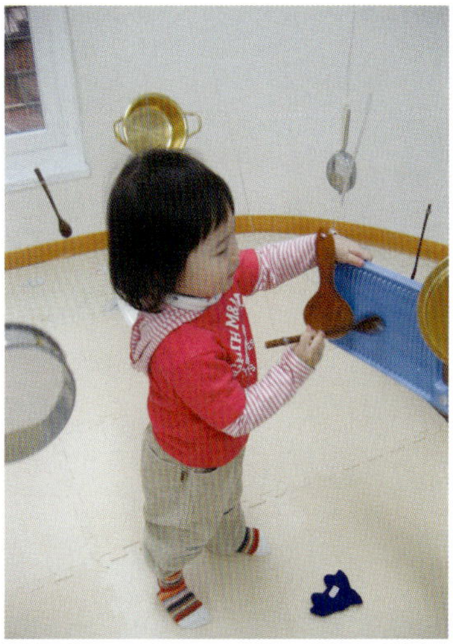

영아반 천장에 매달린 매체들

공간에 구성된 벽화

천장에 드리워진 모빌

3단 계단을 활용한 블록 구성

레지오 에밀리아 유아교육에서는 앞서 말한 공간이 갖는 교육적 의미를 잘 인식하고 진정으로 유아를 존중하여 교육할 수 있는 환경에 대해 생각하고 설계하는 데 에너지를 쏟아 부었다.

## 02 환경 변화 시도와 변형

### 02_1 환경 변화 시도

#### 1단계: 공간은 실제로 말을 한다. 우리네 공간은?

유아교육의 질이 나아지기 위해서는 레지오 접근법을 현존하는 교육 패러다임 위에 더할 것이 아니라 우리 문화에서 일반적·관습적으로 가지고 있는 교육 패러다임의 변형이 필요하다. 우리 교육자들은 유아교육 기관의 물리적 환경의 중요성을 잘 인식하고 있다. 그러나 유아교사들은 항상 경제적·공간적 부족과 싸워 왔고, 실내·외의 공간을 설계하는 데 타협을 강요당해 왔다.

교사가 유아를 위해 구성하는 공간은 유아가 삶의 가치를 만들어 가는 공간이 된다. 그러므로 교사는 자신의 가치가 교실의 매체, 설비, 공간 배치에 어떠한 영향을 미치는지 신중히 생각해 보아야 한다. 교사는 유아, 부모, 그 외 방문자에게 의사소통하는 교실이나 학교 환경의 메시지를 의식하지 못하기도 한다. 기관을 방문하는 사람들은 유아의 작품과 사진 등, 벽에 전시해 놓은 메시지를 보면 해당 기관의 철학에 대해 많은 것을 알게 된다. 공간은 실제로 말을 한다.

- 의미있는 활동에 참여하고 있는 유아의 사진이 있다면, 능동적 학습에 대한 메시지를 느낄 수 있다.
- 교사가 유아들과 함께 작업하는 사진이 있을 때, 지식의 공동 구성자, 학습의 지원자로서 교사의 이미지를 나타내 준다.
- 교사와 교직원의 사진과 소개가 있다면, 그 메시지는 방문자들에게 보여주는 것이며, 의사소통을 위해 개방되어 있음을 의미한다.
- 가족사진이 있다면, 가족에 대한 존중감을 보여주는 것이며 기관 운영과 활동에 가족이 참여하기를 바라는 희망을 의미한다.
- 유아의 작품이 호감이 가도록 전시되어 있다면, 그 메시지는 바로 심미감을 중요하게 생각한다는 것이다.
- 유아의 말과 질문들이 다른 유아들로 하여금 깊이 생각해 보도록 기록되어진다면, 그 메시지는 이해와 답을 얻고 싶어하는 유아의 욕구를 말한다.
- 기록 작업은 부모와 교사로 하여금 유아의 성장이 지속되도록 지원하고 함께 노력하고 협력해야 함을 알게 한다.

레지오의 교육자가 환경을 '제3의 교사'라고 하는 이유는, 환경은 교실이나 학교에서 일어나는 학습을 알게 하고 또한 학습을 자극하는 힘이 있기 때문이다. Gandini는 이에 대해 다음과 같이 말한다.

> 레지오 학교는 어느 곳에나 있는 것은 아니며, 어느 누구도 레지오 학교를 그대로 모방할 모델로 볼 수는 없다. 그러나 어떤 학교이든지 공통의 가치를 가지고 있다. 학교의 정원, 벽, 큰 창문, 멋진 가구, 독특한 외형이 있다. 학교들은 좋은 환경에 대해 생각하게 한다. 학교는 빛, 다양성, 기쁨으로 가득 차 있다. 학교는 독특한 개인적 삶, 학교 역사, 복합 문화, 독특한 공간을 창조하면서 교사, 부모, 유아들이 함께 작업하고 노는 것을 보여준다(Gandini in Edwards, Gandini, & Forman, 1998).

많은 우리네 유아 교육 기관들에서는 만족스럽지 못하고 비기능적인 물리적 환경, 특히 구획적이고 획일화된 공간 배치, 자연 채광의 부족, 정돈된 공간의 부족, 소집단 상호 작용 공간의 부족, 자연물이나 공학적 교수 매체 활용 부족 등이 문제로 지적될 수 있다.

일반적으로 교실은 흥미 영역별로 정형화된 교구들이 빼곡하게 구성되어 있었다. 따라서 비치된 교구를 중심으로 가능한 교육 과정 내용들이 일반적으로 교사에 의해 계획되어졌다. 교사는 교실을 구성할 때 반드시 모든 영역이 배치되어야 한다는 생각으로 좁은 교실을 가득 채우기에 바빴고, 환경과 매체, 교구의 제약을 이유로 확장된 활동이나 창의적인 아이디어를 수용하지 못하는 경우도 많았다.

### 2단계: 레지오 학교 환경의 장점과 특징은 무엇일까?

레지오 학교의 물리적 환경에서 볼 수 있는 장점 및 특성을 들어보면 다음과 같다.

- 전통적인 일반 문화를 반영하지만 기관마다의 특유한 역사 · 문화를 반영하므로 환경이 획일적이지 않다.
- 사회적 상호 작용을 유도하도록 공간이 구성되어 있다.
- 교육적 기능을 사전에 고려하여 공간을 설계한다.
- 건물 · 가구 · 설비 · 매체 등의 형태나 색에 있어서 아름다움과 조화에 대한 깊은 관심이 나타난다.
- 학교 전체가 활용하는 아뜰리에와 교실마다 미니 아뜰리에가 있어 프로젝트 활동과 기록 작업을 용이하게 한다.
- 물리적 환경과 매체 활용에 투영성이 내재해 있다.
- 유리벽을 활용하여 공간을 분리하면서도 가시 범위를 확장하여 공동체 의식을 갖도록 한다.
- 자연적 채광을 최대한 이용할 수 있도록 설계한다.
- 학교의 모든 벽면은 유아의 학습 과정을 기록화하여 정보를 알리고 의사소통하는 기능을 한다.
- 3차원적 전시, 바닥의 입체적 구성 등과 같이 공간 그 자체를 3차원으로 활용한다.
- 초록 식물, 나뭇가지 등과 같은 자연물을 끌어들이고 재활용품의 활용이 높다.
- 다양한 자료가 잘 정돈되어 있어 표상을 자극하고 활용을 용이하게 한다.
- 공학적 기기나 전기적 빛을 교수 매체로써 뿐만 아니라 학습 매체로 유아들이 활용한다.
- 교사와 교직원의 사진과 기관의 정보를 제시하여 의사소통을 위해 개방되어 있다는 메시지를 준다.

### 3단계: 레지오 환경 원리와 특성을 적용하여 우리의 문화와 가치가 반영된 모형 교실을 구성해 보자

본서의 2장 2.6절에서 소개한 바와 같이 레지오 환경 원리를 우리 문화와 생태에 맞게 적용하고자 H여자대학의 유아교육과에 예비 교사인 학생들의 실험 실습을 위해 '레지오 모형 교실'을 구성하였다. 이는 현장 교사들을 위한 좋은 모델링이 될 수 있었다.

모형 교실은 레지오 환경의 미학, 존중, 관계, 연속성, 다감각성, 변형, 공동 구성, 투영성, 기록 및 의사소통, 실내 · 외의 연결, 3차원적 공간 구성의 원리를 유아 교육 기관 교실 환경에 적용할 수 있도록 전체 공간을 피아자와 교실로 구분하여 18개 영역으로 구획하였다.

18개의 영역 구성을 위해 필요한 환경 설비와 가구를 제작하였다. 이와 함께 주변 자연물들과 재활용품들을 모으고, 다양한 가용성을 가진 선 · 면 · 색 · 형을 표상할 수 있는 매체들을 기증받거나 구입하였다.

한 학기에 걸쳐 예비 교사인 학생들과 함께 가게놀이 영역, 의상놀이 영역, 인형극장, 삼각거울, 리듬악기 영역들이 있는 피아자와 미니 아뜰리에, 3차원 구성놀이, 2차원 구성놀이, 자석 구성놀이, 그림자 극놀이, 공동 이젤, 벽화, 공동 작업대, 가정놀이 영역, 직조 및 조작 영역, 라이트 테이블 작업, 그림자 인형놀이, 메시지 영역들로 교실을 구성하였다.

학교 환경은 사회 · 문화적 맥락을 반영하므로 자연히 모형 교실에는 우리 생태를 반영한 곡식가게 놀이, 농악놀이를 위한 의상놀이 영역, 혹부리영감 인형극, 빨래판, 세숫대야 등으로 구성한 리듬악기틀 그 외 교실에는 연 모빌, 보리 갈대 등의 계절 자연물로 구성된 모빌, 전통부엌놀이 영역 등이 우리 고유의 분위기를 만들어 갔다. 모형 교실은 지금도 예비 교사들의 손에 의해 계속 변형되고 현장 교사들과 공유되고 있다.

모형 교실 구성 과정에서 예비 교사인 학생들은 다음과 같이 반응하였다.

우리가 생활 속에서 아무 생각없이 버리는 매체나 주변의 어떤 자연물이든 유아를 위한 학습 매체, 탐구 매체가 될 수 있는 레지오 교육 방식에 대해 다시 생각하게 되었고, 이제는 주변 용품들 하나도 그냥 버리지 않고 다시 생각하게 된다(H여대, 3학년)

우리는 여지껏 '창의성'에 대해 많이 강조해 왔지만, 진정한 창의성이 무엇인지 알게 되었다. … 답이 없는 교실 환경 속에서 유아는 무한하게 탐색하고, 창의적으로 커갈 수 있을 것 같다(H여대, 2학년).

모형 교실을 견학한 현장 교사들은 다음과 같이 이야기를 한다.

모든 영역, 어떤 영역도 … 예를 들면 가정놀이 영역 등이 정형화되지 않을 수 있다는 걸 알게 되면서 내 사고가 얼마나 편협한지를 깨닫게 되었다(R유치원, 원감).

미니 아뜰리에와 매체 재활용 영역을 보고 감명을 받았다. 장소가 문제가 아니라는 생각을 했다. 생각보다 어려운 일이 아닌데… 우리는 왜 이렇게 생각하지 못하였을까 생각했다(E유치원, S교사).

### 4단계: 우리 기관도 변화될 수 있을 것 같아요

이탈리아 레지오 에밀리아 학교를 방문하는 스터디 투어를 통해 레지오 학교 환경을 참관한 기관들이 늘어나고, 학습 공동체 경험과 레지오 모형 교실을 견학할 수 있는 기회는 기관들로 하여금 레지오 환경 원리를 적용하여 환경 변화를 모색하고자 하는 동기와 기대감을 갖게 하였다. 개별 기관의 독특한 사회 · 문화적 맥락에 따라 우리는 다음과 같이 기관의 물리적 환경 변화를 시도해 나갔다. 먼저 시작한 기관은 다른 기관의 또 다른 모델이 되어 협력적 상승 작용을 이루면서 변형될 수 있었다.

#### 기관 수준에서

① 기관마다 어김없이 붙어있는 창문의 스티커를 철거하고 자연물이나 유아들이 구성한 투명한 벽화를 걸어 심미감과 투영성을 불러오자.

② 벽은 흰색이나 연한 미색으로 칠하여 기록된 유아의 활동, 말, 표상 메시지가 눈에 들어오도록 하자.

③ 바닥은 유아들이 좋아할 것이라 생각하는 알록달록한 그림이 그려진 장판 대신 자연적인 색의 마루 등으로 바꾸자.

④ 현관에는 교사와 교직원을 소개하는 사진을 붙이고 기관의 철학을 알리는 패널을 제시하여 의사소통을 위해 개방되어 있음을 말하자.

⑤ 현관을 넓히고 쓸모없는 벽을 철거하여 피아자를 확보하자. 피아자에는 모든 교실의 유아들이 함께 놀이할 수 있는 가게놀이 영역, 의상놀이 영역, 삼각거울과 벽면 거울, 극놀이 영역, 유아 도서실, 우체통 등의 활동 영역을 구성하자.

⑥ 피아자 벽면에는 유아들이 활동에 몰입하는 사진을 통해 능동적 학습을, 교사가 유아와 함께 작업하는 사진을 통해 지식의 공동 구성자임을, 부모가 참여하는 사진을 제시하여 가족에 대한 기관의 기대를 의사소통하자.

⑦ 최대한 창문을 넓히고 방과 방 사이 연결 창, 실외와 연결된 곳에 유리를 설치하여 가시 범위를 넓히고 자연적인 빛을 받아들이자.

⑧ 피아자, 복도, 교실 등 기관의 모든 벽면에는 유아들이 몰입하여 활동하면서 상호 작용하는 구체적인 학습 과정을 기록화하여 박물관과 같은 학교를 만들자.

⑨ 교실을 비롯한 기관 구석 구석에 유아들의 작품을 호감이 가도록 전시하여 유아를 존중하며, 심미감을 중시함을 알도록 하자.

⑩ 화장실, 현관, 교실을 비롯하여 곳곳에 거울을 부착하여 투영성을 높이고 스스로를 반추해 볼 수 있게 하자.

⑪ 현관, 창가, 부엌, 화장실 등 곳곳에 간이선반을 만들어 초록잎이 늘어지는 화분을 매달거나 꽃, 열매, 나뭇잎, 곡식 등의 자연물들을 끌어와 생동감이 넘치게 하자.

⑫ 어떤 곳에도 교사가 만든 환경판을 없애고 유아와 함께 구성한 환경판이나 기록 패널을 제시하자.

⑬ 부모들이 오가는 공간이나 현관 가까이에 개방된 보드를 마련하여 제시된 질문이나 주제에 대해 부모가 의견을 제안하고 참여하도록 하자.

⑭ 부모들의 도움을 받아 가정의 재활용품들을 수집하여 다양한 활동과 구성놀이에 사용하고, 매체 재활용 공간을 만들어 유아 스스로 분류하고 표상 시 선택하여 활용할 수 있도록 하자.

⑮ 유아와 부모들이 오가는 현관에 OHP를 이용한 2차원 구성놀이를 매일 변화있게 보여줌으로써 유아와 부모가 기관의 매체 활용을 이해하고 참여하게 하자.

⑯ 기관내에 공간이 확보될 수 있다면 각 교실 학습 · 활동과 연계하여 탐색을 심화 · 확장시키고 다양한 매체를 활용할 수 있는 아뜰리에를 구성하자.

⑰ 공간이 허락한다면, 현관이나 베란다를 실외로 확장하거나 차양을 설치하여 실내 · 외의 연결을 시도해 보자.

⑱ 옥상이나 교실에 인접한 실외 공간을 활용할 수 있다면, 지붕이 있거나 혹은 없는 온실이나 실내정원을 구성하여 실내에서 햇볕, 바람, 비, 눈 등과 같은 자연을 접할 수 있도록 시도해 보자.

### 교실 수준에서

① 교실의 모든 매체는 게임판이나 퍼즐 등 상품화된 매체를 자연적인 매체로, 답이 정해진 매체를 함께 만들어가는 매체로, 교사가 만든 매체에서 유아들이 모아온 매체로 바꾸어 창의적인 가능성을 높이자.

② 모든 매체와 매체를 담는 용기는 플라스틱 재질이나 색깔 있는 매체가 아니라, 자연적이고 투명한 재질로 바꾸는 것부터 시작하자.

③ 모든 매체는 크기, 모양, 형태, 색별 규칙이 내재되도록 제시하고 배치함으로써 미학이 가미되도록 하자.

④ 벽을 막고 있는 영역 선반들은 벽과 수직이 되도록 돌려놓고 벽을 비움으로써 영역별 기록 작업이 가능하도록 하자.

⑤ 창을 막고 있는 큰 피아노, TV 등을 치우고 융통성 있는 이젤 등으로 대체하여 자연 채광이 교실로 들어오도록 하자.

⑥ 빛이 들어오는 창에는 투명한 아세테이트지에 유아들이 공동 구성한 벽화를 매달아 투영성을 높이고 유아가 긍정적 확인감을 갖도록 전시하자.

⑦ 알록달록 무늬가 있는 색깔 커튼은 밝은 무채색의 헝겊 블라인드로 대체하여 빛을 이용한 구성놀이 시 채광을 차단하는 기능으로 활용하는 한편, 자연물과 잘 어울리는 배경이 되도록 하자.

⑧ 라이트 테이블, 그림자 스크린, OHP를 활용한 구성놀이, 라이트 리플렉터를 이용한 그림자 극놀이와 구성놀이, 실물 화상기를 이용한 가상놀이, 디지털 카메라를 이용한 놀이 구성 및 활동의 유용한 기록 등에 공학적 기기와 인공적인 빛을 활용하여 교실의 놀이 환경을 과학화하자.

⑨ 바닥과 벽면을 2차원으로 활용하는 개념에서 벗어나 바닥을 입체적으로 구성하여 구성놀이를 하거나 스크린을 천장에 장치하여 필요할 때 내려서 그림자 놀이에 활용하는 등 교실 공간을 3차원으로 활용하자.

⑩ 가능하다면 교실에 부속한 공간을 확보하거나 'ㄴ'자 모양의 쪽 유리벽을 설치하여 미니 아뜰리에를 구성하고 유아들이 소그룹 프로젝트에 몰입할 수 있도록 한다. 이곳에서 자연물, 곡식, 나뭇잎, 점토, 구리 철사, 구슬 등 수없이 다양한 매체를 준비하여 프로젝트 관련 표상에 활용되도록 하자.

⑪ 미니 아뜰리에나 교실의 벽면은 환경을 미적으로 꾸며주는 기능에서 벗어나 유아들의 활동 과정을 기록하여 정보를 공유하는 기능으로 활용하자.

⑫ 교실의 책상은 되도록 소집단 활동이 가능하도록

배치하며 유아가 벽을 향해 앉지 않도록 배치하자.

⑬ 기존의 정형화된 영역들을 각 영역의 기능을 지칭하는 그림자 극놀이, 가정놀이, 라이트 테이블 작업, 2차원 구성, 3차원 구성, 직조 및 조작, 메시지, 블록 구성놀이 영역 등으로 바꾼다. 영역별 교구가 아니라 정해진 답이 없는 창의적 놀이가 이루어지는 환경을 구성해 보자.

⑭ 교실 중앙에 그림자 스크린을 매입하여 탐색 주제에 따라 다양한 그림자 극놀이가 이루어지도록 해보자.

⑮ 가정놀이 영역에는 값싼 반투명 천을 커튼처럼 드리워 영역 내용에 따라 안락한 분위기를 다양하게 연출하자.

⑯ 라이트 테이블을 미술 영역의 작업대로 활용하거나 별도 작업 영역으로 구성하여 빛을 통해 표상을 자극하고 사물을 다양하게 관찰할 수 있도록 한다. 표상 작업에 활용될 다양한 매체들을 종류별로 수납한 매체장이 함께 위치하도록 하자. 계절에 따라 다양한 자연물을 라이트 테이블 옆이나 위에 전시하고 잘 활용하지 않는 실물 화상기가 있다면 함께 활용하자.

⑰ OHP, 슬라이드, 실물 환등기 등을 벽면이나 스크린에 투사하여 2차원 구성 놀이가 이루어지도록 하자.

⑱ 빛이 부분적으로 차단되는 교실의 한쪽 코너를 이용하여 3차원 구성놀이를 구성하자. 설치물은 실제를 구현한 것이기보다 유아들이 탐색한 상황이나 대상의 이미지를 공간에 구현할 수 있도록 다양한 표상 매체를 활용하자.

⑲ 3차원 구성놀이와 인접한 영역에 블록 구성놀이 영역을 배치하여 연합될 수 있도록 하자.

⑳ 창쪽에 간격을 두고 위, 아래에 나뭇가지를 걸고 굵은 면실로 여러 개의 날줄을 묶어 직조틀을 만들자. 물들인 거즈, 포장끈, 넥타이, 보리대, 갈대 등 다양한 매체를 씨줄로 활용하여 정형화되지 않은 재미있는 직조를 만들면서 창의적인 감각 훈련까지 해보자.

㉑ 조작 영역에는 밀가루 점토, 찰흙 점토, 구리판, 구리 철사, 타일, 링거줄 등 다양한 조작 매체를 놓아 창의적 가능성을 높이자.

㉒ 투명한 아크릴이나 하드보드로 제작한 개인별 메시지 상자를 유아수만큼 준비하고 총체적 언어 활동이 이루어질 수 있는 쓰기 영역과 함께하는 메시지 영역을 구성하자. 메시지 상자에는 개인별 상징을 고안하여 부착함으로써 유아가 정체성을 갖도록 하고, 다양한 쓰기 도구와 자료를 지원하여 관계 형성과 의사소통이 활성화되도록 하자.

㉓ 빛이 드는 창 가까이에 식물과 물고기, 거북 등의 동물 성장을 관찰하고 표상하면서 프로젝트로 자연스럽게 연결될 수 있는 과학 영역을 만들자.

㉔ 교실에 미니 아뜰리에가 없다면 유아들이 원하는 표상 활동이 이루어질 수 있는 미술 작업 영역을 구성하자. 탐색 내용에 따라 달라지는 생각을 다양하게 표상할 수 있도록 하는 한편, 주제와 어울리는 2, 3가지 색을 선별하여 제시하며 흰색, 검정색과 혼합하여 사용함으로써, 제한된 색으로 어울리는 이미지를 구현하고 통일된 색감의 표상으로 분위기를 톤 다운시켜 보자.

㉕ 영역과 영역 사이에는 투영 가능한 모빌대를 매달아 계절 자연물 등을 교실 공간으로 끌어들여 자연스럽게 영역을 나누는 기능을 하면서 각 영역의 표상물을 전시해 보자.

㉖ 학급 전체 유아가 모두 참여한 유아수만큼의 개별 작품은 벽면에 부착하기보다는 공간에 걸어서 언제든지 변화될 수 있는 융통성을 부여하자.

㉗ 자투리 벽면에는 함석판을 부착하고 자석고무판을 다양한 모양으로 잘라 답이 없는 자석구성 놀이도 해보자.

㉘ 모든 매체 구입 시 미학을 고려하고 정리 정돈을 잘하자.

㉙ 교실의 모든 영역과 영역별 활동은 교사가 유아와 함께 한계 없이 지속적으로 변형해 나가자. 단, 기존의 놀이실 정서가 아니라 인테리어 디자인 개념으로 교실을 구성함으로써 미학을 불러오자.

교사가 자신의 가치와 열정과 레지오 에밀리아에서 배운 원리들을 반영하기 위해 교실 공간을 재구성할 때 스스로 다음의 질문을 지속해야 한다.

- 공간은 우리가 중요하게 생각하는 가치를 잘 반영하고 있는가?
- 교실은 유아, 부모, 방문자들에게 어떤 메시지를 전달하는가?
- 환경은 자원이 풍부하며, 힘있고, 유능한 유아들의 이미지를 보여주는가?
- 교실은 유아, 가족, 지역사회를 존중하는 우리의 의사를 반영하고 있는가?

#### 5단계: 유아, 교사, 부모가 함께 역동적으로 변화하는 환경을 구성하자

이제 교사들은 물리적 공간과 환경 속의 시설, 설비, 자료 등을 수동적인 요소로 보지 않으며 오히려 유아나 성인의 행동을 조정하고 조정받기도 하는 적극적인 대상으로 인식하게 되었다. 단순히 안정적인 영역 배치만을 고려하는 것이 아니라 활동 특성이나 전개 과정에 따른 민감한 요구를 수용할 수 있는 역동적으로 변화하는 환경을 구성하게 되었다.

유아들 또한 공간, 매체, 자신들의 활동, 기록 과정 등을 원 전체가 공유할 수 있도록 하는 방법을 모색하기를 즐기며, 이를 통한 상호 작용과 의사소통을 가치 있게 생각하게 되었다. 유아들은 환경이 단지 아름답게 꾸며지는 공간이 아니라 자신들의 생각과 생활이 반영되는 공간임을 인식하게 되었다. 유아들은 필요와 요구에 의해서 적극적으로 환경을 재구성하고 재배치하려는 모습을 보였고, 더 나아가 교실뿐만 아니라 원 전체를 학습 공간으로 인식하게 되었다. 교사와 유아가 갖게 된 환경에 대한 새로운 관점은 놀이와 활동을 보다 적극적으로 계획하고 확장할 수 있는 기반이 되었다.

이러한 변형의 양상을 다음 절에 분석, 제시하였다.

## 02_2 일률 보편적인 공간에서 의미있는 공간으로의 변형

학습 공동체 소속 기관들은 레지오 환경의 존중감, 관계, 빛, 투영성, 다감각성, 변형, 협력, 사회적 구성, 학습의 기록 및 해석, 일상성, 실내 · 외의 연결과 같은 원리를 반영하여 활동을 전개하고 유아의 민감한 요구를 수용하는 다음과 같은 역동적인 환경으로 변형되어 가는 것을 볼 수 있다.

### 02_2_1 만들어주는 환경에서 만들어가는 환경으로

교사가 내용을 전달하기 위해 만들어주는 **구조적인 환경이 아니라 유아의 탐구와 연구를 증진시키기 위해 유아와 함께 만들어 가는 환경**으로 변형되고 있다. 유아, 교사, 부모 모두 보편적인 다른 기관과의 차이를 인식하며 만들어 가는 환경이 유아에게 주는 의미나 가치를 공감하고 있다.

> 3차원 구성 놀이에서 기존 유치원과의 차이를 가장 크게 느낍니다. 또 기존 유치원에서는 영역별로 단위 교구를 진열해 놓지만, 저희는 곡물, 자연물 등 다양한 재료를 활용하죠(A유치원, 원감).
>
> 하나씩 환경이 변화되고, 새로운 기자재들이 교실로 들어오게 되면서 먼저 당황한 것은 교사였다. … 하지만 유아들이 먼저 관심을 갖고 탐색하였으며 함께 참여하고, 공유하면서, 하나하나 바꾸어가고 변화시켜 나가게 되었다(H유치원, 5세 K교사).
>
> 처음 학기가 시작할 때 하얗던 벽면이 아이들의 생각과 모습으로 꽉 차 있습니다. 약간 산만하다는 느낌도 들지만 획일화된 아름다움이나 인위적인 모습이 아니라 우리 아이들의 생각이 성장하는 모습이라 재미있습니다(A유치원, 3세 부모).

교사와 유아가 갖게 된 환경에 대한 새로운 관점은 탐색 활동과 놀이를 보다 적극적으로 확장할 수 있는 기반이 되고 있다. 이러한 변화는 유아, 교사, 부모 모두의 변화를 가져왔다.

> 유아들은 유치원 오는 길에 떨어져 있는 낙엽을 그냥 지나치지 않았고 또 놀이공원에 가족 나들이를 갔을 때도 그곳의 자연물에 관심을 갖고 주워 오기도 했다. 기존의 답이 정해져 있는 놀이보다 구성놀이를 더욱 즐긴다(H유치원, 4세 P교사).

> 교사들도 이전까지와는 달리 여러 매체들을 단순히 보기보다는 교실에 제시해 줄 수 있는 다양한 시각을 갖게 된 것 같다. 때로는 집에서도 아이들과 할 수 있는 자료가 없을지 찾아보게 되는 적극적인 교사가 되어 가는 것 같다(Y유치원, 3세 M교사).

> 결과보다 만들어 가는 과정에 많은 의미가 내재되어 있기 때문에 이 과정을 통해 변화된 유아들의 생각이나 매체의 활용 능력을 잘 살펴보게 됩니다(A유치원, 4세 O교사).

> 한 어머니는 유치원에 와서 유아와 함께 벽면에 전시된 기록 자료를 보면서 "이게 네가 말한 그거구나" 하시며 이야기하는 것을 보았어요. 기록에 대한 관심도 높아졌어요(A유치원, J교사).

유아와 교사가 함께 만들어 가는 교실 환경

유아가 수집해 온 나뭇가지로 구성한 엮기

염색한 천을 엮어 만든 커튼

## 02_2_2 단위 교구에서 공간 활용으로

레지오 학교들의 환경 구조를 반영하여 기관들은 기존 현관을 확장하여 피아자 영역을 확보하고, 가게놀이 영역, 의상놀이 영역, 삼각거울과 벽면 거울, 인형극장 등의 영역을 설치하였다. 교실에는 칸막이를 설치하거나 부속 공간을 확보하여 소집단 프로젝트를 할 수 있는 미니 아뜰리에를 구성하기도 하였다. 기관과 교실의 벽면은 미적으로 꾸미는 기능에서 벗어나 유아들의 활동 과정을 기록하여 정보를 공유할 수 있도록 활용하며, 바닥과 벽면을 2차원으로 활용하는 개념에서 벗어나 바닥을 입체적으로 구성하거나 공간을 이용하여 그림자 극놀이, 2차원 구성, 3차원 구성놀이 공간을 확보하였다. 교사들은 **공간을 활용하는 환경 구성이 유아들의 문제 해결 능력, 공간 인식, 창의적 사고, 표현력 나아가 유아간 협력적 상호 작용을 활성화시킨다**고 말한다.

> 점차 유아들의 활동 사진, 대화, 표상물들을 붙이기엔 벽면이 부족하다는 것을 알았다. 교구장은 최대한 간편화하고, 벽은 모두 개방하여 유아들의 기록 자료로 영역이 구분되어지게 되었다. 유아들도 공간에 몰입하여 놀이할 수 있게 되었다(H유치원, 5세 L교사).

> 라이트 테이블 작업, 2·3차원 구성놀이, 그림자 스크린, 자석 구성놀이가 가능해지면서 획일적인 활동에서 벗어나 다양하고 창의적인 활동들이 이루어짐을 볼 수 있다(H유치원, R교사).

> 유아들의 생각하는 능력과 표현하는 능력이 자라는 것 같다. 단위 교구는 정해진 답이 있기 때문에 창의적이지 못하다(A유치원, M교사).

유아들이 구성하는 메시지 영역

그림자를 이용한 극놀이

정형화되지 않은 가정놀이 영역

OHP를 이용한 2차원 구성

## 02_2_3 제한된 감각에서 다감각적으로

레지오의 환경 원리를 반영, 빛이 있는 공학적 기기들을 이용하여 라이트 테이블 작업, 빛을 이용한 그림자 극놀이, OHP를 활용한 구성놀이, 실물 환등기를 이용한 가상놀이, 실물 화상기를 이용한 관찰 등 자연적 · 인공적 빛과 공학 매체를 사용하는 기관들이 늘고 있다. 이는 유아들의 감각을 자극하고 사물에 대한 다양한 이미지를 갖게 함으로써 표상이나 심화된 학습을 자극하기 위함이다. 이와 함께, 다양한 매체의 활용을 위해 가정에서 재활용품을 유치원으로 가져와 표상과 구성놀이에 사용하고, 수집된 재활용품을 유아 스스로 보관 장소에 분리하여 자유롭게 선택, 활용하고 있다. 이러한 환경은 **유아에게는 사물에 대한 민감성, 관찰력, 탐구력, 실험정신을 갖도록 하여 사물에 대한 다감각적 표상과 심화된 학습을, 교사에게는 매체에 대한 연구 태도를, 부모로 하여금 기관 교육에 대한 이해와 기관에의 참여 기회를 제공**해 주고 있다.

> 계절이나 상황에 따라 라이트 테이블이나 OHP 영역 등에 새로운 매체나 사물들을 제시하고 이를 통해 유아들의 다양한 놀이 형태가 나타나게 되었다(H유치원, K교사).

> 영역별로 제한을 두지 않기 때문에 철사 영역에서 했던 것을 라이트 테이블로 옮겨가고, 3차원 구성 놀이에서 쓸 수도 있고, 미술 활동에도 쓸 수 있기 때문에, 유아들이 여러 가지로 실험하고, 창의적으로 사고하며, 잠재 능력을 발휘할 수 있다고 봅니다(A유치원, O교사).

> 한 번은 유아가 나뭇잎을 보면서 "나뭇잎은 색깔이 몇 가지예요?"라고 질문한 적이 있었어요. 유아들은 사물의 변화에도 굉장히 민감해지고 다양하게 변화되는 것이 느껴집니다(A유치원, 원감).

> 한 가지 주제(예를 들어 '포도')를 정하여 그것으로 즙을 내어 물을 들여보고, 손으로 만지작거려 주스나 잼을 만들어 먹어도 보고, 염색한 천은 교실에 걸어 놓고 다양하게 활용하는 프로그램이 참 좋다고 느낍니다. 아이들이 한 사물을 깊이 있게 이해하고 애정을 가져서 좋았습니다(O어린이집, 5세 부모).

구리철사와 구리판으로 만든 터널

찰흙으로 만든 공룡

꽃으로 재구성한 명화

고무자석으로 표상한 개미집

꽃으로 표상한 거미

자연물로 표상한 장수 풍뎅이

## 02_2_4 놀이실 정서에서 미학적 공간으로

레지오 학교와 교실에는 바닥, 천장, 창, 복도 어느 곳이든 심미적이고 자극적인 환경에 대한 관심이 반영된다. 레지오 학교의 환경 중 미학적 요소는 국내의 유아 교육 현장에서 특히 부족한 부분으로 인식, 한국의 고유한 문화적 전통 속에서 심미적 요소를 찾아 환경에 반영하는 현장의 노력이 다각도로 이루어지고 있다. 기존에 교사가 제작한 게시물이나 상품화된 스티커 등을 제거하고 주변 자연을 끌어들이고자 노력한다. 기록물의 게시를 위해 벽면이나 바닥의 색깔 톤을 엷게, 자연적인 색으로 바꾸고, 주로 원색으로 구성된 상품화된 교구나 플라스틱 제품들을 없애며 유리병, 투명한 용기, 바구니 등을 이용한다. 그리고 계절마다 달라지는 곡식, 과일, 주변 자연물, 활동 방법이 정해져 있지 않은 점토 · 철사 · 구리판 등의 매체들을 끌어들여 유아의 탐색과 표상 활동에 활용한다. 이러한 **환경의 심미적 변화는 유아, 교사, 부모 모두에게 친근함을 갖게** 하며 궁극적으로 우리가 추구하는 유아 교육 기관의 교육적 기능을 질적으로 변화, 발전하는 데 전력을 다하도록 한다.

> 우리 교실의 첫 번째 변화는 전체적인 색의 변화였다. 원색을 없애고 자연색, 미색, 투명색으로 바꾸는 작업이 이루어졌다. 자연스러움이 있는 교실로 바뀌게 되었고 유아들의 시선도 자연으로 돌리게 되는 기회가 되었다(H유치원, 4세 P교사).

> 1층에 차려진 가게놀이 영역이나, 동화 속 공주방 같은 가정놀이 영역이 유아들의 창의력과 상상력을 동시에 키워주지 않을까 기대되고, 무엇보다 작은 야채밭과 계절의 변화에 따라 올망졸망 걸리고 놓이는 유자, 갈대, 나뭇잎 모빌 같은 것들이 아이들에게 가장 좋은 선물이라 생각됩니다(O어린이집, 4세 부모).

그 외에도 부모들은 기관의 달라진 환경을 보며 자연 친화적 환경, 개방적 공간, 꿈이 있는 동화나라, 가족적이고 따뜻한 분위기, 꽃과 어우러진 환경, 계절에 따라 단장되는 모습이 예전보다 아이들의 감성을 자극한다고 말하며 흡족해 하였다. 미학은 환경과 매체에 반드시 고려되어야 할 관계의 한 측면이다. 미적 인식은 유아로 하여금 주변 세계의 아름다움 인식, 대상물과 환경의 관계 이해, 대상물이 일으키는 감정에 대해 알게 한다. 섬세함과 아름다움에 대한 고려는 관계에 기초한 교육과 통한다. 미학은 관계가 형성될 수 있는 친근한 환경을 만들어 준다.

유아들이 구성한 정글이 있는 교실의 미니 아뜰리에

## 03 레지오 환경 원리를 적용한 물리적 환경 구성

앞 절에서 기술한 레지오 학교의 환경 원리를 적용하여 우리의 문화와 생태에 적합하도록 구성, 운영되고 있는 국내 현장의 물리적 환경을 소개한다.

### 03_1 현 관

학교에 들어서면 환영, 발견, 생동감의 분위기를 느낄 수 있다. 학교 입구에는 이 학교의 유아, 교사, 부모들이 선언한 '약속'에 대한 패널이 걸려 있다.

포스터 옆에는 원장, 원감, 각 반의 교사, 요리사, 그 외 교직원의 이름이 적힌 사진이 유아와 방문객들을 맞이한다. 그 옆에는 부모와 방문객들을 위하여 교사 교육 일정, 부모 참여 일정, 행사 등 학교의 여러 가지 활동을 알리는 정보가 제시되어 있다. 맞은편 벽에는 기관의 철학과 교수 학습 방법, 물리적 환경 구성 등을 알리는 기록 패널들이 걸려 있다.

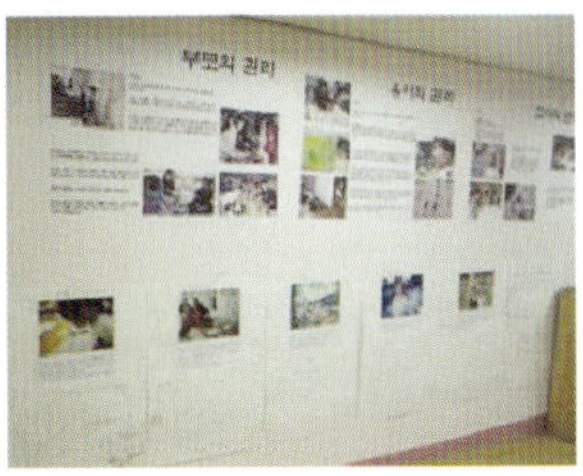
현관의 권리헌장 패널

유아 · 교사 · 부모의 약속 패널

일과 소개 패널

교실 영역 소개 보드

### 03_2 피아자

피아자에는 학교 전체 유아들이 공동으로 사용하는 가게놀이 영역, 의상놀이 영역, 의사소통 상자와 메시지 구성 영역, 노천 극장, 삼각거울 등이 있어서 사회적 상호 작용을 유도한다. 공간에는 아름다움과 조화가 반영되어 있음을 알 수 있다. 교사와 부모가 함께 창안하거나 만든 산뜻하고 기능적인 가구, 벽의 색, 유리벽을 통해 들어오는 빛, 건강한 초록 식물 등에서도 심미적인 문화를 엿볼 수 있다. 가능하다면 유리벽과 창문을 넓혀 자연 채광을 받아들여 학교 전체를 밝게 해준다.

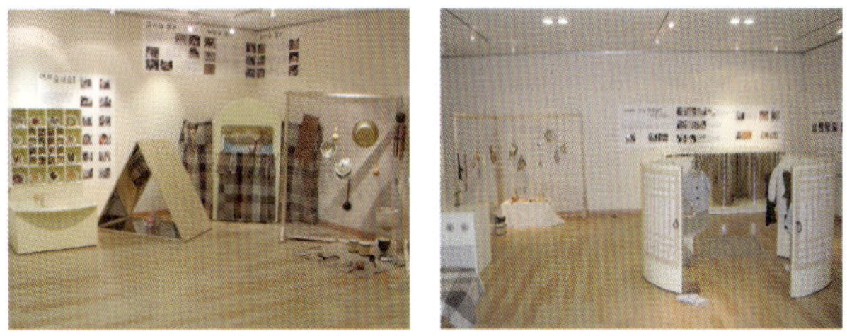
모형 교실 피아자

유치원 피아자

## 03_2_1 실내 정원

레지오의 학교에는 공통적으로 실내 정원이 있다. 실내 정원에는 그야말로 실외에나 있음직한 나무와 식물들이 자라고 있어 자연을 실내로 끌어들여 생동감을 준다. 실내 정원은 극놀이나 그 외의 놀이 공간으로 이용되고 이젤을 설치하여 표상 활동을 위한 공간이 되기도 한다. 유리벽은 투영성과 반사의 성질이 있어 이를 이용한 다양한 놀이나 자연 관찰 및 탐색 학습이 이루어진다.

빛과 자연물 끌어들이기

## 03_2_2 가게놀이 영역

피아자에는 가게놀이를 할 수 있는 영역이 상설되어 있다. 물건을 사고파는 실생활 놀이 경험을 통해 유아들은 수 세기, 수의 가감, 분류, 서열 등과 관련된 수 개념뿐만 아니라 양, 크기, 무게 등의 인습적 의미를 학습하고 활동 속에서 자연스럽게 돈의 역할과 주변 사물들에 대해 알게 된다. 유아들은 탐색하고 관찰하고 협의하는 과정에서 생산자와 소비자의 개념 및 일상에서 중시하는 경제 개념을 경험할 수 있고 흔히 일어나는 문제를 해결할 수 있는 능력 또한 기른다.

겨울음식 가게놀이

전래놀이도구 가게놀이

경제개념을 학습하는 가게놀이

## 03_2_3 의상놀이 영역

각 학급에는 극놀이를 할 수 있는 공간이 계획되어 있지만 피아자에 있는 의상놀이(dress-up) 영역은 학교 전체 유아들이 공동으로 활동할 수 있는 공간이다.

전통 의상 놀이

세계 의상 놀이

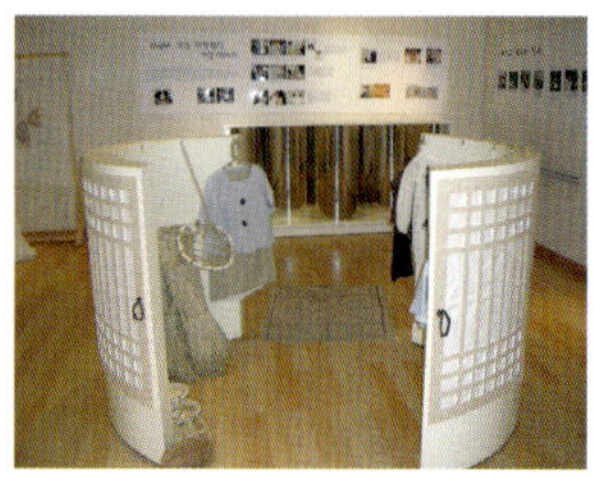

겨울 전래놀이

각종 의상과 거울을 비치하여 다양한 역할놀이와 극놀이, 상상놀이가 이루어질 수 있도록 하였고, 사회적 상호 작용을 유도할 수 있도록 두 개의 반원으로 공간을 디자인하였다.

### 03_2_4 삼각 거울

레지오 학교들은 거울을 여러 곳에 비치해 두어 유아가 자신의 모습을 비추어 보고 탐색할 수 있게 한다. 세면대, 화장실의 타일을 다양한 모양으로 자르거나 올록볼록 면으로 구성하여 유아가 장난스럽게 자신의 모습을 볼 수 있게 한다. 삼각 거울(Kaleidoscope) 또한 이러한 목적으로 제작한 구조물로서 그 속에서 유아들은 자신의 이미지와 상호 작용하고 놀이한다.

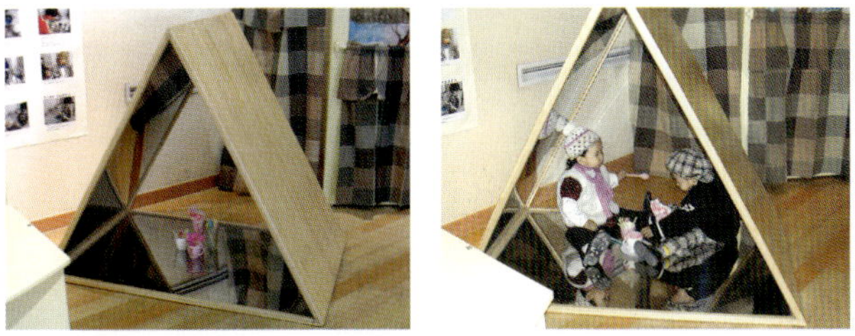

삼각 거울

올록볼록 거울

### 03_2_5 인형극장

피아자에 위치한 인형극 무대(theatre)에서는 유아들이나 경우에 따라 교사도 사전에 계획한 인형극을 하거나 또는 즉흥적으로 이야기를 구성하여 극화한다.

프로젝트에 참여한 유아들이 프로젝트 관련 직접 경험들을 발표하기도 하고, 특정한 느낌과 감정을 극화하여 표상하기도 한다. 여기서 유아들은 청중으로 참여하여 서로 다른 관점을 경험하고 생각을 나눈다.

인형극장의 활용

손인형극을 할 수 있는 인형극장

## 03_3 교 실

매일 아침 유아들이 학교에 오면 학급별 모임을 갖는다. 유아들은 준비된 활동 중에서 선택하거나 프로젝트를 계속하기도 한다. 유아의 흥미에 따라 사용할 수 있도록 다양한 자료나 도구가 개방된 선반, 테이블, 라이트 테이블, 이젤 위 또는 투명한 용기에 준비되어 있다. 유아들은 혼자, 소그룹으로 또는 대그룹으로 활동한다. 교실에는 언제든지 소집단 상호 작용이 가능하도록 가구들이 배치되어 있다. 교사는 정보를 보여주기보다 유아들이 스스로 대상물들을 다루고, 문제를 발견하며, 가설을 구성하고 검증하며 해결해 나가도록 지원한다.

유아들은 상호 작용과 의사소통을 통해 함께 문제를 해결하고 놀이하며 표상하도록 격려된다. 교사들은 지원하고, 안내하고, 모니터하기 위해 끊임없이 유아들의 활동을 관찰하고 기록화한다. 먼저 집단의 관점에서 유아들의 사고, 언어, 개인 간 기술에 대해 구체적인 관찰과 기록화를 수행한 후 필요할 때 개입하여 개별적으로 지원한다.

교실은 교사가 유아의 행동을 항상 관찰할 수 있고 유아들은 활동에 몰입할 수 있도록 물리적 · 기능적으로 적절히 구획화하여 구성된다. 실물 환등기, 슬라이드 프로젝트, OHP, 라이트 리플렉터, 자연적 · 전기적 빛 등 공학적 기자재를 포함하여 다양한 매체를 통해 유아들의 표상을 지원한다.

인공적인 빛을 미학적으로 활용한 모형 교실

교실 한쪽에 격자 유리로 미니 아뜰리에를 구성한 T 유치원

## 03_3_1 라이트 테이블 작업 영역

라이트 테이블의 사용은 레지오 학교에서는 일반화되어 있다. 일상적인 사물을 빛을 통해서 보고, 사물에 대한 다른 이미지를 갖게 함으로써 표상 활동을 자극한다. 예를 들어 색의 혼합을 경험하거나, 검정 도화지에 구멍을 뚫어 빛 그림을 구성하기도 하며, 경우에 따라 소집단으로 점토와 철사를 사용하여 모형을 만드는 작업대로 이용하기도 한다. 실물 화상기를 함께 설치하여 다양한 각도에서 유아가 자신의 표상을 비춰보는 과정에서 다양한 표상을 자극하고 사물에 대한 새로운 시각을 가질 수 있다.

라이트 테이블과 매체장

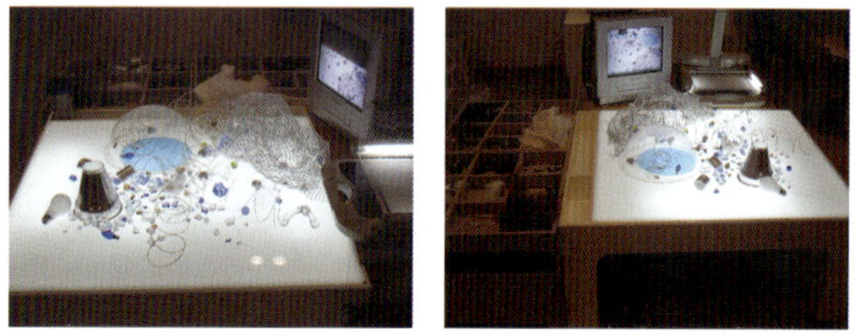

겨울을 주제로 한 라이트 테이블 구성

각 반의 라이트 테이블을 모아 구성한 공동 작품

라이트 테이블, TV모니터, 실물 화상기를 활용한
라이트 테이블 작업 영역

## 03_3_2 그림자 극놀이 영역

주로 스크린을 교실 천장에 매달아 설치하고 필요할 때 내려서 사용한다. 라이트 프로젝터를 통해 빛이 투사되는 스크린의 이면에서 유아들은 몸 동작, 인형, 실제물, 극화 자료 등을 활용하여 스크린에 그림자를 구성하는 놀이를 즐긴다. 필요한 경우 라이트 프로젝터의 전면에 색 셀로판지를 덧대어 색 스크린을 구성하기도 한다. 교실의 스크린은 때로 실물 환등기, 슬라이드 프로젝트, OHP 등의 기기를 위한 스크린으로도 활용된다.

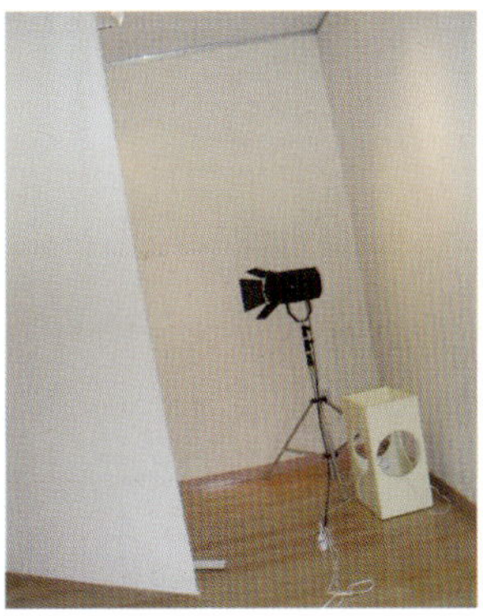

그림자 스크린과 조명

악기 연주 그림자극

가을을 주제로 한 그림자 극놀이

겨울을 주제로 한 그림자 극놀이

## 03_3_3 2차원 구성놀이 영역

OHP, 실물환등기, 슬라이드 등의 기기를 활용하여 2차원 벽면이나 스크린에 영상을 구성하는 놀이 영역이다. 영상 그 자체를 구성하거나 극놀이, 역할놀이 배경으로 활용하여 연장된 놀이가 이루어질 수도 있다.

- 실물 환등기

실물 환등기를 활용하여 실제물, 사진, 그림, 그 외 컴퓨터 출력물로 구성한 배경을 상황에 따라 벽면에 투사하고 가상의 역할놀이나 상상놀이에 활용한다.

- OHP

OHP 기기를 이용하여 스크린에 구성놀이를 하거나 주변의 실물들을 이용하여 환상적인 이미지를 탐색, 구성한다.

OHP를 활용한 2차원 구성

- 슬라이드 프로젝트

현장 견학시 촬영해 온 장면들을 스크린에 투사하고 이전의 경험을 재현하거나 필요한 역할놀이 등에 활용한다.

슬라이드 프로젝트를 활용한 2차원 배경

## 03_3_4 플렉시-글래스(plexi-glass) 이젤

이젤의 이면에 슬라이드 프로젝트를 설치하여 배경 화면을 투사하고 배경 화면과 관련된 유아들의 가설 이론을 쉽게 표상할 수 있도록 돕는다. 유아들이 이론을 표상한 후 배경 화면을 끄고 설명해 보도록 함으로써 반성의 기회를 갖는 매체로 활용한다.

플렉시 글래스 이젤의 활용

## 03_3_5 3차원 구성놀이 영역

흔히, 교실의 한 코너와 빛이 차단될 수 있는 곳을 3차원 구성놀이에 이용한다. 다양한 매체와 천장 · 벽 · 공간 · 바닥을 모두 활용하여 매달고 쌓아올리고 늘어뜨려 특정한 주제에 대한 표상이 3차원 공간에 구성된다. 사실적인 구성보다는 유아들의 탐색에 근거하여 구성하고자 하는 이미지를 정형화된 틀 없이 창의적으로 설치할 수 있다. 구성한 공간의 구조물에 OHP나 라이트 리플렉터를 사용하여 빛과 색을 투사하여 그림자를 만들고, 의미와 이미지를 구체화한다.

우리들의 성

그물, 닥트호스, 블록 등을 이용한 3차원 구성

● 라이트 프로젝터

교실의 한쪽에 부속한 구성놀이 영역에서는 항상 라이트 프로젝터를 스크린이나 벽면을 향해 투사하고 유아들이 구성하는 3차원 구조물들을 그림자로 투영하거나 그 이미지를 인공적인 빛으로 조명해 주어 표상 효과를 높인다.

## 03_3_6 자연적인 빛

자연적인 빛 또한 학습 매체로 활용한다. 그림자 탐색하기, 빛을 이용한 그리기 등과 같은 실내 · 외 놀이 활동을 통해 유아들의 탐색 욕구를 자극한다.

빛이 들어오는 창가에 유아들이 공동 구성한 개미집

닥종이로 구성한 투명한 벽화

### 03_3_7 그림자 인형극장

소집단 유아들이 들어갈 수 있는 그림자 인형극장을 제작, 활용한다. 전면에 아크릴을 부착하고, 내부에 전기 장치를 설치한다.

극화하고자 하는 이야기에 적합한 막대인형, 손인형 등의 다양한 인형과 대본을 비치해 두어 언제든지 유아들이 직접 극화놀이에 활용할 수 있도록 한다.

학습 내용과 관심 주제에 따라 스토리를 구성하고 인형을 제작하여 인형극을 연출하는 활동도 계획해 본다. 대사를 더빙하여 효과를 더할 수도 있다.

'떡할머니와 호랑이'

겨울에 잠든 동물들 '코를 킁킁'

### 03_3_8 미니 아뜰리에

교실의 부속 공간으로 소집단 프로젝트를 할 수 있는 작업대와 자료 선반, 이젤 등이 설치된 미니 아뜰리에가 있다. 유리문으로 되어 있어서 유아들은 교실의 일과를 볼 수 있고, 교사들은 안을 들여다볼 수 있도록 되어 있다. 공간을 분리하면서도 공동체 의식을 가질 수 있다.

### 03_3_9 블록 구성놀이 영역

미니 아뜰리에와 마찬가지로 교실에 부속하는 구성놀이 공간이다. 일반적으로 문이 없으나 별도의 공간으로 구조화되어 있다. 벽면은 유아들의 활동 과정을 기록화하여 전시하는 공간으로 활용되거나 구조물의 그림자를 투사할 수 있도록 하고, 바닥을 입체적으로 구성하여 구성놀이를 도우며, 전시물을 천장에 매달 수 있도록 하는 등 공간 그 자체를 3차원으로 활용한다. 개별 또는 집단 프로젝트와 관련된 구성 활동 중에 미처 끝나지 않은 구조물들을 그대로 보존할 수 있는 기능성 또한 갖고 있다.

나무 블록과 점토 구성

나무 블록과 3차원 구성

교실에 부속한 미니 아뜰리에

미니 아뜰리에 내부의 매체

미니 아뜰리에에서 이루어지는 소집단 프로젝트

## 03_3_10 직조 및 조작 영역

상품화된 직조틀보다 나뭇가지와 줄을 이용하여 직조틀을 구성한다. 나뭇가지에 날줄을 걸어 제시하고 유아들이 다양한 천연 매체들을 엮어 직조할 수 있도록 준비해 둔다. 직조 방법을 정하지 않고 자유롭게 정하지 않고 자유롭게 엮는 활동에서 시작하여 발달시켜 나간다. 그 외, 구리 철사, 타일 등의 다양한 주변 매체를 제시하여 유아가 매체의 서로 다른 가용성을 탐색, 재탐색, 표상하면서 문제를 해결하는 과정에서 소근육 운동과 조작 경험 또한 갖는다.

옛날 문틀을 활용한 직조 영역

염색천과 그물을 활용한 직조

다양한 직조

타일과 점토를 활용한 조작 영역

## 03_3_11 가정놀이 영역

커튼, 벽화, 모빌, 발 등으로 영역을 구분하고 실제 물을 사용하면 일상생활의 다양한 장면을 극화하고, 역할놀이, 상징놀이, 가장놀이가 이루어진다.

김장 담그기 놀이

거리의 이발사 놀이

## 03_3_12 메시지 영역

유아, 교사, 원장 등의 개별 편지함이 준비되어 있어서 물건을 서로 교환하거나 메시지를 통해 의사소통하도록 한다.

어린 유아를 위한 편지함은 대부분 투명하고 이름과 사진이 부착되어 있기 때문에 내부를 볼 수 있어서 교사의 개입 없이도 유아들 스스로 그 기능을 이해하고 활용한다.

매개물을 사용한 상호 교환을 통해 유아들은 읽기·쓰기 능력이 자극될 뿐 아니라 추상적인 '우정'의 표현이 되는 상호 교류를 이해하게 된다. 3년 동안 유아들이 쓰는 메시지의 질은 점진적, 자연적으로 수정되어 결국 읽고 쓰는 능력으로 발달된다.

메시지 영역에서 작업하는 유아와 교사

메시지 영역

투명한 메시지함과 쓰기 영역

## 03_3_13 감각놀이 영역

촉감각을 통해 다양한 사물을 지각하며 추리하는 탐색 활동이 이루어진다. 탐색 주제에 따라 다양한 사물을 사용하여 감각 지각은 물론 대상물의 이름, 느낌, 형태, 특성 등에 대한 언어적 상호 작용 또한 이루어질 수 있다.

감각상자와 매체 바구니

감각상자 내부

## 03_3_14 자석 구성놀이 영역

함석판을 따로 준비하거나 빈 벽면에 함석판을 부착하여 자석 구성놀이 공간을 구성한다. 자석이 들어 있는 납작한 고무판에 다양한 색을 덧대어 다양한 모양으로 오려서 사용하거나 색고무 자석을 이용할 수도 있다. 정해진 답이 없는 다양한 형태를 구성, 재구성하면서 창의적인 표상이 이루어진다.

## 03_3_15 리듬악기 영역

시각적 표상 활동뿐만 아니라 다양한 악기를 설치하여 청각적 · 동작적 · 음악적 탐색 활동을 할 수 있도록 하는 공간 또한 기능적으로 구성한다.

주변 일상용품들을 리듬악기로 활용하는 경험은 또 다른 탐색을 불러올 수 있다.

전통 악기를 활용한 리듬악기 영역

가정용품을 활용한 리듬악기 영역

영아들의 리듬악기 놀이

단풍으로 물든 산 자석 구성

허수아비 자석 구성

## 03_4 아뜰리에

아뜰리에는 언제든지 유아들이 프로젝트에 관련된 탐색 활동이나 여러 가지 표상 활동 시에 즉흥적으로 실험실 환경이 구성되기도 한다.

아뜰리에에는 잘 정돈된 다양한 미술 자료가 항상 준비되어 있어서 유아들이 교사의 도움을 받아 익숙하거나 새로운 도구 · 기술 · 자료들을 탐색하는 공간으로 활용된다. 시각적이고 표현적인 다양한 종류의 미술 매체를 활용한다. 조개 껍데기 · 구슬 · 털실 · 단추 · 거울 조각 · 구리 조각 · 곡식 · 벨 · 리본 · 점토 · 철사 · 보석 · 다양한 종이 등이 풍부하게 제공된다. 재료의 다양함이나 방대한 양보다는 얼마나 그 자료들이 창의적으로 활용되는지, 미술 작업 과정이 얼마나 즐거움, 따뜻함, 상호 관계와 사랑의 느낌을 갖도록 하는지가 중요하다.

아뜰리에에는 카메라, 녹음기, 촬영기, 복사기, 컴퓨터 등이 설치되어 프로젝트를 지원하고 기록화를 수행하는 데 활용할 수 있다.

모형 교실의 아뜰리에

아뜰리에 내의 다양한 매체

아뜰리에 내부

## 03_5 교사용 회의실

교사들간, 아뜰리에리스타와 교사, 교육조종관과 교사들은 정기적 또는 비정기적으로 토의하고 협의하는 모임을 갖는다.

## 03_6 유아용 도서실

프로젝트의 주제와 관련된 다양한 자료뿐 아니라 컴퓨터 등의 기기들을 갖춘 도서실은 유아들의 사회적 상호 작용과 협력 학습을 지원한다.

유치원 도서실

유아들이 구성한 도서실

## 03_7 부엌과 식당

모든 레지오 학교의 부엌은 아름답게 디자인되어 있고, 효율적으로 기능할 수 있도록 구성되어 있다. 부엌과 식당은 유리벽으로 연결되어 있기 때문에 요리사들이 요리하는 모습을 유아들이 언제나 관찰할 수 있다. 유아들은 음식 준비나 쿠키 만드는 일에 참여하고, 요리를 돕는다. 요리사의 역할은 학교의 활동에 포함되기 때문에 일반적인 교직원 모임에 언제나 참석한다.

여유 있는 일과 시간을 운영하기 때문에 식사 시간을 충분히 가질 수 있으며, 자유로운 사회적 상호 작용이 이루어진다. 테이블 보가 정갈하게 깔려있는 식탁을 통해 엿볼 수 있는 이탈리아 문화는 우리로 하여금 많은 생각을 하게 한다.

## 03_8 매체 재활용 공간

레지오에서는 유아의 가정이나 지역사회의 재활용 센터(remedia: recycling center)를 통해 재생 가능한 일상용품들을 활용한다.

재생될 수 있는 자료들을 재활용하는 과정은 유아가 사물을 다른 시각에서 보게 하고, 사물에 대한 새로운 관점과 이미지를 갖게 하므로 창의적이고 다양한 표상 활동을 촉발한다.

뿐만 아니라 유아가 지역사회를 알게 되고, 지역사회가 학교와 긴밀한 관계를 형성하며 교육을 공유하고, 환경 관련 주제에 대해서도 탐색할 수 있는 기회가 된다. 재생용품을 수집할 수 있는 범위는 가정이나 학교를 넘어서 지역사회의 슈퍼마켓, 은행, 관공서, 여러 가지 상품점이나 공장 등을 포함하여 지원 범위를 넓혀 나감으로써 종이류, 직물류, 금속류, 플라스틱류, 기계류, 유리류, 거울류, 필름류, 비닐류, 실류, 고무류, 가구류, 생활용품류 등 무한한 자원을 학습에 활용할 수 있을 뿐만 아니라 학습의 기회를 무수히 포착할 수 있을 것이다. 우리 환경에서도 최근 강조되는 환경 친화적 맥락에서 산업체들과 연대하여 구성 가능할 것으로 예측된다.

매체 재활용 센터

## 03_9 실외 영역

유아 교육 기관의 실외 영역은 다양한 학습 경험을 유도할 수 있도록 기능에 따라 여러 가지 재질의 바닥으로 구성한다.

대근육 신체 운동을 위한 놀이 시설이 설치된 영역은 모래 바닥으로 되어 있다.

마룻바닥 등으로 구성된 실내 정원이나 테라스는 실외로 개방되어 있어 실내 활동의 연장으로서 실외 극놀이 영역이 되기도 한다.

아름다운 정원을 가진 학교들이 많이 있다. 유아들이 친근하게 접근할 수 있고, 혼자 조용히 쉬거나 소그룹으로 상호 작용할 수 있는 장소도 고려한다.

공동 벽화를 그리거나 이젤 그림을 그릴 수 있는 실외 미술 활동 영역은 유아들의 상상력을 기르고, 토론거리를 만들며, 프로젝트 활동을 자극한다.

그 외에도 모래놀이, 물놀이 등을 위한 놀이 테이블을 실외에 설치할 수 있다. 실외 조사나 발견을 위한 관찰 활동 영역에는 타일 바닥에 거울을 조심스럽게 붙여 놓아 다른 관점에서 여러 가지 사물과 자연을 볼 수 있게 한다. 유아들은 빗방울의 형태를 논의하거나 날아가는 물체의 비행 패턴 등에 대해서도 서로 이야기할 수 있는 기회를 갖는다.

## 03_10 영유아 센터

영유아 센터의 물리적 환경은 어린 유아들에게 가정과 같은 안락감과 친밀감을 주고, 안전하게 생활하고 보호받을 수 있도록 구성하고자 노력하며, 부모와 어린 유아의 욕구 또한 충족시키고자 노력한다.

- 현관의 부모를 위한 공간

현관에는 부모용 등가구 의자가 마련되어 있어서 부모들이 영아들과 만나거나, 다른 부모 또는 교사와 의사소통할 수 있는 장소로 활용된다.

● 방간 의사소통

두 방 사이에 유리를 설치하여 다른 방의 유아들이 놀이하는 장면을 들여다볼 수 있도록 하였다. 격리 불안을 느끼는 어린 유아들에게 효과적이다. 또한 두 방간에 의사소통을 할 수 있도록 기구를 장치하여 상호 작용이 이루어지도록 하였다.

방간 의사소통

● 안락한 작은 공간

영아도 또래와 상호 작용할 수 있는 공간을 필요로 하며, 경우에 따라 혼자 있고 싶은 욕구가 생길 때 숨을 수 있는 장소를 원한다. 바닥에서 천장까지 이르는 장을 설치하고 윗부분은 장으로, 아래부분에는 들어가서 쉴 수 있도록 커튼과 매트를 설치해 둔다.

D어린이집 영아반의 안락한 공간

● 친밀감 형성을 위한 공간

영아들은 가정과 같이 카펫이 깔리고 쿠션과 베개가 많이 있는 방에서 기거나, 교사와의 스킨십을 경험하며 이야기를 듣거나 그림책을 볼 수 있다. 벽면에는 거울을 부착해 두어 영아들이 자신의 모습을 비춰보며 탐색할 수 있도록 한다.

● 영유아 센터의 아뜰리에

영유아 센터에도 아뜰리에를 둘 수 있다. 아뜰리에에서는 물감, 사인펜, 밀가루, 점토 등을 가지고 탐색하고 표상하는 다양한 활동이 이루어진다. 계절에 따라 나뭇잎 · 점토 · 종이 · 철사 등의 특성을 알아보고 탐색하는 실험실, 작업실이 될 수도 있다. 몇 개월 후 탐색한 매체를 사용하여 표상 활동을 하거나, 일 년 정도 경과 후에 자신감이 형성되며 여러 가지 탐색 활동과 프로젝트를 경험해 본다. 표상 활동을 영아들에게 제시할 때는 영아 수준에서 할 수 있는 '사회적 과제 조건'을 충분히 고려하여 매체 제시 조건을 신중히 고려한다. 이러한 맥락에서 교사가 적절히 돕거나 자료 사용 방법을 가르치기도 한다.

# Chapter 10

## 다매체 활용과 유아의 수많은 언어

### 질 문

01 다양한 매체와 유아의 수많은 언어는 어떤 관련이 있는가?

02 레지오 원리에서 다매체 활용의 가치는 무엇인가?

03 만들어진 교구 중심의 매체 활용은 어떻게 변화되어야 할까?

04 유아들이 주어진 매체를 탐색, 활용, 다양하게 표상하도록 교사가 어떻게 개입해야 할까?

05 유아들의 부족한 이해를 돕기 위해 매체를 어떻게 사용해야 할까?

06 특정한 매체가 유아의 사고를 어떻게 자극할까?

07 미학은 교실의 매체 제시에 어떤 영향을 미치는가?

08 매체 활용에 있어 기술은 얼마나 필요한가?

레지오 교육자들의 가장 큰 공헌 중 하나는 유아가 세상에 대한 의미를 만들어 가는데 얼마나 '수많은 언어'를 사용하는지에 대한 인식을 확장시킨 점이다. Gardner가 기존의 지능에 대한 관점을 확장시켜준 것처럼…. 레지오 교육자들은 유아가 성인이 사용하는 다소 좁은 의사소통 방법에 익숙해져 있지 않다고 생각한다. 유아들의 '수많은 언어'는 자신을 표상하기 위해 찾을 수 있는 수많은 방법을 의미하는 은유적 표현이다. 성인은 유아들이 표현하는 것을 인정하고, 귀 기울이며, 반응하는 방식을 배워야 한다. 만일 유아에게 자신의 양식과 의미에 맞는 매체를 찾을 수 있는 상황이 주어진다면 유아는 자신의 생각을 표현할 수 있다. 실로, '수많은 언어'의 가능성은 무한하다.

바람이 새 살라고 깃털로 집을
지워줬을 것 같아, 4세

The Hundred Languages of Children
Multiple Intelligence
Respect for the Intelligence and Creativity

## 01 매체에 대한 레지오 접근

레지오 에밀리아 접근법을 소개하는 책자와 전람회의 '**유아들의 수많은 언어**(The hundred languages of children)' 라는 타이틀은 두 가지의 의미로 해석된다. 그 하나는 동일한 경험에서 유아에 따라 다르게 나타나는 수없이 다양한 사고를 의미하며, 또 다른 해석은 프로젝트에서 다루어지는 복잡한 개념 이해를 위해 사용되는 수많은 다양한 상징 매체를 의미한다.

Gardner가 언어와 논리 · 수학적 지능만을 강조해 온 기존의 지능에 대한 관점을 **다원적 지능**(multiple intelligence)으로 확장시킨 것처럼 레지오 교육자들은 유아들이 자신의 세계를 표현하고 의미를 만들어 가는 데 도표, 말하기, 글, 상징, 상상놀이 등 '수많은 언어'를 어떻게 사용하는지에 대한 이해를 증가시켜 왔다.

레지오 프로젝트에서는 유아들이 한 가지 매체로만 표상할 때 발견되지 않는 개념들을 다양한 매체를 사용하여 다각도로 표상한다. Forman(1994)은 유아가 다양한 매체를 사용해서 한 가지 주제에 대한 아이디어를 지속적으로 탐색해 간다면 자신의 생각을 더 잘 표현할 수 있으며 완전히 새로운 아이디어나 사고 방법을 찾을 수 있다고 하였다.

매체는 매체마다의 표상적 잠재력이 있기 때문에 다양한 매체는 표상 과정에서 서로 다른 인지적 기능을 불러일으킨다(Gardner & Wolf, 1979). 깊이 있는 프로젝트 탐색을 위해 여러 가지 매체를 나선형적, 반복적으로 활용하면 주제에 대해 다국면적으로 사고하게 되기 때문에 학습 효과가 통합 · 축적되어져서 결국 심화된 학습이 이루어질 수 있다.

레지오의 빌레타 학교에서는 먼저 유아들이 학교 실외 정원에 대해 이야기하고, 기억한 것을 그림으로 그린 후 철사와 종이 등을 사용하여 거미 · 새 · 귀뚜라미 등의 모형 동물을 만들었다. 같은 학교에서 이와 연결되는 '새들을 위한 놀이 공원' 프로젝트에서는 소집단 유아가 물레방아에 대해 자신들이 아는 것을 토의하고, 그리고, 종이 · 점토 · 나무 · 철사 등으로 만들어 보는 다상징화 단계를 거치면서 물레방아의 작동에 대한 개념을 심화 · 확장시켜 나갔다.

레지오 유아 학교 교실에 전시되어 있는 표상물은 전통적인 유아 교육 기관의 정형화된 또는 비정형화된 미술 활동에서 볼 수 있는 작품과는 아주 다르다. 만일 교실 벽에 학급 전체 유아가 그린 유사한 정형화된 작품들이 한 벽 가득 전시되어 있다면 교실에서 '**지성과 창의성**'이 존중되고 격려되지 않음을 알 수 있다. 다른 한편, 유아들이 창의적으로 비정형화된 그림을 마음대로 그리게 하는 교실에서 유아가 생각을 섬세하게 상징적으로 표상하기는 어렵다.

레지오 유아들이 만들어 낸 표상의 압도적인 아름다움과 작품에 나타나는 섬세함과 높은 성숙도는 흔히 우리에게 도전을 준다. 큰 투명한 비닐 벽화에서 볼 수 있는 정교하고 상징적인 작품에서부터 섬세하고 복잡한 철사세공 등에 사용된 기술 수준에 놀란다. 이와 같은 작품의 기술과 복잡성은 우리 교육자들로 하여금 유아들이 만드는 작품에 대해 생각하도록 하며 교사가 뒤로 물러서서 성인의 개입 없이 유아의 창의적인 미술 발달이 펼쳐지도록 해온 방식이 옳은지 의문을 갖게 한다. 또는 어떻게 유아가 그러한 표상 기법과 기술을 사용할 수 있는지 의문을 갖는다.

레지오에서 표상에 대한 접근은 전통적 미술 접근과는 본질적인 차이가 있다. 레지오에서 표상은 단순한 감각적 탐구와 자기 표현을 넘어서 학습을 위한 도구, 아이디어를 의사소통하는 수단, 즉 유아가 자신의 학습을 촉진시키고 표상하기 위해 사용하는 '수많은 언어' 중 하나이다. 유아기에 의사소통을 위한 도구로써 미술을 사용하도록 지원할 때, 유아는 언어 사용이 숙련되어 가는 것과 같이 미술을 표상 수단으로 사용하는 데 점차 능숙하게 된다. Forman은 레지오 에밀리아의 유아들은 "그리기를 학습하는 것과는 대조적으로 학습을 위해 그린다(Edwards, Gandini, & Forman, 1998)"고 하였다.

국내 N유치원의 5세 유아들은 '그림자'의 특성을 알아가는 프로젝트에서 그림자가 생기는 원리에 대해 학습하기 위해 그림을 사용하였다. 햇빛이 좋은 날 유아들은 실외 영역에서 자신들의 발 아래에 그림자가 생기는 것을 관찰하였다. 교실로 돌아와 그림자가 생기는 원리를 그림으로 그렸을 때 유아들의 그림은 모두 다르게 나타났다. 여기서 교사는 책상 위에 인형을 놓고 다양한 위치에서 손전등을 비추면서 인형으로 인하여 만들어지는 그림자를 실험하도록 하였다. 유아들은 이전에 자신이 그린 그림과 실제 나타난 그림자를 비교하기 시작했다. 다양한 사물을 사용하여 실험한 후, 유아들은 다른 각도에서 손전등을 비추면 그림자가 어느 위치로 어떻게 달라지는지 이야기하였다. 그 후, 유아의 그림에는 정확한 그림자가 그려졌고 유아는 그림자가 생기는 원리에 대해 이해하게 되었다. 그림자의 원리에 대한 이해는 그림자 막대인형극으로 연결되어 보다 심화되었다. 국내 현장에서 이루어지고 있는 이러한 방식의 프로젝트에서 그리기가 분명 종래와는 다른 차원으로 활용되고 있음을 잘 보여준다.

레지오 교육에서 매체 활용은 그리기, 칠하기, 점토, 종이 또는 다른 어떤 매개물이든 유아들의 표현은 프로젝트에서 유아의 기억, 아이디어, 예측, 가설, 관찰, 느낌 등을 기록하고 표현하기 위한(Katz, 1998, p. 28) "시상적 언어(graphic languages)(Rinaldi, 1991)"의 목적으로 사용된다. Katz는 레지오 에밀리아 유아들의 창의적 작품을 살펴본 후, 미국의 많은 유아 학교들이 유아의 표상 능력과 그 표상이 만들어내는 지적 활동의 깊이를 과소평가했음을 지적하였다.

다음의 K교사는 레지오에서 그리기에 대한 접근이 미술에 대한 자신의 이해를 어떻게 변형시켰는지 설명한다.

> 나는 그리기가 유아의 창의적인 발달을 위해 중요하며 성인이 가르쳐서는 안된다고 생각해 왔다. 따라서 다양한 매체를 사용하여 그저 자유롭게 표현하도록 허용하고 유아들의 표현 자체를 무조건 인정하고 칭찬하였다. 그리기나 만들기 활동시 기술을 가르치거나 자료와 도구를 사용하는 방법에 대해 거의 지도하지 않았다. 지금은 많은 매체를 사용하는 법에 대해 가르치는 것이 필요함을 알게 되었다. 매체와 도구 사용법에 대해 알게 되면서 유아들은 보다 다양한 매체와 도구를 사용하고 자신이 아는 것을 잘 표현하기를 즐긴다. 프로젝트 과정에서도 주제에 대해 표상, 재표상하면서 주제에 대한 이해가 심화되어감을 유아들과 함께 즐기고 있다. 일전에 블록 영역에서 유아들이 주차장을 구성하던 중 누가 시작했는지 "우리가 주차장을 어떻게 만들건지 미리 정하자"라고 제안하였다. 여러 명의 유아들은 도화지와 연필을 사용하여 협의를 통해 주차장 평면도를 그렸다. 물론 그 그림은 주차장을 만들면서 여러 차례 수정되었지만 지금도 블록 영역에 붙어 있어 다른 유아들이 그 그림을 보고 구성할 수 있다. 이제 우리 교실에서는 교사인 내가 개입하지 않아도 음악극, 인형극, 그림자극 등 유아들이 함께하는 활동이 있을 때에 의례 아이들은 도화지 위에 그리면서 자신들의 생각을 가시화하곤 한다(K교사).

레지오 학교 유아들이 표상 매체에 일찍 노출되고 사고하고 표상할 수 있는 기회는 유아로 하여금 세밀하고 질 높은 작품을 가능하게 한다. 영유아 센터에 다니는 영아들에게도 유아 학교에 입학하기 전에 탐색을 위한 물감, 점토, 다른 미술 매체들이 주어지므로 3세가 되기 전에 많은 표상 매체에 내재된 가능성을 학습한다. 영아들은 감각적인 방법으로 자료를 탐구하는 경험을 하며, 유아 학교에 입학하기 전까지 사고하고 학습한 내용을 표상하는 좀 더 정교한 미술 작품을 만드는 기술을 배운다.

레지오 에밀리아 유아 학교에서 미학적 인식에 높은 가치를 두는 것은 유아들의 미술적 능력을 촉진하며 이는 이탈리아 문화의 미학에 근거한 가치를 반영한다. 이탈리아 유아들은 가정, 가게, 거리, 광장, 지역사회에서 주위 문화의 아름다움을 흡수한다. 프로젝트를 위한 현장 견학에서도 주변의 미학적 세부 내용을 인식하고 경험하도록 격려 받는다. 레지오 에밀리아 영유아 센터와 유아 학교 교실 전반에서 나타나는 아름다움은 유아들이 좀 더 시각적으로 인식하도록 영감을 주고, 스스로 아름다운 표상물을 만들도록 자극하기 위해 디자인되었다. 교사들은 유아의 표상물을 기록 패널과 학교 곳곳에 설치하고 전시함으로써 작업의 질에 대한 교사들의 존중을 보여준다. 유아와 부모들은 유아들의 표상물이 높게 존중됨을 안다.

결과 중심의 미술 작품을 중시하는 전형적인 유아교육 실정과는 대조적으로 레지오에서 표상물은 토론과 설명을 위한 지식 재구성의 근거가 된다. 유아의 표상물은 학습 과정의 통합된 부분으로서 이해를 깊게 하고 학습 과정을 기록하기 위한 수단으로 보존된다. 때때로, 프로젝트 과정에서 구성된 표상물이 수년 후까지 전시되기도 한다. 국내 현장에서도 앞서 K교사의 이야기에서 볼 수 있듯이 '창의적인 자기 표현으로서의 그리기가 학습을 위한 그리기' 의 국면으로 변화해 가고 있다.

레지오 교육자들은 수준 높은 표상을 위해 일찍이 미술을 학교로 끌어들이고 아뜰리에 공간과 매력적이고 다양한 매체들을 제공하며 아뜰리에리스타를 두어 표상 능력을 발달시킬 수 있는 탐구를 지원해 왔다. 넓은 테이블과 이젤에서 유아들이 편안하게 작업하도록 충분한 공간을 제공하며 청소하기 쉽게 싱크대가 가까이에 위치한다. 유아들에게는 다양한 크기의 질 좋은 그림붓, 연필과 색연필, 펠트펜, 분필, 파스텔, 목탄 연필, 점토 모양을 만들기 위한 도구 등 미술 작업에 사용하기 위한 다양한 도구들이 주어진다. 철사, 회반죽, 자연에서 가져온 매체들, 재활용된 자료 등 일반적으로 잘 사용되지 않는 매체 또한 많이 주어진다. 점토는 풍부하게 제공되고, 유아들은 다양한 기술을 사용하여 작업한다. 다양한 색의 물감들은 이젤 옆 쟁반과 카트 위의 유리병에 혼합하여 진열해 둔다. 라이트 테이블 위에서 표상하기 위한 투명한 종이, 색티슈, 셀로판지들을 이용한다. 이러한 다양한 매체들을 이용하는 교실과 아뜰리에는 허용적이고 평화로운 분위기에서 유아들이 서로 다른 언어들을 탐구할 수 있고 성인이 유아를 연구할 수 있는 장소이다. 성인과 유아들은 선택 가능한 표상 양식, 기술, 도구, 매체들을 사용하여 실험할 수 있으며 유아가 선택한 주제 또는 교사가 제안한 주제를 탐구하면서 벽화 작업을 하거나 협의하면서 포스터를 만들 수도 있다. 중요한 것은 유아가 또래와 함께 자신의 잠재력과 발견을 교환하는 자신만의 스타일을 발견하도록 돕는 것이다(Malaguzzi, 1998).

레지오 학교의 각 교실에는 소집단 유아들이 프로젝트를 수행하면서 다양한 종류의 미술 매체를 사용하여 작업하는 공간인 미니 아뜰리에가 있다. 어떤 학교들은 실외 아뜰리에를 가지고 있다.

레지오 접근법을 적용하는 기관들은 레지오 학교에서 유아들에게 주어지는 공간과 아뜰리에리스타의 지원을 부러워한다. 기관들은 이러한 투자와 지원이 유아들의 표상의 질을 높이는 데 최선임을 인식한다. 따라서 기관마다 특성과 상황에 따라 기존의 학교 구조를 변경하거나, 교실에 유리벽을 만들어 미니 아뜰리에를 구성하는 등의 노력을 기울이고 있다. 교실의 물리적 환경의 재구성은 물론, 매체의 조직과 전시에도 주의를 기울임으로써 교실내에서도 유아들의 표상에 대한 동기를 높이고 자극할 수 있도록 미학적인 분위기를 만들고 있다.

- 이제 교사들은 미학이 사람을 편안하게 하며 매력을 갖게 하기 때문이라기보다는 유아들의 질 높은 사고와 표상을 자극하기 때문에 개별 교실과 기관에 끌어들이고자 노력하자.
- 유아와 함께하는 미술 활동에는 그저 즐겁고 만족스럽게 임하기보다는 주어지는 매체가 유아들의 표상을 자극함을 인식하여 연구와 반성을 게을리하지 말아야겠다.
- 탐구 경험과 교사의 지원이 주어질 때, 유아들이 생각을 표상할 수 있는 능력은 발달될 수 있음을 이해하고 실천해야겠다.
- 각 유아마다의 서로 다른 잠재력 또한 인식할 때 완성된 결과물로서가 아니라 유아들의 생각을 볼 수 있는 창문으로 유아의 표상을 인식할 수 있다.
- 우리 자신의 반성과 함께 유아들이 탐색하고 표상하면서 알아가는 과정을 즐기자.

존중, 관계, 협력, 투영성, 호혜성, 기록화와 같은 레지오 에밀리아 접근에 기본이 되는 원리는 유아들의 표상과 매체 활용에서 분명히 나타난다.

### 존 중

레지오 에밀리아 교육자들이 유아에게 갖고 있는 존중과 유아를 풍부하고, 강하고 능력 있는 존재로 이해하는 이미지는 과거, 유아들이 가능하다고 믿었던 것을 능가하는 미술을 유아들이 창조하도록 하였다. 교육자들은 유아에게 미술가가 사용하는 것과 같은 질의 매체를 매력적이고 접근하기 쉬운 방식으로 제공함으로써 유아의 능력에 대한 존중을 보여준다. 유아의 미술 작품은 자신이 수행한 과정을 자세하게 기술하는 패널에서 풍부하게 기록된다.

### 관 계

유아들의 표상은 자신의 세계를 조사하고 표상하기 위해 사용하는 '수많은 언어' 의 일부로 프로그램에 통합된다. 유아는 종종 아이디어를 의식화하고 의사소통하기 위해 다른 유아, 교사들과 협력할 때 매체를 사용한다. 관계 원리는 표상 매체들이 교실에 제시되는 방식에서 분명하게 나타난다. 예를 들어, 교사는 나무, 돌멩이, 조개 껍데기, 마른 풀 같은 자연 재료들을 배열해 놓은 테이블 위에 점토를 함께 놓아둔다. 구리철사와 함께 투명한 링거줄을 제시하기도 한다. 다양한 자료들의 예상치 않은 배열은 유아들의 관심을 사로잡고 유아로 하여금 사물의 촉감, 형태, 색상의 미학적 특성에 주의를 집중하게 한다.

### 협 력

협력은 표상에 대한 접근에서도 분명하게 나타난다. 교사와 유아들은 프로젝트 진행 과정 내내 협력한다. 교사들은 프로젝트에 대한 아이디어를 의논하고 아뜰리에리스타나 다른 교사의 도움으로 어떤 표상 매체가 아이디어를 표현하는 데 적절할 것인지 결정한다. 유아들은 프로젝트를 할 때 주제 관련 벽화를 만들거나 그룹으로 상징물을 작업한다. 교실내의 공간은 소그룹 유아들이 함께 작업하도록 설계되고 구성된다. 이젤은 3~4명의 유아가 큰 종이 한 장에서 동시에 작업하는 것이 가능할 만큼 충분히 넓다. 상징물이나 표상을 창안하고 다른 사람에게 표상 내용을 설명할 때 종종 자신의 아이디어가 도전 받게 되면 더한 창의력을 가져온다.

## 투영성

표상을 위한 매개물로써 빛을 사용하는 것은 프로그램의 다양한 측면에 관련되어 있는 투영성이다. OHP, 라이트 테이블, 거울 등은 유아들이 빛, 그림자, 반사를 실험하게 한다. 유아들은 표상 시 셀로판지와 티슈를 자주 사용한다. 레지오 학교에서 공 모양으로 형태가 만들어진 철사 그물 안으로 다양하게 채색된 티슈 종이를 눌러 넣고 천장에 매달아 행성들과 태양을 나타내거나, OHP 위에 바둑무늬 패턴의 아세테이트를 놓고 벽에 투사된 패턴을 관찰한다. '창의적 정신' 이라는 비디오에서 교실 벽에 투사된 양귀비 들판을 배경으로 화려한 붉은 양귀비 사이에서 춤추고 있는 유아들을 볼 수 있다.

## 호혜성

레지오 에밀리아 유아 학교에서 유아와 교사들이 함께 보낸 3년간의 지속적인 관계는 유아들이 질 높은 프로젝트를 하거나 뛰어난 표상물을 만드는 데 도움이 된다. 오랜 기간의 관계에서 쌓게 된 신뢰와 존중은 유아와 교사가 서로에게서 배우고, 표상물을 만들기 위해 협력할 때 서로의 아이디어와 기술을 공유하도록 해준다.

## 기록화

유아들의 표상 과정을 기록화하는 것은 교사, 유아, 방문객들로 하여금 사고 과정의 발달 단계를 볼 수 있게 한다. 교사와 유아는 기록화를 통해 이전 단계를 재방문하여 어떤 설비 · 매체 · 기술이 아이디어를 표상하는 데 필요했는지, 다음에 어떤 부분에 변화를 줄 것인지, 경험으로부터 무엇을 배울 수 있었는지에 관해 생각할 수 있다. 이러한 과정은 유아와 교사의 표상 기술과 방법을 세련되게 하고 점차적으로 표상물을 만들어 가는 데 전문성을 갖게 해준다. 또한 기록 작업을 하면서 발현되는 유아들의 깊이 있는 조사와 섬세한 관찰 능력은 주변 세계와 아름다움을 잘 인지하게 만든다.

## 02 교재 · 교구 제시자에서 환경 창안자로의 교사 변화

이탈리아 레지오 에밀리아의 시립 유아 학교에 주목할 만한 점이 많이 있다. 그러나 나에게 가장 두드러져 보이는 점은 경험을 지식으로 구성하기 위한 매체와 말의 힘에 대한 교육자들의 깊은 이해이다. 자연 세계의 복잡성과 아름다움에 대한 존중이 있으며, 유아뿐 아니라 유아들과 함께하는 성인의 지성과 창의성에 대한 고려가 있다.

—Louis Cadwell

교사가 레지오 접근을 좀 더 이해해감에 따라 유아의 표상을 유아들의 '수많은 언어' 중 하나로 인식하게 된다. 교사들은 유아의 감각적 탐구와 창의성을 촉진할 수 있는 발달적으로 적합한 미술 활동을 제공하는 데 목표를 두던 것에서 미술을 모든 경험의 일부분, 표현의 수단, 탐색을 위한 도구, 의사소통의 매개물, 무엇보다도 유아가 생각을 가시화하도록 만드는 한 방법으로 보는 것으로 변화한다. 즉, 기존의 정형화된 미술 활동은 Cadwell(2002)이 말한 '지성과 창의성'이 결여되어 있음을 인식하게 된다. **표상과 매체에 대한 교사의 태도는 미술을 유아들이 세계를 이해하는 데 사용하는 또 다른 언어로 인식할 때 달라진다.**

> 이전에는 활동에 필요한 매체들을 교사가 직접 제시해 준 적이 많았다. 그러나 이제는 내가 제시해 준 매체 외의 다른 매체들을 유아가 직접 찾아서 활용하는 경우가 많다. 얼마 전 미술 활동을 할 때 이쑤시개로 구성을 한 적이 있었다. 그때 나는 이쑤시개와 접착제만 유아들에게 제시하였는데, 유아들은 제시한 자료뿐만 아니라 다른 자료들까지도 스스로 찾아서 하는 모습을 보여주었다(T유치원, 3세 M교사).

> 하나씩 하나씩 환경이 변화되어 가고, 새로운 기자재들이 들어오면서 먼저 당황한 것은 교사인 나였다. 유아들은 새로운 것에 흥미를 갖고 탐색하는 활동이 자연스럽지만 오히려 나에게는 이미 고정되어 있는 부분이 많기에 새로운 것에 창의적으로 변화된다는 것이 어려웠다. 하지만 유아들이 먼저 관심을 갖고 탐색에 함께 참여하고, 공유하면서 교사도 유아들과 같은 관점에서 바라보게 되고, 좀 더 쉽게, 편하게 활동하기 위해 하나하나 바꾸어가고 변화시켜 가면서 교실 환경을 완성시켜 나가게 되었다(H유치원, 5세 K교사).

최근 몇 년 동안 기관들은 준비된 교육 과정에서 발현적 교육 과정으로 변화해 왔다. 발현적 교육 과정은 유아들의 학습 경험을 위한 준비를 보다 융통성있고 자발적으로 만든다. 발현적 교육 과정에서 교사들은 유아들과의 대화와 관찰을 통해서 유아가 사고를 표상하고 탐구를 심화, 확장하는 데 필요한 매체들을 고찰한다. 레지오 교사들은 더 이상 고립적인 매체를 선택하지 않는다. 대신 유아와 매체 간의 상호 관계를 고려하고 이 관계가 활동의 의미를 어떻게 심화시킬지에 대해 사고한다.

교실 환경 구성에서 신중한 반성이 요구되는 부분은 제시되는 매체들이 매력 있고 쉽게 접근할 수 있으며 관계 형성과 경험의 의미를 심화시킬 수 있는 것인가이다. 미학은 교실에 매체를 준비하는 데 반드시 고려해야 할 관계의 한 측면이다. 미적 인식을 기르는 것은 유아들로 하여금 주변 세계의 아름다움을 인식하고 대상물과 환경의 관계에 대한 이해를 깊게 하며, 대상물이 일으키는 감정에 대해서도 알게 한다. 교사들은 유아의 미적 감각을 촉진하기 위해 교실 환경과 매체나 대상물을 어떤 식으로 연관시킬지에 대해 재고해 보아야 한다. 섬세함과 아름다움에 대한 신중함은 관계에 기초한 교육과 서로 통한다. 미학은 관계가 형성될 수 있는 '친근한' 환경을 만들어 준다.

레지오 원리를 적용하면서 다매체 활용에 대한 유아들의 변화를 알아보기 위해 공동체 교사들과 이야기 나누는 기회를 가졌다. 이전에 프로그램 계획자로서 교사의 역할은 제3의 교사로서 환경 창조자의 역할로 변화됨을 볼 수 있다. 교사들은 미학, 매체에 대한 존중, 관계, 협력적 상호 작용, 다양한 매체, 빛, 투영성, 자연, 의사소통, 탐구를 장려하는 자극적인 환경을 조성하고자 노력한다.

### 미 학

우리 교실의 첫 번째 변화는 전체적인 색의 변화였다. 원색을 피하고 자연색, 미색, 투명색으로 교실의 색들을 바꾸는 **'교실의 색을 없애는 작업'을 통해 이루어졌다.** 이 과정을 통해 우리 교실은 조금이나마 자연스러움이 있는 교실로 바뀌게 되었고 벽이 드러나고 벽을 활용하며 투영성을 가진 매체들로 영역을 구분하여 더욱 교실의 구조가 실용성 있게 변화되었다(O유치원, 4세 S교사).

### 매체에 대한 존중

기존에는 교사의 주도하에 영역별로 답이 정해져 있는 교구들로 구성되어 있었다. 이제 빛과 자연물 등 레지오의 원리를 적용하여 환경을 재구성하기 시작하였는데 아이들이 그 속에서 변화하는 모습을 보게 되었다. 아이들은 유치원 오는 길에 떨어져 있는 낙엽을 그냥 지나치지 않았고 또 놀이공원에 가족 나들이를 갔을 때도 그곳의 자연물에 관심을 갖고 주워 오기도 했다. 그리고 **기존의 답이 정해져 있는 교구들보다 구성놀이를 즐기며 그 안에서 아이들이 상상력과 창의력이 커가고 있다**(4세 G교사).

이전에는 프로젝트를 진행하면서 계획했던 주기에 맞추려고 노력하며 부모님들의 기대에 맞추기 위해 항상 결과물에 많이 신경을 썼다. 지금은 다양한 매체들을 단순히 보기보다는 유아들의 학습 자료로서 교실 환경에 도움을 줄 수 있는 다양한 시각을 갖게 되었다(5세 D교사).

### 관 계

3차원 구성놀이를 하는 유아들 중 한 남아가 나를 불러 사진을 찍어달라고 했다. … 막혀있는 블록 하나를 살짝 치우자 블록과 블록 사이에 공간이 나타났다. 그게 바로 공룡마을의 '비밀의 방'이라고 하였다. 새로 만들어진 비밀의 방은 다른 유아들에게도 소개하였다. 다음 날에는 놀이 도중 한 여자아이가 "만지지 마, 엄마공룡이 출산 준비를 하고 있단 말이야!"라고 이야기하였다. 비밀의 방을 열어 봤더니, 정말 큰 공룡 한 마리가 누워있고, 작은 구슬들이 여기저기 놓여있었다. 그 후에도 그 비밀의 방은 '보석을 숨겨 놓는 곳', '화산이 폭발하면 아기 공룡들이 숨어있는 곳', 또 '병에 걸리면 바르는 약초를 보관하는 곳' 등 늘 새로운 모습으로 비밀의 방이 변하고 있다(5세 K교사).

유아들의 활동 사진, 활동 과정의 대화나 표상물들을 붙여주기엔 장소가 부족하다는 것을 알았다. 교구장은 최대한으로 간편화하고, 벽은 모두 개방하였다. 그렇게 되다 보니 자연적으로 영역과 영역이 벽에 붙어있는 기록 자료로 구분되게 되었다. **그렇게 영역이 구분되다 보니 유아들도 놀이 공간에 집중하며, 몰입하여 놀이할 수 있게 되었다**(4세 L교사).

### 협 력

예전에는 문제 상황에서 해결책을 토의하는 것이 불가능하였습니다. 요즘엔 유아들과의 대화에서 사용할 재료에 대한 제안과 해결책이 금방 나온다. **상호 토의를 통해서 다양한 해결책을 모두 함께 이야기하는 데 이제는 5분 밖에 걸리지 않을 정도로 토의가 잘 이루어진다**(5세 J교사).

OHP 구성놀이에서도 언제나 상호 작용하면서 협력하여 놀이가 이루어진다. 그룹 속에서 어떤 상호 작용이 이루어지는지 관찰 기록하는 것도 흥미롭다(4세 K교사).

### 다양한 매체를 통한 자극

만들어 주는 환경일 때는 제가 매체를 아이들에게 제시해주고 그것으로 활동을 했었는데, 지금은 교사가 계속 생각을 하게 된다. **주변 사물을 보면서도 "저걸 이용해 보면 어떨까?"하고 항상 생각하게 되고, 아이들도 항상 주변에서도 여러 가지 재료들을 알아서 가지고 오는 경우가 많다**(5세 J교사).

단위 활동 교구는 정해진 방법이 있기 때문에 창의적이지 못하지만 환경이 변화되고 다양한 매체를 활용하면서 요즘 유아들은 생각을 더 많이 하게 되는 것 같다. 공간 활용적인 면에서도 생각하고, 표현하는 능력이 자라는 것 같다(3세 M교사).

기존 유치원에서는 블록 쌓기에 블록만 활용하지만, 우리는 여러 가지 재료들을 함께 다양하게 사용하면서 나도 아이들의 생각에 놀랄 때가 많다. 기존 유치원에서는 영역별로 단위교구를 진열해 놓지만, 우리는 때로 곡물이나 자연물 등의 다양한 재료를 활용한다. 부모들도 아이들도 유치원 환경에 관심이 높아져서 아침에 등원할 때도 유치원을 한 바퀴 돌아본다(T유치원, 원감).

## 기술 공유

4세 반의 경우에는 마르면 투명해지는 성질을 가진 아크릴 본드를 이용해서 눈 결정체를 만드는 활동을 했었다. 아이들은 투명한 걸 만들고 나서 또 여기에다 색을 입히면 더 예쁘지 않을까 생각을 하였다. 그래서 투명하면서도 색이 있는 것을 유아들과 협의해서 응용했던 경우가 있었다(T유치원, 원감).

## 의사소통

**환경이 변화되면서 유아, 교사, 학부모 모두가 많은 관심을 더 갖게 되었고, 함께 공유하는 시간이 훨씬 많아지게 되었다.** 교사 혼자서 해결하던 많은 것들로부터 유아들과 함께, 학부모님들과 연계 활동을 통해서 우리 유아들에게 가장 적합한 환경을 만들기 위해 함께 노력하게 되었다(5세 K교사).

## 빛의 사용, 투영성

라이트 테이블, OHP 영역, 그림자 스크린, 자석 구성놀이가 가능해지며 획일적인 교구 활동에서 벗어나 다양하고 창의적인 활동들이 이루어짐을 볼 수 있었다. 정답이 있는 교구놀이를 하던 유아들이 매일 소그룹으로 상호 작용하며 협의를 통해 구조물들을 만들고 만들어 낸 구조물에 이름과 스토리를 창조하는 창의적이고 능동적인 태도로 변화하였다(4세 S교사).

**교실의 변화로는 빛이 생겼다는 것이다. 라이트 테이블, OHP기를 통하여 교실에서 발생되는 빛은 기존의 사물을 새롭게 발견하는 계기가 되었다.** 나뭇잎, 아세테이트지, 구슬 등을 다양한 매체를 라이트 테이블이나 OHP에 올려놓고 다양하게 구성해 가는 모습을 볼 수 있게 되었다(4세 B교사).

교실에 '가을나무' 벽화가 있었다. 한 아이가 "선생님 이건 가을나무인데, 왜 여기 있어요? 겨울나무를 만들어요."라고 했다. '겨울나무를 만들자'라는 주제로 활동을 하면서 유아들이 나무 위에 뽕뽕이로 눈을 표현하였다. 그런데 한 아이가 "눈은 다 동그랗게 생겼어?"라고 문제를 제기하여 현재 눈 모양을 탐색하는 프로젝트로 진행하고 있는 중이다. 이런 과정을 볼 때 교사가 만드는 것이 아니라 아이들과 함께 만들어가는 환경에서 유아들이 훨씬 더 심화되는 학습을 하고 있다고 생각된다(3세 J교사).

## 자연 매체

교사들도 훨씬 적극적이다. 집에서 빈 병도 들고 오고, 나뭇잎도 주워온다. 조롱박을 보면서 아이들과 프로젝트를 하면 재미있겠다는 생각을 했다. 뒷산에 가서 솔방울 따 가지고 와서 '어떻게 배치를 해서 아이들에게 어떻게 보여주면 좋을까?' 등의 다양한 생각들을 하게 된다(3세 K교사).

교실에 마른 나뭇가지들로 꾸민 모빌이나 발을 설치해 놓은 이후부터는 유아들은 등원을 할 때마다 나뭇잎이나 나뭇가지 등의 자연물들을 그냥 지나치지 않고, 주워서 교실로 가져오기 시작했다. 그전에는 쉽게 지나쳤던 **자연에 대해 관심을 가지며 자연을 교실로 능동적으로 옮겨오기 시작하게 된 것이다**(4세 B교사).

동물과 식물을 포함하여 솔방울, 나뭇잎, 나뭇가지, 꽃잎, 깃털, 견과류, 과일, 조개 껍데기, 흙, 그 외에도 유아 주변의 많은 자연물들은 레지오 유아들을 위한 교육 과정의 내용이 된다. 대부분 공산품들을 주재료로 하여 교사나 유아들이 제작하여 활용하는 이전 교실의 전시물들과는 대조적으로 주변 환경 속의 자연물들을 있는 그대로 매달거나 재구성하여 전시한다. 학교 내부에는 초록 식물들을 키우거나, 꽃과 화분들을 놓아 건강하고 생기 있는 환경을 구성한다.

이러한 환경이 보는 이들로 하여금 탄성을 자아내게 하는 유아들의 예술적인 표상 작품의 원동력이 되는 것은 아닐까?

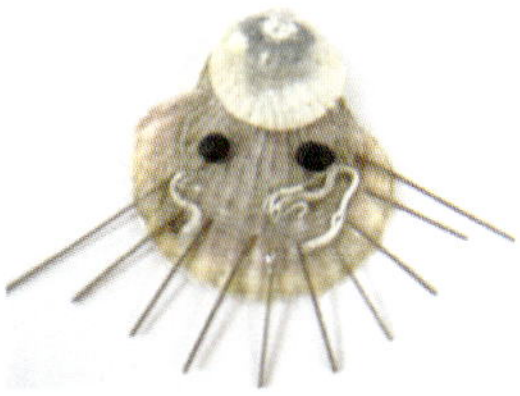

조개 껍데기로 만든 문어

조개 껍데기로 만든 물고기

땅콩 껍데기로 만든 공룡

조개 껍데기로 만든 모빌

계절 자연물이 비치된 라이트 테이블과 매체장

점토 작품으로 만든 모빌

자연물을 항상 이용할 수 있는 작업 영역

자연물과 라이트 테이블

낙엽으로 만든 구성물

자연물을 활용한 옛날 부엌놀이

곡물 이용 모자이크

갈대를 이용한 직조

## 공학적 기자재의 활용

교사들은 학습과 기록화를 위해 카메라, 녹음기, 비디오 카메라, 사진 복사기, 컴퓨터, 스캐너 등과 같은 기기들을 사용한다. OHP, 슬라이드 프로젝트, 실물 환등기, 라이트 프로젝터, 그림자 스크린, 라이트 테이블, 아크릴 이젤 등과 같은 기자재를 학습 활동에 교수 매체로써 활용하여 학습 환경을 과학적으로 구성할 뿐만 아니라 유아들이 직접 탐색하고 구성하는 놀이 활동에도 적극 활용한다.

이제 교사들은 그림 동화 자료나 게임판 중심의 교재·교구를 제작하는 데 시간과 에너지를 쏟기보다는 공학적 매체를 익숙하게 활용할 수 있는 지식과 기술을 갖추어야겠다. 이를 바탕으로 현재까지와는 다른 차원에서 다양한 학습 활동을 자극하기 위한 공학적 교수 매체를 활용하고, OHP, 라이트 프로젝터 등 유아들이 조작 가능한 기기들은 유아들의 놀이 매체로도 제공하여 학습 활동의 내용과 운영을 다양화, 과학화해 나가야겠다.

벽면 라이트 박스

라이트 테이블, 실물화상기, TV의 활용

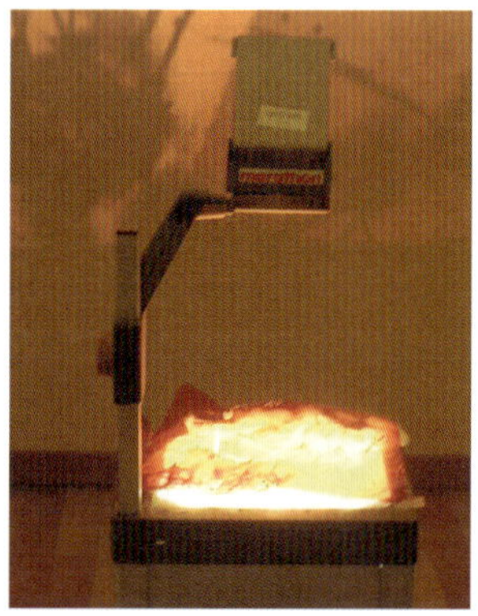

OHP 활용

이상에서 살펴본 바와 같이 여러 가지 서로 다른 매체를 활용하여 동일한 개념을 표현하게 하면 유아들은 여러 가지 관점, 나아가 상반되는 관점까지도 통합할 수 있게 된다. Piaget에 따르면, 상반되는 관점의 통합은 유아들이 학습한 지식을 새로운 상황에 일반화할 때 더욱 의미있고, 유용한 지식이 되게 해준다. 지식 체계를 구축하는 것은 이러한 상반된 요소들의 통합이다.

국내 현장에 레지오 원리를 적용하면서 **다양한 매체를 활용하는 교사들이 말하는 변화**에 비추어 볼 때 레지오 원리를 탐구하는 과정에서 교사들은 스스로 다음과 같은 질문을 할 수 있을 것이다.

- 매체의 준비와 제시 과정에서 미학이 고려되는가?
- 매체를 사용하고 전시하는 방법에서 매체에 대한 존중이 내재되는가?
- 매체가 제시되고 유아들의 표상 과정이 기록되는 데에 관계의 원리가 나타나는가?
- 유아가 또래, 성인들과 협력하여 매체를 사용하는 기회를 갖는가?
- 유아가 아이디어를 표상하고 의사소통하기 위해 다양한 매체를 사용하도록 권장하는가?
- 유아가 자신의 생각을 다른 사람에게 가시화하는 수단으로 그리기를 사용하는가?
- 교사가 유아들과 표상할 때 매체 사용 기술을 공유할 기회가 있는가?
- 유아가 자신의 아이디어를 성인이나 다른 유아들과 공유할 기회가 있는가?
- 제공된 매체의 가시성, 빛의 사용, 투영성의 원리가 포함되는가?
- 자연 매체를 끌어들이는가? 유아들이 자연 매체들을 탐색하고 사용하는가?

유아들의 미술적 감성과 능력을 지원하기 위해 분위기와 환경을 창조하는 것은 학습과 표상 아이디어를 확장하게 한다. 미학은 개인이 자신에게 개방되어 있는 '수많은 언어' 중 가장 좋은 표현을 발견하도록 돕는다. 레지오의 표상에 영향을 받은 교사들은 다매체와 표상의 중요성을 이해한다. 자신의 교실에서 **다매체 활용에 미학을 가미하고자 할 때** 다음을 시도해 보자.

- 가능한 한 플라스틱을 적게 사용하고, 조개 껍데기와 돌로 가득 찬 바구니 등과 같은 자연 매체를 사용한다.
- 비슷한 것, 닮은 것, 크기를 고려하여 일렬로, 큰 것에서 작은 것으로 매체를 배열한다.
- 실제 미술 작품을 전시하고 유아의 미술 작품을 전시한다. 자신의 집에서 하는 것처럼 전시한다.
- 가능하면 다양한 문화의 일상 사물, 실제 매체에 관한 모든 것을 사용하고, 바구니와 깨끗한 용기에 미술 매체들을 배열한다.
- 학교를 집처럼 구성한다.
- 주제 색깔을 선택하여 사용한다. 주제와 관련된 두세 가지 색상을 선택하고 검은색과 흰색을 첨가하여 색깔에 변화를 준다. 놀이실 정서가 아니라 인테리어 디자인이다.
- 매체를 구입할 때 아름다움을 고려한다.
- 매체가 위치할 장소를 찾아서 해당 장소에 정리한다. 매일 교실을 정돈하는 시간을 갖는다.

이와 같이 레지오 원리에 영향을 받은 교실들은 유아들의 미학적 감성과 예술적 능력에 도움이 되는 아름다운 공간을 만들어 가고자 노력한다.

## 03 수많은 언어를 위한 다매체 활용 함께 보기

레지오 접근법은 교사로 하여금 유아를 위한 매체 접근을 재검토하게 하였다. 레지오 접근을 적용하는 교사들은 미술을 유아가 아이디어를 표현하고 주변세계를 탐색하는 데 사용하는 '수많은 언어' 중 하나로 보게 되었다. 교사들로 하여금 사실적 표현을 위해 미술 매체를 제공하던 것에서 유아들이 효과적으로 매체를 사용하는 데 필요한 기술을 개발하도록 돕는 방법을 연구하게 하였다.

유아들이 '수많은 언어'의 '언어'를 학습하는 경험을 제공하고 유아들이 매체 사용에 필요한 기술 지원 과정을 중요하게 생각한다. 유아에게 사인펜 뚜껑을 다시 닫는 법, 풀 사용법, 점토의 성질을 탐구하는 법 등과 같이 매체 사용하는 법을 가르치기 위해 의도적으로 시간을 갖는다. 유아들은 **다양한 매체를 사용해서 다양한 기능을 학습하기 위한 시간이 주어지고 적절한 지원을 받을 때 인지적으로 성장하고 새로운 아이디어를 갖게 되며 이후 표상에 학습한 기술을 활용**한다.

또한, 교사들은 유아의 **미학적 인식이 개발되도록 돕는 가치**를 이해하게 되었다. 레지오 학교 유아의 표상과 전람회를 직접 또는 간접 경험한 교사들은 유아가 자신의 아이디어를 표상해 가는 복잡한 과정을 관찰하고 이해하기 위해 노력한다.

특히, 유아가 그림을 그리고, 칠하고, 점토로 모형을 만들고, 빛을 이용한 표상과 자연물을 교실로 끌어들여 학습에 활용하며, 그 외 다양한 매체를 활용하는 유아들의 구성 과정을 관찰하고 기록하며 이해하고자 한다. 다음에 소개하는 미술 매체는 교실에서 흔히 사용하는 기본적인 표상 매체이나 이외에도 훨씬 셀 수 없이 다양한 매체가 한계 없이 활용된다.

### 03_1 그리기

교사는 그리기가 유아의 아이디어를 표상하고 감정을 표현하는 언어임을 인식한다. 프로젝트 수행 과정을 통해 교사들은 언어를 통해 정보를 전달하는 능력이 미숙한 유아들에게 그리기가 생각을 의사소통하는 데 얼마나 중요한지를 인식하게 된다. 유아들이 그리는 이미지는 의미를 만들어 낸다. 유아가 그려내는 표현은 의미있는 창의적 상징이 되고, 그리고 있는 아이디어와 관련 이해를 도와주는 기록물로 역할한다. 이러한 과정을 학습을 위한 그리기로 이야기하여 왔다.

T유치원 4세 유아들이 신입 원아에게 알려줄 '유치원 평면도'를 그리면서 각 영역이나 교실의 상징을 창안할 때, 신입 원아들은 유치원의 각 방과 교실내의 영역을 잘 알지 못하므로 자신들이 아무렇게나 그리는 방법으로는 충분히 의사소통이 되지 않을 것임을 이해하였다. 따라서 다음과 같은 상징이 고안되었다.

으뜸반 상징 무지개반 상징 현관 조리실 상징, 4세

유아들은 그리고 있는 대상물을 면밀하게 살펴보고, 세부 사항을 연구할 시간을 가지며 정보를 표상할 가장 좋은 방법을 생각한다. 유아들은 그린 그림에 대한 아이디어를 공유하고, 서로 다른 생각을 학습하며 다음 탐색을 위한 갈등을 경험한다. 교사에게 있어 그림은 유아들이 사고하는 것에 대해 반성하도록 한다. 그림을 살펴보면서 유아들과 논의할 때, 교사는 유아들의 생각에 어떤 불균형이 있으며 이해에 어떤 차이가 있는지를 발견할 수 있다. 교사는 그리기를 유아의 학습을 촉진시키기 위한 방향을 결정하는 정보로 활용한다.

T유치원 4세 유아들은 엄마, 아빠를 초대하여 함께하는 유치원 운동회를 근처 H 초등학교에서 한다는 것을 알게 되었다. 유아들은 엄마, 아빠가 그 초등학교를 모를 수도 있으므로 지도를 그려서 알려주기로 하였다.

유치원에서 6단지를 통과하여 초등학교까지 가는 길과 놀이터를 통해 가는 길의 두 팀으로 나누어 탐색, 그리기, 재탐색, 수정하는 과정을 거쳤다. 두 팀이 그린 지도를 합하여 고무자석으로 구성해 본 후, '차를 타고 오는 사람을 위한 차도가 없다는 것'과 '그리지 않은 부분'이 많이 있음을 깨달았다.

다시 유치원 주변을 돌면서 유아들은 사람들이 다니는 길, 차가 다니는 길, 빠진 부분들을 채워넣어 그림을 수정하였다. 수정된 지도는 너무 복잡하여 다른 사람이 알아보기 어렵다는 문제에 봉착하였다. 알아보기 힘든 복잡한 부분들을 어떻게 개선할지에 대해 의논한 결과 어른들이 그린 실제 지도는 어떻게 생겼는지 탐색하였다.

유아들은 실제 지도를 자신들이 그린 지도와 비교, 토의한 후 상징을 고안할 필요를 깨달았다. 한 팀은 자석판에 구성한 지도를 가지고 나가 아파트의 정확한 위치, 모양, 차도와 인도에 대해 좀 더 세밀하게 관찰하고 협의하여 수정하였으며 다른 팀 유아들은 지도에 들어갈 상징을 고안하였다.

유아들은 다시 6단지를 돌면서 자신이 만든 지도에 나와 있는 건물들의 실제 모습들을 비교하면서 크기와 공간분할에 대한 문제를 협의하여 수정하였고, 다른 팀은 6단지를 돌며 시설물을 확인하고 상징 그림을 그리고, 가장 잘 그린 그림을 선정하여 지도에 넣었다. 이와 같이 표상적 그리기는 다른 매체를 사용하여 더 깊은 탐구로 나아가도록 이끈다.

### 유아들이 고안한 지도의 상징

학교

유치원

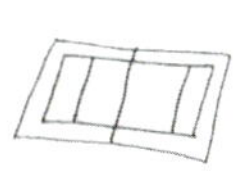
테니스장

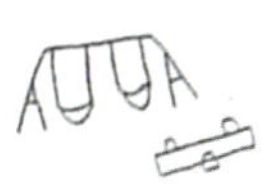
놀이터

분수대

### 초등학교로 가는 길, 4세

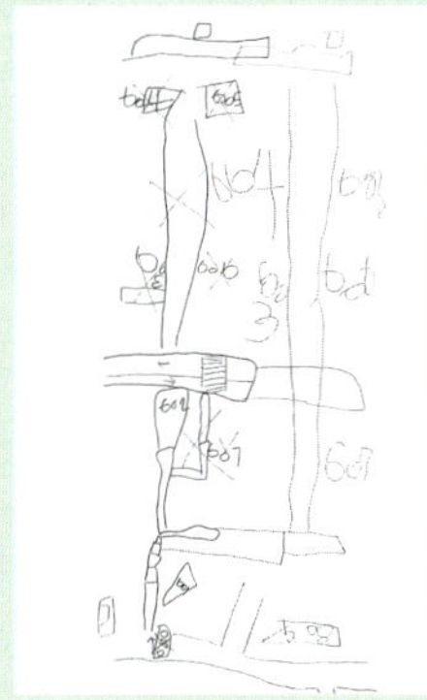
모호한 초기 지도

A팀

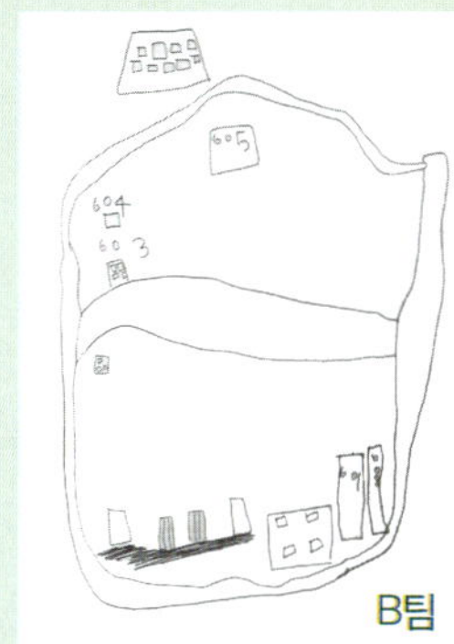
B팀

각각 다른 방향을 그린 두 팀의 지도

두 팀의 지도를 자석판에 합치기

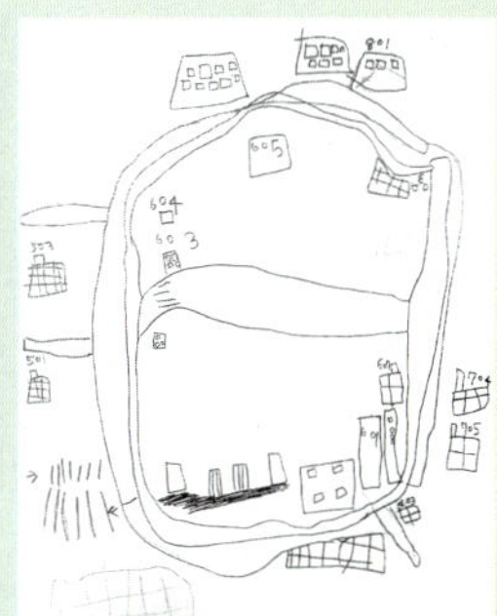
복잡하고 알아보기 힘든 지도

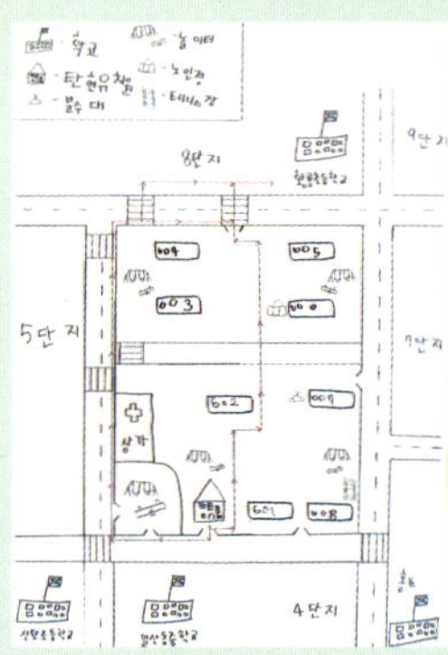
최종 지도

8장에 소개한 5세 유아들의 라이트 테이블 고치기 프로젝트에서 유아들은 다른 반 친구들이 함께 느끼고 있는 라이트 테이블의 불편한 점을 개선하기로 했다.

설계도를 그리기 시작하면서 유아들은 높이, 길이, 측정에 대한 이해를 표현하는 많은 기회를 가졌다. 친구들이 그린 설계도 중 적절한 부분들을 참고하여 다리와 매체 박스가 부착된 라이트 테이블 샘플을 만들었다.

기사선생님을 초대하여 유아들이 만든 라이트 테이블과 설계도를 보여드리고 실제 나무로 똑같이 만들어 줄 것을 요청하였다. 기사님이 유아들이 그린 설계도만 보고는 원하는 라이트 테이블을 만들 수 없고 설계도에 길이가 적혀 있어야 한다고 말씀해 주셔서 유아들은 설계도를 수정할 필요성을 느끼게 되었다.

자신들이 처음 그린 그림에 필요한 사항들을 수정하기 위해 자를 탐색하여 길이를 재고, 자가 아닌 다른 방법으로도 길이 재는 방법을 알게 되었다. 필요한 다리 길이를 재어 설계도에 숫자를 표기하고 책에서 본 센티미터 단위를 붙였으며 길이의 시작과 끝을 표기하였다. 설계도를 참고하여 모눈종이에 다시 그려서 기사님께 보여드릴 설계도를 완성하였다. 기사님이 라이트 테이블을 만드는 과정을 관찰하면서 유아들의 길이와 높이 측정에 대한 탐색과 이해는 계속 더해갔다.

## 03_2 칠하기

T유치원 3세 유아들은 유치원 주변의 봄꽃에 대해 알아보면서 색에 대한 흥미와 관심이 높아지게 되었다. 색과 관련된 이야기를 나누면서 '나와 친구들이 가장 좋아하는 색'에 대해 알아보았다.

유아들이 초록색에 가장 관심이 많음을 알게 되었고 초록색에서 느껴지는 편안함과 친근함은 어린 유아들에게 좀 더 안정적이고 환경 친화적인 느낌을 자아내어 '초록색과 친구되기' 활동을 전개하였다.

주변에서 볼 수 있는 초록색을 찾아보고 초록색 물감을 중심으로 색을 섞어보았다. 붓을 다루기 힘든 유아들의 부족한 기술을 돕기 위해 붓으로 찍어 수박밭 벽화, 초록 풍경 꾸미기 등을 경험하였다. 나뭇잎을 찧어 초록색물을 만들어 보기도 하였다. 만들어진 초록물에 헝겊을 담구어 물들인 헝겊으로 직조도 하였다.

커다란 캔버스천에 유아들이 협력하여 붓으로 초록색과 연두색 물감으로 그림을 그렸다. 완전히 마른 후 작은 네모로 조각을 내어 다시 모자이크하여 실로 자유롭게 엮고, '피터팬 요정'이라 이름 붙이고 교실 벽에 한참을 걸어두었다.

### 라이트 테이블 고치기, 5세

라이트 테이블이 낮아서 불편해

첫 번째 설계도

적당한 높이 정하기

설계도 수정을 위한 길이 재기

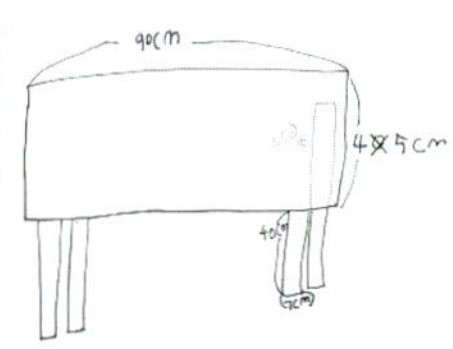
90에 있다. 그치? 90cm야.

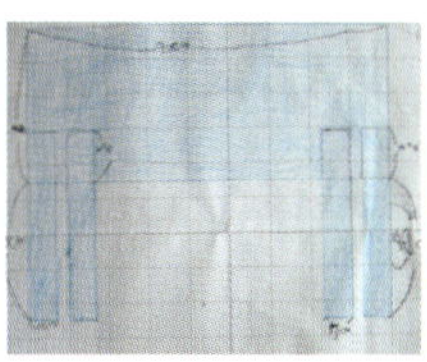
수정된 설계도

잘 잘랐는지 재볼까

기사 선생님 도움 받기

페인트도 칠하자

완성된 라이트 테이블

### 초록색과 친구되기, 3세

주변에서 볼 수 있는 초록색

물감으로 색 섞기

찍어서 그리기

찧어서 초록색 물 만들기

물들이기

공동작품 만들기

모자이크 한 초록 벽화

색칠하기가 처음 소개될 때, 유아들은 물리적 특성을 탐색하기 위해 주로 물감을 사용한다. 유아들은 물감이 종이 위로 뚝뚝 떨어지는 방식과 붓이 부드럽게 또는 짧게 움직이면서 종이 위에 색칠되는 것에 매료된다. 유아들은 색깔이 종이 위에 혼합될 때 색이 변화되는 방식을 발견한다. 물감은 유아가 선, 색, 질감의 요소들을 탐색할 많은 기회를 제공한다. 유아들은 물감을 사용하여 종이에 두꺼운 선과 가는 선, 직선과 곡선, 고리와 지그재그 모양의 선을 만드는 다양한 방법을 발견한다. 유아들은 오랫동안 물감의 색과 질감을 지각적으로 탐구하는 데 몰입한다. 단색을 반복적으로 겹치면서 만들어지는 효과를 알기 위해 나란히, 수평 혹은 수직 선으로 조각 그림을 만들 수도 있다. 그런 후에 촉촉한 또는 마른 물감의 표면 위에 붓 자국을 만들면서 질감을 실험할 수도 있다. 이후, 그리기에서 하는 것과 똑같이 도식적 또는 표상적 칠하기를 시도해 본다.

레지오 교사들은 유아들이 물감을 사용하는 다양한 과정을 경험하도록 한다. 심층적인 경험을 가진 유아들에게는 반투명 잉크와 아크릴 물감과 같은 다양한 종류의 물감을 경험하게 한다. 교사들은 공동 이젤 옆의 카트 위에 다양한 색 물감을 담아 제시한다. 때로, 몇 가지 색을 한정하여 색조와 명암이 다양한 물감을 제시할 수도 있다. 이는 유아로 하여금 색상의 점진적인 그러데이션을 인식하도록 한다.

다음 T유치원의 5세 유아들은 영역과 영역 사이에 걸어둘 황매화 벽화를 아크릴 물감으로 칠하면서 봄 **색깔에 대한 미학적 인식**을 갖게 되었다.

황매화 벽화를 만들자, 5세

유치원 주변의 황매화

OHP를 활용 밑그림 그리기

색연필로 그리기

아크릴 물감으로 칠하기

완성 후 영역 사이에 걸어 둔 '황매화' 벽화

레지오 유아들이 봄날 공동 이젤에 노란색, 분홍색, 파란색과 녹색의 서너 가지 그러데이션으로 색칠하는 것을 보았을 때, 또는 우리나라 4세 유아들이 유치원 뒷동산에 있는 아카시아 나무를 탐색하고 보라색과 녹색을 칠하는 것을 보았을 때, 색칠하는 방식을 소개하는 이유를 유아들로부터 배울 수 있다. 유아들과 벽화를 그리면서 유아는 **다양한 종류의 물감에 영향을 받고 어른들로부터 적절한 지원을 받을 때 학습의 가능성이 증가**함을 알 수 있다. 교사의 섬세한 도움으로, 유아들은 **색칠하기를 위한 보다 진보된 기술을 개발**할 수 있다.

레지오 접근은 우리에게 물감과 같은 미술 재료를 존중하도록, 매체를 제시할 때 이러한 존중을 암시하고 미학적 인식을 촉진하는 방식으로 제시하도록, **유아도 미술가와 같은 방식으로 생각하고 다양한 미술 자료에 관심과 주의를 가지고 사용하기**를 가르친다.

S어린이집 5세 유아들은 어린이집을 졸업하면서 자신들이 즐겨 놀았던 옥상 놀이터의 지저분한 벽을 벽화로 구성하기로 하였다. 주변에 있는 벽화를 찾아 견학하고 인터넷, 문헌, 사진 등을 찾아보면서 벽화의 종류, 기원, 다양한 재료 등을 알아보았다. 벽의 높이와 넓이를 재고 큰 붓, 롤러, 방수페인트, 색소 등을 준비하여 지저분한 벽을 정비하였다. 나무를 그리고 손바닥으로 페인트를 찍어 칠한 벽화, OHP로 패턴을 크게 투사하여 밑그림을 그린 후 채색하여 벽화를 구성하였다. 프로젝트를 진행하면서 벽화의 의미를 재방문하고 공원 그림을 디자인하여 구성하기도 하였다. 유아들이 그림을 그려 구성한 벽화는 더한 탐색 욕구를 불러와 칠하기 벽화, 찍기 벽화, 패턴 활용 벽화, 타일을 이용한 벽화, 핸디코트를 이용한 벽화, 동판 벽화, 거울 벽화 등 다양한 벽화를 구성해 내게 하였다.

놀이터 벽을 바꾸자, 5세

놀이터의 지저분한 벽

주변 벽화 탐색

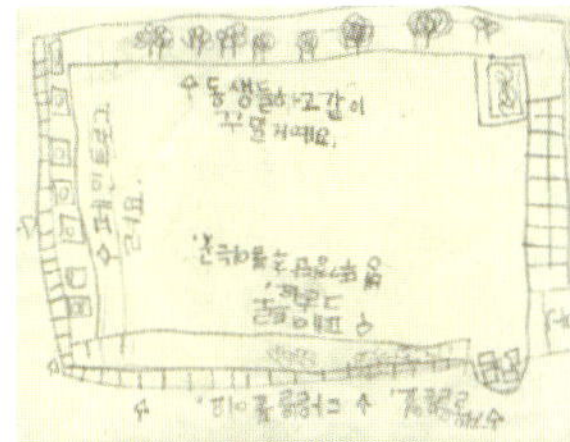
벽화 계획

바탕 칠하기

손바닥 찍기 벽화

패턴을 활용한 벽화

타일 벽화

핸디코트 벽화

물감으로 그리는 벽화

거울 벽화

동판 벽화

## 03_3 점 토

물감 매체처럼 교사들은 유아들이 점토의 가용성을 탐색하고 그 매체에 대한 많은 가능성을 혼자 힘으로 발견하도록 격려한다. 유아들은 물을 첨가했을 때 점토가 얼마나 더 말랑해지는지, 말랐을 때 얼마나 조작하기 힘든지 관찰한다. 자연적으로 유아들은 점토 모양을 만들기 위해 손을 사용할 수 있음을 발견한다. 손을 사용하여 작은 공 모양으로 빚고, 코일 모양으로 굴리고, 두툼한 판자 모양으로 납작하게 만든다. 유아들은 다른 도구를 이용하여 점토에 자국을 만들거나 작은 점토 조각을 덧붙여 장식할 수 있음도 발견한다.

## 점토 탐색, 3세

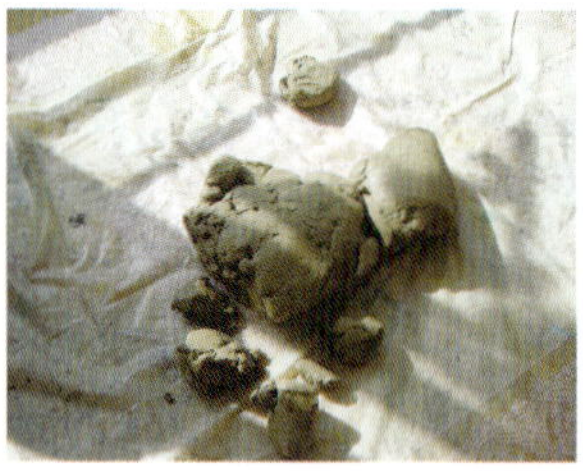
더러워…

진흙탕에 빠진 것 같아

차가워…

와~ 서로 붙어
굳으면 딱딱해지기도 하고

내 얼굴

물고기

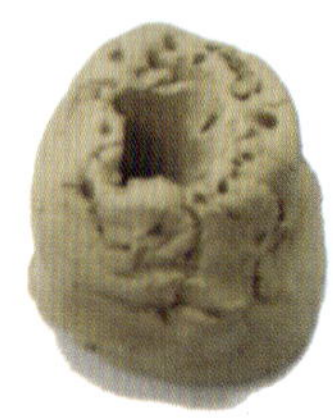
도구를 이용해서 그릇 만들기

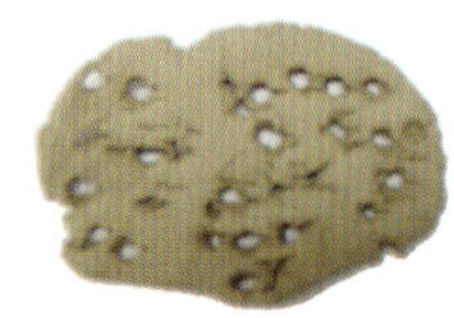
구멍을 냈는데… 벌집 같아

좀 더 발전하여 유아들이 코일을 만들어 **형태를 구성하고 점토판 위에서 모양을 만드는 다양한 기술을 학습**할 때 초기의 경험이 토대가 된다. 점토와 점토를 연결하기 위해 점토에 물을 발라 부드럽게 한 후 연결시키는 방법을 알게 하면 유아들의 점토 작업이 원활히 이루어지도록 도울 수 있다. 또한 만든 점토의 가장자리를 거칠게 하기 위해 스틱을 사용하고, 가장자리를 함께 눌러서 이음새를 부드럽게 하는 기술도 알려줄 수 있다. 만일, 특정한 점토 형태를 만들고 싶다면 철사를 구부려 임시 틀을 만들어 형태를 만들어 내는 기술을 시범 보일 수도 있다. 머리나 항아리를 만들기 위해 둥근 모양의 점토를 만들고자 한다면, 형태를 잡을 때 신문지를 둥근 공 모양으로 만들어 지지대를 만드는 방법을 보여줄 수도 있다. 유아들이 원한다면 특징적인 것을 만들거나 점토를 연결하기 위해 위에서 언급한 도구를 사용하여 작은 조각을 첨가하거나 점토 표면을 울퉁불퉁하게 함으로써 유아들이 만든 점토 형태를 장식할 수도 있다.

로 봇

서 있는 사람

달팽이 가족

조각이 완성되면, 며칠 동안 젖은 타월로 점토를 덮거나 플라스틱으로 감싸 2~3주 동안 천천히 건조시켜야 한다. 만일 유아들이 나중에 점토 작업을 계속하기 원한다면 플라스틱으로 싸서 두고 때때로 물을 뿌린다. 유아가 자신의 작품을 보관하기를 원할 때는 비닐로 덮어둔다. 만든 점토 결과물을 오래 보관하고자 한다면 굽는 것이 바람직하며, 건조된 점토 구성물은 전기 가마나 화로에서 구울 수 있다.

T 유치원의 4세 유아들은 한동안 점토 작업을 하느라 분주하게 보냈다. 주제는 '공룡' 이었으며, 공룡의 세세한 부분을 만드는 것에서, 부분 연결하기, 누워있는 공룡 세우기 등 공룡을 만들기 위한 다양한 방법이 사용되었다. J교사는 **유아들이 어떻게 서로에게 배우는지, 어떻게 유아가 다양한 공룡에 대한 아이디어를 탐구하기 위해 점토를 사용하고 있는지 유아들의 대화를 기록화**하였다.

### 설 수 있는 공룡, 4세

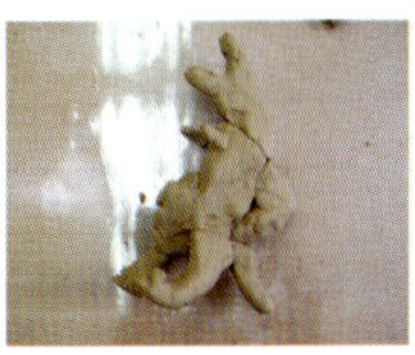

공룡이 누워있어
죽은 공룡 같애
서 있는 공룡 만들거야

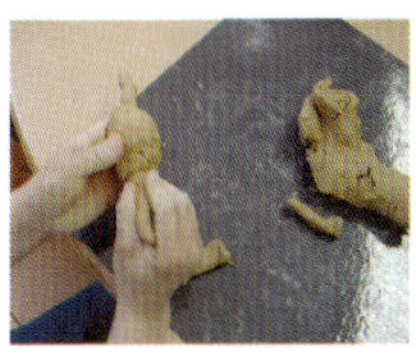

이건 다리야.
4개나 붙여야 해

납작한 다리 만들기

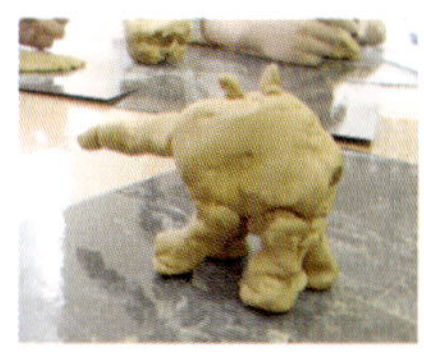

공룡 등에 뾰족한게
있으면 더 멋질 것
같아

그런데 어디가 머리고
어디가 꼬리야?

완성된 공룡

꼬리에는 뾰족한 게
없어.

· 이빨과 발톱이 있는 티라노사우루스

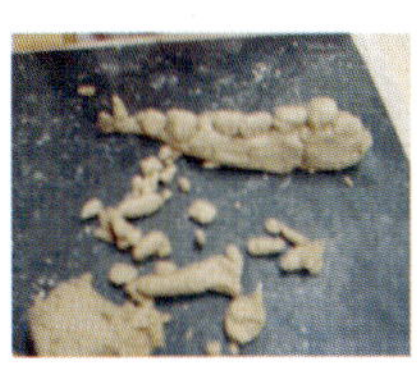

스테고사우루스에서 공룡시대로…

찰흙 점토와 **유사한 가용성을 갖지만 재질, 사용 방법, 표현이 서로 다른 종이 점토**도 유아들의 '수많은 언어'에 흔히 사용되는 좋은 매체이다.

종이 죽으로 탈 만들기, 4세

신문지 불려서 종이 죽 만들기

밀가루 풀과 신문지 죽 반죽하기

풍선에 종이 죽 붙이기

모양 만들기

말리기

흰색 한지 붙여 말리기

색칠하기

완성-문둥이 탈

## 03_4 미술 매체로서의 빛

레지오 에밀리아 학교 방문객들이 가지고 돌아오는 가장 강력한 기억 중 하나는 미술의 매체로서 빛의 활용이다. 유아들이 빛의 가능성을 탐구하도록 다양한 방법을 연구해 보자. 유아들은 라이트 테이블이나 OHP 표면에 투명한 사물과 색 티슈 조각 또는 셀로판지를 배열해서 빛을 조작한다.

라이트 테이블은 밑부분에 고정된 두 조각의 멋진 형광색 빛 튜브와 위를 덮고 있는 불투명한 플렉시 글래스로 구성되어 있다. 상자 안쪽은 하얗게 색칠되어 있다. 표면이 투명한 물체나 종이 외에도 티슈나 투명 비닐 위에 펠트펜을 사용하여 그리거나 잉크로 칠할 수 있다. 그 외 다양한 주변 매체나 자연물들을 이용하여 주제에 따른 유아들의 수많은 언어들이 표상된다. 경우에 따라 검은 도화지를 이용한 구멍 그림 등의 기술이 사용되기도 한다. 라이트 테이블 위나 옆에는 다양한 매체가 있는 매체장은 물론 주제와 관련된 자연물이나 책 등을 놓아 유아들의 표상을 자극한다.

## 4세의 라이트 테이블 작업

바닷속 꾸미기

검은 종이에 구멍 뚫기

다양한 매체로 꾸미기

구리망을 이용한 표현

바닷 속 여행

눈 내리는 마을

집에 있는 곰돌이

곰과 하트

공 룡

동굴과 숲

## 5세의 라이트 테이블 작업

마법의 성

자동차와 찻길

빨간 집과 꽃들

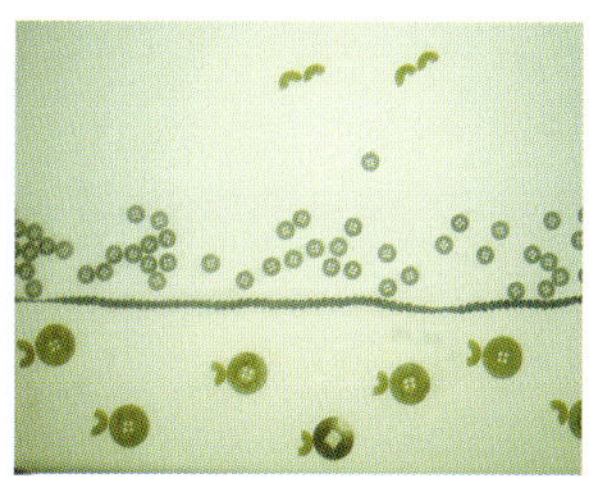
바닷속의 꿈

조개 공주

소원 들어주는 나무

바다로 출발하려는 배

라이트 테이블 옆의 매체장

창의적 작업에 빛의 활용은 레지오 적용 교실에서 다양하게 나타나고 있다. 유아들은 OHP에 의해 벽에 투사된 패턴을 만들거나 배경화면을 만드는 작업에 몰입한다. 유아들은 컴퓨터에서 발견한 디자인을 재현하기도 한다. 표현된 화면을 배경으로 다양한 역할놀이나 극놀이가 구성된다.

### OHP와 3차원 구성을 이용한 등대가 있는 바다 구성, 5세

인터넷으로 등대 탐색하기

OHP 위에 바다 구성하기

블록으로 등대 구성하기

등대가 있는 바다

### OHP와 스크린을 이용한 상상놀이, 5세

박쥐가 살고 있는 숲속 동굴

나뭇잎에 이슬이 앉았네.

별이다. 밤이야! 집으로 가자.

숲속에 봄이 찾아왔어요.

꽃구경 가자.
다리를 건너볼까?

지옥이다!!!

쌀 씻는 것 같아.

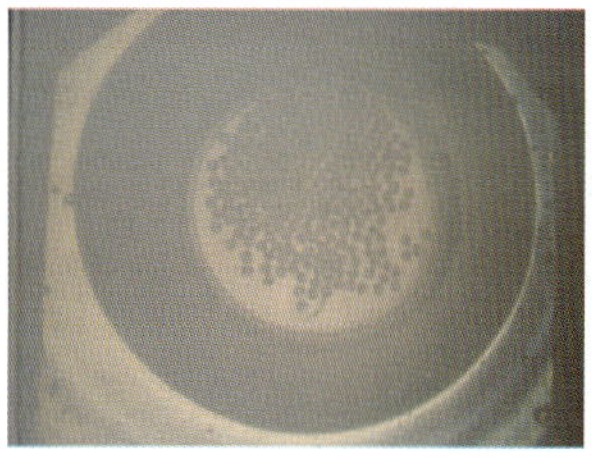

개구리 알처럼 보인다.

구슬이 얼마나 커졌나….

보석이 떨어진다. 보석 잡아라!

### OHP와 블록을 이용한 역할놀이, 5세

건물을 높이 세우자

나는 이 모자 쓸거야.
공사할 때 쓰는 거야.

이쪽에 건물을 하나 더
세우세요.

### 이야기 구성, 5세

비 내리는 날,
여자친구가 백화점 가는 길.

남자친구는 우산이 없어서
비를 맞고 있었어요.

여자친구는 우산을
씌워주었어요.

남자친구는 고마워서 여자친구를 안아 주었어요.
고마워.

OHP 위에 거미줄 구성

구성놀이 하는 친구들에게 그림자가 비침

거미줄에 걸렸어.

넌 내 먹이! 먹이를 잡는거야.

뱀이다! 도망가자.

## 빛과 3차원 구성놀이

**2차원 구성에서 얻어진 유아들의 표상 기술은 3차원 공간으로 이어진다**. 천장, 벽, 바닥뿐 아니라 공간 그 자체에 유아들이 탐색한 수많은 이미지를 한계 없이 구성해 나가는 것을 볼 수 있다.

평화의 탑과 천사의 날개

플렉시 글래스 이젤을 이용하여 달팽이 모자이크 구성하기

햇빛은 창에 걸어둔 벽화를 통해 빛나고, 전기적인 빛은 유아들이 아세테이트지 위를 지나 교실에 걸어둔 스크린을 통해 빛난다. 교실에서 빛을 창의적으로 사용하는 데서 투영성의 원리가 분명하게 나타난다. 특히 유아들은 자신의 세계를 탐구하고 아이디어를 표현하는 수많은 언어 중 하나로써 **빛을 창의적으로 사용할 뿐 아니라 다양한 방법으로 사용**한다.

## 03_5 자연물

나뭇가지로 까치 둥지 모양 만들기

큰 나무를 이용해서 둥지 모양 잡기

나뭇가지를 휘어서 둥지 모양 만들기

마른 풀과 찰흙을 반죽하여
둥지 안에 틈 메우기

라이트 테이블 위에서 나뭇잎 탐색

대추로 구성하기

나뭇잎 발 만들기

창가에 걸어둔 나뭇잎 발

다양한 헝겊이나 면실 등으로 창의적인 직조, 엮기, 묶기 등은 손을 사용하여 감각적인 수많은 언어를 표상하는 한편, 유아들의 소근육 운동 능력과 감각 발달을 돕는다.

염색 천을 잘라서 직조

대나무 발을 이용한 직조

## 03_6 다매체

구리철사, 구리판, 알루미늄 호일, 링거줄 등의 매체를 제시함으로써 유아들로 하여금 **선, 면, 2차원 · 3차원 구조물을 조형하고 표상**하도록 돕는다. **단위 표상들은 조합되어 큰 구조물이 구성**되기도 한다.

### 선과 선의 만남

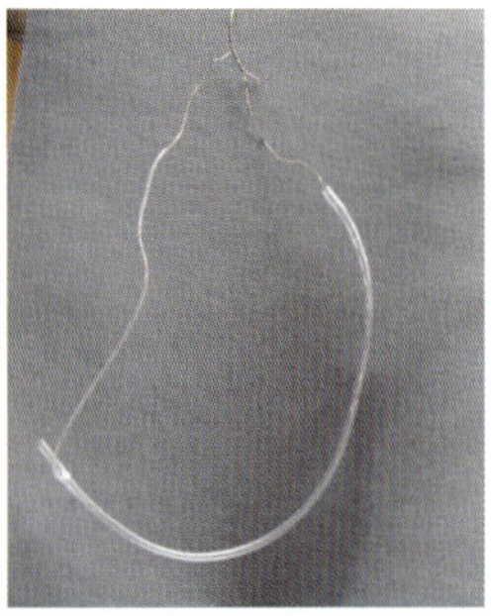

목걸이

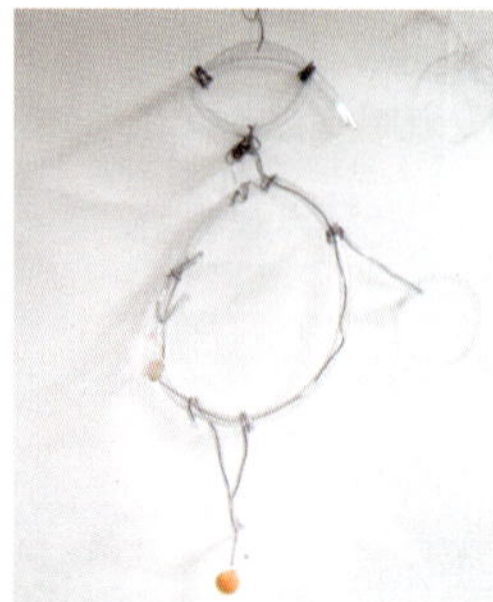

사 람

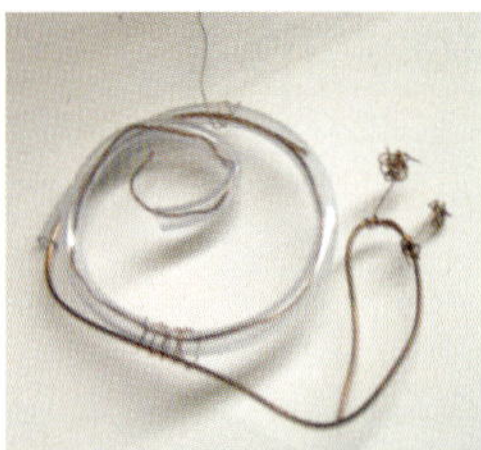

달팽이

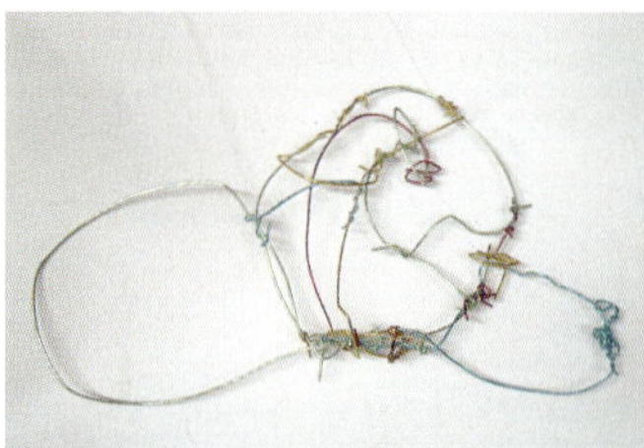

자동차

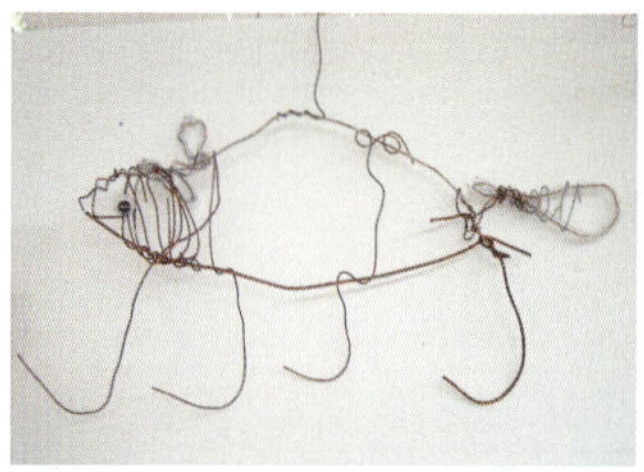

사 자

탱 크

### 선과 면의 만남

세모 네모 나라

자동차

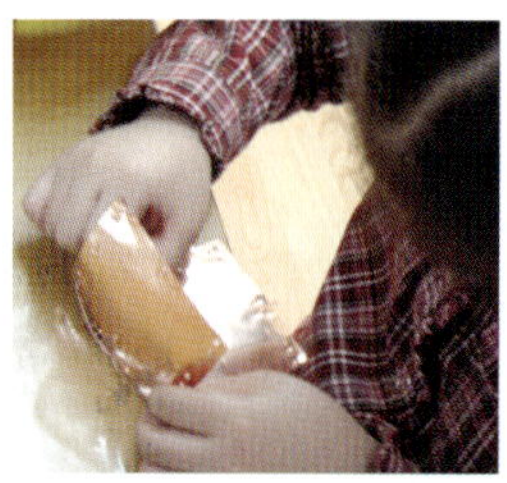

입체 구성

세 모

터 널

집

별

### 쿠킹호일로 3차원 공간 구성하기, 5세

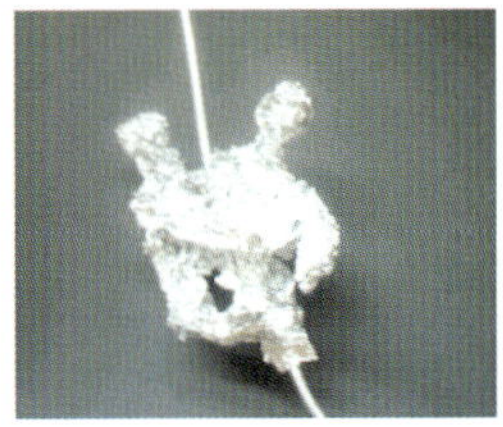

**일상용품들의 형태 그 자체를 표상에 활용**할 수 있도록 주변 매체들을 수집하여 활용하는 과정에서 환경친화적인 인식 또한 고양할 수 있다.

### 알루미늄 매체로 바닷속 구성하기, 4세

철망 바구니로 만든 문어

캔으로 만든 물고기

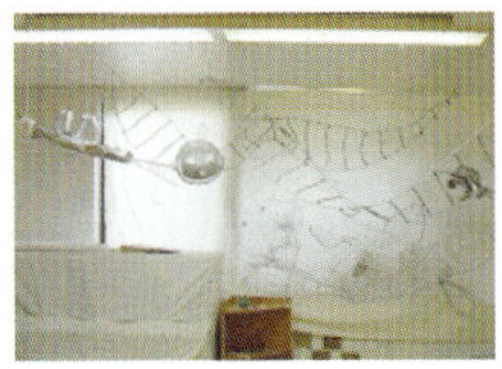
교실 공간을 이용한 바닷속 구성

### 금속매체로 구성한 우리들의 표정

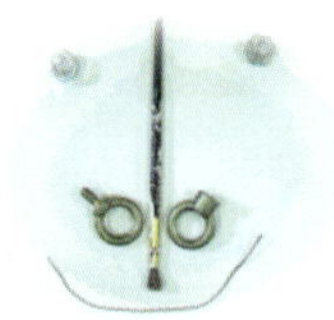

### 고무자석 이용 구성놀이

기존의 고무자석을 다양한 모양으로 잘라 구성놀이에 활용함으로써 표상 기술이 부족한 유아들도 스스럼없이 다양한 언어를 표상해 낼 수 있다.

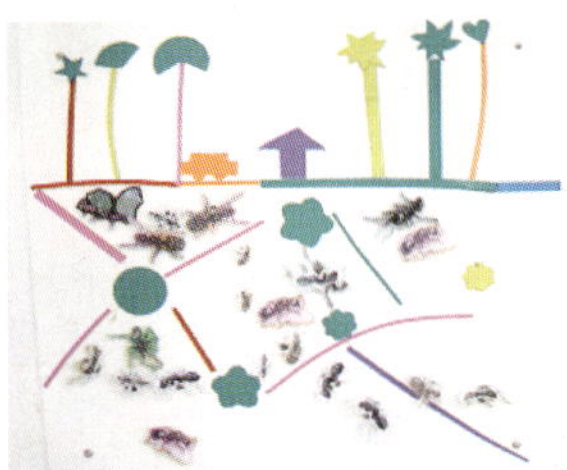
개미집 구성

오염된 바다

### 소리 만들기, 4세

**표상의 모듈이 다른 장르를 표상**하는 것도 레지오 교실의 특징이라 할 수 있다. 유아들은 동화에 나오는 소리를 주변의 다양한 소리로 재연하기 위해 탐색하고 동극으로 연출하였다.

동화 계획하기

바가지와 양동이로 효과음 만들기

다양한 소리 탐색하기

구슬과 나무상자로 효과음 만들기

가면 만들기

공연하기

무대 뒤에서 효과음 내기

공연하기

우리의 문화적 맥락을 반영한 다양한 매체들도 활용된다.

우리 주변의 일상용품을 활용한 리듬악기 놀이

레지오 프로젝트에서 유아들은 다양한 모듈의 다양한 매체를 연합해서 아이디어를 표상한다. T유치원의 4세 교실에서는 유아들이 말한 '이상한 탈 쓰고 춤추는' 탈극 프로젝트에서 다양한 매체를 사용하여 탈을 만들었다. 유아들은 자신이 아는 탈극에 대해 그림으로 스케치하고, 실제 탈을 관찰하면서 서로 다른 탈의 형상을 탐색하였다. 탈을 쓰고 몸을 움직여 춤을 추면서 리드미컬한 춤을 추기 위해 음악적 장단을 연구한다. 동화를 각색하여 등장할 탈의 종류를 정하였다. 동화에 등장하는 도깨비, 코끼리, 개미, 고슴도치, 코뿔소, 공작, 부엉이, 사자, 악어, 이매탈 등의 탈을 만들기 위해 첫 그리기 후, 탐색과 피드백을 통해 수정, 재수정, 표상, 재표상하기를 거듭하면서 구체적인 탈의 형상을 그림으로 그렸다. 디자인된 형상대로 신문지 죽을 이용하여 탈을 만들고 헝겊으로 옷을 만들어, 자신들이 고안한 음악적 장단과 역할에 맞추어 탈극 공연을 하였다. 유아들의 탈극은 어김없이 5세 형님들과 교사들의 피드백을 거치면서 구성, 재구성되었다. 이러한 방식으로, 유아들은 문제나 아이디어를 다양한 관점에서 생각하도록 안내된다.

내가 생각하는 탈 그리기

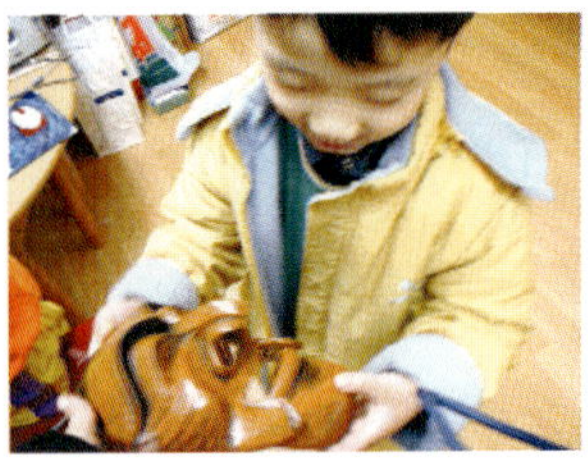
실제 탈 관찰

동화 선정하기

신문지 죽으로 탈 만들기

옷 만들기

장단 정하기

공 연

유아들이 다양한 매체를 통해 동일한 개념을 표현하고자 하는 방식은 좀 더 깊이 있는 학습을 추구하는 레지오 아이디어이다. 다양한 매체는 이해를 표상할 수 있는 기회와 함께 사고를 확장, 심화하도록 한다. 여러 가지 매체를 통한 활동의 순환은 결국 누적되어 심화된 학습을 가능하게 한다.

교사들은 점토나 그 외 구조물을 지탱하기 위한 철사 틀 구성을 돕거나 3차원 구조를 만드는 데 필요한 유아의 부족한 기술을 도움으로써 유아가 아이디어를 잘 표현할 수 있도록 지원한다.

T유치원의 4세 유아들은 아프리카에 대해 알고 있는 것을 이야기 나누던 중 '사막이 있을까?' '어떤 옷을 입고 다닐까?' '사막을 어떻게 다닐까?'에 대해 탐색하였다. 다가올 바자회에 친구들이나 부모님들과 어떤 활동을 하면 좋을지 협의하는 과정에서 낙타가 있는 사막을 구성하고 친구들이 사진을 찍을 수 있도록 낙타를 만들자고 제안하였다. 낙타의 생김새에 대해 탐색하면서 길고 숱이 많은 눈썹, 귀 안의 털, 닫혔다 열렸다 하는 코, 딱딱하고 평평한 발바닥 때문에 낙타가 '사막의 자동차'임을 알게 되었다. 유아들은 신문지, 소포지, 테이프, 자연물, 철사, 끈, 헝겊, 파스텔 등 다양한 매체의 가용성과 특성을 살펴 활용하면서 공동으로 큰 낙타를 구성하였다. 부분과 부분을 연결하였지만 낙타를 세우는 데 많은 어려움과 갈등을 경험하였다. 유치원의 남자 K교사는 낙타의 몸과 다리에 구멍을 뚫고 두껍고 튼튼한 철사를 넣어 연결하여 낙타를 세우는 방법을 보여주었다. 유아들은 낙타를 **세우는 데 필요한 균형의 중요성을 경험할 수 있었고 균형을 유지하도록 돕는 기술도 학습**할 수 있었다.

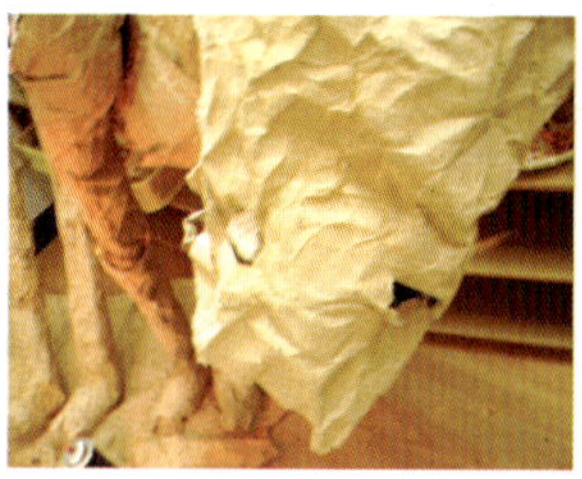

낙타는 눈썹이 길고 숱이 많아. 코는 닫혔다 열렸다 해.

발바닥은 딱딱하고 평평해.

낙타를 세우자.

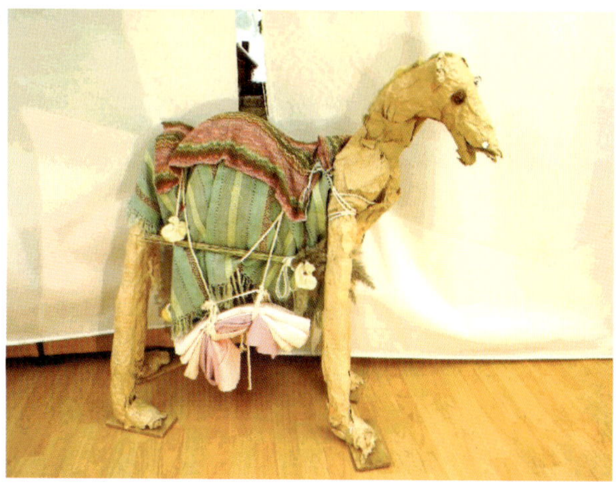

낙타 완성

## 04 다상징적 접근을 통한 부적응 유아의 행동 개선 사례

우리는 곧잘 "요즘 아이들은……" 하면서 이야기하기를 즐긴다. 날로 사회가 개인화되어 가면서 아이들도 더 비판적이고 방어적이며 공격적으로 변한다고 말한다. 레지오 에밀리아에서 유아, 교사, 부모 간 협상을 통해 이루어지는 협력 학습은 작금의 사회적 현상에 대한 대안이라고 Malaguzzi(1993a)가 피력한 바 있다. 가치관은 변화되고 부모들은 과거보다 더 많은 스트레스를 경험하면서 가족 관계가 느슨해지는 사회적, 심리적 환경 속에서 성인은 물론 유아도 상당한 심리적 압박을 받고 있다. 특히 유아는 성격 형성의 가장 중요한 시기에 해당할 뿐 아니라 외부의 압력과 스트레스에 대처할 준비가 되어있지 않은 상태에서 유아들이 경험하는 부정적 정서는 부적응 행동, 신체적·정신적 문제 행동으로 나타난다. 정상아를 포함하여 부적응 행동을 가진 유아는 제한된 표상 능력을 가지고 있다. 레지오 접근에서 활용하는 다양한 매체는 매체마다 서로 다른 표상적 잠재력 때문에 유아의 제한된 능력을 보완하거나 다양한 방식으로 접근의 폭이 넓기 때문에 지체 유아나 부적응 유아에게 보다 적합한 접근 방식이다.

다매체를 활용한 수많은 언어를 자유롭게 표상할 수 있는 환경이 다양하게 전개되는 발현적 교육 과정을 유아 교육 현장에 적용해 오면서, 의도하지 않았지만 유아들의 부적응 행동들이 개선되어 가는 경우를 자주 본다. 몇몇 어린이집과 유치원에서 교사와 부모들이 들려준 이야기와 사례를 소개한다.

9월에 온 J이라는 아이가 있어요. 적응을 잘 못해서 다른 소리만 하고, 혼자 놀이하고 그랬었는데, 오늘 수화 이야기가 나오니까 혼자 노래를 하면서 수화를 했어요. 제가 어머니에게 왜 아이가 노래를 안 하냐고 여쭈어 봤을 때, 원래 아이가 적응하는 시간이 오래 걸려서 완전하게 알기 전까지는 입도 뻥긋 안한다고 말씀을 하셨거든요. 그런데 오늘은 너무 자신 있게 하고, 자유 선택 시간에 아이들에게 수화를 가르쳐 주고 있더라구요(O유치원, 5세 K교사).

2학기 10월에 다른 유치원을 다니다가 이사와서 우리 유치원으로 온 J라는 유아의 경우, 많이 산만하고, 말을 더듬고, 표현을 하지 않으려는 아이였습니다. 또한 앉는 것 자체를 싫어하고, 활동에 잘 참여하지 않는 유아였습니다. 혼자 이것저것 만지고 딴소리 하는 등 정말 산만하였습니다. 어머니의 말씀으로는 아버지가 상당히 엄하고, 아버지와의 상호 작용이 거의 없어 어머니하고만 상호 작용을 해왔던 아이라고 합니다. 그러나 이제는 수업 중에도 뭐든지 하려고 하는 행동을 보이고, 표현하려고 합니다. 또한 집중하는 시간도 길어지고, 자기 생각을 얘기하려고 합니다(T유치원, 3세 교사).

J는 어렸을 때 화상을 입은 적이 있고, 플래시 카드를 이용한 교육을 많이 시켜서 그런지 산만한 편이었어요…. 저희는 사업 때문에 6개월 동안 지방에 있었는데, 그 때 적응을 잘 못했어요. 유치원 가기도 싫어했고, 말을 많이 더듬었어요. 그런데 여기 다니면서는 예전보다 많이 안정을 찾았고, 유치원 가기를 좋아해요. 그리고 말을 더듬는 것도 많이 나아졌고, 발표를 많이 해요. 전 말을 잘한다는 것 자체에 대해서 감사해요. 그 이유는 아마도 교육 방법이 다르기 때문이 아닐까 생각을 해요. T유치원 다니면서는 아이가 "엄마 우리 ~에 대해서 생각해 보기로 해요." "엄마 이제 내가 얘기할게요."라는 말을 많이 해요. 자기가 뭔가를 할 수 있다는 분위기가 조성되어 있어서 아이가 자신감이 많이 생긴 것 같아요(T유치원, 3세 J부모).

### 사례 1 - 교사와의 상호 작용을 회피하는 유아 (G, 3세 男, S유치원)

S유치원 3세반에 다니는 G는 혼자 또는 다른 유아들과 곧잘 어울리고 상호 작용하면서 학습 활동에 무난히 참여하는 유아다. 그러나 2학기에 들어선 지금까지 유독 교사와의 대화나 상호 작용을 피한다. 교사를 의식하면 고개를 돌리고 눈을 쳐다보지 못한다. 친구와 이야기를 나누다가도 교사가 다가가면 고개를 들지 못한다. 또래와 재미있게 블록놀이 등을 하다가도 교사가 기록화를 위해 사진을 찍으면 고개를 들지 못하고 교사가 건네는 말에 반응을 보이지 않는다.

프로젝트 활동에 참여하면서 교사와 여전히 눈을 맞추지는 않지만 활동에 관심을 보이기 시작한 G는 교사와 유아들이 계획한 '마트 놀이'에 가게 주인이 되겠다고 처음으로 교사에게 의사표현을 하여 교사를 감동시켰다. 그 후 G는 유아들과의 활동에 몰입하면서 교사를 의식하여 고개를 돌리거나 하지 않았고 놀이에 참여 의사를 보일 뿐 아니라 극화 활동을 위해 궁금한 사항들을 질문하기도 하였다. 이제는 활동에 참여하면서 자신이 경험한 내용들이나 느낌을 친구와 교사에게 활발히 이야기하는 환한 모습을 볼 수 있다.

### 사례 2 - 공격적인 유아 (B, 5세 男, S유치원)

B는 S유치원에 2년째 다니고 있다. B는 블록놀이를 좋아하는데 친구에게 블록 등의 물건을 던지거나 주먹 등으로 때리거나 순간적으로 소리를 지르고 "죽어버려…"라고 말하는 등 신체적 · 언어적 공격 행동의 정도가 심하다. 과제 수행에 대한 책임감이 부족하며 집중력이 낮고 감정 조절력이 떨어진다. 반 친구들이 한 번씩은 맞아 울었던 경험이 있고 유치원 전체에서 B를 모르는 학부모가 없으며 항의가 극심하다. 가정에는 부모님, 같은 유치원에 다니는 한 살 어린 남동생이 있다. 교사와의 상담에서 엄마는 예전에 주부 우울증으로 아이들에게 화를 많이 내고 흥분하여 소리를 곧잘 지르곤 하였으며 아빠 또한 엄격하다고 했다. 엄마는 B의 이후 학교에서의 적응을 걱정하면서도 부모나 교사의 항의가 있을 때는 B의 행동을 합리화하는 항변을 곧잘하여 교사들을 당혹하게 하였다. 그러나 B는 유치원에 오는 것을 싫어하지 않으며 교사에게 가끔씩 어리광을 부리거나, "선생님 이뻐요. 사랑해요" 라고 말하기도 한다.

교사들은 협의를 통해 '친구를 괴롭히는 아이'를 주제로 한 소그룹 프로젝트를 의도적으로 계획하고 B를 참여토록 하였다. 프로젝트 활동 중 친구들을 괴롭히는 아이가 어떻게 하면 친구를 괴롭히지 않고 사이좋게 놀도록 할 수 있을지에 대해 토의하였다. 한 아이가 "B다!"라고 이야기하였고, 유아들은 "그 친구를 동생반으로 보내자" "온몸에 전갈을 붙이고 괴롭혀주자" "가시로 찔러주자" "사이좋게 지내자고 이야기하자" 등의 의견을 말하였고 B는 아무 말 없이 듣고만 있었다. 며칠 후 교사는 화난 얼굴과 울고 있는 얼굴을 손가락에 그리고 가상놀이를 유도하였다. 다른 친구들과 사이좋게 블록놀이를 하려고 했던 힘센 친구가 작은 친구를 블록으로 때려서 울고 있는데 같이 친하게 지내도록 하려면 어떤 방법이 좋을까를 물었다. 유아들은 "서로 화해해요. 마음을 이야기해요"라고 했고, B는 "때린 친구를 이해해 줘요. 같이 놀고 싶어서 그런거잖아요?" "맞은 친구도 기분 나쁘니까 힘센 친구가 다음부터는 안 때리겠다고 약속해요. 그리고 악수해요"라고 말하였다. 그 후 B의 공격 행동은 현저히 줄었고 친구들도 B가 부당한 행동을 할 때는 강력히 항변하는 모습을 볼 수 있다.

### 사례 3- 동적인 활동과 친구 관계를 싫어하는 유아 (P, 5세 男, S유치원)

P는 신체 표현 등의 활동적인 놀이보다는 미술 영역이나 조작 영역에 앉아서 손으로 표상물을 만드는 혼자놀이에 몰입하는 활동을 주로 한다. 따라서 타인들과의 상호 작용이 거의 없으며 친구들도 P를 좋아하지 않는다.

학급에서 '우리가 만든 버거' 라는 주제의 프로젝트를 진행하면서 교사는 P가 또래나 주변 성인들과 협력하여 상호 작용할 수 있도록 의도적으로 역할을 분담하였다. 이후 P는 친구들과 협력하여 요리 활동에 참여하였고 옆반 선생님의 피드백을 위해 만든 음식을 나르는 등 참여하게 되었다. 햄버거 가게를 견학하고 수집해 온 브로슈어를 실물 환등기를 이용하여 스크린에 배경화면으로 투사한 후 유아들이 스스로 구성하는 극놀이에서 P는 점차 흥미를 가지고 몰입하여 원하는 표현을 몸동작으로 표상하고 친구들을 불러모아 역할을 나누어 활동하였다.

### 사례 4 - 유치원에 오지 않으려 하는 유아 (L, 3세 男, Y유치원)

여름방학을 지나고 등원하기 시작하면서 L은 유치원에 안가겠다며 자주 울음을 보인다. 일단 교실에 들어오면 활동 참여가 이루어지지만 L이 떼를 쓰거나 배가 아프다고 하면 할머니께서 유치원에 보내지 않으셔서 그런지 갈수록 더욱 떼를 쓰는 경향이 있다. L은 할아버지, 할머니, 삼촌과 함께 살며 엄마가 직장이 있는 관계로 주말에만 엄마와 지내기 때문에 할머니에게 애착이 강하다. 엄마가 유치원을 방문하여 협의한 결과 아침 등원 시에 울기는 하나 교실에서는 활동에 잘 참여하므로 떼를 써도 유치원에 보내서 적응시켜 보기로 하였다.

2학기 들어서 변화된 교실의 OHP 이용 구성놀이 영역, 직조 짜기 영역, 라이트 테이블 작업 등에 L은 관심이 많았다. 교사들은 L이 좋아하는 놀이를 이용한 프로젝트를 운영하여 몰입하는 기회를 주고자 '자동차가 다니는 길' 을 3차원으로 구성하기로 하였다. 교실 중앙에 매달린 스크린에 자동차와 자동차가 다니는 길을 그림자로 투사하는 구성놀이 과제에서 L은 다른 유아들과 협력하여 하나하나 문제를 해결하는 데 몰입하였다. 그림자가 비추이는 위치 선정하기, 자동차와 길의 그림자가 고정되도록 받침대 세우기, 그림자가 투사될 높이에 알맞는 사물(책상과 큰 블록) 선정하기 등이었다. 이후 L이 울면서 등원하는 날은 점차 줄고 있고 할머니와 함께 교실을 돌아보며 하고 싶은 활동을 선정하기도 한다.

### 사례 5 - 기관 생활에의 일상적 적응이 어려운 유아 (S, 4세 男, Y유치원)

S는 엄마, 아빠, 여동생과 함께 살고 있다. 엄마가 성격이 편한 편이고 방임형이어서인지 유치원과 가정이 연계된 과제, 예를 들어 단어 전달 등은 거의 이루어지지 않는다. S는 등원하면 출석카드에 도장도 찍지 않으며 줄도 서지 않아 계속 뒤로 밀려난다. 그러다 부산하게 돌아다닌다. 또 어떤 날은 교사가 신발장 앞에 몇 십 분씩 앉아 있기도 한다. 집단 활동 시간에도 바르게 앉지 못하며 친구들에게 발표하려 하지 않고 언어적 표현도 분명하지 않아 알아듣기 어렵다. 너무 빨리 말하거나 가끔 이상한 소리를 지르고 말을 얼버무린다. 따라서 친구들과의 상호 작용도 어렵다.

그러던 중 관찰 영역에 가져다 둔 달팽이에 S가 관심을 보였다. 등원하면 부산하게 돌아다니지 않고 관찰 영역으로 가서 유심히 달팽이를 관찰한다. 여기서 '달팽이' 를 주제로 한 프로젝트가 시작되었다. 프로젝트를 진행하면서 S는 달팽이를 그리고, 그린 그림에 대해 설명하며 참여하는 모습을 보였다. 유치원에서는 '아빠 참여 수업'을 계획하여 아빠와 유아가 함께 달팽이를 탐색하는 경험을 가졌다. 아빠와 함께 양재천으로 가 달팽이를 잡아서 탐색하면서 S의 관심은 고조되었다. 교실에서 다른 유아들과 함께 심화된 프로젝트 활동에 참여하였으며 달팽이를 극화하는 그림자극에서도 협력이 이루어졌다.

### 사례 6 -학습 지체 유아 (M, 6세 男, G어린이집)

M은 작년에 5세반에 들어왔지만 친구들과의 대화나 상호 작용이 부족하고 학습 능력이 부진하며 집중력이 현저히 낮아 부모와의 협의하에 4세반으로 옮기게 되었다. 장애 진단 검사 결과 언어 · 인지면에 있어 학습 경지체로 진단 받아 초등학교에 입학하지 않고 현재 5세반에 다니고 있다. 어린이집에 다니면서 한 주에 2회 인지치료를 병행하고 있다. M은 거의 모든 학습 활동에 흥미가 없고 집중하지 못하며, 주로 친구들의 활동을 지켜보거나 혼자놀이하는 편이다. 그간의 인지치료 덕분에 읽기, 쓰기, 셈하기의 기본 기술은 다소 획득되었으나 활용 능력이 현저히 떨어진다. 미술 작업 등은 하기 힘들어하며 그림을 아주 작게 그린다. 가끔 멍하니 있는 공황 상태도 자주 보게 된다. 유독 컴퓨터 게임에만 강한 집착을 보이며 이때는 집중 시간도 길다. 요즘 집에서는 게임을 못하도록 하고 있다고 한다. 학급 친구들은 M을 놀이에 동등하게 참여토록 하고 있으나 학습 시 도와주어야 한다고 생각하며 가끔 놀리는 유아도 있다.

근래 학급에서는 옥상 놀이터 벽에 '벽화' 그리는 프로젝트를 진행하고 있다. 평소 접하지 못하던 방수 페인트, 붓, 벽화를 위한 다양한 도구나 재료 등을 접하게 되자 M은 프로젝트에 참여하는 친구들의 주변을 배회하면서 활동에 관심을 보이기 시작하였다. M은 집에서 붓, 벽화를 위한 타일을 가져오는가 하면 형이 다니는 초등학교에 벽화가 있음을 알리고 친구들을 안내하는 등 활동에 참여의지를 보였다. 놀라운 점은 평소 주의 집중이 어려웠던 M의 집중 시간이 평소에 비해 5~10분 정도 길어졌으며, 친구가 하는 칠하기 활동을 중단시키며 적극 개입하기도 한다. 벽화 도안을 집중하여 그리는가 하면 친구와 대화하거나 문제 해결에 참여하기도 하였다. 현재까지 벽화 프로젝트는 계속되고 있고 M은 높은 참여를 보이고 있다. 가정에서의 학습 능력도 증진되었다고 한다.

레지오 교육은 자원의 소비자와 반대되는 생산자로서의 능력 있는 유아 이미지, 양질의 교육을 받을 권리가 있는 유아 이미지, 학습과 발달을 촉진하는 관계와 경험을 제공해야 하는 유아 이미지를 강조한다. 이러한 이미지는 한 가지 또는 그 이상의 문제가 있는(challenged) 유아, 장애 유아(disabilities)들을 또래 유아 집단과 통합하여 관계를 형성할 기회와 동등한 양질의 교육 경험을 제공하는 중요성을 인식, 실천하는 데 세계 선두에 서 왔다. **"특별한 권리가 있는 유아(children with special rights)"라는 문구는 장애를 가진 유아를 유아 학교 프로그램에 통합시키고 잠재적 발달을 극대화하는 데 필요한 지원을 받을 권리를 보장하는 것**을 나타낸다. 이탈리아는 1960년부터 모든 유아가 양질의 교육을 받을 권리를 고려하여, 1971년에는 6~14세의 유아가 차별 없는 교육을 받을 권리가 주어졌다. 1995년에는 3세 미만 유아의 영유아 센터 입학을 보장하는 법이 통과되었다.

특별한 권리가 있는 유아는 시립 유아 학교에 입학할 때 우선권이 주어지며, 학급당 장애 유아는 한 명만을 수용한다. 유아가 입학하면 부모와 두 명의 학급 담임 교사는 심리학을 전공한 교육조종관과 함께 만나 제3의 교사의 도움이 필요한지를 결정한다. 적응 교육, 즉 인세리멘토(inserimento) 과정이 천천히 주의 깊게 실시된다. 특수한 문제가 있는 유아의 경우, 이 기간은 훨씬 더 길어질 수 있다. 유아의 행동을 오랜 기간 관찰하고 가족과 대화를 나누며 건강 전문가, 가족, 교사 간 의사소통이 계속 이루어지도록 보장하는 합의문을 작성하고 장애 유아는 다른 유아들과 동일한 프로그램과 학급의 일상적인 활동에 참가한다. 합의문에는 그 유아를 위한 교육 방법과 매체에 대한 아이디어가 포함되나 유연성이 있어 교사나 교육조종관에 의해 수정될 수 있다. 계속적인 기록 작업은 특별한 권리가 있는 유아에게 매우 중요하다.

레지오 접근의 장점 중 하나는 **유아가 수많은 다양한 방법으로 표상하는 것이 가능하기 때문에 유아들의 다양한 학습 방식이 수용되므로 특별한 권리가 있는 유아에게 장점이 되며 장애가 차이를 불러오지만, 그것은 많은 차이 가운데 하나에 불과함을 인정한다는 것이다**(Soncini in Smith, in Edwards, Gandini, & Forman, 1998). 다매체를 활용하는 다상징적 접근은 특별한 권리를 가진 유아가 다른 유아 및 성인들과의 진정한 관계 속에서 자신을 볼 기회를 주기 위해 사용되는 상호 관계와 의사소통을 매개하는 수단의 중요성을 다시금 지적한다.

# Chapter 11

## 기록하고 반성하며 지원하기

### 질 문

01 '기록한다'는 것은 무엇을 의미하는가?

02 기록은 유아의 학습에 어떤 도움을 주는가?

03 현재의 기록이 유아의 학습에 도움을 주도록 어떤 부분이 개선되어야 할까?

04 기록 작업은 교사의 전문적 발달에 어떤 도움을 주는가?

05 기록 작업은 부모의 역할에 어떤 변화를 가져오는가?

06 기록 작업에는 어떤 과정들이 수반되어야 할까?

07 기록화는 어떤 종류의 형식으로 이루어질까?

08 기록 저널은 어떤 양식들로 이루어지는가?

09 기록된 내용들을 패널 작업할 때 어떤 과정을 거쳐야 할까?

10 교사의 기록 작업에 도전점은 무엇인가?

일상에서 일어나는 일들을 관찰하고 귀 기울여 듣는 일은 유아와 함께 일하는 가장 효과적인 방법이다. 의미있는 일상의 순간들은 수없이 발생한다. 흔히 지나칠 수 있는 일상 속에서 특별함을 찾아내는 일은 교사의 경청을 통해서 이루어진다. 레지오에서 배운 가장 위대한 학습은 자유로움이고 어떤 소품이나 화려한 도구도 필요하지 않다는 것이다. 우리는 단지 두 귀와 듣고자 하는 열정, 그리고 우리가 유아와 함께 가지는 평범한 순간들을 가치 있는 것으로 여기는 열정과 의지만이 필요할 뿐이다 (Shafer, 2002).

"유아에 관한 이미지는 기록 작업을 하지 않고는 변화될 수 없다. 변화를 가져오는 것은 벽에 패널을 거는 것이 아니다. 기록화는 패널에 무엇을 담을까 선택하고 기록에 반영되어 있는 것을 배울 사진과 대화 내용에 대해 반성하는 것이다. 기록 작업이 가져온 큰 차이는 기록 작업이 없을 때보다 교사들이 더 많이 반성한다는 점이다."—레지오 교사

무당벌레와 나비가 있는
봄나무, 5세

Documentation
Ordinary Moments, Extraordinary Possibilities
Document, Reflect, Support

## 01 반성, 연구, 협력을 지원하는 기록화

'기록한다는 것은 무엇인가?' 라고 초임 때부터 레지오 적용 유치원에서 6년째 근무하고 있는 J교사에게 질문하였다.

> '기록'이 무엇인지 한마디로 선뜻 말하기는 어렵지만, 기록을 왜 하는지는 알 것 같아요. 기록은 반드시 필요하며 바쁘다고 미루어서 해서도 안되죠. 왜냐하면 아이들이 돌아가고 난 후, 기록 자료를 보면서 오늘의 학습 과정을 정리하고 '이게 필요해'라고 반성하기도 하면서 앞으로의 방향이 보이니까요. 그리고 교사들과 다음에 무엇을 할지에 대한 협의에 꼭 필요하니까요(T유치원, J교사).

**기록하는 것은 '결과' 보다는 '과정'**이 되어야 한다는 우리의 확고한 신념에도 불구하고, 수집된 정보의 의미를 이해하고 이에 부합하고자 애쓰기보다는 그저 그 정보에 기초하여 유아의 발달 수준을 밖으로 내보이는 것에만 급급해 왔다. 기록 작업은 학습 활동을 기억하거나 평가하는 데 도움이 될 문서를 수집하거나 최종보고서를 창출하는 것, 또는 기록 패널을 만들어 벽면에 전시하는 것만을 의미하지는 않는다. 기록 작업은 우리의 가설, 탐색, 예측, 해석, 계획 그리고 연구와 같은 복잡한 조직망을 구성해 나가는 프로제타지오네의 한 부분이다. **기록 작업은 현재 학습하고 있는 것에 대해 표현하여 깊이 연구하고 반성하면서 다른 사람과 협력하여 대화하는 능동적인 실천**이다. Rinaldi가 『학습을 가시화하기(Making Learning Visible)』(2001)에서 "우리는 학습-교수 관계를 수정하기 위하여 그리고 학습을 촉진하는 절차의 통합된 부분으로서 기록 작업에 강조를 둔다"고 말한 바와 같이 우리는 기록 작업이 경험을 평가하는 데 사용될 뿐 아니라 새로운 학습을 지원하는 힘으로도 가치가 있음을 배웠다.

기록 과정은 교실에서 이루어지는 매일의 일과가 완전히 통합되어 숨쉬는 것처럼 자연스러운 흐름을 따르는 의사소통 활동으로 개방적이고 생동감 있는 체제이다. 그러므로 기록 작업은 성인과 유아들의 활동을 상호 연결한다. 이것은 상호 학습의 과정으로서 교사가 유아의 학습이 지속되도록 지원하며, 교사 또한 유아의 학습을 통해 배움을 구체적으로 실현하는 방법이라고 할 수 있다(Rinaldi, 1998). 기록 작업은 Rinaldi의 말처럼 체제이며 진정한 출발점이다. 그 체제는 모든 부분에 영향을 미친다.

교육 과정 변형을 추구하면서 우리는 관찰과 반성에 기초를 둔 프로그램을 위해 기록 작업에 초점을 두어야 함을 잘 알고 있다. 처음에는 기록된 결과물에 호감을 가졌지만, 점차 기록 작업 과정이 어떻게 연구와 공동체 의식을 촉진하고 협력하게 만드는지 이해하게 된다.

Malaguzzi는 "교사들은 결과를 평가하기 위해 기다리기보다 지속적으로 진행 과정을 이해하려고 해야 한다. 교육자로서 교사의 역할은 유아를 소비자가 아니라 생산자로서 보아야 한다." "교사들은 유아들의 시간 구조 속으로 들어가야만 한다. 유아의 흥미는 활동 과정이나 그 활동에서 일어나는 협상 과정에서만 발현한다. 유아는 자신들에게 귀 기울이는 것이 얼마나 필요하고 편리한 것인지 깨달아야 하고 … 발달이나 경험과 관련된 종적인 관찰과 작은 연구 프로젝트를 수행해 보는 데 참여할 수 있어야 한다. 연구나 혁신이 없는 교육은 재미없는 교육이다(Malaguzzi in Edwards, Gandini & Forman, 1998)."라고 하였다.

초기에 기록화는 유아들이 사회적 · 물리적 환경을 탐색하고자 몰두하고 있는 모습을 포착하여 단지 설명하는 것에만 초점을 두어, 보다 풍부하고 유능한 유아로 성장하도록 돕고자 유아들의 프로젝트 활동이나 자유 선택 활동 시간대에 여러 영역에서 이루어지는 다양한 탐색 활동 과정을 자세히 기록하였다. 또한 활동 과정에서 유아들간 상호 작용 내용에서 현재 관심이 있는 개념을 유아 수준에서 신중히 생각하고 있음을 발견하였을 때나 갈등이 야기되었을 때, 교사들은 이를 놓치지 않고 유아들의 경험을 낱낱이 기록하였다. 이러한 기록 방식은 우리로 하여금 기록을 한다는 것이 마치 관찰한 것들을 글로 적어놓는 것만을 의미하는 선입견을 갖도록 하였다.

'기록' 이라는 용어를 많은 변화의 가능성을 내포하고 있는 '기록하다' 라는 용어로 개념화하여 재정의할 필요가 있다. 교사, 부모 모두가 유아의 우발적인 질문이나 이야기들을 기록할 수 있다. 부모는 자녀에 관한 기록 내용을 함께 모여 토론할 수 있는 회의에 참석하여, 자신들이 기록한 것과 집에서 관찰한 것들을 토대로, 다른 부모, 교사들과 함께 의견을 나누는 기회를 갖는다. 결국, 이와 같이 '기록한다' 는 것은 유아 공동체와 주변 성인들이 하나가 되어, 함께 발견하고 서로 의견을 나누도록 하기 위한 역동적이고도 상호 협력적인 수단이 되도록 한다.

Goldhaber와 Smith(2002)는 기록 작업 과정이 유아교사의 전문적 자질과 교육에 미치는 효과를 연구하면서 그간 전통적으로 교사에 대해 가지고 있던 인식이 다음과 같이 변화하였다고 하였다.

첫째, 교사는 모든 것에 대한 해답을 알고 있는 사람이라는 인식에서 교사는 자신이 모르는 내용에 대해서는 다른 교사들과 협력하여 알아낼 수 있고 그 과정 속에서 오히려 더 큰 즐거움을 느낄 수 있는 사람이다.

둘째, 가르친다는 것은 쉬운 일이라는 인식에서 가르친다는 것은 학습자에게 용기를 주고 북돋워야 하는 어려운 일이라는 인식으로 변화되었다.

셋째, 가르친다는 것은 혼자 외롭게 감당해야 하는 것이라는 인식에서 가르친다는 것은 가르치는 사람들 서로가 협력을 도모하여 역할을 감당하는 것이라는 인식으로 새롭게 변화되었다고 하였다.

그 결과, 교사들간에 서로 협력하고 함께 생각을 공유하면서 연구를 거듭하는 것에 그 해결이 있음을 알게 되었다. 이를 토대로 다음과 같이 기록 작업의 의미에 대해 정의하였다.

- 기록화는 교사로 하여금 교육에 관해 함께 연구하고 보다 신중을 기할 수 있도록 촉진하고,
- 유아의 생각, 질문, 흥미, 관심사에 관해 대답해 주거나 주변 환경에 관심을 갖도록 동기 유발해 주며,
- 유아간, 유아와 성인 간, 성인들간의 학습 공동체를 형성해 주고,
- 유아간, 유아와 성인 간, 성인들간 유대관계를 강화하고,
- 유아는 우리의 관심, 보호, 존경을 받을만한 자격과 가치가 있음을 옹호하기 위해, 유아가 사회적 · 물리적 환경을 이해하고자 노력하는 모습을 수집하고 조직하여 해석한 뒤 그 결과를 함께 공유하고자 행하는 것이다(Goldhaber & Smith, 2002).

레지오의 철학에 영향을 받은 미국 교사들은 학급에서 기록 작업의 중요성에 대해 다음과 같이 말한다.

> … 기록 작업은 유아의 관심과 발달을 볼 수 있고 성장을 반영하는 창을 제공한다(Patty).
>
> 우리는 유아의 말에 귀 기울이기 시작했다. 진정으로 듣는 것이다. 귀로, 카메라로, 대화를 글로 쓴 기록 노트로 듣는다. 많은 대화를 기록하고 프로젝트 방향을 기록에서 끌어낸다. 프로젝트의 기록 작업은 유아들에게는 활동의 가치를 반성하게 하고 부모에게는 부모와 학교 간 관계를 위해 그 과정을 보는 데 도움을 준다(Jane Watkins).

나는 하루 종일 기록 작업 자료로 일지를 쓴다. 유아들의 활동 사진, 전사 내용, 이미지, 대화, 종종 나 자신의 반성과 설명, 내가 알고 있는 것이 흥미를 끄는 주제가 되었는지, 내가 짐작하고 있는 것이 어떤 패턴으로 에피소드가 될 것인지 알기 위해, 그리고 아직 본 적이 없는 패턴을 찾기 위해 일지를 정기적으로 검토한다. 기록 패널은 이미지와 일상적인 구성 작업을 선택하고 재구성하는 것과 관련 있지만, 나는 대부분 일에 대해 생각하면서 유아의 의도와 이해를 관찰하며, 이해하고, 보고, 관련성을 찾는데 이해는 그 두 번째 단계이다(Pam Oken Right).

유아들의 일상적인 일을 강조하기 위한 방법으로 '교육 과정 게시판'을 사용한다. 이것은 교육 과정이 매일의 학습 생활이며 놀이는 자극을 유발하는 것임을 알게 한다. 내가 가르치는 유아들의 부모는 게시판을 매일 읽지만, 대개 게시판을 걸거나 뗄 때 읽는다. 가족들은 게시판 읽기를 기대한다고 말하는데 게시판은 유아들의 일상생활을 보는 창을 제공한다. 게시판은 집단내에 있는 가족간의 공동체 의식을 발달시켰다. 종종 부모들은 게시판 앞에 서서 읽으며 서로 이야기를 나눈다. 게시판은 부모들이 대화를 나눌 수 있는 첫 장소이며 함께 공유할 창을 제공한다(Anne Fellow).

기록 작업 과정은 프로그램을 변형시켰다. 기록 작업은 부모가 학습 과정에 직접 관련되게 해준다. 기록 패널을 하기로 결정한 후 교사들은 관찰에 더 많은 신경을 쓰게 된다. 유아를 관찰하고, 듣고, 보는 것을 익히는 데 도움을 주는 장치이다(Margaret Edward).

다음은 레지오 교사들의 기록 작업에 대한 최근의 이야기이다.

유아에 대한 이미지는 기록 작업을 하지 않고는 변화될 수 없다. 변화를 가져오는 것은 벽에 패널을 거는 것이 아니다. 기록화는 패널에 무엇을 담을까 선택하고 기록 작업에 반영되어 있는 것을 배울 사진과 테이프에 대해 생각하는 것이다. 기록 작업이 가져온 큰 차이는 기록 작업이 없을 때보다 교사들이 더 많이 반성한다는 점이다.

기록 작업 패널을 만드는 전 과정에는 유아들의 유의미한 상호 작용과 생각에 대한 반성이 필요하다. 패널 그 자체는 어떤 종류의 교수 경험을 요하는 과정으로부터 발현된다. 그것은 연구와 사고의 결과이다.

기록 작업은 유아, 부모, 행정기관, 지역사회로 하여금 듣는 것을 볼 수 있게 한다.

**기록 작업은 유아의 일상에 귀 기울이게 한다.** 기록은 시간이 지난 후 이전 학습 과정을 재방문하여 재고하게 한다. 기록화의 일환인 패널은 유아로 하여금 학습에 대한 자극과 동기를 부여한다. 기록 과정에서 성인 수준의 주제가 아니라 유아가 원하는 주제가 발현되므로 이후 탐색을 위한 아이디어를 불러온다. 따라서 기록 과정은 성인이 '가르치지 않도록' 안내한다. 기록은 유아의 시인과도 같은 은유적인 생각을 포착하도록 한다. 교사와 부모가 유아와 함께 의미를 지속적으로 협의하고 구성하도록 하는 기록 작업은 발현적 교육 과정의 중심이므로 유아의 그림이나 기록된 표현을 통해 이전의 경험에 대해 함께 검토해 보고, 유아들은 과거 경험을 기억하게 되는 고도의 정신 기능에 이르게 된다(Bodrova & Leong, 1996). 경험을 회고할 때 유아들은 이전에 이해한 것을 수정하고 확장할 수도 있으며 다른 유아들과 자신의 아이디어를 비교할 수도 있다. 그러므로 **현재 교사들의 기록화는 유아들의 집단 학습에만 초점을 두는 경향이 있어 개인에 대한 기록이 좀 더 보완될 필요가 있다.**

기록 작업은 교사들이 가능성을 열고 **유아와 교사의 학습 경험을 심화함으로써 자신의 작업에 더 능률적이 되도록 만든다.** 교사들은 유아들과 함께하는 시간 경험을 기록하기 위해, 그들의 발현된 흥미를 따라가기 위해 기록 작업을 이용한다. 기록은 교육 과정을 움직이게 하는 기어 체계와 유사하다. 어떤 기록 작업은 유아들의 아이디어와 경험을 가시적으로 만들고 유아들과 함께 이런 경험을 재방문하며, 동료나 부모와 토의하며 활동을 위한 가설과 융통성 있는 계획을 세우는 수단을 교사들에게 제공한다. 교사와 유아들은 함께 주제를 어떤 식으로 진행할까에 대한 아이디어를 얻을 수도 있다.

기록 작업은 유아와 교사가 프로젝트 활동에 함께 참여하는 과정을 보여주는 것으로서 교실에서의 학습 경험을 기록하고 활동간의 연관성을 밝혀주며 유아, 부모, 교사들에게 미래에 경험할 사항들에 대해 계획하고 검토할 기회를 제공한다. 따라서 **유아, 교사, 부모가 함께 의미를 반성하고 탐색하도록 한다**. 부모들과 방문자들은 기록 작업을 통해 교실에서 일어났던 것을 읽을 수 있고 경험의 기저에 깔려 있는 이론과 철학과 목적을 이해할 수 있다. 이러한 방식으로 부모들은 유아가 무엇을 하고 그 활동이 유아의 학습에 어떻게, 왜 중요한지에 관한 관점을 가지게 된다. 그리고 부모가 유아들의 학교 생활에 지속적으로 관심을 갖도록 하는 방법이기도 하다. 학교에서 일어난 유아들의 경험에 관한 이야기를 읽는 것은, 부모들에게 프로그램에 기여하는 방법과 가정에서 함께 토의할 주제를 제공하기도 한다. 모든 유아들이 매일 이루어지는 기록 작업의 일부가 되는 것은 아닌 다른 유아들의 경험에 관한 이야기를 읽는 것 또한 가족에게 여러 가지로 중요하다.

부모는 학습 공동체의 한 부분이기 때문에 교실에서 일어나는 모든 일에 직·간접적으로 영향을 받게 된다. 다른 유아들에게까지 관심을 갖게 되는 것은 **부모들의 공동체 의식을 확장시킨다**. 자신의 자녀 외에 다른 유아에 관한 이야기는 교사들이 유아의 학습에 대해 어떻게 역할하는지, 교사들이 유아의 학습을 확장시킬 방법에 대해 어떤 결정을 내리는지에 관해 가족들이 알게 해준다. 다른 유아들에 대해 듣는 것은 부모들에게 진정으로 귀 기울여 듣는 것의 중요성을 깨닫게 해준다.

무엇보다도 기록은 유아의 아이디어를 존중하는 것이다. 기록은 교사들이 교실에서 교육에 쏟는 헌신과 유아들의 삶에 차지하는 교사 역할의 중요성을 외부 사회에 알려 주는 것이다. 기록화 작업을 통해 더 많은 **지역사회의 사람들이 진정한 유아 중심 작업은 어떤 것인가를 알게 해준다**. 기록 작업은 의사소통 목적을 위한 정보의 표현이고 의사소통은 이해와 지지를 얻게 한다.

켄트 대학교 아동 발달 연구 센터에서는 신입 원아 부모들이 프로젝트로 구성된 교육 과정을 이해하도록 기록을 활용하며, 부모들이 교사와 함께 유아들의 활동에 대한 기록 자료와 기록된 프로젝트를 연구함으로써 프로젝트 관련 활동 방향과 유아의 생각을 지원하기 위한 방법을 연구, 토의한다. Forman과 Fyfe(1998)는 부모가 기록물의 다양한 양식을 연구함으로써 유아에 대한 이미지와 질적 교육을 위한 유아의 권리를 반성하고 유아가 재사고, 재구성할 수 있도록 질문하거나 자극을 주는 특별한 유형의 지식을 부여한다고 하였다. 실제 부모들은 교사와 함께 기록 자료를 보면서 연구하는 방식이 유아의 말을 경청하는 데 열정을 갖고, 알고자 하는 창구의 역할을 한다고 동의하였다. 이는 자신의 아이뿐 아니라 학급에서 진행되고 있는 학습 과정에 대한 폭넓은 관점을 가져다 주었으며 부모와 교사와의 관계를 강화시켜 준다고 하였다. 이는 유아의 생각을 가시화한 기록물을 연구함으로써 유아에 대한 구체적인 아이디어를 알고 문제를 해결하는 기관과 부모의 노력으로써 교육을 유아, 교사, 부모의 것으로 만드는 기록화의 강점이라고 Gambetti는 말하였다.

이러한 경험을 토대로 부모들은 학급에서 이루어지는 프로젝트와 유아들의 학습 과정의 기록자로 역할하기도 한다. 기록의 역할을 이해하고 유아의 학습을 알게 되면서 자신도 배운다고 평가하였다. 이러한 부모의 기관 참여 내용은 기관에 있는 다른 부모에게 기록화하여 가시화함으로써 공감대를 불러올 수 있다(Bersani & Jarjoura, 2002).

칼리지 스쿨에서는(Fyfe, Hovey, & Strange, 2004) 10년간 레지오 방식을 적용하면서 부모 참여에서 기록 작업은 부모와 함께 학습을 관찰하고, 학습에 대해 함께 사고하는 중요한 도구가 되었다. 그간 부모를 위해 기록화를 조직하고 수집하던 것에서 부모와 함께 기록화를 수집하고 분석하는 것으로 변화시켰다. 기록화를 활용하여 부모와 의사소통하던 기존의 방식에 비해 큰 변화를 가져왔다. 기록 연구 시간을 부모와 함께 가지면서 부모 참여를 보다 풍부하게 할 수 있었다. 기록화는 부모, 교사, 유아가 함께 의미를 반성하고 탐색할 수 있도록 한다. 또한 교사와 부모 간 학습 공동체의 효율성을 높이고 보다 깊이 참여하도록 영향을 준다.

부모가 유아들의 활동에 기록자로 역할할 수 있다. 이후, 부모의 기록과 그 과정에서 부모가 보여준 반성 내용을 유아, 교사, 다른 부모와 공유한다. 유아들이 실외로 나가거나 견학 시에 활동을 기록하는 일에 참여하면서 기관 교육과 부모 자신의 가치에 대해 반성하고 유아에 대한 이미지도 변화한다. 부모의 동의를 얻어, 부모의 반성 과정을 기록화하여 패널로 제작되었다. 부모는 반성 과정뿐 아니라 경험 그 자체로도 큰 가치를 가진다고 기록하였다. 부모는 참여 및 반성 과정에서 유아의 학습뿐만 아니라 부모 자신도 학습하게 되는 가치를 인식한다. 그리고 그 패널을 본 다른 부모들은 자녀와 다른 유아들의 학습 방법을 재고하도록 동기화되었다.

유아들의 활동을 비디오로 기록 작업하여 부모들과의 의사소통과 평가를 위한 도구로 활용할 수 있다. 초기에 비디오를 사용하여 그날의 경험을 들여다볼 수 있도록 프리젠테이션 한다. 부모들은 자신의 아이들의 행동을 볼 수 있는 기회를 즐기지만, 학습을 연구하기 위한 기회보다는 그저 즐거운 경험으로 지각한다. 다음 모임에서 부모들은 교사와 함께 관찰한 학습에 대해 생각해 보는 비디오를 보면서 토론하고 대화하기 위한 구조화된 포럼을 창안할 수 있다. 비디오는 유아들간의 언어, 표현, 운동의 순간을 간직할 수 있도록 한다. 비디오 테이프 내용을 재방문하는 것은 다른 수단으로는 포착하기 불가능한 유아들의 경험을 가시화하도록 만들며, 탐색할 수 있는 기회를 제공한다. 비디오는 부모들과 함께하는 작업에 있어서 의사소통과 평가를 위한 가치있는 기록 작업의 도구가 된다.

기록화를 통하여 부모 참여를 가시화하는 것은 다른 가족의 기여를 인식하고 촉진한다. 매월 이루어지는 부모-교사 공동체는 지난 달의 부모-교사 간 공동체 활동의 기록화를 연구하기 위하여 만난다. 예를 들어 부모들은 유아들이 즐겨하는 점토 활동에 부모들이 참여하였던 과정을 기록하고 부모들의 반성적 코멘트를 선정한다.

부모의 활동 참여 과정을 기록한 비디오는 편집하여 부모들이 재방문할 수 있도록 한다. 편집된 비디오는 유아, 교사, 부모 간에 공유된다. 상호 교류 모임에 참석하지 않았던 부모는 비디오를 통하여 간접적으로 경험할 수 있다. 부모 참여의 기록화는 반성과 지적 파트너십을 위한 한 수단으로서 부모, 교사, 유아 간의 대화를 위한 도구로 사용될 수 있다(Forman & Fyfe, 1998). 이러한 실천에서 부모들은 유아의 학습에 대해 반성할 뿐 아니라 부모 자신의 학습에 대한 반성을 기록화하는 힘을 인식할 수 있다.

기록에 대한 대화에서 많은 교사들이 기록화는 환경 변화, 학습 지원, 의사소통, 모든 참여자들간의 관계 형성, 유아들의 사고와 연구에 대한 깊은 반성에 기여하기 때문에 기록은 관계에 기초한 교육을 실행하는 데 중요한 시작점이라는 데 동의하고 있다(Fraser & Gestwicki, 2000).

이와 같이 기록화는 유아에게 개인 및 집단 학습 과정을 돌이켜 보게 한다. 교사에게는 학습 공동체에 합류하게 하고 교육 연구에 참여하게 한다. 부모에게는 학교가 유아의 학습 과정에 대한 맥락, 기회, 경험을 제공함으로써 부모들이 배우고 성장하는 장소가 되게 한다.

## 02 관찰, 해석, 분석하는 기록 작업 과정

### 02_1 관찰 이상인 기록 작업

**기록 작업은 관찰 이상이다.** 기록하면서 반성, 관찰한 내용을 이론과 연결시키고 이후 의사소통에 활용한다. 기록 작업은 경험을 공동 구성하는 것과 연관되므로, 전통적인 유아 관찰에 내포된 정확성이나 목적과는 다르다.

유아들은 서로 다른 상황에서 서로 다르게 관찰된다. 유아가 단독 활동에 참여하고 있을 때 개별적으로 관찰하거나 프로젝트 활동 시 집단으로 협력하거나 다른 유아들과 함께 놀이에 참여하는 활동 등을 관찰할 수 있다. 유아들이 학교에 도착해 단체생활에 참여하는 동안 여러 활동에서 관찰될 수 있다.

레지오 교사들은 유아의 관심과 이해를 알기 위해 작은 기회도 놓치지 않는다. 교사는 목록을 만들어 어떤 식으로 진행해야 하는지 또는 진행해야 할지를 다른 교사들과 협의한다. 모든 활동에 있어 유아들의 활동 과정을 관찰하고 기록하는 능력이 토대가 되며 교사들은 여러 가지 접근 방법과 발전 방향을 예측하고 협의하기 위해 기록 내용을 검토한다.

레지오 방식은 우리가 오랫동안 가져온 '학습'과 '가르치기'가 의미하는 바에 대한 패러다임에 변화를 가져오게 하였다. 우리의 변형 중 가장 우선하는 것은 가르치기는 '듣는 것'이며, 학습은 '말하는 것'임을 알게 하였다. 이를 알게 하는 실천 행위가 기록 작업이다.

또한 **기록 작업은 유아들의 필요와 요구에 귀 기울이게 한다.**

우리는 보았으나 듣지 않았다. T유치원 5세 교실에 초창기에 만든 라이트 테이블은 인기가 없었다. 교사들은 유아들이 라이트 테이블 활동을 좋아하지 않는다고 생각하였다. 정기적으로 라이트 테이블 위나 주변에 다양한 매체를 제시해 보지만 유아들의 관심은 얼마 가지 못하고 이내 사라진다. 어떤 매체를 그날 아침 교사가 제시해 두었는지 기억나지 않지만 라이트 테이블 주변에 모였던 아이들은 이내 흩어졌다.

한 유아가 "라이트 테이블이 불편해요. 오래 앉아 있을 수가 없어요"라고 항변한다. 여기서 대단한 탐색이 시작되었다. 유아들은 라이트 테이블을 고치고 싶어하였다. 유아들은 각 반을 돌면서 '어떤 점이 라이트 테이블의 불편한 점이었나?, 어떻게 하면 라이트 테이블에서 편리하고 편안하게 작업할 수 있을까?'를 조사하기 시작하였다.

유아들은 "의자에 앉았을 때 우리 다리가 들어가도록 테이블에 다리를 달자." "다른 장소로 옮길 때 편안하도록 바퀴를 달자." "라이트 테이블 옆에 매체를 담을 수 있는 공간을 만들자." 등을 합의하고 탐구와 작업에 들어갔다. 다른 반 친구들과 동생들의 활동 모습을 관찰 인터뷰하고, 많은 사람들의 조언을 듣고, 탐구하면서 편리한 라이트 테이블을 위한 설계도를 그렸다. 그린 그림을 다시 수정하고, 길이를 재고, 적합한 나무를 잘라 다리를 만들고, 페인트를 칠하고, 목수 아저씨를 비롯한 주변의 많은 사람들의 도움으로 우리가 원하는 라이트 테이블이 되었을 때… 그 감동은 잊을 수 없다.

우리는 흔히 유아들이 할 수 있는 일, 탐색하기에 적합한 주제 등을 성인의 수준에서 정해 둔다. 유아가 쉽게 이해하고 논의하기에 적절한 구체적인 주제를 선호하는 경향이 있다. 교실 한켠에 방치되어 있는 라이트 테이블에 왜 유아들이 즐겁게 접근하지 않는지 전혀 귀 기울여 듣지 않았다. 우리 자신이나 유아들로 하여금 상황을 바꾸도록 시간을 할애하지 않았다.

고쳐진 라이트 테이블을 친구들과 동생들 반에 나누어 주고 잘 활용하는 모습을 지켜보게 보면서 교사들은 말할 수 없이 큰 성취감을 느낄 수 있었으며 '라이트 테이블 고치기' 프로젝트에 유아들의 대단한 몰입과 그에 따른 성취감은 잊을 수가 없다고 말한다. 일상생활에서 일어나는 문제들을 다양한 방법으로 해결하려는 시도를 하였고 그 과정에서 여러 번의 시행착오와 문제점을 발견하기도 하였으나 나와 다른 사람의 관계를 이해하고 더불어 살아가는 소중함도 함께 느낄 수 있는 기회가 되었다.

무엇보다 그 라이트 테이블 프로젝트는 교사들로 하여금 우리가 듣는 법을 배워야 한다는 사실을 깨닫게 하였다. 그 교훈을 다른 교사들에게도 말하고 싶어 지금도 그 프로젝트의 패널은 현장 교사교육을 위한 프로젝트 워크숍 시 모델 패널로 사용하고 있다.

S어린이집 5세 유아들은 자신들이 놀이하는 옥상 놀이터의 더러운 벽을 아름답게 꾸미겠다고 제안하여 다채로운 벽화를 구성하였다. 지금은 '나눔 프로젝트'를 하면서 나눔을 실천하는 개인 벼룩시장을 스스로 제안하여 운영하는 유아도 있다. 이는 유아들이 생각하고 알고 있는 것을 교사가 아는 것이 중요하며 교사가 유아들의 말과 일상에 귀 기울여 듣고 있음을 말해 준다. 이는 기록화를 실천하면서 우리의 유아에 대한 이미지가 변형되어지고 평범한 우리의 '일상 속에서 오히려 유아가 만들어 내는 특별한 가능성(Shafer, 2002)'을 기대하는 것이다.

**기록은 시간이 지난 후 이전 제안이나 학습 과정을 재방문하여 재고하고 다시 시도할 수 있게 한다.**

실행되기에 부적당한 때에 나타난 유아들의 제안이나 질문은 기록화를 통해 이전 순간을 포착하기 위해 재방문할 수 있다. 다음의 5세 소집단 유아들은 메시지 영역에 연극표와 초대장을 붙였다. 이후 학급 유아들의 요청에 의해 대사, 역할, 의상, 음악, 무대 등을 협의하여 준비하는 과정을 거쳐 멋진 음악극을 공연하였다.

며칠 동안 메시지 상자 앞에 종이가 한 장씩 붙어있었다. 가까이 들여다보니 연극표와 초대장이 었고 춤추는 발레리나 발레리노 공연을 한다는 것이었다. 날짜가 없고 시간도 조금씩 다른 초대장과 연극표를 받은 친구들은 언제 하는 공연인지 누가 하는 공연인지 며칠째 물어보았다.

—도대체 언제 한다는 거야?

—어제도 한다고 하고 오늘도 한다고 하고.

—자유선택 활동시간이 조금 밖에 없었잖아, 그러니까 우리도 하고 싶지만 못했던거야.

—그래 그럼 오늘 할께, 오늘 모여.

많은 친구들이 궁금해 하며 물어보자 오늘 하겠다고 이야기하였다. 공연하기로 했던 친구들을 다 불러 모아 역할과 해야 할 대사 등을 체크하였다.

유아들간에 미리 의논되어 있었으며 춤추는 발레리나 발레리노 공연에서 음악이 필요하다며 교사에게 도움을 요청하였다. 그래서 유아들이 가져온 곡 중에서 한 곡을 선택하였다.

—선생님은 음악 담당인거 아시죠? 해설이 말할 때 '춤을 추었습니다' 하고 끝내면 음악을 크게 틀어 주시구요. 해설이 말할 때는 작게 틀어 주세요.

—지연이가 해설자니까 잘 들으셔야 해요.

—그런데 문제는 우리가 역할을 다 정했거든요, 근데 왕자가 있어야 하는데 왕자가 없어요. 그래서 여자가 해야 하나 생각 중인데.

교사가 참여하지 않았던 남자 친구 중 한 명에게 부탁해 볼 것을 제안하였고 유아는 친구들에게 다니며 의견을 물어보았다.

한 교사는 음악 담당을 맡아 컴퓨터 앞에서 준비하고 있었고 다른 교사는 공연 모습을 사진으로 찍기로 했다.

해설을 맡은 유아가 이야기를 시작했고 공연이 시작되었다.

교사는 공연을 하는 일원으로 참여하였으며, 공연은 처음부터 끝까지 유아들에 의해 진행되었다. 공연을 알리고 다른 영역에서 자유 선택 놀이를 하는 친구들을 불러 모으고 자리를 정해 주고 모여 앉은 친구들에게 공연 시 주의할 점과 부탁할 것들에 대해 이야기하고 박수를 유도하였다.

공연 알리기

관객 모으기

공연관람 시 주의점 알려주기

공연 시작

공연하기

많은 기대감 속에서 무사히(?) 공연을 마쳤다. 공연이 끝나고 아이들이 흩어지려고 할 때 교사는 공연 소감을 나누자고 이야기하였다.

공연 후 이야기 나눈 다음 두 번째 공연을 해보자는 유아도 있고 싫다는 유아도 있었다. 서로의 의견이 분분할 때 공연을 관람한 유아들이 다시 한 번 공연을 보고 싶다고 이야기하자 만장일치로 재공연을 결정하였다. 교사는 유아들이 말한 소품이 보관된 위치를 알려주고 함께 찾아주었으며 필요한 부분에서 도움을 주었다.

몇몇 유아는 메시지 센터에 재공연에 대한 안내를 써서 붙여놓기 시작했고, 몇 명은 의상과 소품을 찾으러 다녔고 다음 날 재공연하기로 하였다. 그러나 다음 날에도 부득이하게 자유 선택 시간이 없었고 많은 친구들은 재공연을 언제 하는지 물어보고 기다렸다. 이틀이 지난 후 재공연이 이루어졌다.

공연한 장소를 교사와 몇몇 유아들이 정리하고 있을 때 옆 책상에 많은 유아들이 몰려 있었다. 관람한 유아들이 공연한 유아들의 사인을 받고 있었고 격려의 말을 해주었다. 그리고 격려를 들은 유아들은 감사의 말을 전하고 있었다.

공연 후 사인 받기

격려의 말 해주기

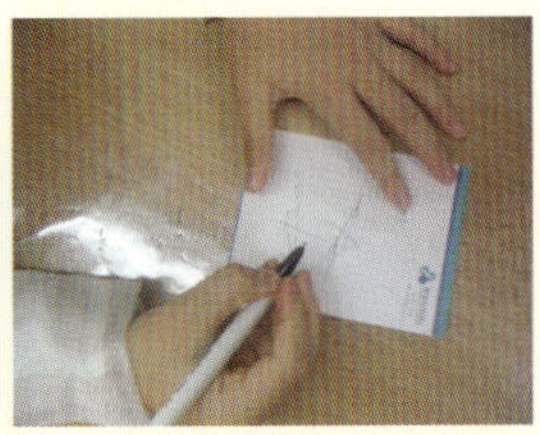

사인해주기

—수민아 사인해줘. 공연 잘 봤어. 떨렸어?

—응 조금. 고마워. 다음에 또 공연할거니까 꼭 와야 해.

—내가 꽃 만들어서 가져 갈게.

—저도 사인해 주세요.

—우리 공연 재미있었어? 내가 다음에는 왕자할게.

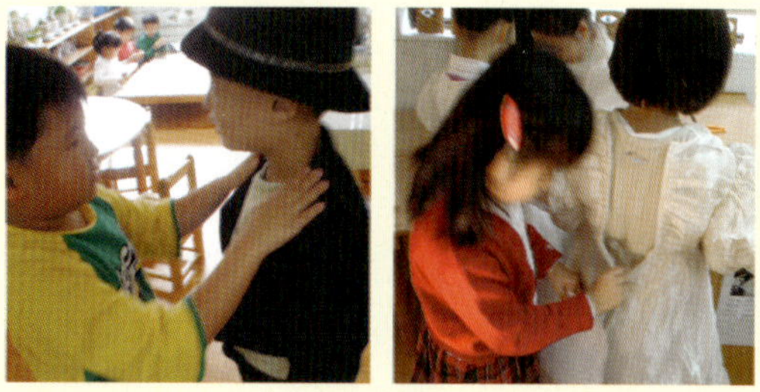

의상 준비 및 입어보기

무대 수정

대본 확인

재공연을 위한 협의하기

의상을 갖춘 후 재공연하기

**기록화의 일환인 패널은 유아로 하여금 학습에 대한 자극과 동기를 부여한다.**

다음의 5세 교실에서 유아들의 OHP 구성놀이는 교사에 의해 패널로 기록화되었고 이는 학급 전체 유아가 참여하는 발레공연으로 확장되었다.

자유 선택 활동 시간에 유아들은 OHP 위에 여러 가지 매체를 올려 놓으며 구성하기를 즐기고 스크린에 화면이 투사되어 나타나면 흥미는 더욱 커진다. 여자 유아 셋이 꽃밭을 구성하여 직접 나비가 되기도 하고, 벌이 되기도 하고, 꽃이 되기도 하면서 여러 가지 움직임을 표현하였다. 잠시 후 매체들을 정리하고 J가 OHP 위에 나무를 다시 구성한다. 유아들은 나무 두 그루가 투사된 벽면 아래에서 나무에 앉아 있는 나비를 잡으려는 몸동작을 연출하면서 놀이에 몰입한다.

이때 교사는 "여기 나무 두 그루가 있다면 너희는 무엇을 하고 싶니?"라고 질문하였다.

OHP 위에 나무를 구성하는 유아

교사 : 나무 두 그루가 있네, 이곳에 너희들이 있다면 무엇을 하고 싶니?

푸름 : 나무가 있으면 그늘이 있잖아요. 전 책을 읽고 싶어요.

진경 : 나랑 같이 읽자(책을 가져와 읽기 시작했고 바닥에서 읽다가 의자를 놓고 다시 읽기 시작했다). 공원 같은 곳에 가면 나무 아래 의자가 있어. 바람도 불고, 여기가 그런 공원 같아.

수민: 난 누워서 하늘을 보는게 좋은데.

교실 밖에 비가 내리고 있었기 때문에 '천둥이 치려나봐' '캄캄해지니까 낮인데 밤 같다' 등 오늘의 날씨에 대한 이야기를 하는 유아들이 많이 있었다. 잠시 후 교사는 유아들이 구성한 나무 두 그루 위에 비닐을 깔고 물방울을 떨어뜨렸다.

수민 : 으아… 비온다. 우산도 없는데…

푸름 : 하하하… 진짜 비 올 때 도망가는 것 같아.

진경 : 난 감기 걸려서 비 맞으면 안되는데….

수민 : 비가 조금 내리니까 나무 밑에 숨을까?

푸름 : 아아… 춥다 춥다, 덜덜 떨려

수민 : 집으로 가자. 야 뛰어!

비 내린 상황을 가정하고 놀던 유아들은 OHP 위의 물방울이 다 마르자 비가 그치고 해가 떴다며 새로운 상황을 만들어 놀이하기 시작했다.

이상과 같은 유아들의 놀이 과정을 교사는 기록화하여 패널로 전시해 주었다. 그리고 다음 날 그 영역에서는 '백조의 호수' 공연이 이루어졌다.

OHP 필름에 숲을 그려 OHP 기계 위에 올렸다. 몇 가지의 매체를 그 위에 올려 나무와 돌, 구름을 구성하였고 그 그림자를 본 친구들은 숲속의 나비, 다람쥐, 청설모가 되어 몸으로 표현하였다.

수민 : 숲이네?

민재 : 나는 숲속 다람쥐야 짹짹짹.

지연 : 나도 나도(할래) 나는 청설모.

수민 : 야 우리 백조의 호수 할래? 발레하는 것처럼 백조해서 춤추자, 나는 오데트공주할 거야.

소은 : 나는 해설할게. 그런데 뭐라고 말하지?

수민 : 밖으로 나가서(스크린 앞쪽) 지금부터 '백조의 호수' 하겠습니다. 이렇게 말하고 그 다음에 백조가 춤춘다고 말하고, 정민이가 사냥꾼 한다고 했으니까 백조가 겁나서 숨는다고 하고 다시 살아나면 되잖아.

소은 : 네가 먼저 해봐.

수민 : 여러분, 지금부터 백조의 호수를 하겠습니다. 구경하고 싶으신 분들은 자리에 빨리 앉아주시기 바랍니다. 하나부터 열까지 세면 불이 꺼지고 공연을 시작합니다. 여러분 일부터 십까지 세주세요.

(관람객은 십까지 숫자를 세고 박수를 치기 시작했다)

(해설이 즉흥적으로 이야기를 생각하고 꾸며 말하기 시작하자 친구들은 몸으로 표현하기 시작했다)

숲속 강에서 백조가 혼자 있다가,

백조 친구를 만났어요.

둘은 같이 춤을 추며 놀기 시작했어요.

그런데 멀리서 총소리가 "땅땅" 들리자 백조는 무서워서 숨을 곳을 찾았어요.

결국 사냥꾼에게 들킨 백조는 너무 무서웠지만 죽은 척을 했어요.

사..사..사냥꾼이다..' (쓰러짐)

백조가 정말 죽은 줄 안사냥꾼은 백조를 두고 그냥 갔어요.

백조는 사냥꾼이 사라지자 다행이라고 생각했어요. 살아나서 너무 기쁜 백조는 춤을 추었어요.

이상으로 '백조의 호수' 그림자 공연을 마치겠습니다.

짝짝짝…

관람한 친구들은 공연한 친구들을 격려 · 칭찬하였고 함께 평가하는 시간을 가졌다.

공연을 본 유아들은 "다음에도 '백조의 호수' 하면 나도 불러줘 같이 하고 싶어" "사냥꾼 나타났을 때 진짜 재미있다" "수민이가 목소리 크니까 해설하거나 선생님이 해설을 도와주면 좋겠어" "친구들 목소리가 너무 작았어" "너희들끼리 떠드니까 무슨 말인지 모르겠다" "백조의 호수에는 왕자도 나와, 그런데 너희는 사냥꾼이랑 백조밖에 없네?" 등의 이야기를 해주었다. 백조의 호수를 더 공연하고 싶은 우리들은 한 번 더 공연을 하기로 했고 다음 번 그림자놀이 때는 부족한 부분을 보완하여 다시 해보기로 하였다. 그림자극은 조금씩 수정되어 3번 공연했고 다른 영역에서 놀이하던 유아들이 번갈아 관람을 왔다.

가연 : 우리가 『백조의 호수』(책)랑 똑같이 하려고 한건 아닌데 제목이 같으니까 친구들은 같은 내용을 생각해서, 우리가 내용을 모른다고 생각하는 것 같아.
소은 : 그러면 공주도 나오고 왕자도 나오고 책에 나오는 것처럼 진짜 『백조의 호수』처럼 해보자.
수민 : 음악이 있으면 좋겠어, 춤출 때.
지연 : 맞아 그런 기분이 더 좋겠지?
한나 : 해설이 말할 때 너무 늦게 말해.
수민 : 갑자기 말하면 떨리니까 이번에는 종이에 적어서 보고 읽으면 잊어버리지도 않고 좋잖아. 이번 주 금요일날 그림자 놀이하는 날(매주 월, 금)이니까 그 전에 『백조의 호수』를 한 번 읽어보고 역할을 정해서 해설도 정하고 연습 한 번 하고 친구들 부르자.

이번 주 금요일에는 두 번째 백조의 호수를 공연하기로 하였다.

이와 같이 기록화의 한 과정인 패널은 소집단 유아의 평범한 순간을 학급 전체의 활동으로 확장시키는 자극이 된다. 대부분의 학급 유아들이 참여한 '백조의 호수' 공연은 OHP 영역에 붙어 있던 패널에 영감을 받아 이루어졌다. 개인이나 소집단 유아의 활동 과정에 대한 기록 패널은 다른 유아들에게 활동 방식이나 표상 수준의 기대치를 알려줄 수 있다. 이후 유아들의 표상은 언제나 그 이상을 우리에게 보여준다.

**기록 과정은 탐색을 위한 아이디어를 불러온다.**

본서의 269쪽 다매체 활용에서 소개한 T유치원의 4세 유아들은 운동회 장소에 대한 이야기를 나누었다. 대부분의 유아들이 부모들은 H 초등학교를 모른다는 이야기를 하게 되었다. 그래서 H 초등학교를 모르는 사람들에게 알려주기 위해 '유치원에서 H 초등학교까지 갈 수 있는 지도'를 만들어 공유하기로 하였다. H 초등학교까지 가는 지도를 만들기 위해서는 초등학교의 위치를 알아야 한다는 이야기를 하게 되었다. 유아들은 초등학교까지 가는 길이 몇 가지 있는지 알아보고 위치를 알기 위해 직접 가보았다. 지도를 그리기 위해 H 초등학교를 찾아가면서 그림을 그렸다. 학급 전체 유아 중 A팀은 유치원에서 놀이터를 지나 초등학교까지 가는 길을, B팀은 아파트를 지나 초등학교까지 가는 길을 그리기로 하였다. 교사는 유아들의 이론과 가설을 이해하고자 유아들의 말 모두를 귀 기울여 들었다. 교사는 유아들이 이해한 것을 명료하게 하기 위해 질문하거나 깊이 사고하도록 자극한다. 그리고 유아들이 보지 못하는 부분을 탐색하도록 아이디어를 제공하거나 질문하기도 한다.

지도를 그리고 공유하던 중 알아보기 힘들다는 의견이 나왔다.

유아1 : H 초등학교는 어디야?

유아2 : H 초등학교는 조금 더 옆으로 갔어.

유아1 : 가운데에 있는 건 뭐야?

유아3 : 이건 유치원 버스가 들어오는 찻길이야!

유아2 : 화살표는 차가 지나가는 방향이야.

유아1 : 그런데 나는 잘 모르겠어.

유아4 : 아파트도 이상하고 알아보기가 힘들어.

유아1 : 그럼 그린 친구만 알아볼 수 있어.

유아4 : 우리는 잘 못 알아보겠어.

유아2 : 이게 다 고친 건데….

교사 : 6단지 전체의 모습을 한눈에 알아볼 수 있는 방법이 없을까?

유아3 : 6단지 밖으로 가는 길은 B타임 친구들이 지도를 만들잖아요.

유아1 : 맞아!! 우리는 6단지 안에 뭐가 있는지 잘 모르는데….

유아2 : 그럼 B타임 친구들이 그린 지도하고 같이 보면 되잖아.

교사 : B타임 친구들이 그린 지도와 합쳐야 하는데. 어떻게 하나로 만들지?

유아1 : 음… 카프라로 길을 만들어서 지도를 만들면 되잖아요.

유아2 : 그럼 길이 다 부서져 버리잖아.

유아3 : 그럼 자석으로 길을 만들어서 지도를 보고 만들면 어때?

유아4 : 그래!! 그럼 제일 잘 그린 지도 하나를 골라서 우리가 만들고.

유아1 : 거기에 B타임도 만들면 되잖아!

유아 : 그러면 지도를 잘 알아볼 수 있을 거야.

유아들은 지도를 한눈에 볼 수 있고 조금 더 쉽게 알아보기 위해 A팀과 B팀이 그린 것을 합쳐서 자석판에 지도를 만들어 보기로 하였다. 여기서 교사는 유아가 자신의 이론을 좀 더 완전하게 형성하게 하고 새로운 증거나 대안을 생각해 보도록 자극하였다.

**기록 과정에서 성인 수준의 주제가 아니라 유아가 원하는 주제가 발현된다.**

교사들은 흔히 프로젝트 주제를 정할 때, 유아가 탐색하기에 적합한 주제인가에 대해 아직도 고민한다. 유아가 쉽게 이해할 수 있는, 소위 구체적이고 유아에게 익숙하거나 교사에게 익숙한 주제를 선호하는 경향이 있다. 레지오 접근법을 적용하기 시작하면서 이러한 임의적인 가정은 많이 사라진 것 같다. 이제 교사들은 탐색을 주도하고 지속하는 것은 결국, 유아의 열정과 몰입이라고 생각한다.

만일 주제가 소위 말하는 'Vygotsky의 ZPD 범위'를 넘어서게 되면 탐색이나 유아의 몰입은 일어나지 않을 것이며 하루, 이틀 만에 끝나 버릴 것이다. 유아들은 '볼트와 너트'라는 주제나 '염색'이라는 주제를 가지고도 알지 못하는 사실을 알아내기 위해 다양한 정보를 탐색하면서 몰입하기 때문에 한 달 이상 지속되는 경우도 많이 있다. 유아들은 열심히 생각하고 논의하며, 자료를 수집 · 숙고하고, 자신의 생각을 그림으로 나타내며 일상생활 속의 의미와 상황을 함께 구성해 나간다. 유아가 현재 탐색하는 내용은 이론의 정확성이나 관련 주제에 대한 지식의 획득보다 유아의 현재 이해에 일관된 의미있는 이해가 더 중요하다. 궁극적으로 유아가 알고자 하거나 해결하고자 하는 문제를 향하여 가설을 세우고 추론하며 협의를 통하여 잘 정의된 실용적이고 합리적인 이론에 도달하는 의미의 구성 과정에 있다. 이러한 학습은 유아의 자율적인 능력과 풍부한 탐색 욕구를 믿으면서 지속적으로 기록하는 과정에서 지원의 실마리를 찾고자 하는 교사의 노력과 열정에 달려 있다.

**기록 과정은 성인이 '가르치지 않도록' 안내한다.**

어느 날 저녁, 한 공동체 모임에 참여하여 교사들의 기록 자료를 들여다보면서 교사가 들려주는 4세 교실의 프로젝트 이야기를 듣고 있었다. 갑자기 그 교사가 이야기하기를 "나는 가끔 혼란스러워요. 프로젝트를 해나가면서 유아가 정확하지 않은 생각을 가지고 있을 때, 가르쳐 주어야 하는지, 내버려 두어야 하는지… 4세는 어려서 모를 수도 있잖아요…."

그 교사의 이야기는 어떤 교사든 한 번쯤은 갈등해 본 내용이었기 때문에 교사들은 그 문제에 대해 토론했다. 그 토론은 우리의 학습 목표가 무엇인가를 신중하게 생각하도록 하였다. 유아가 사실적인 지식을 아는 것이 중요한가? 아니면 사고하는 능력과 몰입하여 탐색하고 분석적으로 대화할 수 있는 학습 성향을 발달시키는 것이 중요한가? 교사들은 우리의 목표가 이미 성인이 만들어 놓은 지식을 학습하는 것이 아니라 유아의 잠재 능력을 십분 발휘하고 가능성을 탐색할 수 있는 높은 수준으로 사고할 수 있도록 안내하는 것임에 합의하였다. 유아는 자신의 주변 세계를 탐색하고 자신의 이론을 구성하며 검증하도록 허용되어야 한다. 우리 성인이 해야 할 일은 끊임없이 유아들에게 귀 기울이면서 유아가 탐색거리를 발견하고, 이론을 형성하면서 일관성있는 의미를 만들어 가도록 지원하는 일이다. 유아의 부족한 개념이나 잘못된 이해를 수정하고 가르치고자 하는 유혹에 빠지는 것이 우리가 빨리 버려야 할 가장 어려운 습관 중의 하나이며 그리고 성인이 유아에게 줄 수 있는 가장 귀한 선물일 것이다.

나는 딱따구리가 풀을 입으로 물어서 집을 지은 것 같아.

나는 바람이 지나갈 때 새 살라고 불어서 깃털을 꽂아 줘서 집을 지어줬을 것 같아.

**기록은 유아의 시인과도 같은 은유적인 생각을 포착한다.**

T유치원 4세 유아들이 어제 유치원 밖 나무에서 본 새둥지에 대해 교사와 이야기 나눈다.

교사 : 우리 어제 봤던 둥지 기억나요?
유아1 : 네. 새가 큰 나무에 둥지를 지었어요~!!
교사 : 어떻게 집을 지었을까?
유아2 : 새가 날아가서 입으로 나뭇가지를 주워서….
유아3 : 그리고 차근차근 지어서 집을 지은 것 같아.
교사 : 나뭇가지를 그냥 쌓으면 저런 집이 만들어질까?
유아1 : 아니요.. 새 입에서 끈적끈적한 침이 나와서 그걸 붙여서 집을 지은 것 같은데.
유아2 : 나는 바람이 새보고 살라고 후 불어서 꽂아 준 것 같아.
유아3 : 나는 새가 풀을 입에다 물고 집 지은 것 같아.

난 참새가 따뜻한 나무에 나뭇가지를 가지고 코로 후 불어서 집을 지은 것 같아.

교사 : 그럼 다른 나무에는 없는데, 왜 그 나무에만 바람이 집을 지어줬을까?
유아 : 거기가 딱 좋은 자리니까….
유아 : 안 추우니까 거기가 좋은 자리야.
유아 : 바람이 불면 새 둥지가 넘어지잖아.
유아 : 바람이 안 불면 안 넘어져.
유아 : 그러니까 거기는 바람이 잘 안 불어서 거기다 집을 지은거야.
교사 : 그런데 바람은 어떤 나무에는 불고 어떤 나무에는 안 부는 걸까?
유아 : 아니요. 나무가 세모처럼 생겼잖아요. 그러니까 바람이 나무를 지나가요.
유아 : 바람이 세게 불면 떨어지니까 안 떨어지라고 안쪽에 지은 거야.

T유치원, 4세

유아가 자신의 가설을 말하고, 생각을 정교화하도록 이야기 나누고, 또래의 이론을 재고하는 것을 귀 기울이면서 교사도 학습한다. 교사는 유아들이 자신의 생각을 표현하면서 새로운 경험과 이미 알고 있는 것을 연결시킬 때 자신들의 지각과 시각적으로 보여지는 것을 이용하고 있음을 알 수 있다. 시인처럼, 예술가처럼 유아는 자신의 생각을 말로 표현하고 그림으로 그린다. 유아의 말과 그림은 유아의 생각을 나타내는 창문과 같다.

**기록은 교사와 부모가 유아와 함께 의미를 지속적으로 협의하고 구성하도록 한다.**

유아들은 자신들이 관심을 가진 둥지가 있는 나무가 아카시아 나무라는 것을 알아냈다. 유치원 뒷산에서 가지고 온 아카시아 나뭇잎과 꽃을 탐색하고 아뜰리에에 나무를 만들기로 하였다. 나무를 세운 후, 실제 아카시아 나뭇잎과 꽃을 가져다 붙이자고 하였으나 나뭇잎과 꽃은 말라서 다 부서져 버렸다. 나뭇잎을 만들기 위해 교실과 매체실을 돌아다니며 적합한 매체를 찾았다. 인터넷을 통해 아카시아 나뭇잎을 탐색한 후, 다양한 매체로 구성, 재구성한 후 청포도로 나뭇잎을 만들어 붙였다.

아카시아 꽃을 만들고 공유하면서 다시 뒷산으로 가 보았지만 꽃이 지고 난 후라 볼 수가 없었다. 책과 인터넷을 통해 꽃을 탐색하고 만들고 공유하던 중 유아들은 적절한 매체를 구하기 힘들다고 이야기하였다.

유아들은 부모들을 끌어들이기로 하였다. 집에서 부모와 함께 매체를 선정하여 만들고 친구들과 공유하기로 하였다. 어떤 부모는 교실의 아뜰리에로 나와 유아들과 연구하기도 하였다. 부모들과 만들어 온 다양한 매체를 탐색한 후 결국 유아들은 마음에 드는 매체를 발견하고 아카시아 꽃을 완성할 수 있었다.

일상에서 일어나는 일들을 관찰하고 귀 기울여 듣는 일은 유아와 함께 일하는 가장 효과적인 방법이다. 평범한 순간들은 수없이 발생한다. 평범함 속에서 특별함을 찾아내는 일은 대부분 교사의 경청하기를 통해서 이루어진다. 표면 아래 놓여 있는 모호한 질문이나 가정을 교사나 부모와 함께 생각해 보는 일은 탐구를 위한 의미있는 일이며 자신의 존재를 찾는 열쇠이다. 유아의 아이디어는 우리에게 계속적으로 영감을 주고, 정보화되며 우리의 생활을 변형시킨다.

유치원 뒷산에서 아카시아 나무 탐색

아카시아 나뭇가지 수집하기

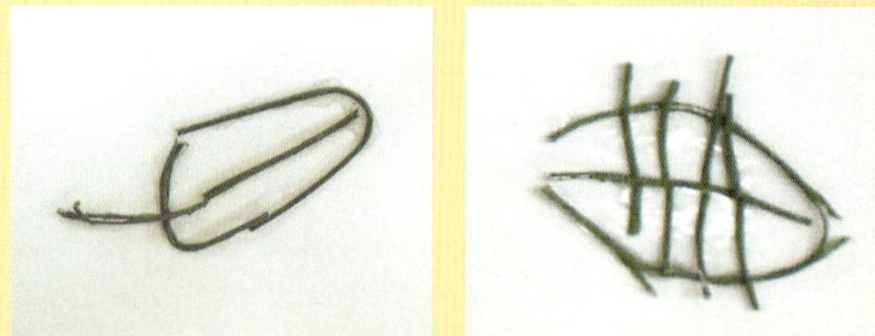
나뭇잎 탐색 후 구성, 재구성

아뜰리에에 설치한 나뭇가지에 나뭇잎 달기

엄마와 함께 나뭇잎 달기

청포도 이용해서 나뭇잎 붙이기

나뭇잎에 적절한 매체 선정하기

청포도와 재활용 매체를 이용하여 나뭇잎 만들기

아뜰리에 아카시아 나무

## 02_2 관찰을 위한 도구와 방법

유아 관찰에 사용될 가장 좋은 도구를 선택하는 것은 교사가 기록하고자 하는 정보의 종류에 달려 있다. 어떤 방법을 사용할 것인가를 결정할 때 교사들은 기록 작업과 관련된 모든 사람들과 수집된 정보를 공유하고 상호 협의한다.

관찰 상황을 묘사하는 언어를 어떻게 사용할 것인가는 기록하고 있는 행동을 구체화하는 데 도움이 되며 유아의 호기심과 지적 능력에 대한 정보의 풍부성 여부를 결정한다. 또한 추후 해석과 토론을 위한 실마리를 좌우하기도 한다.

관찰을 위한 도구는 대화를 기록하기 위해 메모장, 노트와 같이 간단한 것에서 디지털 카메라, 녹음기, 비디오 녹화기, 소형 컴퓨터와 같은 더 정교한 전자기기까지 다양하다. 방법의 선택은 상황과 관찰의 초점에 따라 결정한다.

### 진행 과정 기록

진행 과정 기록은 가장 많이 사용되는 관찰 방법이다. 현재 진행되고 있는 유아의 말과 행동을 기록자의 노트나 노트북 컴퓨터에 정확히 기록한다. 페이지의 상단에는 관찰 상황을 기록한다. 일시, 참여 유아, 활동 장소, 활동 상황, 활동 맥락을 간략히 기재하거나 도식화할 수도 있다. 진행 기록 방법을 사용하는 관찰은 시간을 소비하지만 유아들의 행동을 포괄적이고 상세히 설명할 수 있게 해준다. 매 페이지의 하단에는 기록한 내용을 요약, 해석, 논의하거나 중요한 재고 사항들을 기록한다. 이는 기록의 이해를 위해 또는 이론과의 관계를 해석하고 분석하는 데 사용될 수 있다.

### 사건 표집

사건 표집은 특정한 활동이나 행동 또는 활동의 양이나 내용의 질을 기록하기 위한 방법이다. 프로젝트, 교사가 초점을 둘 필요가 있는 자유선택 활동시간의 특정한 활동, 교사가 계획한 단위 활동 등이 이루어질 때, 교사는 유아들이 보이는 흥미를 평가하기 위해 기록한다. 교사가 원하는 제안이나 도전점을 의도적으로 유아에게 제시한 후 활동에 참가하는 유아들을 기록할 수도 있다. 이 방법은 주제에 대한 유아들의 관심도를 살피고 추구할 만한 가치가 있는지 결정하는 데 도움을 준다.

### 시간 표집

시간 표집은 관찰 기간 동안 특정한 장소에서 규칙적인 간격으로 정해진 시간 동안 발생하는 행동을 포착, 기록하는 것이다. 이것은 진행 기록보다 형식적인 관찰 방법이다. 교사는 언제 관찰을 기록해야 하는지 정확히 알고 교실에서 유아들과 함께하는 활동에 참여하지 못하는 경우를 위해 대처해야 한다. 시간 표집은 교실에서 발생하는 사건에 대해 편견 없는 결과를 제공한다. 예를 들어, 활동에 자발적인 유아뿐 아니라 전체 유아를 고루 기록하기를 원할 경우 학급 단위로 또는 프로젝트 단위로 참여 유아 모두를 일정 시간 기록한다.

### 일화 기록

일화 기록은 교실에서 일어나는 우발적인 사건이나 특정 유아의 문제 행동 등의 일화를 있는 그대로 기록함으로써 깊이 있는 설명을 해준다. 과정은 진행 기록과 유사하지만 기록 시간은 사건이 일어나는 시간으로 제한되고 추후 재검토 과정을 갖는다. 교사는 활동에 참가하면서 유아들을 관찰하고 정보를 얻거나 이후 프로젝트를 발전시킬 수 있는 방향을 분석할 수도 있다.

### 녹음 기록

녹음기를 사용한 유아들의 대화 녹음은 유아들의 대화 내용을 정확히 있는 그대로 기록할 수 있기 때문에 유용하다. 글로 기록한 대화 내용 가운데 놓친 부분을 포착할 수는 있다. 그러나 녹음은 선택적이지 않아서 전체 대화를 녹음기에만 의존하여 기록할 경우 대화 내용을 전사하는 데 많은 시간이 소요된다. 또 배경 잡음이 있을 수도 있으며 유아들이 녹음 범위를 벗어나는 일이 잦아 녹음하기 힘든 경우도 있고, 녹음된 내용만으로는 맥락을 몰라서 충분한 기록이 되지 않을 수도 있으므로 대화를 성공적으로 녹음하기 위해 교사는 다음과 같은 질문을 검토하여 충분히 계획한다.

- 관찰의 목적은 무엇인가?
- 관찰의 초점은 무엇인가?
- 누구의 대화가 녹음되어야 하는가?
- 대화는 어디서 일어날 수 있는가?
- 대화는 언제 그리고 어느 정도의 시간 동안 이루어지는가?
- 토론을 유발하기 위해 어떤 질문, 대상, 매체를 활용할 것인가?
- 정확한 녹음을 위해 어떤 요소들을 고려할 필요가 있는가?

### 사 진

교사들은 흑백, 컬러, 폴라로이드, 슬라이드, 디지털 카메라나 비디오 레코더로 출력한 컴퓨터 프린트물 등 다양한 사진 기술을 선택할 필요가 있다. 사진을 이용한 기록 작업에서는 처음부터 끝까지 전 과정을 촬영해야 한다. 또한 사진이 기록 과정의 아이디어를 분명하게 전달할 수 있도록 해야 한다. 사진은 유아들이 탐색 경험을 재방문하는 데 유용하게 사용될 수 있었다. 교사는 항상 학급에서는 물론, 실외 견학 시에 사진기를 지참하여 이후 다양한 반성의 기회를 갖는다.

### 비디오 기록

비디오는 주제에 다양한 많은 활동들이 포함되어 있을 경우 기록 작업의 가장 적합한 도구가 될 수도 있다. 특정한 순간을 포착하기 위해 사진기와 함께 사용하거나 비디오 기록된 과정 중 필요한 순간 사진을 출력하여 패널에 활용하거나 포트폴리오에 사용할 수도 있다.

## 02_3 관찰의 해석

수집된 자료를 해석하는 일은 기록 작업에서 중요한 단계이다. 자료가 가치 있을수록 정보에 대한 해석은 분명해진다. 전사된 기록이나 테이프, 사진 등 탐색 경험 동안 수집된 자료는 동료 교사들과 공유하고 해석한다. 교사들과의 공동 연구를 통해 기록에 관련된 이론이나 철학적 관점에 대한 사항 등을 해석한다. 프로젝트의 특정한 주기가 끝났거나 완료한 상태에서 해석되고 분석된 관점들을 체계화하여 매일의 기록 자료 말미에 편집해서 첨가한다.

기록 작업은 해석을 통해 탐색의 방향이 바뀌거나 새로운 아이디어의 연구를 시작하게 될 수도 있다.

다음의 T유치원 4세 유아들은 백악기 시대에 살았던 다양한 공룡을 탐색하여 그림으로 그리고 배경식물들을 탐색한 후 공룡시대 벽화를 디자인하였다. 이후 유아들은 디자인을 기초로 찰흙으로 공룡을 만들기로 하였다.

공룡시대 벽화 디자인 구상하기

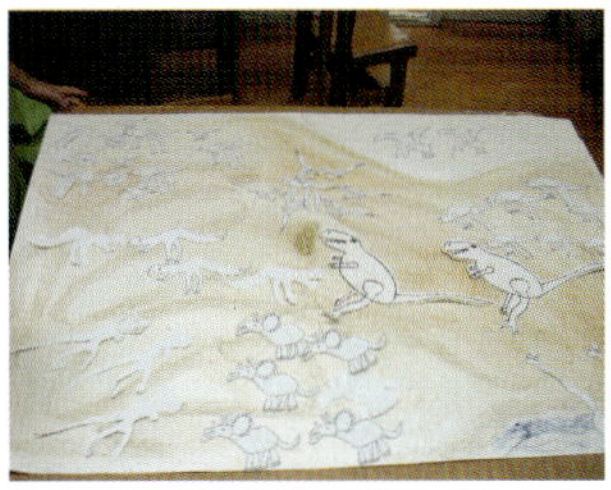

벽화 그리기

완성된 공룡시대 벽화

디자인한 공룡시대를 바탕으로 찰흙 공룡을 만들었다.

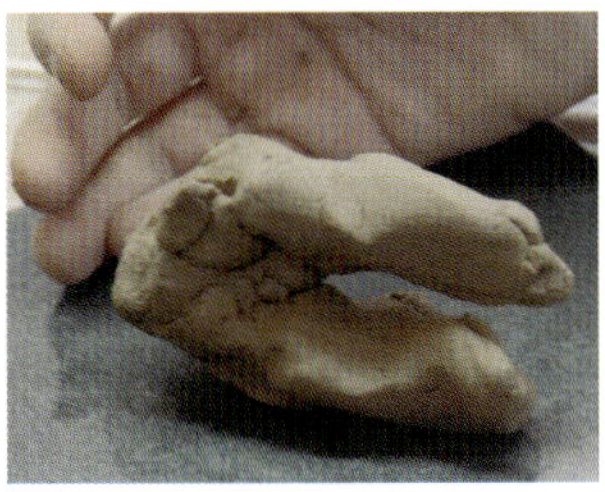

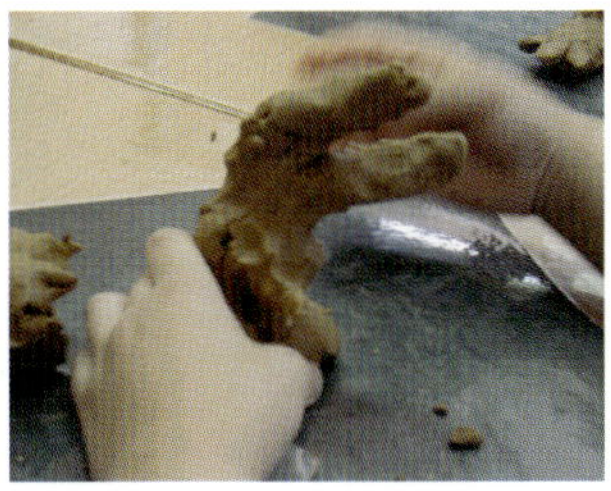

유아1 : 머리를 먼저 만들고 그리고 다 붙여야지.
유아2 : 그런데 잘 안 서.
유아1 : 너무 크게 만들어서 그래.
유아2 : 티라노사우루스는 제일 커야 되잖아.

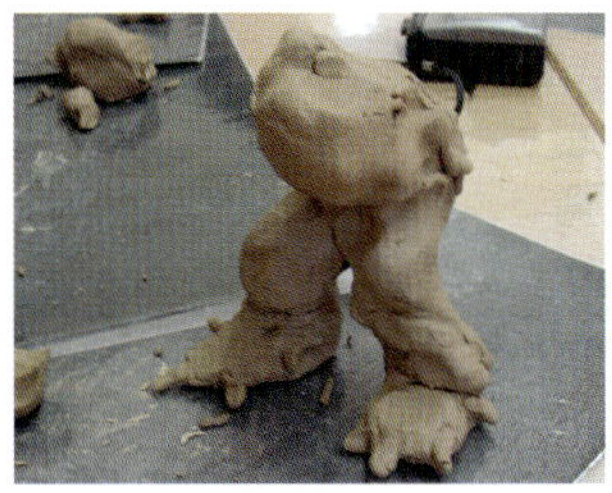

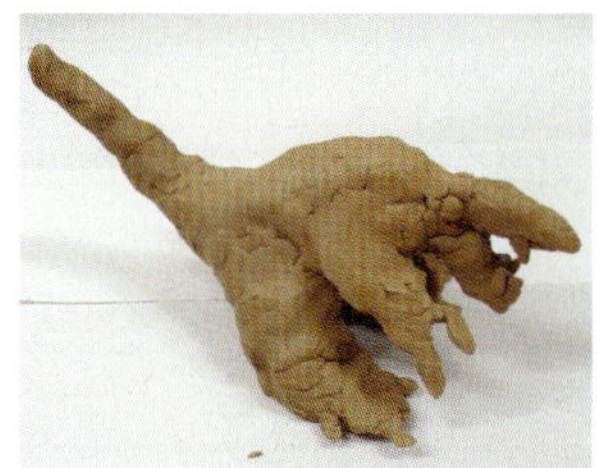

유아2 : 그리고 자꾸 넘어져!
유아1 : 티라노사우루스는 꼬리로 중심을 잡으니까, 그럼 꼬리를 만들어서 붙여봐.
유아2 : 정말 그러면 되겠다.

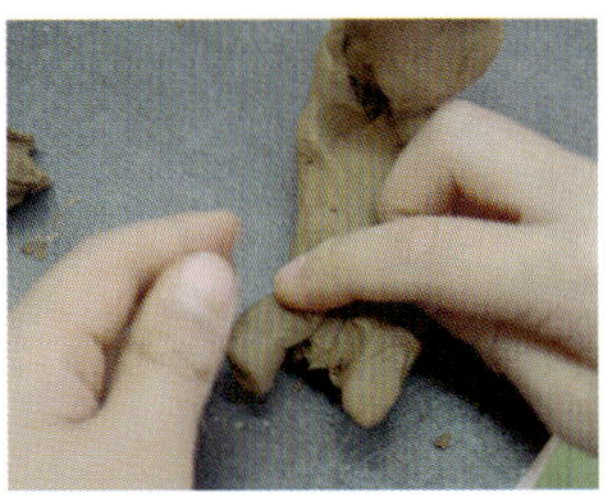

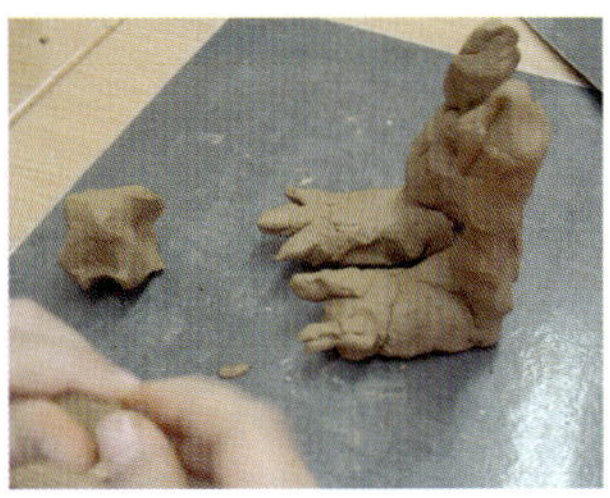

유아3 : 공룡이 자꾸 이상해. 안 서!
유아4 : 발을 이렇게 만들어야겠어. 그리고 발에는 발톱이 있고. 다리가 두 개니까 먼저 똑같이 만들어야겠다.
유아3 : 우와. 진짜 발 같다.

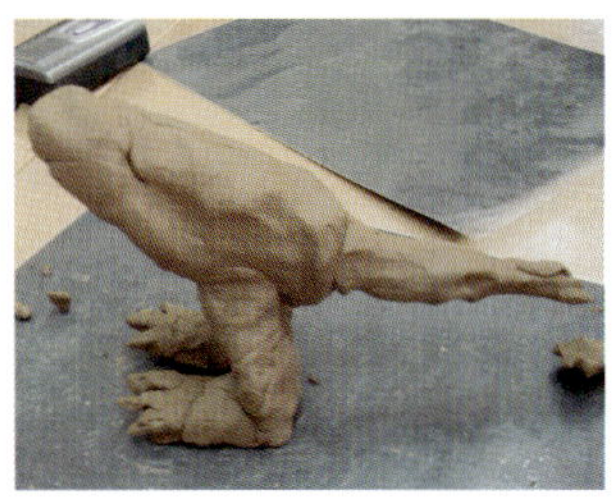

유아4 : 그런데 티라노사우루스를 크게 만들려면 몸이 엄청 커야 돼.
유아2 : 맞아. 그런데 몸이 너무 크니까 공룡이 잘 안 서잖아.
유아1 : 그럼 꼬리를 먼저 붙이면 되겠다.
유아3 : 그런데 등이 자꾸 갈라져!

### 해 석

찰흙으로 공룡을 만들었다. 그러나 목이 길어 세울 수 없는 공룡도 있고 부서져 버리기는 공룡도 있었다. 부서진 공룡을 보면서 문제점과 만들면서 힘들었던 점, 신체 구조의 불균형 등에 대해 이야기하였다. 그 문제점을 보완하기 위해 철사로 공룡뼈를 만든 후 찰흙을 붙이기로 하였다.

교사 : 얘들아 우리는 몸도 크고 무거운데 어떻게 설 수 있지?

유아1 : 그건 우리 몸 속에 뼈가 있어서 그래요.

유아2 : 어!! 우리 그럼 공룡 뼈를 만들자.

유아3 : 우리가 공룡 뼈를 어떻게 만드냐.

유아4 : 나뭇가지를 뼈라고 하고 찰흙으로 붙이면 되잖아.

유아1 : 그럼 엘라스모사우루스 목이 안 구부러지잖아.

유아2 : 아!!! 나한테 좋은 생각이 났다. 그럼 우리 철사로 공룡 뼈를 만들고 그 위에다가 찰흙을 붙이면 되잖아.

유아3 : 우와 그거 진짜 좋은 생각이다.

유아들은 서로 다른 형태의 공룡 뼈를 만들었고, 찰흙을 붙이면 설 수 있는 커다란 티라노사우르스가 될 것이라 생각하였다.

철사로 공룡 뼈 만들기

공룡의 서로 다른 크기를 고려하지 않은 문제점이 생겨 기준을 정하고 그 기준을 바탕으로 다시 만들었다. 철사를 뭉쳐 만들기도 하고, 철망을 뭉쳐서도 시도하였다.

철사와 철망을 뭉쳐서 공룡 뼈 만들기

## 해 석

유아들이 만든 뼈대 위에 찰흙을 붙이면 공룡이 설 수 있을 것이라 생각했던 예상이 맞지 않았다. 교사는 기록 자료를 교사들과 공유하였다. 협의 결과 유치원의 이사장님께 도움을 요청하는 새로운 방안을 결정하였다.

철사로 만든 공룡 뼈에 찰흙 붙이기

이사장님 도움 받아 공룡 세우기

유아1 : 어!!! 티라노사우루스가 서 있네.

유아2 : 어떻게 해서 섰지?? 누가 이렇게 해놨지??

유아3 : 선생님, 티라노사우루스 어떻게 섰어요?

교사 : 이사장님이 해두신 것 같아.

유아4 : 그럼 이사장님한테 여쭤보자. 어떻게 세웠는지.

유아1 : 그런데 티라노사우루스 뼈가 왜 밖으로 나와 있냐.

유아2 : 그건 찰흙으로 다시 붙이면 되잖아.

유아3 : 맞아!! 우리 티라노사우루스 또 하나 세워야 하니까. 이사장님한테 물어보자.

유아1 : 이사장님 이거 어떻게 세울 수 있었어요??

이사장님: 이건 굵은 철사로 뼈대를 만들어 준거야. 너희들 몸에 등뼈 있지?? 그 등뼈가 머리랑 몸 전체를 연결해 주듯이 공룡한테도 그런 뼈가 필요한거야. 너희들이 그 생각을 하지 못한 것 같애.

유아1 : 아 그렇구나.

유아4 : 그럼 이사장님은 공룡 박사님이야.

나머지 공룡들도 이사장님의 도움으로 세울 수 있었다. 유아들은 전시 방법을 협의하고 배경과 바닥을 다양한 매체로 구성하여 멋진 공룡시대 3차원 구성물을 완성하였다. 지금까지 유아들이 만든 공룡시대는 유치원의 2층 계단에 전시되어 유아, 부모, 방문객들과도 공유되고 있다.

프로젝트를 종료하는 것 또한 중요하다. 유아들이 프로젝트에 흥미를 잃어 그만 둔다고 해도 프로젝트 진행이 만족스러울 수도 있다. 그러나 프로젝트를 경솔하게 종료해서는 안 된다. 왜냐하면 모든 유아가 프로젝트를 통해 긍정적인 확인감과 성취감을 경험할 수

공룡시대 3차원 구성물

있는 만족할만한 결론에 도달할 수 있도록 하는 것이 탐색과 학습 성향의 발달을 위해 중요하기 때문이다.

## 02_4 기록의 분석

Fyfe(1998)는 기록 작업이란 직선적인 것이 아니며, 관찰에서부터 반성, 분석, 계획, 실행으로 이동하다 다시 관찰로 돌아오는 순환의 과정이라 했다. 관찰이 반성을, 반성이 분석과 대화를 가능하게 하고 계획, 실행, 상호 작용을 이끌어 궁극적으로 관찰로 되돌아가게 되는 것을 말한다. 교실에서 이루어지는 기록 과정에는 협력하여 공유하고 관찰을 해석하며 이론과 탐구에 대한 이해를 명료하게 표현하고 수집한 자료를 분석하기 위해 상호 도움이 필요하다. 교사는 혼자서 연구할 수 없음을 의미한다. 팀을 이루어 연구 유형을 짜고 연구 계획을 수립하지 않고서는 파악하기 어렵기 때문이다. 이러한 기록의 관찰, 해석, 분석 과정은 교사의 역할을 협력적인 참여 실천 연구자로 바꿔 놓았다.

이해를 공유하고 지식을 공동 구성하는 과정의 중요성을 인식하고 있기 때문에 T유치원 교사들은 학급의 두 교사가 긴밀히 교실의 모든 활동들을 협의하며,

같은 연령 수준의 교사들은 매일 만난다. 나아가 유치원 전체 교사들은 일주일에 2번 정도의 정기적인 교육 협의를 갖는다. 각 반의 기록 자료를 살피면서 문제를 해석 · 분석하여, 조언 · 반성하는 협력적인 환경을 신중하게 조성한다.

틈날 때마다 교사들은 분석의 혜안을 가질 수 있는 이론 연구를 위해 관련 서적을 함께 스터디하고 교사 교육에 참여하는 기회를 게을리하지 않는다.

다원적 관점의 재고는 궁극적으로 기록 작업이 대화를 이끌어 내는 힘을 제공하므로 유아, 동료, 가족, 공동체 구성원들과의 협력은 생각과 경험을 반성하는 기록 작업을 전개하는 데 있어서 본질적인 요소이다.

S어린이집은 유아와 부모는 기록을 읽게 되는 청중임을 인식하기 때문에, 패널을 구성하거나 학습 패널을 조직하고 전시하는 데 부모 참여를 요청한다.

Fyfe(1998)는 프로젝트 경험의 깊이와 폭을 파악하는 기록의 분석을 위한 다음 네 가지 차원의 질문을 제시하였다. 교사들은 관찰이 시작될 때 협력하여 기록에 대해 다음을 분석한다.

- 우리가 기록해야 할 것은 무엇인가?
- 우리는 언제, 얼마동안 경험을 기록해야 하나?
- 기록 작업을 해야 하는 곳은 어디인가?
- 관찰의 초점과 이론적 근거는 무엇인가?
- 기록 작업은 어떻게 사용되나?
- 어떤 도구와 기술이 연구 목적에 잘 맞는가?

관찰 기록 작업에 있어서 '언제, 누가, 어디서, 무엇을, 어떻게, 왜'에 대한 결정을 하게 되면 교사들은 협력적 참여 연구의 다음 단계로 옮겨간다. 다음과 같은 분석은 기록에 대한 반성과 이해를 필요로 한다.

- 기록에서 나타나는 유아들의 생각, 관심, 감정, 의견, 가설, 이론은 무엇인가?
- 기록에서 환경적인 조건은 무엇이며, 그것은 행동, 상호 작용, 상호 관계에 어떻게 영향을 미치는가?
- 기록에서 가정과 지역사회와의 연결에 관해 말하는 것은 무엇인가?
- 기록은 탐구를 위한 새로운 교수법과 가능성을 고려하는 가설을 설정할 수 있는가?

다음 계획 단계에서 교사는 이해와 반성을 통해 이후의 관찰을 계획하며, 학습 경험을 위한 활동을 계획한다. 여기서 분석 사항은 다음과 같다.

- 수집된 기록 자료의 해석에서 도출된 함의는 무엇인가?
- 자세히 연구될 필요가 있는 것으로 표면화되어진 것은 무엇인가?
- 더 연구되어야 할 아이디어는 무엇인가?
- 이미 수집된 기록들은 어떻게 유아가 생각을 재방문하고 다른 사람과 공동 구성하도록 도움을 줄 수 있는가?
- 유아의 생각을 어떻게 가시화할 수 있는가?
- 부모의 참여를 어떻게 이끌어 낼 수 있는가?

교사들은 관찰과 기록을 어떻게 지속할지를 생각하며 처음 관찰로 되돌아간다. 교사들은 다음을 분석할 수 있다.

- 다음 관찰과 경험을 기록하는 데 어떤 도구와 기술이 필요한가?
- 기록을 어떻게 체계화할 것인가?
- 부모와 공동체를 어떻게 참여시킬 것인가?

계획, 대화, 기록 작업은 교사들이 협력적으로 재방문하고 반성하며 교육 과정을 협상하는 과정에서 기록 자료들을 재구성하는 순환적 과정을 이룬다. **기록 작업은 프로젝트 탐색 내용을 소개하는 것 이상**이다.

# 03 다양한 형태의 기록화와 저널 양식

## 03_1 다양한 형태의 기록화

기록 작업은 일정 기간을 통하여 발전되는 지속적 과정이다. Forman과 Fyfe(1998)가 디자인 단계라고 명명한 탐색 초기 단계에서 교사는 유아에게 주제에 대해 질문한다. 교사는 주제 발현 맥락을 기록하고, 유아가 주제에 대해 언어적으로 분출하는 내용을 기록한다. 이후 주제에 대한 탐색이 전개됨에 따라 진행되어가는 과정의 맥락과 상황 대화 내용 전체를 기록한다. 최종 기록화가 어떤 형태이든 다음 사항이 포함되어야 한다.

- 탐색 주제
- 전반적인 이론 혹은 철학적 진술, 예를 들어 앞 절에서 제시한 공룡 벽화를 디자인하고 3차원 구성물을 만들어 가는, 지속되는 문제 해결 과정은 유아로 하여금 더 높은 수준의 정신적 기능으로 나아가게 하는 방법을 설명함으로써 Vygotsky의 이론과 관련지을 수 있다.
- 탐색 주제나 활동에 대한 이론적 근거나 목적
- 활동 사진, 글로 쓴 제언, 관련된 경험 설명
- 관찰 기록한 학습과 발달 과정 기술
- 유아와 교사의 목소리와 경험 기록
- 유아들의 표상 작업
- 이론과 철학에 근거한 경험의 분석
- 추후 작업에 대한 함축적인 진술
- 결론적 진술

기록 작업은 여러 가지 형태로 할 수 있다. 기록 작업은 유아들의 발달 과정과 경험을 일련의 사진이나 글로 쓴 **관찰 일지**가 될 수도 있다. 주제에 따라 유아의 연령에 따라 학습 경험을 기록한 사진 기록 작업을 할 수도 있으며 프로젝트 전체 과정을 묘사하는 일련의 **패널**이 될 수도 있다.

또한, 만들어 가는 과정에 대한 설명을 첨부한 유아들의 **작품 전시**로 구성할 수도 있고, 개별 유아의 발달에 대한 포괄적이고 상세한 설명, 수집된 사진, 글로 쓴 관찰물을 담은 **포트폴리오** 형식을 취할 수도 있다.

기록 작업은 유아들이 작업하고 이야기할 때 유아의 표상 저널이나 아이디어 등을 인용하여 교사가 **저널**이나 **일지** 형식을 취할 수도 있고, 유아의 이론이나 진행 중인 작업에 관한 개요와 사진 및 진행 상황에 대한 교사의 **논평** 형식을 취할 수도 있다. 어떤 경우에는 유아들이 그날의 중요한 발견물이나 사건들을 요약한 내용을 교사가 그대로 받아 기록할 수도 있고 유아가 그림으로 묘사할 수도 있다. 이러한 일일 저널은 유아의 개인 저널이나 교실 벽의 패널과 같은 다른 시상적 표상으로 연결된다.

**교사가 기록한 저널**을 유아의 활동에, **유아가 구성한 저널**을 교사의 기록에 상호적으로 활용할 수 있다. 유아들의 재미있는 아이디어를 저널로 쓰거나 가정에서 가족과 함께한 경험 내용을 저널로 쓰고 교사가 활동 사진이나 표상 내용에 대한 제언을 첨가할 수도 있다.

교사는 개별 유아의 놀이나 작업 활동을 사진으로 찍고 관련글을 첨가함으로써 개별 유아의 기록을 만든다. 특히, 어린이집 영아의 경우 교사가 개별 유아의 경험 내용을 정기적으로 일주일에 몇 차례 저널로 기록하고 유아들의 활동과 성장에 관한 제언을 첨부하여 개별 저널을 만들 수 있다. 개별 유아의 사진과 표상을 첨가해 나가면서 누적적인 **개인 저널**을 만들어 가정과의 의사소통에 활용한다. 또한 각 학급의 프로젝트 관련 탐색 활동과 다양한 매체를 활용한 표상 내용들을 모아 정기적인 **신문**을 만들 수도 있다. 교사들이 기록한 대화나 유아의 말은 부모와의 의사소통과 반성을 위해 활용되며 기록을 통해 이루어진 부모의 생각과 반성 내용 또한 기록하여 공유한다. 일상적인 관찰과 반성은 저널이나 신문 형태로 지속적으로 공유되고 더 나은 반성을 위해 보관한다.

가끔 유아들의 활동이 적극적인 경우 유아들의 활동 과정을 **비디오 테이프**에 담을 수도 있으며, 정적이고 조용하게 진행되는 대화를 **오디오 테이프**에 담을 수도 있다. 오디오 테이프에 기록된 자료들은 해석을 위해 경청하고 전사하는 기회를 가진다. 어떤 형태의 기록 방법이든 모든 방법에는 제한점과 편견이 있을 수 있으므로 다양한 기록과 매체를 활용하고 다양한 과점에서 개방적인 시각으로 해석한다. 어떤 형태의 기록이든 실제를 지각하는 것보다 구성하고 이해하고 해석하며 재방문하는 것이 중요하다.

기록 작업은 유아 발달을 이해하는 유용한 도구가 되기도 한다. 예를 들어, 기록 작업은 유아의 미술 작품으로 구성될 수 있는데 초기 걸음마 시기의 다듬어지지 않은 긁적거리기 단계에서 정교하고 표상적인 4~5세 유아의 작품까지 유아의 그림 발달을 알 수 있다. 때로는 극놀이의 복잡한 진행 과정의 발전을 탐구하는 데도 도움이 된다. 교사들은 부모와 다른 사람이 유아의 발달과 학습 과정을 이해할 수 있는 방식으로 기록하며 기록 작업 과정을 통해 유아의 행동을 발달 이론과 연관짓고 유아들의 학습 과정을 연구한다. 기록 작업은 성인들이 유아에 대한 이미지를 재구성하도록 해준다.

## 03_2 기록 저널 양식

초기에 레지오 접근법을 적용한 대부분의 기관들은 흔히 교사의 노트에 별다른 형식 없이 자유롭게 이루어지는 진행 기록이 대부분이었다. 프로젝트 탐색 과정에서 이루어지는 유아의 대화를 글로 쓰고 활동 과정을 사진으로 기록하였다. 한 주간 기록되어진 내용들은 매주 교육계획안을 가정으로 보낼 때, '다음 주의 수업 안내' 라는 난을 마지막에 만들어 어떤 내용의 프로젝트가 진행되고 있는지를 간단히 편집하여 발송하였다. 프로젝트와 관련하여 부모가 지원할 부분이나 견학 사항들을 가정에 알리는 소극적인 의사소통 형태였다.

이후 기관의 일과 활동 유형에 따라 기록 양식을 만들어 기록을 수행하였다. 일과 시간대에 따라 수직-수평 일과 기록, 자유 선택 활동 기록, 프로젝트 과정 기록, 단위 활동 기록 등이 **일일 저널**로 구성되었다. 한 주간 구성된 일일 저널을 토대로 한 주의 **주간 저널**을 작성하였다. 그간 주말에 가정으로 발송하였던 '주간 교육계획안' 은 기관에서 다음 주에 행해질 교육 목표와 활동 내용을 계획하여 가정에 알리는 일방적인 교육 계획이었다. 이에 반해 주간 저널은 한 주간 학급에서 이루어진 프로젝트 활동, 영역별 자유 선택 활동, 그 외 교사가 계획하여 전체 유아가 참여한 단위 활동들 중 의미있었던 주간 활동들을 편집하여 유아들의 활동 과정 사진과 유아들의 대화를 담아 가정과 양방적인 의사소통이 이루어질 수 있도록 하였다.

월 교육계획안, 주간 교육계획안 등으로 유치원 활동을 소개하던 양식에서 벗어나 저널 형식으로 유치원 소식을 전하면서 부모들의 반응은 크게 달라졌다. 유아들이 유치원에서 어떤 프로젝트를 어떠한 방법으로 전개하고 있고, 부모들이 어떻게 도와주셔야 하는지 등이 자세히 소개되자, 부모들이 더 구체적으로 프로젝트에 참여할 수 있었고, 유아들과 함께 여러 경험 등을 하면서 프로젝트를 공유할 수 있었다. 이러한 변화와 그에 따른 부모의 긍정적인 반응이 다음의 교사 저널과 부모 저널에 나타난다.

> 이전에는 부모님들이 프로그램의 이해보다는 활동에만 관심을 보이고, 프로젝트의 진행되어 가는 과정을 보기보다는 내 아이의 참여 여부와 어떤 결과물만을 보려하였다. 이후의 변화로는 활동에 대해 좀 더 자세히 알게 되고, 프로젝트 진행에 관련된 대화나 상호 작용이 많아진다(Y유치원, K교사 저널).

> 교육계획안이 배부되었을 때는 미리 계획을 알고 아이들의 활동을 예상할 수 있었다. 지금의 저널은 아이들의 실제 활동 내용을 눈으로 볼 수 있어서 훨씬 구체적이고 보관하고 싶은 생각이 든다.(A유치원, 5세 부모).

주간 저널을 통한 기관 학습 과정의 지속적인 공유는 부모의 태도와 인식에도 변화를 가져와 내 아이 중심에서 다른 유아들뿐 아니라 학급 전체 유아의 학습에도 관심을 갖게 하였다.

> 주간 저널은 유아들의 생각을 눈으로 볼 수 있어서 내 자녀뿐만 아니라 또래들을 이해할 수 있어서 좋습니다. 더불어 진행 상황을 자세히 알게 되니 자녀와 대화의 깊이나 폭이 넓어지고 이해 수준도 높아지는 것 같습니다(A유치원, 4세 부모).

부모들은 기존의 주간 교육계획안과 변화된 주간 저널의 차이를 인식한다.

> 기존의 교육계획안은 일정에 대한 소개와 설명이 전부였으나, 저널은 원아들의 활동이 사진과 설명이 곁들여져 한눈에 어떤 계획으로 어떻게 이루어졌는지 알 수 있어서 좋았다(S어린이집, 2세 부모).

현재 각 기관에서는 저널 양식을 각 기관의 일과와 철학적 관점, 각 지역의 행정 정책에 따라 변형하여 사용하고 있다. 다음에 수직 · 수평 일과 기록(변형 전과 후), 자유선택활동 일일 기록, 프로젝트 과정 기록, 단위 활동 일일 기록 양식의 일일 저널과 주간 저널, 월간 저널 모델을 제시하였다.

변형된 수직 · 수평 일과 운영 기록에는 특히 뒷면에 기존 생활 주제 중심 통합 교육에서 강조하는 5개 발달 영역 목표가 어느 정도 도달했으며, 일과 운영 및 전반적인 평가 항목이 추가되었다.

## 03_2_1 수직 · 수평 일일 기록 (변형 전 · 후)

변형 전 앞면

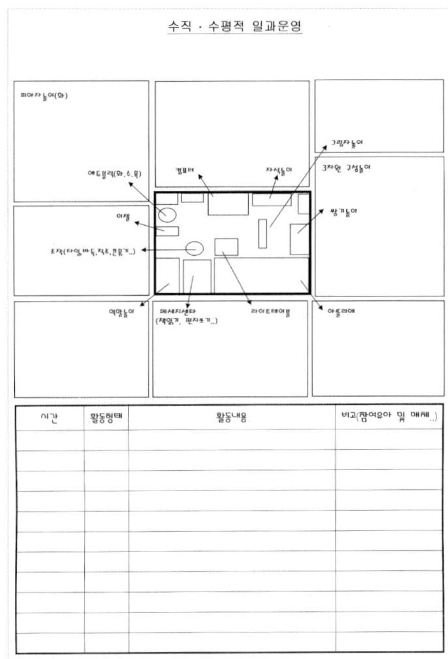


변형 후 앞면
상단에 여백을 두어 활동 상황을 융통성 있게 기록한다.

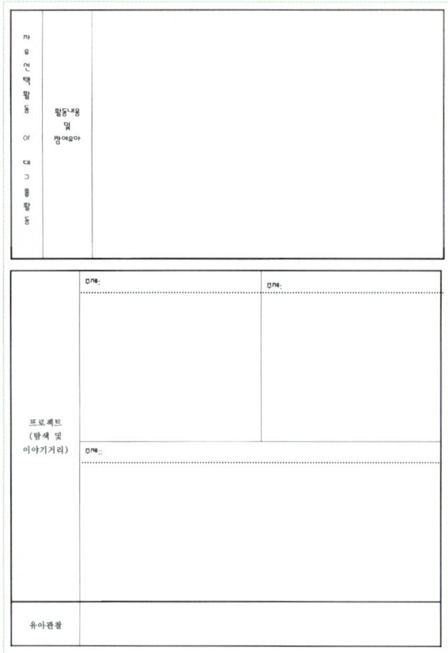


변형 전 뒷면

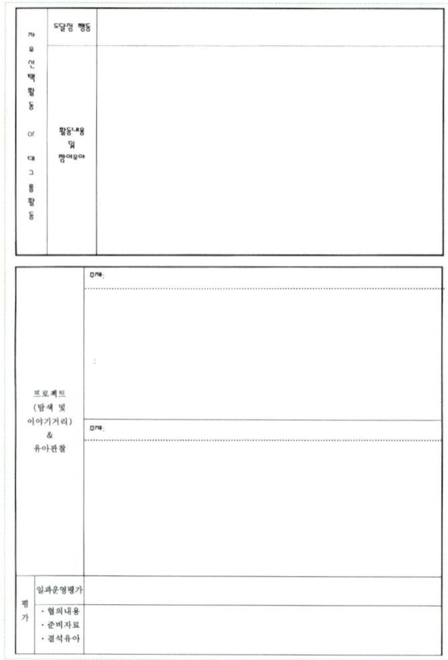


변형 후 뒷면

## 03_2_2 자유 선택 영역 일일 기록

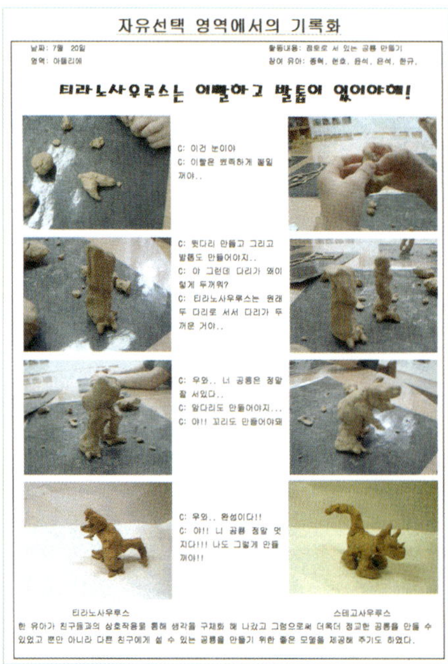

자유선택 영역에서의 기록화

날짜: 7월 20일
영역: 아뜰리에
활동내용: 점토로 서 있는 공룡 만들기
참여 유아: 종혁, 현호, 윤석, 은석, 한규.

**티라노사우루스는 이빨하고 발톱이 있어야해!**

C: 이건 눈이야
C: 이빨은 뾰족하게 붙일 꺼야..

C: 뒷다리 만들고 그리고 발톱도 만들어야지..
C: 야 그런데 다리가 왜이렇게 두꺼워?
C: 티라노사우루스는 원래 두 다리로 서서 다리가 두꺼운 거야..

C: 우와.. 너 공룡은 정말 잘 서있다..
C: 앞다리도 만들어야지...
C: 아!! 꼬리도 만들어야돼

C: 우와.. 완성이다!!
C: 야!! 니 공룡 정말 멋지다!!! 나도 그렇게 만들 꺼야!!

티라노사우루스 스테고사우루스

한 유아가 친구들과의 상호작용을 통해 생각을 구체화 해 나갔고 그럼으로써 더욱더 정교한 공룡을 만들 수 있었고 뿐만 아니라 다른 친구에게 설 수 있는 공룡을 만들기 위한 좋은 모델을 제공해 주기도 하였다.

## 03_2_3 단위 활동 일일 기록

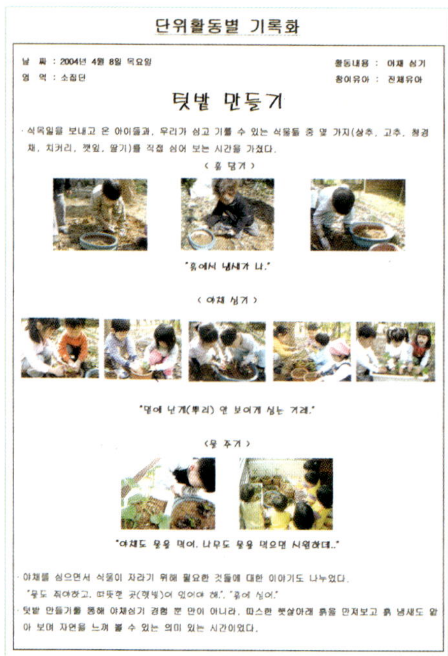

단위활동별 기록화

날 짜 : 2004년 4월 8일 목요일
영 역 : 소집단
활동내용 : 야채 심기
참여유아 : 전체유아

**텃밭 만들기**

· 식목일을 보내고 온 아이들과, 우리가 심고 기를 수 있는 식물들 중 몇 가지(상추, 고추, 청경채, 치커리, 깻잎, 딸기)를 직접 심어 보는 시간을 가졌다.

〈 흙 담기 〉

"흙에서 냄새가 나."

〈 야채 심기 〉

"밑에 난 게(뿌리) 안 보이게 심는 거래."

〈물 주기 〉

"야채도 물을 먹어. 나무도 물을 먹으면 시원하대.."

· 야채를 심으면서 식물이 자라기 위해 필요한 것들에 대한 이야기도 나누었다.
"물도 줘야하고, 따뜻한 곳(햇빛)이 있어야 해.", "흙이 싫어."
· 텃밭 만들기를 통해 야채심기 경험 뿐 만이 아니라, 따스한 햇살아래 흙을 만져보고 흙 냄새도 맡아 보며 자연을 느껴 볼 수 있는 의미 있는 시간이었다.

## 03_2_4 프로젝트 과정 기록

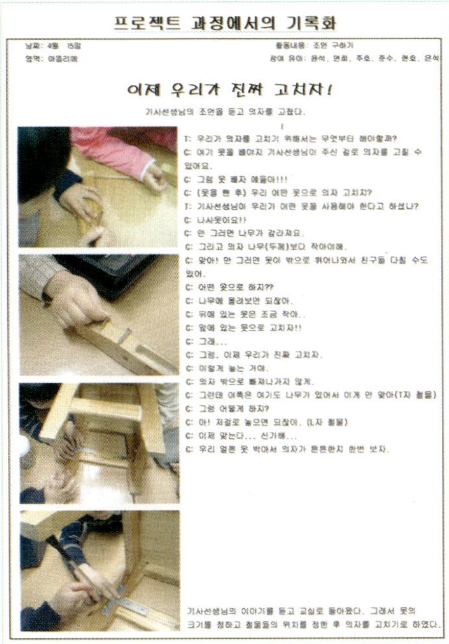

프로젝트 과정에서의 기록화

날짜: 4월 15일 활동내용: 조언 구하기
영역: 아뜰리에 참여 유아: 용석, 연희, 주호, 준수, 현호, 윤석

이제 우리가 진짜 고치자!

기사선생님의 조언을 듣고 의자를 고쳤다.

T: 우리가 의자를 고치기 위해서는 무엇부터 해야할까?
C: 여기 못을 빼야지 기사선생님이 주신 걸로 의자를 고칠 수 있어요.
C: 그럼 못 빼자 애들아!!!
C: (못을 뺀 후) 우리 어떤 못으로 의자 고치지?
T: 기사선생님이 우리가 어떤 못을 사용해야 한다고 하셨니?
C: 나사못이요!!
C: 안 그러면 나무가 갈라져요.
C: 그리고 의자 나무(두께)보다 작아야해.
C: 맞아! 안 그러면 못이 밖으로 튀어나와서 친구들 다칠 수도 있어.
C: 어떤 못으로 하지??
C: 나무에 올려보면 되잖아.
C: 위에 있는 못은 조금 작아..
C: 앞에 있는 못으로 고치자!!
C: 그래...
C: 그럼. 이제 우리가 진짜 고치자.
C: 이렇게 놓는 거야.
C: 의자 밖으로 빠져나가지 않게.
C: 그런데 이쪽은 여기도 나무가 있어서 이게 안 맞아(T자 철물)
C: 그럼 어떻게 하지?
C: 아! 저걸로 놓으면 되잖아. (L자 철물)
C: 이제 맞는다... 신기해...
C: 우리 얼른 못 박아서 의자가 튼튼한지 한번 보자.

기사선생님의 이야기를 듣고 교실로 돌아왔다. 그래서 못의 크기를 정하고 철물들의 위치를 정한 후 의자를 고치기로 하였다.

## 03_2_5 주간 저널

### 유형 1

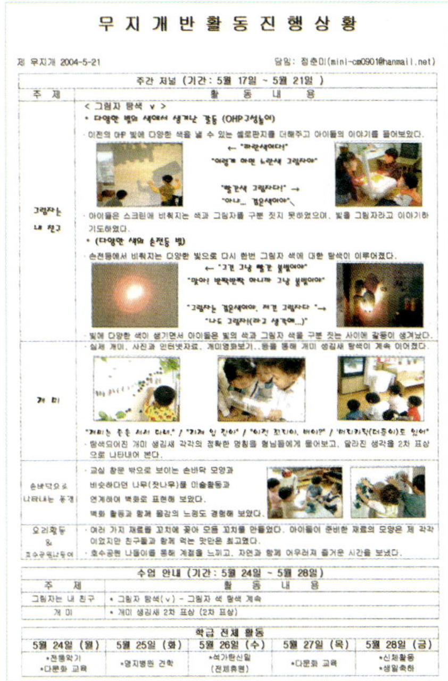

무 지 개 반 활 동 진 행 상 황

제 무지개 2004-5-21 담임: 정춘미(mini-cm0901@hanmail.net)

주간 저널 (기간: 5월 17일 ~ 5월 21일)

| 주 제 | 활 동 내 용 |
|---|---|
| 그림자는 내 친구 | < 그림자 탐색 v ><br>• 다양한 빛의 색에서 생겨난 갈등 (OHP 그림놀이)<br>· 이전의 OHP 빛에 다양한 색을 낼 수 있는 셀로판지를 더해주고 아이들의 이야기를 들어보았다.<br>← "파란색이다!" "이렇게 하면 노란색 그림자야" "빨간색 그림자다!" → "아니.. 검은색이야"<br>· 아이들은 스크린에 비춰지는 색과 그림자를 구분 짓지 못하였으며, 빛을 그림자라고 이야기하기도하였다.<br>• (다양한 색의 손전등 빛)<br>· 손전등에서 비춰지는 다양한 빛으로 다시 한번 그림자 색에 대한 탐색이 이루어졌다.<br>← "그건 그냥 빨간 불빛이야" "맞아! 반짝반짝 아니까 그냥 불빛이야" "그림자는 검은색이야. 저건 그림자다" → "나도 그림자(라고 생각해...)"<br>· 빛에 다양한 색이 생기면서 아이들은 빛의 색과 그림자 색을 구분 짓는 사이에 갈등이 생겨났다. |
| 개 미 | · 실제 개미, 사진과 인터넷자료, 개미영화보기..등을 통해 개미 생김새 탐색이 계속 이어졌다.<br>"개미는 흔은 서서 다녀." / "기저 입 찼어" / "이건 꼬리야, 뭐야?" / "머리가락(더듬이)도 있어"<br>· 탐색되어진 개미 생김새 각각의 정확한 명칭을 형님들에게 물어보고, 달라진 생각을 2차 표상으로 나타내어 본다. |
| 손바닥으로 나타내는 풍경 | · 교실 창문 밖으로 보이는 손바닥 모양과 비슷하다던 나무(잣나무)를 미술활동과 연계하여 벽화로 표현해 보았다.<br>벽화 활동과 함께 물감의 느낌도 경험해 보았다. |
| 요리활동 & 호수공원나들이 | · 여러 가지 재료를 꼬치에 꽂아 모듬 꼬치를 만들었다. 아이들이 준비한 재료의 모양은 제 각각이었지만 친구들과 함께 먹는 맛만은 최고였다.<br>· 호수공원 나들이를 통해 계절을 느끼고, 자연과 함께 어우러져 즐거운 시간을 보냈다. |

수업 안내 (기간: 5월 24일 ~ 5월 28일)

| 주 제 | 활 동 내 용 |
|---|---|
| 그림자는 내 친구 | • 그림자 탐색(v) - 그림자 색 탐색 계속 |
| 개 미 | • 개미 생김새 2차 표상 (2차 표상) |

학급 전체 활동

| 5월 24일 (월) | 5월 25일 (화) | 5월 26일 (수) | 5월 27일 (목) | 5월 28일 (금) |
|---|---|---|---|---|
| •전통악기<br>•다문화 교육 | •명지병원 견학 | •석가탄신일<br>(전체휴원) | •다문화 교육 | •신체활동<br>•생일축하 |

### 유형 2

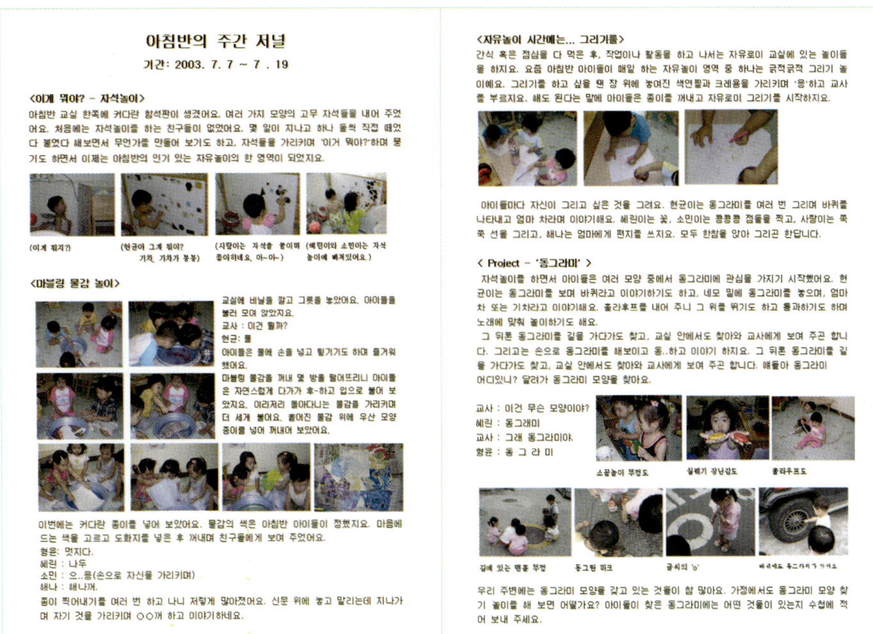

아침반의 주간 저널

기간: 2003. 7. 7 ~ 7 . 19

<이게 뭐야? - 자석놀이>

아침반 교실 한쪽에 커다란 함석판이 생겼어요. 여러 가지 모양의 고무 자석들을 내어 주었어요. 처음에는 자석놀이를 하는 친구들이 없었어요. 몇 일이 지나고 하나 둘씩 직접 떼었다 붙였다 해보면서 무언가를 만들어 보기도 하고, 자석들을 가리키며 '이거 뭐야?'하며 묻기도 하면서 이제는 아침반의 인기 있는 자유놀이의 한 영역이 되었지요.

(이게 뭐지?) (현균아 그게 뭐야? 기차, 기차가 붕붕) (사랑이는 자석을 붙이며 좋아하네요. 아~아~) (혜린이와 소민이는 자석놀이에 빠져있어요.)

<마블링 물감 놀이>

교실에 비닐을 깔고 그릇을 놓았어요. 아이들을 불러 모여 앉았지요.
교사 : 이건 뭘까?
현균: 물
아이들은 물에 손을 넣고 튕기기도 하며 즐거워했어요.
마블링 물감을 꺼내 몇 방울 떨어뜨리니 아이들은 자연스럽게 다가가 후-하고 입으로 불어 보았지요. 이리저리 돌아다니는 물감을 가리키며 더 세게 불어요. 흩어진 물감 위에 우산 모양 종이를 넣어 꺼내어 보았어요.

이번에는 커다란 종이를 넣어 보았어요. 물감의 색은 아침반 아이들이 정했지요. 마음에 드는 색을 고르고 도화지를 넣은 후 꺼내며 친구들에게 보여 주었어요.
형윤: 멋지다.
혜린 : 나두
소민 : 으..응(손으로 자신을 가리키며)
해나 : 해나꺼.
종이 찍어내기를 여러 번 하고 나니 저렇게 많아졌어요. 신문 위에 놓고 말리는데 지나가며 자기 것을 가리키며 ○○꺼 하고 이야기하네요.

<자유놀이 시간에는... 그리기를>

간식 혹은 점심을 다 먹은 후, 작업이나 활동을 하고 나서는 자유로이 교실에 있는 놀이를 하지요. 요즘 아침반 아이들이 매일 하는 자유놀이 영역 중 하나는 긁적긁적 그리기 놀이에요. 그리기를 하고 싶을 땐 장 위에 놓여진 색연필과 크레용을 가리키며 '응'하고 교사를 부르지요. 해도 된다는 말에 아이들은 종이를 꺼내고 자유로이 그리기를 시작하지요.

아이들마다 자신이 그리고 싶은 것을 그려요. 현균이는 동그라미를 여러 번 그리며 바퀴를 나타내고 엄마 차라며 이야기해요. 혜린이는 꽃, 소민이는 콩콩콩 점들을 찍고, 사랑이는 쭉쭉 선을 그리고, 해나는 엄마에게 편지를 쓰지요. 모두 한참을 앉아 그리곤 한답니다.

< Project - '동그라미' >

자석놀이를 하면서 아이들은 여러 모양 중에서 동그라미에 관심을 가지기 시작했어요. 현균이는 동그라미를 보며 바퀴라고 이야기하기도 하고, 네모 밑에 동그라미를 놓으며, 엄마 차 또는 기차라고 이야기해요. 훌라후프를 내어 주니 그 위를 뛰기도 하고 통과하기도 하며 노래에 맞춰 놀이하기도 해요.

그 뒤론 동그라미를 길을 가다가도 찾고, 교실 안에서도 찾아와 교사에게 보여 주곤 합니다. 그리고는 손으로 동그라미를 해보이고 동..하고 이야기 하지요. 그 뒤론 동그라미를 길을 가다가도 찾고, 교실 안에서도 찾아와 교사에게 보여 주곤 합니다. 얘들아 동그라미 어디있니? 달려가 동그라미 모양을 찾아요.

교사 : 이건 무슨 모양이야?
혜린 : 동그래미
교사 : 그래 동그라미야.
형윤 : 동 그 라 미

소꿉놀이 뚜껑도 실뜨기 장난감도 훌라우프도

길에 있는 맨홀 뚜껑 동그란 마크 글씨의 'o'

우리 주변에는 동그라미 모양을 갖고 있는 것들이 참 많아요. 가정에서도 동그라미 모양 찾기 놀이를 해 보면 어떨가요? 아이들이 찾은 동그라미에는 어떤 것들이 있는지 수첩에 적어 보내 주세요.

주간 저널 유형 1의 경우, 공간을 나누어 프로젝트나 교실에서의 탐색 활동 등을 제한하여 제시하고 있으며, 유형 2의 경우 자유롭게 각 반의 에피소드 등을 제시하는 비교적 자유로운 틀을 취한다.

### 03_2_6 월간 프로젝트 저널

한 달간 이루어진 프로젝트 활동 과정을 기록하여 한눈에 볼 수 있도록 패널화한다.

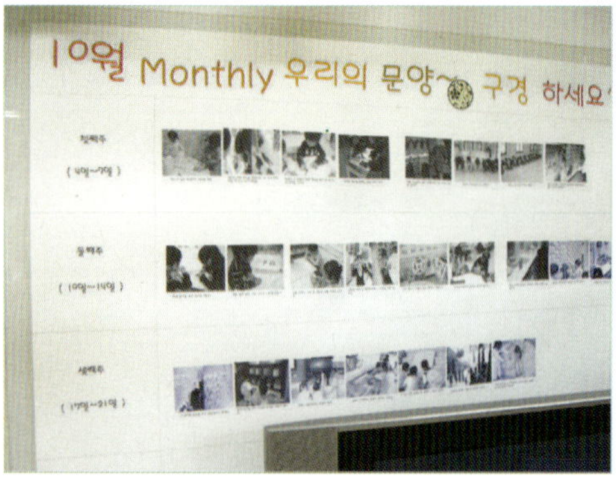


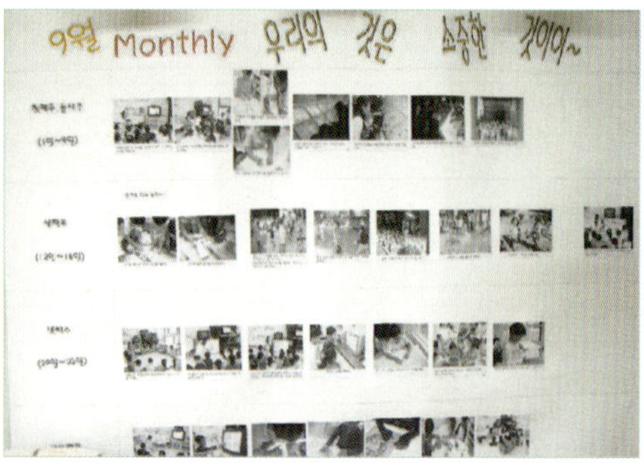

### 03_2_7 벽면 프로젝트 기록 패널

레지오 학교는 교실, 복도, 학교 벽면 어느 곳이든 유아들의 활동 과정을 기록하여 전시하고 공유한다.

## 04 패널 작업

### 04_1 자료 정리

다음의 자료 정리 방식은 절대적인 기준이 아니라 교사들과의 패널 작업 과정에서 도출 · 정리된 방식이므로 융통성 있게 활용한다.

**첫째, 기록화된 전사 내용과 사진을 검토한 후 주기를 결정하고 주기명을 정한다.** 주기명은 유아의 입장과 청중을 염두에 두고 탐색 내용이 읽혀지도록 하는 것이 좋다. 예를 들어, 구태의연하게 사용되는 교사 중심의 '1차 표상' 보다는 '둥지의 생김새에 대한 첫 그리기' 가, '2차 표상' 보다는 '둥지 관찰 후 그리기' 가 적합할 것이다.

**둘째, 정해진 주기별로 기록된 사진을 정리한다.** 주기별 사진이 지나치게 많을 경우 주기를 잘 설명하는 사진들을 순서대로 나열한다. 패널에 붙일 사진은 다채로운 컬러보다는 2가지 색 정도로 톤을 다운하거나, 강조하고 싶은 부분을 포토샵 기법을 사용하여 강조한다. 사진의 크기는 패널의 크기가 전지일 경우 A4 반 정도의 크기가 무난하다. A4 반 정도 크기의 사진을 기본으로 사용하고 한 패널에서 강조하고 싶은 사진은 크게 출력할 수도 있으며 특정한 사진에 해당하는 부속 사진일 경우 시각적으로 기본 크기의 1/2 또는 1/4 정도의 크기로 조정해도 좋다.

**셋째, 사진별 상호 작용 내용을 정리한다.** 유아들이 상호 작용하는 사진일 경우 유아들의 대화를 사진 길이 정도로 정리하여 대화 내용이 청중에게 잘 읽히도록 한다. 대화임을 나타내는 따옴표 기호 등은 자칫 지저분할 수도 있으므로 대화임을 나타내 주는 편집 작업상의 활자체를 사용하면 용이하다. 활동 과정의 사진일 경우 관련 활동과 관련된 탐색 내용 등을 명료하게 제시한다. 사진 하단에는 언어적 상호 작용 내용뿐 아니라 각 사진별 해석을 제시한다.

**넷째, 유아들의 탐색 과정에 따라 달라지는 유아들의 생각을 표상한 그리기 등의 자료를 순서대로 정리한다.** 표상 내용을 제시할 때는 탐색 과정에서 변화되는 유아의 사고 과정이 잘 나타나도록 편집 · 정리하며 표상에 대한 설명이나 의미를 반드시 제시한다. 특히 달라진 생각에 초점을 두어 의미화한다.

**다섯째, 프로젝트 전체의 제목을 정한다.** 특정한 주제보다는 주제의 탐색 내용이나 방향이 나타나도록 유아의 입장에서 제목을 기술한다. 제목의 내용과 글자 모양에서 탐색 내용이 읽히게 할 수 있다면 효율적인 전시가 될 수 있다.

**여섯째, 개별 주기 단위, 패널 단위, 프로젝트 전체 단위로 교사의 해석과 제언이 반드시 필요하다.** 개별 주기나 프로젝트 주제의 발현 맥락, 유아들의 탐색 과정 발현 주기의 맥락 및 갈등과 갈등의 해결, 주기의 필연성 및 다음 주기로의 확장 등 그 외 탐색을 통해 유아들이 경험한 지식, 개념, 이해, 기술, 정서적 공감 태도 등 맥락에 따라 다양하다. 진술은 명료하면서도 친절하게 제시한다.

**일곱째, 상기한 전체 자료의 분량에 따라 패널의 매수를 정하고 레이아웃한다.** 전체 패널에는 각 주기가 시각적으로 이해되도록 주기별로 사진을 모둠을 지어 공간을 조정한다.

## 04_2 레이아웃

레이아웃(Layout)이란 디자인, 광고, 편집 등에서 종이 혹은 제한된 공간 안에 활자(type)와 사진, 일러스트레이션 등과 같은 각 구성 요소들을 효과적으로 배치, 배열하는 행위를 말한다. 이러한 구성 요소들을 규칙적으로 배치하는 것만이 아니라, 기본 조건인 주목성, 가독성, 명쾌성, 조형성, 창조성 등을 충분히 고려해야 한다. 또한 새로운 공간이 될 수 있도록 종합적인 구성력과 조합 능력도 요구된다. 조합에 있어서는 각 구성 요소의 독자적인 역할과 동시에 전체로서의 통일된 질서 감각이 있는 레이아웃, 또 목적에 알맞은 것이 될 수 있도록 시각적인 효과를 고려하는 일이 중요하다.

### 04_2_1 레이아웃 디자인을 잘 하기 위한 원칙

#### 상식에서 출발한다

막상 과제가 주어지면 머리 속에서는 '고정관념을 깨야 한다'는 '고정관념'에 묶이기 쉬운데 모든 것은 상식에서 출발한다는 생각을 가져야 한다. 내가 디자인할 패널의 주제가 무엇이냐에 따라 디자인이 시작된다. 디자인에 정답은 없지만 기록 패널을 만드는 이유와 의미는 생각하면서 기록물을 선정한다.

#### 내용을 꼭 읽는다

주어진 과제에서 디자인을 진행하다 보면 처음부터 혹은 중간쯤부터 디자인이 잘 되지 않을 때가 많다. 또는 '멋진 디자인' 콤플렉스에 시달리다 나중에는 자포자기하거나 엉망으로 진행하기 십상이다. 그러나 너무 처음부터 고민하지 않는다. 레이아웃의 열쇠는 내용 속에 있다. 기록 자료는 그 주제의 내용들을 담고 있기 때문에 중요한 실마리가 될 핵심 단어 및 분위기를 감지하기 쉽다.

#### 이유있게 디자인한다

지면을 디자인할 때는 이유있게 디자인해야 한다. 이유있게 디자인하기 위해서는 앞선 기본 원칙인 상식과 내용에서 출발해 자신만의 감각으로 디자인하게 되는데, 여기서 중요한 것은 디자인은 장식(decoration)의 의미가 아니라 의사소통(communication)의 의미이다. 어떻게 디자인을 했느냐보다는 디자인을 통해 효과적으로 '메시지'를 전달했느냐가 중요하기 때문이다. 디자인을 할 때 전달하고자 하는 의미는 무엇인지 생각하자.

### 04_2_2 좋은 레이아웃의 기준

#### 효과적으로 작용해야 한다

전달하고자 하는 메시지를 쉽고 빠르게 청중이 이해하도록 돕는다.

- 작품의 메시지를 전달할 중심 이미지를 선정하고 그 중심 이미지를 뒷받침해 줄 주변 이미지를 선택한다.
- 내용이 보이는 알맞은 크기를 선정한다.
- 표상이 실릴 매체나 공간을 결정한다.
- 이미지와 활자의 크기 등을 정할 때 유아와 성인 모두를 고려해 진행한다.

#### 메시지를 잘 전달할 수 있도록 구성이 잘 되어야 한다

청중이 잘 이해할 수 있도록 통로를 제시한다. 무엇이 첫째이고 두 번째, 세 번째인지 순서를 보여준다.

- 활자의 크기에 차이를 준다. 제목, 주기명, 교사 제언, 대화, 표상 설명의 순으로 활자 크기를 정한다.

- 중요한 상호 작용이나 표상 결과는 컬러를 적용하거나 차별을 두되, 의미가 나타나지 않을 정도로 많은 색을 쓰지 않는다.
- 같은 주기의 사진은 모둠을 만든다.
- 시각적으로 잘 보이는 곳에 중심 이미지를 배치한다.
- 대비를 이용한다.

### 청중의 주의를 끌어야 한다

청중의 시선을 패널로 끌어들일 수 있어야 한다.

이미지는 크게 두 가지로 나뉘는데 하나는 사진, 표상과 같은 이미지와 다른 하나는 활자, 즉 텍스트(text)이다.

모든 디자인은 크게 이 두 가지로 구성되어 있다고 보아도 무방할 것이다.

- 유아가 그린 표상은 어떤 이미지보다 패널의 의미를 더한다.
- 색다른 방법으로 이미지를 표현한다.
- 때로는 평범한 활자보다는 모양 글씨를 이용한다.
- 입체성을 활용한다.

## 04_2_3 레이아웃을 잘하려면?

### 유유상종의 법칙

같은 내용끼리는 묶어준다. 기본적으로 이미지는 이미지끼리, 활자는 활자끼리 모아주면 시각적으로 훨씬 정리가 되고 내용 파악이 쉬워진다. 활자의 경우 제목이 있고 부제목, 해석, 대화와 표상 설명에도 유유상종의 법칙이 있다. 제목과 부제목을 서로 묶어 주고 조금 간격을 준 뒤 해석이 시작되는 것이 내용을 이해하는 데 도움이 된다. 사소한 것 같지만 의외로 많은 사람들이 지나치기 쉬운 부분 중 하나다. 한 주기에 속하는 사진들은 모둠을 만든다. 모둠을 만들 때 작은 부분에 얽매이기보다는 전체 패널을 본다.

### 극대극소의 법칙

레이아웃을 할 때는 이미지와 활자 중 이미지를 먼저 배치한다. 중심 이미지의 배치가 어느 정도 결정되면 나머지 요소들은 정리하기가 쉬워진다. 이때 이미지를 시각화시키는 방법은 극대극소의 법칙을 이용하면 대비 현상이 일어나 이미지가 살아난다. 더욱 호기심을 유발시키려면 상식적인 크기를 정반대로 해보면 의외의 효과를 거둘 수 있다. 예를 들면 경기장에서 경기를 하고 있는 선수의 모습을 보여줄 경우 상식적인 크기로는 경기장이 크고 선수는 작다. 하지만 경기장을 아주 작게 표현하고 선수는 아주 거대하게 표현할 경우 지면이 색다르게 느껴진다.

### 공간 만들기

공간도 모아서 쓴다. 공간은 이미지가 차지하고 남은 배경이 아니라 공간 자체도 이미지의 한 부분이다. 공간에는 두 가지 종류가 있는데 한 가지는 '마진(margin)' 이라고 불리는 남겨진 공간이다. 마진은 책의 경우 활자가 놓여져 있는 부분 밖의 사이드 공간을 말한다. 다른 한 가지는 '여백(white space)' 라고 불리는 의도적 공간이다. 레이아웃을 할 때 공간도 이미지처럼 같이 고려해 공간의 힘을 보여준다. 이때 공간은 꼭 흰색만을 지칭하는 것은 아니다. 이 공간은 그 자체로 의미가 있다. 공간은 지면에 리듬을 부여한다. 즉, 시각적인 리듬을 만들어내는 공간이 여백이다.

### 수평선 만들기

기록 자료들의 줄을 맞춘다. 자료들이 보통 사각 형태의 이미지라면 그 기준선을 수평에 서로 맞추게 되면 메시지가 정리되면서 질서가 생기게 된다. 가장 쉬운 방법이면서 효과적인 방법 중 하나이다.

## 04_2_5 레이아웃의 원리

### 균 형

어떠한 변화가 가미되더라도 균형감을 유지해야 한다. 사실 단순한 책에서는 양쪽을 대칭으로 만드는 것으로 균형은 쉽게 얻을 수가 있다. 사진이나 도표 등도 양쪽에 같은 크기로 같은 위치에 넣으면 된다. 하지만 조금이라도 다른 형태와 크기가 같은 지면에 있을 때는 좀 더 주의를 기울인다. 가령, 큰 사진을 접지(gutter)에 가까이 두고 다른 쪽 페이지의 먼 쪽에 작은 사진을 둔다면 균형을 유지할 수 있는데, 이것은 어른과 아이가 시소를 탈 때의 요령과 같다고 보면 이해가 쉬울 것이다.

### 대 조

긴장감을 주고 보는 흥미를 끌어내고 기억에 남도록 하려면 요소들간에 비중의 변화를 조금 더 두어야 할 것이다. 이것을 강조 또는 대치라는 말로도 대신할 수 있을 것이다. 강조를 위해서는 글자와 그림의 크기, 색상의 사용과 기타 질감을 대비시킬 수 있다.

### 비 례

자료의 배열과 마진의 설정에서 이상적인 비례가 적용된다. 하지만 내부의 레이아웃에도 이 비례감은 세밀하게 적용될 필요가 있다. 제목과 주기 사이, 그림과 그림 사이의 간격 등을 아무런 생각 없이 적당한 간격으로 떼어 놓으면 패널은 대단히 단조롭고 진부해 보이게 된다. 즉, 많은 시각적 요소들의 크기와 간격에서 세심한 배열을 하는 것이 훌륭한 패널을 만들어 준다.

### 사진의 크기와 중요도

큰 사진으로 기사의 중요한 핵심을 알려주어라. 따라서 가능한 한 큰 사진으로 보도하라. 중요한 주제를 구체화하고 상세한 것을 덧붙이고 주제들을 확실히 하기 위하여 보다 작은 주제는 보다 작은 사진을 실음으로써 큰 사진 내에 중요한 주제가 있다는 것을 부각시킨다. 논제의 핵심을 뽑아내어 그것을 강조하고 독자의 관심을 핵심으로 유도하는 것은 편집의 본질이다. 시각적 면에서 중요한 사진을 그것이 중요해 보이도록 크게 만드는 것만으로도 그러한 주의집중이 아주 쉽게 얻어진다.

사진을 같은 크기로 만들지 말라. 그렇게 하는 것은 어떤 것이 다른 것에 대해 상대적으로 중요하다는 견해를 갖고 있지 않다는 것을 의미한다. 편집의 가장 효과적인 기법, 즉 크기 차별화의 사용을 포기하여 의사 결정권을 독자에게 주는 것은 현명하지 않다.

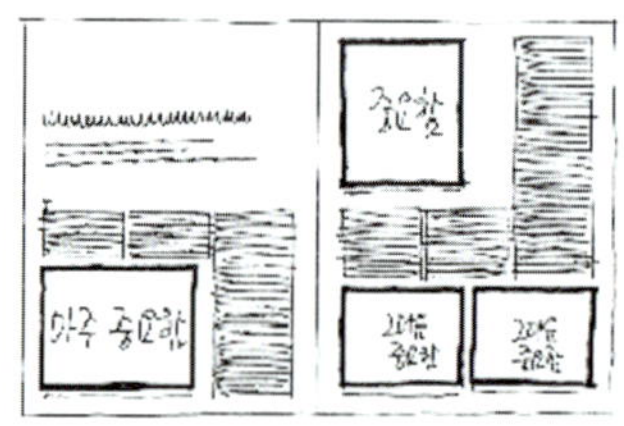


각 사진의 크기는 기사에서의 상대적 중요성을 반영해 주지 않는다. 따라서 독자는 생각하고 분석함으로써 중요성을 알아내야 한다. 그것은 힘이 들고, 시간이 든다.

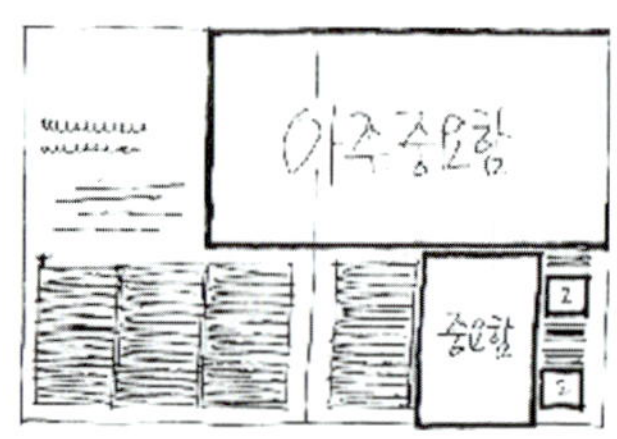


편집자가 가장 중요하게 여기는 사진이 어떤 것이라는 것은 누가 보아도 명백하게 드러난다. 펼친 쪽은 좀 더 명확하고 빠르게 의미를 전달해 줄 뿐 아니라 좀 더 나아보이고 생동감 있게 보여진다. 그러나 위의 그림에서 보여진 모든 것들이 아래의 그림에도 전부 있다.

### 상대적 개념으로서의 크기

'크다'와 '작다'는 상대적인 개념이다. 즉, 크다는 것은 반드시 작은 것과 대비되었을 때만 존재한다. 따라서 잡지 지면의 스케일적 맥락에 있어서도 어떤 것을 크게 보이게 하기 위해서는 주변물들의 크기를 줄이는 것이 필요하다. 지면 위의 수많은 작은 요소들

속에서 중간 크기의 요소는 아마도 거대하게 보일 것이다. 그러나 그것이 좀 더 큰 요소들 사이에 놓여진다면 똑같은 중간 크기의 요소는 작게 보여질 것이다. 따라서 지면을 활기 있게 구성하는 비결은 내용의 편집적 표현력과는 관계없이 작은 단위들과 대비되게 큰 단위들을 다루는 데 있다.

이러한 크기 대비의 다른 면으로 편집자와 디자이너는 가끔 사진을 될 수 있는 한 크게 만들고 싶은 유혹에 빠진다. 불행히도 이러한 기법을 기대했던 극적인 효과는 얻지 못한다. 그보다는 전체적으로 부푼 듯한 인상을 준다. 잡지 지면이 작다는 것을 명심하는 것이 중요하다. 그래야만이 그 지면에 다양한 성질로 나타나는 요소들의 작은 스케일들을 활용할 수 있을 것이다. 사진들은 강조가 필요하거나 타당한 이유가 있을 때에만 정상적 크기보다 크게 사용되어야 한다.

'정상적' 크기란 무엇인가? 제시된 내용이 쉽게 분간될 수 있는 크기이다. 사진의 용적, 즉 몇 $cm^2$만이 객관적 요소이며 다른 요소, 즉 스케일과 사진의 질들은 파악하기 어려운 요소이다. 크기와 스케일은 서로 균형을 이루어야 하며 둘 다 잡지 지면에 전체적으로 영향을 주는 것으로 고려되어야 한다.

### 연 속

교사는 청중이 글을 보아나가는 순서를 염두에 두어야 한다. 청중는 우선 왼쪽 위에서 시작해서 오른쪽 아래로 이동해 간다. 하지만 이 방법에 단순하게 따른다면 자칫 경직될 수 있다. 청중의 시선은 큰 것에서 작은 것으로 검은 것에서 흰 것으로, 색이 있는 것에서 없는 것으로, 그리고 특이한 형태에서 일반적인 형태로 이동해 가는 경향이 있다는 사실을 기억하고 의도적인 변화를 꾀할 수 있을 것이다.

### 통 일

무언가 변화를 주어야겠다는 생각에서 끊임없이 다른 것을 찾는 교사도 있다. 하지만 한 전지, 혹은 한 시리즈의 패널에서 보다 중요한 것은 전체적인 통일감이다. 예컨대 한 전지의 해석과 주기명, 표상 설명은 한 가지 서체로, 기타 제목과 부수적인 글자들의 서체 역시 같은 체이거나 한두 가지로 통일하는 것이 바람직하다. 전체적으로 패널의 흐름이 얼마나 정리가 되었는가는 부분적인 재미와 변화로 인해 오는 산만함으로 해칠 수 없는 부분이다.

상대적 개념 크기

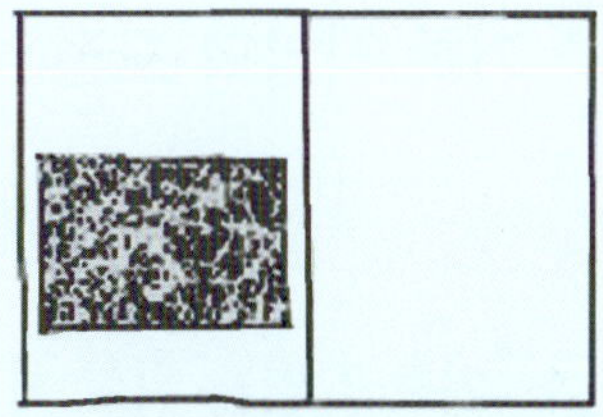

'크기'가 부족한 사진, 외롭다.

작은 것 옆에 있는 큰 것으로 보일 뿐

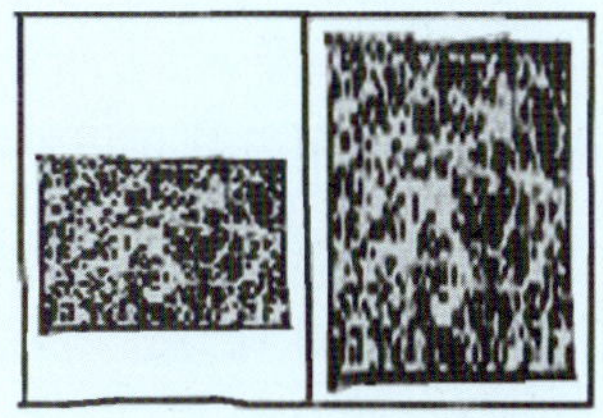

큰 것 옆에 있는 작은 것으로 보일 뿐

통 일

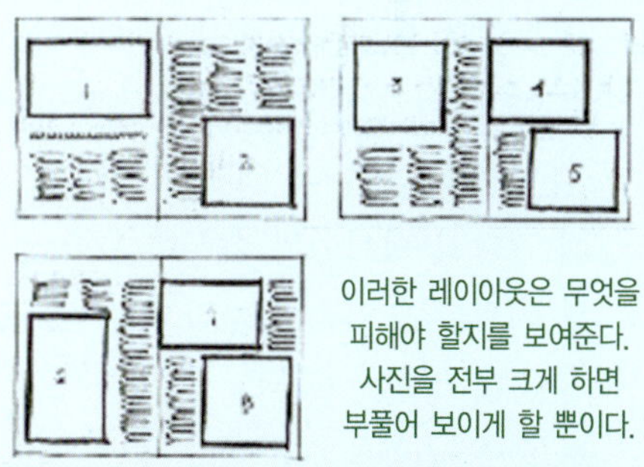

이러한 레이아웃은 무엇을 피해야 할지를 보여준다. 사진을 전부 크게 하면 부풀어 보이게 할 뿐이다.

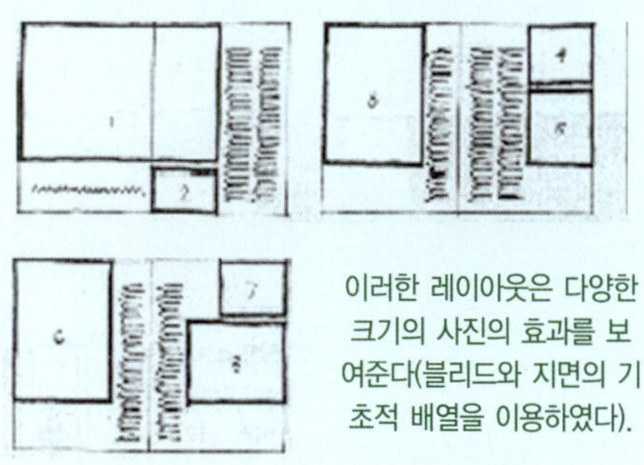

이러한 레이아웃은 다양한 크기의 사진의 효과를 보여준다(블리드와 지면의 기초적 배열을 이용하였다).

## 05 기록 작업의 도전

### 05_1 기록 작업을 위한 시간 만들기

교사들이 기록 작업을 할 때 기록화의 초점을 계획하고 반성하며 해석하고 분석하는 데 시간이 필요하다. 관찰한 내용에 대해 해석하고, 이론적 연관성을 고려하는 데도 시간이 필요하다. 사진 등의 시각적 자료들을 수집하고 최종 기록 패널을 디자인하고 만드는 시간이 걸린다. 따라서 기록 작업은 다른 사람들과 함께 할 때 효율적으로 이루어진다. 공동 작업 시 최종 기록 작업에 모든 참여자들의 에너지와 열정이 반영될 수 있다. 때로 교사들은 혼자 기록 작업을 수행한다. 혼자 학급 전체 유아의 대화를 기록, 전사하고 사진을 찍는 데는 어려움이 있으므로 나름의 방안을 모색한다.

한 반당 유아 수가 많거나 유아가 기관에 머무르는 시간이 길 경우, 녹음기를 사용해 유아들의 대화를 기록하는 데는 무리가 따른다. 주위의 소음과 교실에 녹음기를 적절히 세팅하는 문제 때문에도 차질이 생길 수 있다. 이런 경우는 일과 전체를 기록하기보다는 기록하고 싶은 대화를 선별한다. 교사는 클립보드나 노트를 이용하여 그날의 의미있는 활동이나 상호 작용 내용과 대화를 기록하고 기록에 포함되어 있는 유아들의 활동 과정을 사진으로 찍는다. 유아와 함께 활동하면서 일과 중 틈날 때마다 시도한다. 때로 놓친 중요한 대화는 시간이 오래 지체되기 전에 기록해 둔다. 대화는 충분치 못했던 것 같지만 금세 유아의 대화에 익숙해지며 유아들의 대화는 학습 맥락과 관련이 있다. 사진과 사진 설명은 특별한 순간을 포착한 스냅사진 같지만 주기별로 잘 정리한다.

기록 내용을 부모-교사 공동체에서 부모들과 공유하는 경험은 부모들로 하여금 자신의 자녀에만 집중하던 개인주의적 관심을 공동체적 관심으로 바뀌도록 한다. 실제 자녀들의 학습보다는 기관의 학습 과정과 교육 원리에 점차 많은 관심을 보인다. 자신의 자녀가 포함된 기록 자료를 연구함으로써, 자신의 아이는 다른 유아들과 함께 놀고 학습하는 공동 놀이자임을 깨닫게 된다. 기록 자료들은 유아의 놀이와 학습 과정에 대한 유용한 정보를 제공한다. 어떤 부모는 자녀들의 삶을 들여다볼 수 있는 기록의 역할과 가치를 인식한 후, 집에서도 유아들의 대화를 기록하여 기관으로 보내와 공유하기도 한다. 기록의 공유 과정은 유아들의 대화와 언어 능력을 연구하는 기회가 된다. 유아들과 놀이하거나 대화하면서 이루어지는 기록 작업은 부모와 교사가 유아들을 이해하고 학습을 준비하는 데 유용한 도구로 활용된다.

미국의 경우도 우리네 현장과 같이 한 교실에 한 교사가 혼자 많은 유아와 생활한다. 컴퓨터를 잘 다루는 한 미국 교사는 놀이 장면에서 유아들이 생각과 이해를 상호 토론하는 흥미로운 대화를 기록할 수 있는 나름의 방식을 개발했다. 아침 수업 이전과 이후 유아들과 만나는 시간 동안, 교사는 컴퓨터에 앉아 있다. 타자를 치는 데 능숙하므로 유아들과 계속 마주 보면서 대화에 참여할 수 있고, 유아들의 생각을 그대로 기록한다. 기록을 하면서 유아가 생각을 그림으로 표상할 수 있게 하거나, 더 높은 수준의 토의로 확장할 수 있도록 기록 내용을 재방문하기도 한다. 다음 기록되어진 컴퓨터 안의 내용을 출력하여 벽에 전시하거나, 부모 공동체 회의 자료로 사용하기도 하고, 유아들의 그림과 사진을 첨가하여 교사들과의 반성을 위해 사용한다. 이메일로 부모들에게 유아와 관련된 의사소통을 위해 질문하기도 하고 매일의 저널 기록을 보낸다. 교사는 컴퓨터로 작성한 기록에 사실적인 기술, 교사 자신의 생각, 해석들을 첨부하여 일일 저널을 구성하고 교사간 협의와 부모들과의 대화에 이용한다. 기록화에는 학급의 일과 경험에 대한 반성도 포함된다. 뿐만 아니라 유아에 대해 이해하게 하고 유아가 자신의 이론에 관해 계속 탐구할 수 있는 기회를 제공하며 유아의 마인드에 대해 부모들과 대화를 시작할 수 있는 수단이 된다.

현장 교사들은 학급 전체나 집단이 수행하는 프로젝트에는 지속적인 관심을 기울이며 기록 또한 철저히 수행하지만 집단 속의 개인 유아에 대한 기록은 잘 이루어지지 않는다. 이는 단순히 '시간이 없어서' 이거나 교사가 주도하기 때문인 것 같지는 않다. 프로젝트 또한 유아에 의해 발현되었지만 교사는 프로젝트의 목표를 향해 앞으로 진행하는 데 관심을 두는 경향이 있으며 개인의 생각이나 마음에 귀 기울이고 들을 여유를 갖지 못하는 것 같다.

> 개인의 기록이 안 되는 이유는 교사가 프로젝트 과정을 주도하거나 지식을 알려주는 데 초점을 두기 때문이 아니라 주제 발현은 유아에게서 이루어지지만 개인 유아보다는 프로젝트의 목표를 향해 그 흐름만을 따라가기 때문인 것 같아요(T유치원, J교사)

앞서 기술한 바와 같이 유아들과 함께 학습하는 가장 중요한 순간은 '가르치기' 가 결코 아니라 유아의 생각에 귀 기울여 듣고 마음 속을 들여다볼 수 있는 기회, 유아와 함께 주변 세상에 대해 탐색거리와 질문거리를 가지며 어떻게 해결될 수 있고 다루어질 수 있는지 유아와 함께 구성하는 것이다. 특히 유아기에 가치 있는 경험은 프로젝트 관련 지식을 가르치고 알아가는 것이 아니라 유아 자신과 부모로 하여금 유아의 놀라운 생각과 마인드 그리고 탐색 능력을 깨닫게 하는 것이다. 교사는 유아의 사물에 대한 사고방식에 흥미를 갖는 데 있다. 이를 위해 유아의 일상에 귀 기울이고 대화를 듣으면서 유아의 마음을 들여다보는 교사의 역할이 중요하다. 이러한 귀 기울임은 기록 작업에 시간을 할애하고 의식적으로 노력하면서 가능해진다.

어쩌면 기록 작업에 시간을 투자하는 일이 시간을 절약하는 일인지도 모른다. 그리고 교사가 집단의 목소리뿐 아니라 개인 유아의 목소리에 귀 기울이면서 가능하다. 또한 어떤 유아의 생각으로부터 나온 활동, 그리고 그것으로부터 나온 교실 내의 다양한 생각들이 만들어내는 지적인 탐구의 순간에 의미를 두어야 한다.

학급간 탐색한 내용을 공유하는 나눔을 위한 만남의 시간을 갖는 것도 시간을 만드는 일에 해당한다. 소집단으로 이루어지는 깊이 있는 탐색을 충분히 경험하기에 언제나 우리에게 주어진 시간은 부족하다. 이에 대한 대안으로 학급 내 소집단간, 학급과 학급 간 연령에 상관없이 탐색하고 학습한 내용을 공유하는 기회를 가짐으로써 경험을 나누어 가질 수 있다. 교사와 부모가 기록 작업을 통해서 유아들의 생각을 공유하고 통찰을 얻는 기회는 궁극적으로 부모가 유아들의 프로젝트에 참여하거나 기록에 참여하도록 하는 마음을 불러와 그 결과 교사의 시간을 만들어 줄 수 있다.

교사간의 효율적인 협의 시간은 교사의 부족한 시간을 만들어 준다. 흔히 일주일에 2회 정도 전체 교사간 협의 시간을 가진다. 교사들은 협의하는 동안 유아들의 흥미와 갈등에 대해 토론하고 기록 작업을 해석하고 분석하며 교사들의 생각을 공유하고 의사소통한다. 앞으로 진행에 문제가 있을 때 기록하는 일, 경험을 다루는 문제, 각 구성원들이 그 과정을 계속 유지해야 할지에 대해 먼저 토의하는 것은 매우 도움이 된다. 기록 작업을 공유하는 교사간 협의는 다른 사람들이 관찰한 것과 제언에 대해 읽어보고 어떻게 유아의 학습 과정에 개입하고 지원할지에 대해 제안한다. 교사간의 효율적인 협의를 위해 교사 개인은 전사한 것들은 분류하고, 진행에 따라 흥미를 자아냈던 주제의 파일을 만든다. 보통 의미있어 보이지만 확장된 활동을 하지 못했던 대화나 경험의 전사 내용을 모은 별도의 파일을 만들어 협의 시에 활용한다.

기록 작업을 위한 시간의 부족, 반성하고 협의하는 시간의 부족, 문제점들 그리고 갈등은 우리의 삶이 그러하듯이 언제나 있다. 레지오 유아 학교 교사들에게도 이러한 문제는 언제나 있으며 레지오 교사들도 목표에 우선순위를 정하여 행한다고 한다.

## 05_2 공간 확보하기

기록 작업의 계획, 디자인, 발달을 위한 공간과 다른 교사나 부모와 만나 기록을 공유할 공간이 필요하다. 기록화를 위한 전지를 펼쳐놓고 패널 작업을 하기 위한 넓고 평평한 바닥 또한 필요하다. 진행 중인 작업과 완성된 기록 패널을 보관하기 위한 자료실도 필수적이다. 레지오 학교에서는 유아들이 학교를 떠난 후에도 교실의 게시판에 수년 동안 기록화가 그대로 있다는 사실에 주목해 보는 것은 흥미로운 일이다. 이것은 새로 학교에 온 사람들에게 역사에 대한 인식을 일깨워 준다.

신입 유아들에게는 이전 기록화를 통해 교실의 각 영역에서 할 수 있는 활동을 제안해 줄 수도 있다. 교사들도 지난 기록 자료를 다시 찾아볼 필요가 있으므로 자료를 보관하는 장소는 필수적이다. 교실에는 사진이나 유아들의 스케치와 그림, 프로젝트 과정 중에 만들어진 커다란 기록화 패널을 저장하는 선반이나 진열장이 필요하다.

레지오의 이같은 기록 보관은 기관들로 하여금 기록 보관 공간을 확보하도록 자극하였다. 많은 기관들이 교사실이나 원장실을 개조하여 기록 작업을 위한 공간으로 이용하고 있다. 파일을 마련하여 프로젝트 관련 기록 노트, 관찰 기록 자료, 사진 등의 결과물을 보관한다.

교사들은 그림이나 사진을 모아 페이지를 써 넣고 벽에 걸어놓기도 한다. 어떤 교사는 과거 프로젝트를 회상하여 제언하기도 한다. 도서관, 교회, 은행, 소아과 병원 등 가족들이 방문할 만한 공공 장소를 이용하여 기록화한 자료를 전시할 수 있다. 이와 같은 전시는 유아들의 잠재 능력과 학습 방식, 유아교육의 변화 방향에 대한 사회적 관심을 불러일으킬 수 있다.

## 05_3 재원 확보하기

기록 작업을 위한 자원이 필요하다. 유아 교육 기관의 예산 편성 시 질 높은 기록 작업에 소요되는 자원과 재원이 확보되어야 한다. 교육 과정의 가시화를 위한 기록 작업에 부모가 비용을 지원하는 일은 부모가 학교 경험의 일부분이 되도록 해주며 교사의 연구 노력을 가시화하며 동시에 교육이 중요하고 즐거운 경험임을 증명해 주므로 가치가 있다.

개별 기관들은 기록 작업에 소요되는 비용을 지원하는 서로 다른 방법을 활용한다. 예를 들어, 기관이 기록 사진을 두 장씩 출력하여 부모들에게 팔기 위해 전시한다. 이것은 기자재의 구입과 작업 과정의 비용을 충당하는 데 도움이 된다. 어떤 학교는 한 해가 끝날 때, 부모들에게 기록 패널을 경매하여 다음 해의 기록 작업을 위한 재료를 공급하는 자금으로 활용한다. 부모들은 학급의 기록 패널을 가치 있게 생각한다.

> 어떤 엄마는 우리 유치원의 원아 수가 많다고 처음에는 맘에 들어하지 않으셨어요. 그런데 그동안 아이가 집에 가서 원에서 탐색한 것들을 이야기하고 집에 와서 필요한 것들을 요구하고 … 하니까 엄마의 원에 대한 생각이 많이 달라졌어요. 저희 교실에 와서 기록 패널을 보고는 버릴 거면 달라고 하셨어요(T유치원, J교사).

S어린이집 부모들은 부모 소모임을 통해 기관의 프로젝트에 참여할 뿐 아니라 기록화를 직접 수행하기도 한다. 어린이집 개원 10주년을 맞아 기관 교육을 외부에 알리는 전시회를 열기 위해 유아, 교사, 부모들은 재원을 마련하기 위한 바자회를 계획하고 있다. 많은 교사들이 디지털 카메라, 녹음기, 컴퓨터 등 자신의 자원들을 기관의 기록 작업에 활용하고 있다.

재원과 시간을 절약하는 기록 작업 방법을 창의적으로 고안할 수도 있다. 미국 힐탑 학교의 교사들은 교실 밖의 교육 과정 게시판에 ① 지역사회 사건, ② 사회 학습, ③ 반 편견 학습, ④ 감각적 물리적 지식, ⑤ 사회극놀이, ⑥ 예술과 상징적 표상, ⑦ 이야기와 문해력, ⑧ 논리적이고 수학적인 사고 ⑨ 진행 중인 프로젝트와 새로운 흥밋거리와 같은 9개의 표제를 붙여 두었다. 유아들이 낮잠을 자는 시간에 교사들은 진행되고 있는 유아들의 활동을 기록하여 부모들이 볼 수 있도록 매일 게시판에 추가한다. 교사들은 유아들의 작품이나 사진에 관련 내용을 기록하여 게시하기도 한다. 새로운 기사로 대체될 때, 교사들은 책으로 만들어 다른 종류의 기록화와 함께 같이 둔다. 힐탑 학교의 A교사는 교사들이 프로젝트 작업에 관한 게시물과 책들을 만들고 있지만, 가족들이야말로 매일의 기록 작업을 읽고 공유하는 가장 중요한 구성원이라고 평한다.

> 기록 작업은 프로젝트를 단지 보여주거나 눈길을 끌기 위한 것이 아니라 교실에서의 하루하루의 삶을 전달하는 가장 강력한 방법이며 일상의 평범한 순간의 잠재력에 대해 반성해 보는 과정이다(힐탑 학교, A교사).

## 05_4 기록화 읽기 문화 만들기

기록 작업을 처음 시작하는 기관의 교사들은 부모가 관심을 보이지 않는 것에 대해 실망한다. 이러한 부모의 반응은 기록 작업을 만들고 반성하기 위해 많은 시간을 투자한 교사에게 실망감을 불러일으킬 수 있다. 레지오 학교의 경우도 초기에는 부모들이 기록자료화를 읽지 않았다. 그러나 지금은 부모와 공유하는 하나의 문화를 만들어 부모들이 게시판을 읽고, 함께 정보를 교환한다. 이제 부모들은 유아들의 지적인 삶에 관여하고 있다.

부모들은 저널을 중요하게 여긴다. 해가 갈수록 기관과 교사들은 부모의 협력이 도움이 된다. 부모들은 저널을 읽고 유아들과의 대화에 활용하고 기록을 보기 위해 학교로 찾아온다. 부모뿐 아니라 가족과 지역사회까지 관심을 보인다.

다음은 부모가 기록 작업을 읽도록 하기 위한 창의적인 생각들이다.

- 학교 문앞에 안으로 들어와서 기록화를 보라는 초대글과 함께 사진, 그림, 전사 내용을 붙인다.
- 유아들이 등 · 하원할 때 부모들에게 패널을 보여주도록 한다.
- 학교의 회관에 기록물을 전시하여 방문자가 볼 수 있게 한다.
- 신입 원아의 부모에게 연 초에 유아에 대한 패널이나 포스터를 만들게 하고, 교사들도 자신을 소개하는 패널을 만든다.
- 첫 번째 학부모 행사에서 재원생 부모들이 기록 작업을 하면서 어떻게 접근했는지, 무엇을 생각했는지 등을 말하게 한다. 한 해 동안 부모들이 유아의 경험을 방문하는 계획된 행사를 알린다.

- 유아의 사진, 전사물, 작품 샘플, 반성 내용 등 프로젝트 관련 자료를 가정에 가져간다. 매력적으로 전시된 기록 작업은 부모들의 기록화 읽기 문화를 만든다.
- 게시판이 비어 있을 경우, '구성 중' 이라는 표지를 게시하여 부모들로 하여금 기대하게 만든다.

많은 교사들이 패널 작업에 사용되는 컴퓨터와 비디오 기술을 사용할 수 있도록 준비되지 않았다. 교사의 적절한 기술적 숙련과 지원이 요청된다. 더 중요한 문제는 교사 자신이 유아들의 표상과 반성 내용을 다른 사람과 공유하는 것을 꺼려하는 것이다. 오히려 교사들은 다른 사람들과 협력해서 일하는 방식을 채택함으로써 편안함을 가질 수 있다.

또 다른 도전은 유아 경험의 복잡성과 과정에 대한 이해의 깊이를 증가시킬 수 있는 심미적으로 즐겁고 접근하기 쉬운 질 높은 기록을 하는 것이다. 기록 작업은 발전 과정이나 학습 경험의 깊이와 폭을 포착해야 하고 진행 단계를 가시적인 것으로 나타내야 한다. 질 높은 기록 작업을 위해 교사는 유아교육의 발달 이론과 철학을 이해해야 하며 관찰과 협력에 대한 기술도 지녀야 한다. 유아교사는 미술, 음악, 문학, 과학을 포함해 유아교육과정에 대한 폭넓은 지식이 있어야 한다. 교사들은 심미적 감각을 가질 필요가 있고 그래픽, 디자인, 저널을 만들고 기록의 메시지를 명확히 전달할 기록물을 만드는 데 필요한 기술이 있어야 한다.

# 참고문헌


권두승 (2000). 성인학습 지도방법의 이론과 실제. 서울 : 교육과학사.

김은희 (1996). 다상징적 접근에 의한 유아 사고 과정 변화. 중앙대학교 대학원 박사학위 논문.

김은희 (1998). 학습 이론의 최근 동향과 레지오 에밀리아 접근법에 비추어 본 유아교육의 변화방향 탐색. 유아교육연구, 18(1), 33-53.

김은희 (1999). 변형 유아교육과정을 위한 공동협력체제 모색. 21세기 정보화 사회의 유아교육과 국제협력. 한국중앙유아교육학회, 일본교육학회 공동.

김은희 (2001). 협력적 교사교육을 통한 미시수준의 유아교육과정 변형에 관한 연구. 유아교육연구, 21(3), 237-265.

김은희 (2002a). 사회적 구성주의 패러다임의 적용을 통한 유아교육현장의 변화. 익숙한 것을 새롭게 보기, 레지오 에밀리아 국제 학술대회, 98-140. 서울: 한국어린이육영회.

김은희 (2002b). 관계에 기초한 교육과정을 통한 유아의 부적응 행동 개선. 한국 유아의 정신건강과 교육, 중앙유아교육학회 추계학술대회, 31-67.

김은희 (2004). 사회적 구성주의 패러다임의 학습공동체 실천을 통한 기관 수준의 유아교육과정 변형에 관한 연구. 유아교육연구, 24(4), 161-198.

김은희 · 송윤재 (2003). 사회적 구성주의 패러다임의 레지오 인터넷 커뮤니티 개발 및 학습공동체 운영방안. 유아교육학논집, 7(2), 261-283.

김혜선 (2002). 프로젝트 수행을 위한 교사와 또래들간의 협력적 상호작용: scaffolding을 중심으로. 익숙한 것을 새롭게 보기, 레지오 에밀리아 국제학술대회, 178-206. 서울: 한국어린이육영회.

김희연 (2003). 레지오 에밀리아 접근법의 적용과정에 나타난 유치원과 부모의 반응. 유아교육연구, 23(4), 139-168.

박은혜 (1996). 반성적 사고와 유아교사교육. 유아교육연구, 16(1), 175-192.

박은혜 (1999). 유아 교사 교육에서 수업사례 활용에 관한 고찰. 유아교육연구, 19(1), 61-78.

배소연 (1993). 유아교사의 실천적 지식과 교사교육의 방향. 교육학연구, 31(5), 153-171.

유승연 (2000). 포트폴리오 평가 활용을 통한 예비교사의 유아과학교수방법에 대한 반성적 사고 증진과 전문성 함양에 관한 연구. 유아교육연구, 20(1), 163-184.

윤선영 · 류칠선 · 지옥정 (2000). 반영적 자기 성찰에 기초한 유치원 교사의 집단 학습과정연구. 유아교육연구, 20(4), 209-225.

이영석 (1998). 유아교육론. 서울 : 형설출판사.

조형숙 (1999). 예비교사를 위한 탐구 중심 과학교육 수업의 효과 탐색. 유아교육연구, 19(2), 227-245.

지옥정 · 윤선영 · 류칠선 (2001). 유치원 교사의 집단 반영적 자기성찰에 기초한 재교육 프로그램 모형 개발. 교육학연구, 39(2), 121-142.

홍기형 · 이화정 · 변종임 (2001). 학습사회 구현을 위한 평생교육의 이해. 서울 : 교육과학사.

Bersani, C., & Jarjoura, D. (2002). Developing a sense of "we" in parent/teacher relationships. In V. R. Fu, A. J. Stremmel, & L. T. Hill (Eds.), *Teaching and learning*. (pp 69-82). Upper saddle river, NJ: Merrill.

Bredekamp, S. (1987). *Developmentally appropriate practice in early childhood programs serving children from birth through age eight*. Washington, DC: National Association for the Education of Young Children.

Bredekamp, S., & Copple, C. (1997). *Developmentally appropriate practice in early childhood program: Revised edition*. Washington, DC: National Association for the Education of Young Children.

Bredekamp, S., & Rosegrant, T. (1995). *Reaching potentials: Transforming early childhood curriculum and assessment*. NAEYC.

Bodrova, E., & Leong, D. J. (1996). *Tools of the mind: The Vygotskian approach to early childhood education*. Englewood Cliffs, NJ: Merrill.

Bruner, J. S. (1996). *The culture of education*. Cambridge, MA: Harvard University Press.

Bruner, J. S. (2000). *The municipal infant-toddler centers and preschools of Reggio Emilia : Historical notes and general information*, Reggio Children S.r.l.

Cadwell, L. B. (2002). *Bringing learning to life: The Reggio Emilia approach to early childhood education*. New York: Teachers College Press.

Cagliari, P. (2000). Participation. In Municipality of Reggio Emilia (Eds.), *The municipal infant-toddler centers and preschools of Reggio Emilia : Historical notes and general information*, Reggio Children S.r.l.

Cole, M., & Wertsch, J. (2001). Beyond the individual-social antimony in discussions of Piaget and Vygotsky. The Virtual Faculty. Retrieved June 18, 2002 from the World Wide Web: http://www.massey.ac.nz/~alock/virtual/colevyg.htm.

Colombo, F. (2002). *The municipal infant-toddler centers and preschools of Reggio Emilia : Historical notes and general information*. Reggio Children S.r.l.

Dewey, J. (1959). My pedagogic creed. In M. S. Dworkin (Ed.), *Dewey on education*(pp. 19-32). New York: Teachers College Press. (Original work published 1897).

Dewey, J. (1966). *Democracy and education.* New York: The Free Press. (Original work published 1916).

Dewey, J. (1969). *Education and experience.* Toronto, Ontario: The Macmillan Company. (Original work Published 1938).

Doll, W. E. (1993). *A post-modern perspective on curriculum.* New York: Teachers College Press, Columbia University.

Edwards, C., Gandini, L., & Forman, G. (1993). *The hundred languages of children.* Norwood, NJ : Ablex Publishing Co.

Edwards, C., Gandini, L., & Forman, G. (1998). *The hundred languages of children: The Reggio Emilia approach advanced reflections.* Greenwich, CT: Ablex Publishing.

Eisner, E. W. (1994). *The educational imagination: On the design and evaluation of school programs* (3rd ed.). Upper Saddle River, NJ: Merrill/Prentice Hall.

Filippini, T. (1993). The role of the pedagogista : An interview with Lella Gandini. In C. Edwards, L. Gandini, & G. Forman (Eds.), The hundred language of children: The Reggio Emilia approach to early childhood education. Norwood, NJ: Ablex Publishing Corporation.

Forman, G. (1994). Different media, different languages. In L. Katz & B. Cesarone (eds.), *Reflection on the Reggio Emilia approach.* University of Illinois, Urbana: Eric/EECE.

Forman, G. (1995). The amusement park for birds and fountains. In G. Piazza (Ed.), *The fountains.* Reggio Emilia Italy: Reggio Children S.r.l.

Forman, G., & Fyfe, B. (1998). Negotiated learning through design, documentation, and discourse. In C. Edwards, L. Gandini, & G. Forman (Eds.), *The hundred languages of children: The Reggio Emilia Approach advanced reflections.* Greenwich, CT: Ablex Publishing.

Fraser, S., & Gestwicki, C. (2003). **진정한 유아기: 레지오 에밀리아의 현장 적용** (김은희 · 고문숙 · 정정희 역). 서울: 정민사 (원저 2002 출판).

Fu, V. R. (2002). The challenge to reinvent the Reggio Emilia approach: A pedagogy of hope and possibilities. In V. R. Fu, A. J. Stremmel, & L. T. Hill (Eds.), Teaching and learning. (pp. 23-36). Upper Saddle River, NJ: Merrill.

Fu, V. R., Stremmel, A. J., & Hill, L. T. (2006). **가르치기와 배우기: 레지오 에밀리아 접근법의 협력적 탐구** (김은희 외 관계에 기초한 변형영유아교육학회 연구공동체 역). 서울: 창지사 (원저 2002 출판).

Fullan, M. G. (1991). *The new meaning of educational change.* NY: Teachers College press.

Fullan, M. G., & Miles, M. B. (1992). Getting reform right: what works and what doesn' t. *Phi*

*Delta Kappen*, 745-752.

Fullan, M. G., & Stiegelbauer, S. (1991). *The new meaning of educational change* (2nd ed.). NY: Teachers College Press.

Fyfe, B. (1988). Questions for collaboration: Lessons from Reggio Emilia. *Canadian Children* 23, 1, 20-22.

Fyfe, B., Cadwell, L., & Philips, J. (1998). Adapting the Reggio Emilia approach : Becoming reference points for study and practice. In C. Edwards, L. Gandini, & G. Forman (Eds.), *The hundred languages of children: The Reggio Emilia approach advanced reflections.* Greenwich, CT : Ablex Publishing.

Fyfe, B., Hovey, S. M., & Strange, J. (2004). Thinking with parents about learning. In J. Hendrick (Eds.), *Next steps toward teaching the Reggio way.* (pp. 96-105). Upper Saddle River: Pearson.

Gandini, L., & Edwards, C. (1988). Early childhood integration of the visual arts. *Gifted International*, 5(2). 14-18.

Gandini, L. (1991). Not just anywhere: Making child care centers into "particular" place. *Child Care Information Exchange*, 78, 5-9.

Gandini, L., & Edwards, C. (Eds.) (2001). *Bambini: The Italian approach to infant/toddler care.* New York: Teachers College Press.

Gardner, H., & Wolf, D. (1979). Editor' s notes: Dimensions of early symbol use. In D. Wolf (Ed.).

Garrison, J. (1997). *Dewey and eros: Wisdom and desire in the art of teaching.* NY: Teachers College Press.

Goldhaber, J., & Smith, D. (2002). The development of documentation strategies to support teacher reflection, inquiry, and collaboration, In V. R. Fu, A. J. Stremmel, & L. T. Hill (Eds.), *Teaching and learning.* (pp.147-160). NJ: Merrill.

Gorden, A. M., & Williams-Browne, K. W. (1996). *Beginnings & beyond.* Albany, NY: Delmar.

Gorden, A. M., & Williams-Browne, K. W. (2000). *Beginning & beyond.* Albany, NY: Delmar.

Greene, M. (1986). In search of critical pedagogy. *Harvard Educational Review*, 56(4), 427-441.

Haigh, K. (2004). Creating, encouraging, and supporting relationships at chicago commons child development program. In J. Hendrick (Eds.), *Next steps toward teaching the Reggio way.* Upper saddle river, NJ: Pearson.

Hall, G. E., George, A. A., & Rutherford. W. L. (1979). *Measuring stages of concern about the innovation: A manual for the use of the soc. questionnaire.* Austin: Research and development center for teacher education, University of Texas at Austin.

Henderson, J. (1992). *Reflective teaching: Becoming an inquiring educator*. Englewood Cliffs, NJ : Prentice-Hall.

Henderson, J. G. (1996). *Reflective teaching : The study of your constructivist practices*. Englewood Cliffs, NJ : Prentice-Hall.

Henderson, J. G. (2006). **반성적인 가르치기: 탐구를 통한 전문적 예술** (김은희 역). 서울: 정민사 (원저 2001 출판).

Henderson, J. G., & Hawthorne, R. D. (2000). *Transformative curriculum leadership*. Upper Saddle River, NJ: Prentice-Hall.

Hendrick, J. (2006). **레지오 방식의 가르치기: 변화를 위한 도전 받아들이기** (임영심 · 김은희 · 홍순옥 역). 서울: 정민사 (원저 2004 출판).

Hill, L. T. (2002). A journey to recast the Reggio Emilia approach for a middle school: A pedagogy of relationships and hope. In V. R. Fu, A. J. Stremmel, & L. T. Hill (Eds.), *Teaching and learning*. (pp 83-108). NJ: Merrill.

Hord, S. M. (1987). *Evaluating educational innovation*. London: Croom Helm.

Hord, S. M. (1992). Facilitative leadership: The imperative for change. Austin, TX: Southwest Educational Development Laboratory(ERIC Document Reproduction Service No. ED 370 217).

Hord, S. M., Rutherford, W. L., Hulling-Austin, & Hall, G. E (1987). *Taking charge of change*. Alexandria, VA: Association for Supervision and Curriculum Development.

Jones, E. (1994). Breaking the ice: Confronting status differences among professions. In J. Johnson & J. B. McCracken (Eds.), *The early childhood career lattice: Perspectives on professional development*. Washington, DC: NAEYC.

Jones, E., & Nimmo, J. (1994). Emergent curriculum. Washington, D.C: NAEYC.

Kamii, C., & DeVries, R. (1978) Physical knowledge in preschool education: Implications of Piaget' s theory, Englewood Cliffs, N. J. : Prentice-Hall.

Katz, L. G. (1994). Images from the world: Study seminar on the experience of the municipal infant-toddler centers and preprimary schools of Reggio Emilia, Italy. In Katz, L. G. & Cesarone, B. (Eds.), *Reflection on the Reggio Emilia approach*. ERIC/EECE: A Monograph Series, No. 6.

Katz, L. G. (1998). What can we learn from Reggio Emilia? In C. Edwards, L. Gandini, & G. Forman (Eds.), *The hundred languages of children: The Reggio Emilia approach to early childhood education*. Norwood, NJ: Ablex Publishing Co.

Katz, L. G. (2004). The challenges of the Reggio Emilia approach. In J. Hendrick (Eds.), *Next steps toward teaching the Reggio way* (pp. 61-70). Upper Saddle River: Pearson.

Kaufman, P. (1998). Poppies and the dance of world making. In C. Edwards, L. Gandini, & G. Forman (Eds.), *The hundred languages of children: The Reggio Emilia approach-advanced reflections*. Norwood, NJ: Ablex Publishing Corporation.

Kessler, S., & Swadener, B. B. (1992). *Reconceptualizing the early childhood curriculum : Beginning the dialogue*. New York: Teachers College Press.

Kostelik, M. J., Soderman, A. K., & Whiren, A. P. (1999). *Developmentally appropriate curriculum*. Upper Saddle River, NJ: Merrill.

Krechevsky, M. (1993). Today' s child: Our keys to tomorrow. *Canadian Children* 18, 2:6-12.

Lieberman, A., & Miller, L. (1990). Restructuring schools: What matters and what works. *Phi Delta Kappan, 71*(19), 759-764.

Liberman, A. (Ed.) (1995). *The work of restructuring school: Building from the ground up*. NY: Teachers College Press.

Malaguzzi, L. (1993a). History, ideas, and basic philosophy. An interview with Lella Gandini. In C. Edwards, L. Gandini, & G. Forman (Eds.). NJ: Ablex.

Malaguzzi, L. (1993b). A bill of three rights. *Innovations in Early Education: The International Reggio Exchange*, 2(1), 9.

Malaguzzi, L. (1998). History idea, and basic philosophy: An interview with Lella Gandini. In C. Edwards, L. Gandini, & G. Forman (Eds.), *The hundred languages of children: The Reggio Emilia approach-advanced reflections*(2nd ed.). Greenwich, CT: Ablex Publishing.

Mills, G. E. (2004). *Action research*. Upper Saddle River, NJ: Merrill.

Moore, S., Wideman, M. E., & Dilling, H. J. (1984). Curriculum implementation: A survey of teachers' levels-of-use of "The program and the six-year old and social environmental studies(grades 5-6)". Ontario: Scarborough board of education. (ERIC document reproduction NO. ED 291 612).

Moran, M. J. (1998). The project approach framework for teacher education: A case for collaborative learning and reflective practice. In C. Edwards, L. Gandini, & G. Forman (Eds.), *The hundred languages of children : The Reggio Emilia Approach advanced reflections*. Greenwich, CT : Ablex Publishing.

Municipality of Reggio Emilia (2000). *The Municipal Infant-Toddler Centers and Preschools of Reggio Emilia : Historical notes and general information*. Reggio Children S.r.l.

Oken-Wright, P., & Gravett, M. (2002). Big ideas and the essence of intent. In V. R. Fu, A. J. Stremmel, & L. T. Hill (Eds.), *Teaching and learning* (pp. 197-220). NJ: Merrill.

Ornstein, A. C., & Hunkins, F. P. (1998). *Curriculum: Foundations, principles, and issues.* Needham Heights, MA: Allyn & Bacon.

Palsa, S. (2002). An outstanding education for all children: Learning from Reggio Emilia' s approach to inclusion. In V. R. Fu, A. J. Stremmel, & L. T. Hill (Eds.), *Teaching and learning.* (pp. 109-134). NJ: Merrill.

Parkey, F., & Stanford, B. (1998). *Becoming a teacher.* Needham Heights, MA: Allyn & Bacon.

Phillips, C. B. (1994). What every early childhood professional should know. In J. Johnson & J. B. McCracken (Eds.), *The Early childhood career lattice: Perspective on professional development.* Washington, DC: NAEYC.

Piaget, J. (1962). *Play, dreams and imitation in childhood.* New York: Norton.

Piaget, J. (1973). *To understand is to invent: The future of education.* New York: Grossman.

Project Zero & Reggio Children (2001). *Making learning visible: Children as individual and group learners.* Reggio Children S.r.l.

Rinaldi, C. (1998). Projected curriculum constructed through documentation-Progettazione. In C. Edwards, L. Gandini, & G. Forman (Eds.), *The hundred languages of children: The Reggio Emilia approach advanced reflections.* Greenwich, CT: Ablex Publishing.

Rinaldi, C. (2001). Introductions. In project zero/reggio children (Eds.), *Making learning visible.* (pp. 28-31) Reggio Emilia, Italy: Reggio Children.

Rinaldi, C. (2002). The pedagogy of listening: The listening perspective from Reggio Emilia. *Innovations in Early Education: The International Reggio Exchange, 8*(4), 1-4.

Schon, D. (1983). *The Reflective practioner: How professionals think in action.* New York: Basic Books.

Seidel, S. (2001). "The question cannot be satisfied with waiting": Perspectives on research in education. In Project Zero & Reggio Children. *Making learning visible: Children as individual and group learners.* Reggio Children S.r.l.

Senge, P. (1990). *The fifth discipline: The art and practice of the learning organization.* NY: Bantam.

Shafer, A. (2002). Ordinary moments, extraordinary possibilities. In V. R. Fu, A. J. Stremmel, & L. T. Hill (Eds.), *Teaching and learning* (pp. 183-195). NJ: Merrill.

Sowell, E. J. (2000). *Curriculum: An integrative introduction.* Upper Saddle River, NJ: Prentice-Hall.

Stremmel, A. J., Fu, V. R., & Hill, L. T. (2002). The transformation of self in early childhood teacher education: Connections to the Reggio Emilia approach. In V. R. Fu, A. J. Stremmel, & L. T. Hill (Eds.), *Teaching and learning.* (pp.135-146). NJ: Merrill.

Stringer, E. T. (2004). *Action research in education.* Upper Saddle River, NJ: Merrill.

Tegano, D. W. (2002). Passion and the art of teaching. In V. R. Fu, A. J. Stremmel, & L. T. Hill (Eds.), *Teaching and learning.* (pp.161-179). NJ: Merrill.

Tertell, E. A., Klein, S. U., & Jewett, J. L. (1998). *When teachers reflect.* Washington, DC: NAEYC.

Vygotsky, L. S. (1962). *Thought and language.* Cambridge, MA: MIT Press.

Vygotsky, L. S. (1978). Mind in society: *The development of higher psychological processes. Cambridge*, MA: Harvard University Press.

Vygotsky, L. S. (1998). *Child psychology. The collected works of L. S. Vygotsky: Vol. 5. Problems of the theory and history of psychology.* New York: Plenum.

White, C. S., & Coleman, M. (2000). *Early childhood education.* Upper Saddle River, NJ: Merrill.

## 김은희

중앙대학교 사범대학 유아교육학과 학사
중앙대학교 대학원 유아교육학과, 아동발달 및 상담전공 석사
중앙대학교 대학원 유아교육학과, 유아교육과정 및 교수법전공 박사
현재 : 한양여자대학 유아교육과 교수
관계에 기초한 변형 영유아 교육학회 공동대표

### 저 서

유아교육과정(공저, 정민사, 1999)
창의적인 유아미술활동(공저, 동문사, 1999)
레지오 에밀리아 접근법의 이해와 현장적용(창지사, 2000)
진정한 유아기 : 레지오 에밀리아의 현장적용(공역, 정민사, 2003)
반성적인 가르치기 : 탐구를 통한 전문적 예술(정민사, 2006)
가르치고 배우기 : 레지오 에밀리아 접근법의 협력적 탐구(공역, 창지사, 2006)
레지오 방식의 가르치기 : 변화를 위한 도전 받아들이기(공역, 정민사, 2006) 외 다수

### 논 문

다상징적 접근에 의한 유아의 사고과정 변화(1996)
유아교육에서의 레지오 에밀리아 접근법 고찰(1997)
교수학습의 최근동향과 레지오 에밀리아 접근법에 기초한 유아교육의 변화방향 탐색(1998)
협력적 교사교육을 통한 미시수준의 유아교육과정 변형에 관한 연구(2001)
사회적 구성주의 패러다임의 레지오 인터넷 커뮤니티 개발 및 학습공동체 운영방안(2003)
사회적 구성주의 패러다임의 학습공동체 실천을 통한 유아교육과정 변형에 관한 연구(2004)
유아교육과정의 변형 노력과 도전(2005)
외 다수

레지오 에밀리아 접근법의 적용과 변형 유아교육과정

; 함께 반성하고 지원하며 배우기

초판 1쇄 발행 2006년 2월 28일
초판 3쇄 발행 2013년 8월 28일

지은이 | 김은희

펴낸이 | 김기섭

펴낸곳 | 창지사 www.changjisa.com
153-802 서울특별시 금천구 가산디지털 1로 83 파트너스타워1차 9층
전화 (02) 719-2211~3
팩스 (02) 701-9386

등 록 | 1977년 4월 28일 · 제1-421호



ISBN 89-426-0394-7 93370

값 20,000원